Geben oder Nehmen

Anke Kaprol-Gebhardt

Geben oder Nehmen

Zwei Jahrzehnte Rückübertragungsverfahren von Immobilien im Prozess der deutschen Wiedervereinigung am Beispiel der Region Berlin-Brandenburg

be.bra
wissenschaft verlag

Das Manuskript hat 2016 als Dissertation an der Philosophischen Fakultät der Universität Potsdam vorgelegen (Gutachter: Prof. Manfred Görtemaker, Prof. Frank Bösch).

Bibliografische Information der Deutschen Nationalbibliothek
Die Deutsche Nationalbibliothek verzeichnet diese Publikation in der Deutschen Nationalbibliografie; detaillierte bibliografische Daten sind im Internet über http://dnb.d-nb.de abrufbar.

KulturBrauerei Haus 2
Schönhauser Allee 37, 10435 Berlin
post@bebraverlag.de
Lektorat: Matthias Zimmermann, Berlin
Umschlag: typegerecht, Berlin (Foto: Bernd Blumrich)
Satz: ZeroSoft
Schrift: Minion Pro 10/13pt
Druck: Finidr, Český Těšín
ISBN 978-3-95410-208-2

www.bebra-wissenschaft.de

Inhalt

Zum Geleit

Von einem »deutsch-deutschen Häuserkampf« war in den 1990er Jahren häufig die Rede, nicht selten sogar von einem »Ost-West-Kulturkampf«, der im Berliner Umland ausgetragen werde, bei dem »völlig unterschiedliche Mentalitäten und kulturelle Prägungen« aufeinander träfen. Worum ging es dabei? Was war geschehen?

Mit der »Gemeinsamen Erklärung der Regierung der Bundesrepublik Deutschland und der Deutschen Demokratischen Republik zur Regelung offener Vermögensfragen« vom 15. Juni 1990 hatten sich die beiden deutschen Staaten im Zuge der Verhandlungen über die Wiedervereinigung darauf geeinigt, dass der Besitz von Eigenheimen und Grundstücken, der nach 1949 in der DDR enteignet oder unter staatliche Zwangsverwaltung gestellt worden war, grundsätzlich an die ehemaligen Eigentümer oder deren Erben zurückzugeben sei. In den Fällen, in denen eine Rückgabe sich als unmöglich erwies, sollte eine Entschädigung den Verlust ausgleichen. Nur die Enteignungen, die zwischen 1945 und 1949 auf besatzungsrechtlicher Grundlage erfolgt waren, sollten ihre Gültigkeit behalten und nicht rückgängig gemacht werden. Diese Regelung wurde bald auf die Formel »Rückgabe vor Entschädigung« reduziert – und genau darüber spitzte sich die Diskussion nach 1990 emotional zu. Die Rückübertragung von Immobilien an ihre Eigentümer zählte daher nach dem 3. Oktober 1990 zu den umstrittensten Themen der Wiedervereinigung.

Besonders heikel verlief diese Debatte in Kleinmachnow im »Speckgürtel« von Berlin, weil hier 63 Prozent und damit fast zwei Drittel, also ein überproportional großer Teil, der Häuser und Grundstücke von Rückübertragungsansprüchen betroffen waren. So verwundert es nicht, dass sich hier bereits im April 1990, noch vor der Gemeinsamen Erklärung, ein »Selbsthilfeverein Nutzer e.V.« gründete, der sich mit rechtlichen Maßnahmen gegen die Rückgabe des Eigentums an die früheren Besitzer zu wehren suchte, um die damaligen Bewohner, die teilweise seit dem Zweiten Weltkrieg in den Häusern lebten, vor dem Verlust ihres Wohnraums zu schützen. Der Nutzerverein war auch maßgeblich an der Errichtung des Wohngebiets »Stolper Weg« beteiligt, in dem rund 600 Kleinmachnower Familien, die von der Restitution unmittelbar betroffen waren, ein neues Zuhause fanden. 1994 trat der Mieterbund unter dem Signum »Kleinmachnower Bürger gegen Vertreibung« sogar bei der Kommunalwahl an und gewann nicht weniger als 25 Prozent der Stimmen.

Wie dramatisch die Situation war, lässt sich auch daran ablesen, dass Journalisten und Kamerateams aus aller Welt nach Kleinmachnow reisten, um zu erfahren, wie man hier mit offenen Grundstücks- und Eigentumsfragen umging, und der damalige Bundesbauminister Klaus Töpfer besuchte den Ort gleich zweimal, um sich über die Lage zu informieren. Als der Nutzerverein sich schließlich auflöste, beschloss die Mitgliederversammlung auf Empfehlung des Vorstandes, die noch übrigen Mittel für eine wissenschaftliche Aufarbeitung der Eigentumsfrage nach der Wiedervereinigung zu verwenden. Durch die Bereitstellung eines Promotionsstipendiums wurden 2011 dafür die Voraussetzungen geschaffen. Zugleich gewährte der Verein Einsicht in seine Unterlagen, die nunmehr den Ausgangspunkt für die Untersuchung von Anke Kaprol-Gebhardt bildeten, in der am Beispiel der Region Berlin-Brandenburg - vor allem der Gemeinden Schönwalde-Glien, Kleinmachnow, Schulzendorf und Woltersdorf - nicht nur die Entscheidungen, die zu dem umstrittenen Grundsatz »Rückgabe vor Entschädigung« führten, sondern auch die Auseinandersetzungen, die sich aus der Verwirklichung der gesetzlichen Regelungen in der Praxis ergaben, detailliert dargestellt werden.

Die komplizierte Thematik wäre indessen kaum verständlich, wenn nicht zunächst das Bodenrecht der DDR sowie deren Enteignungsgesetzgebung und die Verwaltung von Eigenheimen und Grundstücken, die in staatliche Treuhänderschaft überführt wurden, erläutert würden. Dabei geht es keineswegs nur um den Besitz von Eigentümern, die in den Westen geflohen waren - also um Flüchtlings- oder Übersiedlervermögen -, sondern auch um Vermögensverluste auf strafrechtlicher Grundlage und »legale« Enteignungen nach dem Aufbau- und Baulandgesetz oder anderen Spezialgesetzen der DDR. Ein Beispiel dafür, wie sich das SED-Regime mit Hilfe eines politisierten Strafrechts das Vermögen von Privatleuten aneignete, war die umfangreiche Enteignungs- und Verstaatlichungswelle »Aktion Rose« an der Ostsee, bei der 1953 über 400 Besitzer von Hotels und Pensionen inhaftiert und unter dem Vorwand der »Wirtschaftskriminalität« verurteilt wurden. Für die Entwicklung nach 1989/90 besonders relevant ist jedoch die Unterscheidung von Grundstücks- und Gebäudeeigentum sowie der Hinweis auf die »Überlassungsverträge«, mit denen Immobilien zur Wohnnutzung lediglich »überlassen« wurden, ohne die Besitzverhältnisse zu ändern. Die vorliegende Untersuchung beschreibt daher nicht nur die grundlegenden Bestimmungen des Bodenrechts der DDR sowie deren Ausprägungen im Rechtsalltag und die Verfahrensgrundsätze für den Umgang der DDR-Behörden mit enteigneten und unter Zwangsverwaltung gestellten Grundstücken, sondern zeigt auch auf, wie die staatliche Verwaltung von entzogenen oder verwalteten Grundstücken funktionierte, wie die staatlichen Beschlüsse zum Umgang mit den Vermögenswerten umgesetzt wurden und welche Probleme und Möglichkeiten sich daraus für die handelnden Behörden ergaben.

Dabei stellt sich nicht zuletzt die Frage, in welchem Maße DDR-Bürger, die ein sogenanntes »Westgrundstück« nutzten, sich über die rechtliche Problematik im Klaren waren. Dies wird in der Untersuchung durchweg bejaht, wobei die dauerhafte Nutzung durch einen Überlassungsvertrag den Regelfall bildete, während eine »käufliche

Überlassung des Eigentums« im Sinne eines »Privilegiensystems« für besonders regimetreue Anhänger des SED-Staates offenbar nur im Ausnahmefall genehmigt wurde. Die »Zwangsmaßnahmen« waren daher bis zum Mauerbau nur kurzfristig angelegt, und die Behörden waren um genaue Einhaltung der Verwaltungsgrundsätze bemüht. Erst nach 1961 änderte sich die Einstellung, da die zwangsverwalteten Immobilien nun durch das Instrument der systematischen Überschuldung »in Volkseigentum überführt und damit für Bürger der DDR dauerhaft nutzbar gemacht werden« sollten. Tatsächlich waren sich die DDR-Behörden und auch die Bürger der rechtlichen Problematik also durchaus bewusst, auch wenn natürlich kaum jemand mit einer Rückkehr der Geflüchteten oder gar mit einer baldigen Wiedervereinigung rechnete.

Breiten Umfang nehmen in dem vorliegenden Band die Expertengespräche ein, die vom Winter 1989/90 bis zu ihrem Ergebnis der Gemeinsamen Erklärung vom 15. Juni 1990 geführt wurden. Ob es zum Prinzip »Rückgabe vor Entschädigung« aus verfassungsrechtlichen Gründen wirklich keine Alternative gab, wie oft behauptet wird, bleibt indessen offen. Klar herausgearbeitet wird jedoch die Tatsache, dass die DDR-Seite in den Verhandlungen durchsetzen konnte, dass eine Rückübertragung von Vermögenswerten ausgeschlossen war, wenn ein öffentliches Interesse bestand (zum Beispiel durch den Umbau eines Hauses zu einer Schule), wenn das Vermögen inzwischen dem »Gemeingebrauch« oder dem komplexen Wohnungs- oder Siedlungsbau diente (etwa durch die Errichtung von Wohnblöcken) oder wenn das Vermögen »der gewerblichen Nutzung zugeführt oder in eine Unternehmenseinheit einbezogen« war. Vor allem jedoch sollte »redlich« erworbenes Eigentum von DDR-Bürgern von einer Rückübertragung ausgenommen sein.

Die Einigung, die mit der Gemeinsamen Erklärung vom Juni 1990 gefunden wurde, war aber nur der Auftakt zu einem komplexen und vielfach umstrittenen Prozess der Eigentumsrestitution in der Praxis. So bedurfte es eines eigenen Vermögensgesetzes und zahlreicher gesetzlicher Novellierungen, die schließlich nicht nur Investitionen den Vorrang vor der Rückgabe einräumten, sondern auch Verbesserungen für ostdeutsche Nutzer vorsahen – etwa durch das Zweite Vermögensrechtsänderungsgesetz, das Sachenrechtsbereinigungsgesetz, das Schuldrechtsanpassungsgesetz und das Entschädigungs- und Ausgleichsleistungsgesetz. Auch die Rechtsprechung beeinflusste in umstrittenen Fällen die Praxis der Restitution. Die oft kolportierte Behauptung, dass durch die Rückübertragung von Immobilien altes Unrecht durch neues Unrecht ersetzt worden sei, wird dabei nicht bestätigt. Die Untersuchung kommt vielmehr zu dem Ergebnis, dass sich die Rückbindung der Gesetze zur Regelung der Vermögensfragen an die DDR-Zeit zwar als problematisch erwiesen habe, sodass der Zusammenbruch der DDR und die Etablierung einer neuen Rechtsordnung für die DDR-Bürger »in vielen Fällen gleichbedeutend mit einem Lotterielos« gewesen seien. Doch wer zu DDR-Zeiten einen Nutzungsvertrag abgeschlossen hatte und diesen nachweisen konnte, hatte als »redlicher Erwerber« kaum etwas zu befürchten. Lediglich diejenigen, die ein bebautes Grundstück nur durch einen »Überlassungsvertrag« übernommen hatten, mussten befürchten, die Immobilie zu verlieren – unabhängig von der Tatsache, ob der Überlassungsvertragsinhaber sich »jahrelang oder sogar jahrzehntelang als Eigentümer gefühlt und auch so verhalten« hatte. Der Gesetzgeber stand deswegen vor der Herausforderung, Lösungen zu finden, die die Lebenswirklichkeit der DDR-Verhältnisse stärker berücksichtigten, und damit das Gebot der Sozialverträglichkeit umzusetzen.

Am Ende kam es »zu einer stetigen Ausdehnung des Bestandsschutzes für ostdeutsche Nutzer durch die Aufnahme zahlreicher weiterer Ausnahmetatbestände« und damit zu einvernehmlichen Regelungen, sodass von »Vertreibung und Bevölkerungsaustausch durch Restitution« nicht die Rede sein konnte. Auch wenn das Restitutionsprinzip weiterhin unter einem Akzeptanzdefizit litt und auf politischer Ebene der Grundsatz »Rückgabe vor Entschädigung« umstritten blieb, führten die getroffenen Regelungen in den meisten Fällen doch zu vernünftigen Lösungen, die von den Beteiligten akzeptiert werden konnten. Heute spielen diese Konflikte kaum noch eine Rolle; Ressentiments zwischen Ost und West sind so gut wie nicht mehr vorhanden, zumal Einheimischen und Zugezogenen nichts anderes übrig blieb, als sich mit dem jeweiligen »Gegenpart« auseinanderzusetzen. Auf lokaler Ebene ergaben sich daraus sogar »positive Effekte«, wie Anke Kaprol-Gebhardt zeigt, deren Untersuchung hoffentlich weiter zur Versachlichung der politisch aufgeladenen Debatte beiträgt, die jahrzehntelang über das Thema der Restitution geführt wurde.

Prof. Dr. Manfred Görtemaker

Grußwort

Als sich im Frühjahr 1990 die deutsche Wiedervereinigung ankündigte, war dies für viele Ostdeutsche nicht nur ein Grund zum lauten Jubeln und voller schöner Träume auf die kommenden Jahre. Nein, ganz im Gegenteil. Die unbeschreibliche Freude der Nächte des November 1989, in denen sich bis dato völlig unbekannte Ost- und Westdeutsche in den Armen lagen und gemeinsam den Fall der Mauer feierten, war vielfach einer tiefen Ernüchterung gewichen. Denn schon ahnten viele Ostdeutsche, dass die kommende »schöne Zeit« mit den »blühenden Landschaften« auch ihre Arbeitsplätze kosten könnte. Viel schwerer aber wog die Angst, das jahrzehntelang gepflegte Grundstück oder mühsam erhaltene Haus, die seit langem gemietete Wohnung zu bezahlbaren Unterhaltskosten oder den Neubau auf »volkseigenem Grundstück« über Nacht zu verlieren. Standen doch schon Ende 1989, nach dem Wegfall der Umtauschpflicht für Tagesvisa in die DDR, die ersten Alteigentümer mit Fotoapparaten vor Zehntausenden Türen und Fenstern und verunsicherten die bisherigen Mieter und Grundstücksbesitzer.

Da war es nur noch ein kleiner Schritt, bis sich im Frühjahr 1990 die ersten Ostdeutschen, vor allem in den besonders betroffenen Städten und Dörfern rund um Berlin, zu mitgliederstarken Interessenorganisationen zusammenschlossen. Lautstark, mit hoher Medienpräsenz und den vielfältigsten Protestveranstaltungen forderten sie eine faire Berücksichtigung ihrer Forderungen nach einem sozial gerechten Interessenausgleich. Im Mittelpunkt stand dabei die Bestrebung, das durch die Bundesregierung favorisierte Prinzip »Rückgabe vor Entschädigung«, in eine Entschädigung der ehemaligen Eigentümer durch die Bundesrepublik Deutschland umzudrehen. Als Beispiel dafür diente das sogenannte Lastenausgleichsgesetz, das Westdeutsche nach dem Zweiten Weltkrieg für ihr im früheren Pommern, Schlesien, West- und Ostpreußen oder Sudetenland verlorenes Eigentum erhalten hatten.

Aber es sollte anders kommen. Die ca. vier bis fünf Millionen Ostdeutschen, die durch die amtlich festgestellte Zahl von 2,2 Millionen Rückübertragungsansprüchen von dieser Problematik betroffen waren, konnten sich gegen die Mehrheit der Deutschen, die auf eine schnelle Wiedervereinigung drängten, nicht durchsetzen. Die extrem schwache, wenn auch erstmals demokratisch gewählte DDR-Regierung konnte dem Willen der bundesdeutschen Politik nach bedingungsloser Annahme ihrer Forderungen nichts entgegensetzen. Hatte sie doch nur noch einen Auftrag. Die schnellstmögliche Selbstauflösung, egal um welchen Preis.

Nun ging es für die vom Prinzip »Rückgabe vor Entschädigung« Betroffenen darum, nach der politischen Niederlage der Zementierung dieses Grundsatzes schnell die rechtlichen Finessen der Bundesrepublik kennenzulernen, um zu retten, was eventuell noch zu retten war. In dieser Situation gründete sich in Brandenburg der »Selbsthilfeverein Nutzer e.V.« (SHVN), der von den mitgliederstarken Nutzerverbänden des »Mieterbund Land Brandenburg e.V.« getragen wurde. In den Selbsthilfeverein zahlten Betroffene jeden Monat Beiträge, um Musterprozesse zu vermögensrechtlichen Fragen finanziell zu unterstützen. Denn die Verbände in Brandenburg stellten schnell fest, dass viele ihrer Mitglieder trotz oft guter Erfolgsaussichten, auf einen langwierigen und nervenaufreibenden Prozess verzichteten, wenn ihnen die möglichen Kosten beim Verlust des Prozesses genannt wurden.

So hatten Alteigentümer vielfach leichtes Spiel und konnten schon durch einfache juristische Drohgebärden oder simplen Bluff ihr Ziel bei den völlig prozessunerfahrenen DDR-Bürgern kostengünstig und schnell erreichen.

Dies änderte sich erst durch den SHVN. Jetzt konnten Musterprozesse, bis hin zum Bundesverfassungsgericht, ermöglicht werden und die meisten Prozesse wurden auch tatsächlich zugunsten der Mitglieder des »Selbsthilfeverein Nutzer e.V.« entschieden. Doch nach über zehn Jahren war die Möglichkeit für Musterprozesse nicht mehr gegeben und das statuarische Ziel des Vereins – »die Ermöglichung von Gerichtsprozessen und die Erlangung von Gerichtsurteilen zu ausgewählten, typischen Sachverhalten der Rückübertragung von Grundstücken und Gebäuden und der Aufhebung bzw. Beendigung der staatlichen Verwaltung nach dem VermG sowie zu Überlassungsverträgen im Interesse einer höheren Rechtssicherheit für die gegenwärtigen Nutzer« – nicht mehr zu verwirklichen.

So kam der letzte Passus des Statuts des SHVN zum Tragen, der wie in jeder vereinsrechtlichen Satzung vorgeschrieben, die Modalitäten für eine Auflösung des Vereins vorsieht. Der § 13 »Auflösung des Vereins« besagt danach: »das nach Abwicklung der gemachten Kostenzusagen noch vorhandene Vereinsvermögen wird für die Herstellung und Publikation einer Dokumentation der Enteignung und Vertreibung der Ostdeutschen im Beitrittsgebiet durch das Prinzip ›Rückgabe vor Entschädigung‹ in ihrem Verlauf und ihren Auswirkungen verwendet«.

Der Liquidationsvorstand suchte daraufhin nach Wissenschaftlerinnen und Wissenschaftlern, die diese Aufgabe möglichst unabhängig, kompetent und unter Beachtung der Interessen aller Seiten erbringen konnten. Auf Vorschlag von Prof. Görtemaker von der Potsdamer Universität wurde Anke Kaprol-Gebhardt gewonnen, die sich vier Jahre lang in einer Doktorarbeit dieser Thematik widmete. Mit finanzieller und fachlicher Unterstützung des SHVN und seiner Protagonisten, mit der Zurverfügungstellung von umfangreichen Datenmaterial in unzähligen Ordern und in vielfältigen Einzelgesprächen entstand ein wissenschaftliches Bild, das die Aspekte dieses Wiedervereinigungsproblems von allen Seiten beleuchtet.

Wenn die Betroffenen, die diese wissenschaftliche Arbeit initiierten, naturgemäß auch nicht alle Passagen der Doktorarbeit so »eins zu eins« unterschreiben würden, so ist doch eine wichtige geschichtliche Aufarbeitung entstanden. Somit bleiben Abschnitte der deutschen Geschichte auch für unsere Nachfahren erhalten, die sonst eventuell schnell in Vergessenheit geraten wären. Und genau dies war unser Auftrag. Denn wie wir wissen: In der Regel schreiben »die Sieger« die Geschichte.

Wir danken Dr. Anke Kaprol-Gebhardt für die jahrelange gute Zusammenarbeit und wünschen ihr, dass dieses Buch viele Interessenten findet, die sich auch in späteren Jahren noch für die Aufarbeitung der Folgen der Deutschen Einheit interessieren.

Dr. Gerd Reetz
Vorsitzender des SHVN i.L.

Klaus-Jürgen Warnick
Schatzmeister des SHVN i.L.

Vorwort

Zu Beginn meiner Arbeit las ich Geschichten von Rentnerpaaren, die unter Tränen ihr Hab und Gut zusammenpackten und das von ihnen jahrzehntelang bewohnte Haus verlassen mussten, von kinderreichen Familien, die ihr geliebtes Eigenheim mit Garten wegen eines westdeutschen Alteigentümers räumten, von aufgebrachten Datschenbesitzern, die, um ihr unter Mühen aufgebautes Wochenenddomizil fürchteten, von Eigenbedarfskündigungen und Mieterhöhungen, von »Enteignung« und »Vertreibung«, von »Kampf« und »Krieg« um Häuser und Grundstücke, von raffgierigen Wessis, Spekulanten und Investoren, von benachteiligten und übervorteilten Ossis, von Recht und Unrecht sowie von Moral und Unmoral. Ich recherchierte in Berichten und Artikel aus diversen Tageszeitungen und Wochenmagazinen, die die strittigen Grundstücksfragen in den neuen Bundesländern zum Thema hatten. Das Gefühl, das sich bei mir einstellte, lässt sich am besten mit dem Begriff Empörung beschreiben. Empörung darüber, wie kraft Gesetzes so viele Menschen scheinbar ungerecht behandelt und um ihr Lebenswerk gebracht wurden. Dies alles resultierte augenscheinlich aus dem Verlangen des Gesetzgebers, im wiedervereinigten Deutschland der Rückgabe entzogener Grundstücke vor einer Entschädigungslösung den Vorzug zu geben und damit einen Grundsatz durchzusetzen, der mit den Interessen der Ostdeutschen nicht vereinbar war.

Der Lektüre der Zeitungsberichte über die Einzelschicksale schloss sich die Betrachtung der Auseinandersetzungen aus rechtswissenschaftlicher Sicht an. Zur Klärung der offenen Vermögensfragen erschien eine beinahe unüberschaubare Menge an juristischer Fachliteratur, die gesichtet werden musste, wenn sich zu den Beispielfällen und empörenden Berichten auch Faktenwissen und Hintergrundinformationen gesellen sollten. Allmählich erschien das grundlegend negative Bild keineswegs mehr so eindeutig. Die Diskrepanz zwischen Rechtslage und Rechtswirklichkeit erschien merkwürdig. Waren doch dem Gesetz nach die redlichen Erwerber im Osten Deutschlands geschützt. Warum also dieser Aufschrei, diese Aufregung und Entrüstung über die vermeintliche Vertreibung der Ostdeutschen aus ihren Häusern? War nicht dem Gesetzgeber mit dem Schutz der Interessen der ostdeutschen Nutzer ein sozialverträglicher Ausgleich gelungen?

Neben der Erkenntnis, dass mit der Lösung der offenen Vermögensfragen ein Kompromiss, mit dem alle gleichermaßen zufrieden sein würden, nicht möglich war, wurde mir bewusst, dass das Thema nicht nur auf politischer und juristischer Ebene zu betrachten ist, sondern vor allem eine zutiefst persönlich-emotionale Dimension hat, die bei der Betrachtung der nüchternen Gesetzestexte niemals außer Acht gelassen werden kann.

Dr. Anke Kaprol-Gebhardt

Einleitung

Die Freude über den Fall der Mauer als Ergebnis der Friedlichen Revolution war in beiden Teilen Deutschlands groß. In scheinbar endlosen Schlangen aneinandergereihte Trabis, deren Ankunft im Westen begrüßt wurde, jubelnde Ostdeutsche auf dem Berliner Kurfürstendamm, Tausende Menschen, die sich an den Grenzübergängen weinend in den Armen lagen. Es gibt wohl kaum jemanden, den die Bilder von damals nicht berühren und der sich der historischen Einmaligkeit der Ereignisse nicht bewusst ist. Die Bilder einer Nation, der es auf friedlichem Weg gelungen war, ihre jahrzehntelang währende Teilung zu überwinden, haben sich zumindest für diese Generation für immer in das emotionale Gedächtnis eingebrannt. Vor dem Hintergrund diverser Gedenktage wird regelmäßig mit großem medialen Aufwand über jene Ereignisse berichtet. So war im Jahr 2014 das 25-jährige Jubiläum des Mauerfalls erneut Anlass, sich die dramatischen und bewegenden Szenen ins Gedächtnis zu rufen. Mithilfe einer außergewöhnlichen Installation wurde in Berlin dem Fall der Mauer gedacht. Beleuchtete Ballons, die als sogenannte »Lichtgrenze« den Grenzverlauf nachzeichneten stiegen gegen Abend in den Himmel. Hunderttausende nahmen an den Feierlichkeiten teil. Die Erinnerung an Mauer, Stacheldraht und Grenze war wieder allgegenwärtig.

Auf das Hochgefühl, das die Menschen beider Staaten 1989 verband, folgte schnell Ernüchterung. Als am 3. Oktober 1990 die Wiedervereinigung feierlich begangen wurde, war die Freude über das friedliche Ende der DDR und den Beitritt zur Bundesrepublik schon recht getrübt. Die schnelle Vereinigung zweier grundlegend verschiedener Systeme brachte Probleme in vielen Bereichen mit sich. Die Euphorie über das Ende der deutschen Teilung erhielt damit zahlreiche Dämpfer. Besonders frühzeitig und lang anhaltend wurde sie jedoch von Konflikten überschattet, die sich aus ungeklärten Eigentumsfragen an Grundstücken in Ostdeutschland ergaben. Hier standen sich verschiedene Interessen scheinbar unversöhnlich gegenüber. Kaum ein anderes Thema verursachte mehr Verbitterung und Feindseligkeit zwischen Ost und West, als die direkten oder indirekten Konfrontationen um Häuser, Grundstücke und Unternehmen.

Seit dem Beginn der Vertragsverhandlungen über die Währungs-, Wirtschafts- und Sozialunion im Frühjahr 1990 erwiesen sich die »offenen Vermögensfragen«[1] als

1 Der Begriff geht zurück auf den Grundlagenvertrag vom 21.12.1972 zwischen der DDR und der BRD: »Wegen der unterschiedlichen Rechtspositionen zu Vermögensfragen konnten diese durch den Vertrag nicht geregelt werden.«

eine der schwierigsten Aufgaben, deren Lösung für das Zustandekommen des Einigungsvertrages von zentraler Bedeutung war. Wie sollte mit den Vermögensschädigungen durch Enteignungen und Zwangsverwaltungen, von denen Hunderttausende DDR- und Bundesbürger betroffen waren, umgegangen werden? Nach über 40 Jahren »sozialistischer« Eigentumsstrukturen, nach zahllosen Zwangsmaßnahmen und rigorosen Eingriffen in das Privatvermögen stand die Herausforderung, die Eigentumsrechte durch eine Vereinheitlichung der Rechtsordnung beider Staaten zu regeln und gleichzeitig das begangene Unrecht wiedergutzumachen. Als besonders problematisch erwies sich der Umgang mit den Enteignungen, die zwischen 1945 und 1949 von der sowjetischen Besatzungsmacht exekutiert worden waren. Auf besatzungsrechtlicher Grundlage durchgeführt, waren sie somit formal auf alliiertes Recht gestützt. Seit 1949 griff das SED-Regime auf verschiedene Weise in das Privatvermögen ein. Der Besitz der Flüchtlinge, die zwischen 1945 und 1953 das Gebiet der SBZ/DDR verlassen hatten, wurde entschädigungslos enteignet, beschlagnahmt und in Volkseigentum überführt. Bei Fluchtfällen nach 1953 ging das Vermögen in staatliche Treuhandverwaltung über. Die Eigentümer waren damit wirtschaftlich enteignet und konnten nicht mehr über ihren Besitz verfügen.

Für die anstehende Neuordnung der verzerrten Vermögensverhältnisse waren die zwischenzeitlich entstandenen Eigentumsstrukturen in der DDR besonders problematisch. An den enteigneten oder in Zwangsverwaltung überführten Grundstücken hatten DDR-Bürger inzwischen Nutzungsrechte verschiedenster Art erworben. Dabei wurde in vielen Fällen das Eigentum an Immobilien von jenem an Grund und Boden getrennt, sodass das Grundstück weiterhin in Volkseigentum oder unter staatlicher Verwaltung verblieb. So errichteten Bewohner unter den Bedingungen der Mangelwirtschaft Häuser auf fremden Grundstücken, bauten sie aus und hielten sie viele Jahre mühevoll instand. Mitunter erforderte das beträchtliche private Investitionen. Tatsächlich spielte es für die Bürger der DDR eine eher untergeordnete Rolle, wem das Grundstück, das ihnen auf verschiedenen Wegen überlassen worden war, in Wirklichkeit gehörte. Sie mussten sich den Gegebenheiten anpassen und hatten kaum Einfluss darauf, auf welcher Grundlage ihnen eine Wohnung, ein Haus, ein Grundstück zur Bebauung oder zur Nutzung durch einen Überlassungsvertrag zugewiesen wurde.

Die Herausforderung im Prozess der Wiedervereinigung bestand in der Vereinheitlichung der Rechtsordnung beider Staaten. Gleichzeitig sollten die staatlichen Eingriffe des SED-Regimes in die Vermögensverhältnisse Hunderttausender DDR- und Bundesbürger rückgängig gemacht werden, ohne altes Unrecht durch neues zu ersetzen. Bei der Lösung der offenen Vermögensfragen galt es, nicht nur die Interessen der Eigentümer zu bedenken, sondern auch den Schutz jener DDR-Bürger zu wahren, die sich ihre Nutzungsrechte redlich erworben hatten. Als Ergebnis langwieriger Verhandlungen und nach wiederholten Beratungen von Expertengruppen einigten sich beide Regierungen schließlich und unterzeichneten am 15. Juni 1990 die »Gemeinsame Erklärung zur Regelung offener Vermögensfragen«[2], in der die Eckpunkte zu deren Lösung festgehalten wurden. Wichtig waren dabei vor allem zwei Grundsätze:

- Enteignungen, die zwischen 1945 und 1949 auf besatzungsrechtlicher Grundlage erfolgt waren, behielten ihre Gültigkeit und sollten nicht rückgängig gemacht werden.
- Grundbesitz, der nach 1949 enteignet oder unter staatliche Zwangsverwaltung gestellt wurde, war grundsätzlich an die ehemaligen Eigentümer oder deren Erben zurückzugeben. War eine Rückgabe nicht möglich, sollte in diesen Fällen eine Entschädigungszahlung den Verlust ausgleichen.

Mit der Verlautbarung der Gemeinsamen Erklärung war die Formel »Rückgabe vor Entschädigung« geboren, die stark verkürzt beinhaltet, auf welche Weise der Konflikt zwischen den Forderungen nach Bestandsschutz und Wiedergutmachung gelöst werden sollte. Diese Entscheidung des Gesetzgebers, in der DDR durchgeführte rechtsstaatswidrige Enteignungen aufzuheben und den betreffenden Vermögenswert an den ehemaligen Eigentümer oder dessen Erben zurückzugeben, brachte jedoch nicht den erhofften friedlichen Kompromiss.

Die Gemeinsame Erklärung wurde Teil des Einigungsvertrages. Das »Gesetz zur Regelung offener Vermögensfragen« (Vermögensgesetz)[3] setzte die darin festgelegten Grundsätze in verbindliche Rechtsnormen um. Obwohl weitgehend vom Bundesministerium für Justiz vorbereitet, wurde das Vermögensgesetz formal von der DDR-Volkskammer verabschiedet und gilt seit dem 3. Oktober 1990 als Bundesrecht fort. Neben den Bemühungen, sozial verträgliche Lösungen für die Eigentumsfragen zu finden, galt es, den wirtschaftlichen Wiederaufbau Ostdeutschlands nicht aus den Augen zu verlieren. Dies setzte die Verkehrsfähigkeit der Grundstücke voraus. Das Investitionsgesetz[4], das am 29. September 1990 in Kraft trat, ermöglichte den Verkauf von Grundstücken für Investitionszwecke, trotz ungeklärter Eigentumsfrage. Der rechtmäßige Eigentümer sollte in diesem Fall entschädigt werden.

Das Prinzip »Rückgabe vor Entschädigung« beschwor auf der einen Seite massive Ängste herauf und weckte auf der anderen Seite enorme Erwartungen. Es wurde zur Ursache eines dauerhaften politischen und sozialen Unfriedens. Nicht wenige sahen in der Regelung den »psychologisch schwerwiegendsten Fehler des Einigungsprozes-

2 Gemeinsame Erklärung der Regierungen der Bundesrepublik Deutschland und der Deutschen Demokratischen Republik zur Regelung offener Vermögensfragen (Anlage III des Vertrages zwischen der Bundesrepublik Deutschland und der Deutschen Demokratischen Republik über die Herstellung der Einheit Deutschlands (Einigungsvertrag) vom 15. Juni 1990 (BGBl. 1990 II S. 1237).

3 Gesetz zur Regelung offener Vermögensfragen (VermG) vom 31. August 1990 (BGBl. I S. 766, 1928).

4 DDR-Investitionsgesetz vom 26. Juni 1990 (BGBl. I S. 1143).

ses«[5], der die Freude an der Wiedervereinigung vergiftet habe und in den neuen Bundesländern vielerorts bei Betroffenen das Gefühl verstärkte, »vom Westen überrollt zu werden«[6]. Für Lothar de Maizière war die Entscheidung sogar der »genetische Geburtsfehler der deutschen Einheit«[7]. In der öffentlichen Meinung herrschte weitgehend Einigkeit darüber, dass das Prinzip »Rückgabe vor Entschädigung« auf fatale Weise gescheitert sei und das Zusammenwachsen von Ost und West auf lange Zeit erheblich behindert habe. Es fanden sich kaum Befürworter dieser Regel. Die Klärung der Eigentumsfragen litt in Politik, Medien und Öffentlichkeit beständig an einem Akzeptanzdefizit[8], woran nicht zuletzt die Berichterstattung in den Medien einen entscheidenden Anteil hatte. Die Debatte um Recht und Gerechtigkeit war und ist zum Teil auch heute noch in hohem Maße von Stereotypen und Pauschalisierungen geprägt, die wenig mit der Realität der Grundstücksvergabe in der DDR oder der Umsetzung des Vermögensgesetzes nach 1990 zu tun haben. Solchen Darstellungen nach handelte es sich vor allem um systemnahe DDR-Bürger, wie Stasi-Offiziere oder SED-Funktionäre, die sich am Eigentum anderer bereichert hätten und nun korrekterweise ihr erschlichenes Grundstück dem rechtmäßigen Eigentümer überlassen müssten. Endlich bekäme der das Haus zurück, in dem schon seine Großeltern gelebt hätten. Oder es wurde das Bild von Ostdeutschen gezeichnet, die seit vielen Jahren das Haus bewohnten, welches sie mühsam mit viel Geld und Zeit vor dem Verfall gerettet hatten. Nun würden sie verdrängt von skrupellosen, wohlhabenden Westdeutschen, die im Mercedes vorfuhren und mithilfe von Anwälten den Bewohnern deutlich machten, dass es sich schließlich um ihr Eigentum handelte und diese schleunigst auszuziehen hätten. Entgegen solch weit verbreiteter Meinungen kam es im Zuge der Umsetzung des Restitutionsprinzips weder zu einer Enteignung noch zu einer Vertreibung der Ostdeutschen. Die Lösung der offenen Vermögensfragen verlief zudem besser und gerechter, als ihr nachgesagt wird. Obwohl das öffentliche Interesse an der Klärung der offenen Vermögensfragen heute eher gering ist, weil die Mehrzahl der Fälle längst gelöst ist und sich die Aufregung seit Langem gelegt hat, ist die Sensibilität des Themas noch immer spürbar. Zu tief sind die Wunden, die offene Vermögensfragen und ihre vermeintliche wie tatsächliche Lösung im inneren Einigungsprozess hinterlassen haben.

5 Brouër, Dirk: Die Vertreibung findet nicht statt, in: Brouër, Dirk/Trimbach, Herbert (u.a.): Offene Vermögensfragen. Ein Ratgeber. Hamburg 1995, S. 238.

6 Duisberg, Claus J.: Das Deutsche Jahr. Einblicke in die Wiedervereinigung 1989/1990. Berlin 2005, S. 208.

7 De Maizière, Lothar: Anwalt der Einheit. Ein Gespräch mit Christine de Maizières. Berlin 1996, S. 102.

8 Lochen, Hans-Hermann: Zur Arbeit der Ämter zur Regelung offener Vermögensfragen, in: Zeitschrift für offene Vermögensfragen, 5/1992, S. 234.

Inhaltliche und methodische Vorbemerkungen

Fragestellung

Die vorliegende Arbeit widmet sich der Problematik der Eigentumsfragen im Kontext der deutschen Wiedervereinigung. Sie soll damit einen Beitrag zur Versachlichung einer immer noch emotional aufgeladenen Debatte um Recht und Gerechtigkeit im wiedervereinigten Deutschland leisten. In Anbetracht der Tatsache, dass eine ausgewogene Darstellung der Thematik, die es ermöglicht, die Vorgänge mit Distanz zu betrachten, bislang fehlt, soll diese Lücke geschlossen werden. Dazu gehört die Darstellungen der Vorbedingung der Eigentumsproblematik vor 1990, die Betrachtung der Entscheidungsfindung, die zum umstrittenen Grundsatz geführt hat, eine intensive Auseinandersetzung mit den Umsetzungsproblemen der gesetzlichen Regelungen in der Praxis sowie der Versuch, die Auswirkungen für die Region Berlin/Brandenburg zu bilanzieren Das Ziel der Untersuchung besteht jedoch nicht darin, mögliche Alternativen zu der vom Gesetzgeber gewählten Vorgehensweise auf Praxistauglichkeit zu überprüfen oder den Nachweis zu erbringen, dass es besser gewesen wäre, sich gegen die Möglichkeit einer Rückübertragung zu entscheiden. Mögliche Folgen einer anderen Lösung lassen sich reell nicht beurteilen und es zu tun, wäre rein hypothetisch.

Folgende Problemfelder sollen in der Arbeit angesprochen und daraus resultierende Fragestellungen beantwortet werden:

Als Ausgangspunkt werden zunächst einige grundlegende Bestimmungen des Bodenrechts der DDR sowie seine Ausprägungen im Rechtsalltag dargestellt. Da sich die in der DDR entstandenen Eigentumsstrukturen für die Neuregelung der Vermögensverhältnisse als besonders problematisch erwiesen und die Debatte mitunter von der Annahme geprägt war, ostdeutsche Nutzer seien unter fragwürdigen Umständen an ihre Rechtsposition gelangt, ist eine Darstellung dieser Entwicklung als wesentlicher Grund für die Problematik der offenen Vermögensfragen unerlässlich. Verzichtet wird auf einen Bezug zu marxistisch-leninistischer Bodenpolitik und auf eine Auseinandersetzung mit ihren Zielen, da in der Praxis meist pragmatische Vorgaben entscheidender waren als ideologische Prinzipien. Dies betraf vor allem auch den Umgang mit dem Vermögen der Flüchtlinge. Im Rahmen der Arbeit sollen die Verfahrensgrundsätze für den Umgang der DDR mit enteigneten und unter Zwangsverwaltung gestellte

Grundstücke quellennah dargestellt werden. Die bis 1989 stetig anwachsende Zahl der Vermögenswerte unter staatlicher Verwaltung stellte die zuständigen Behörden wiederholt vor neue Herausforderungen. Gezeigt werden soll, wie die staatliche Verwaltung von entzogenen oder verwalteten Grundstücken funktionierte, wie die staatlichen Beschlüsse zum Umgang mit den Vermögenswerten umgesetzt wurden und welche Probleme und Möglichkeiten sich daraus für die handelnden Behörden ergaben. Zwar werden die theoretischen Grundlagen der Durchführungsbestimmungen und Verordnungen zum Umgang mit den verbleibenden Vermögenswerten in bisher erschienenen Beiträgen teilweise sehr umfangreich dargestellt, doch fehlt die Auseinandersetzung mit konkreten Beispielen aus der Praxis.[9] Die Auswertung von Überlieferungen des »Referats Staatliches Eigentum« des DDR-Bezirkes Potsdam sowie einzelner Abteilungen »Staatliches Eigentum« auf Kreisebene und nicht zuletzt der Abteilung »Treuhandvermögen und Volkseigentum« des Ministeriums der Finanzen der DDR gaben Einblicke in die Probleme der Vermögensverwaltung vor Ort.

Ein weiterer Abschnitt beschäftigt sich mit den Entstehungsbedingungen des Rückgabeprinzips. Eine systematische Auswertung verfügbarer Dokumente ermöglicht es, die Entscheidungsfindung der verantwortlichen Akteure nachvollziehbar zu machen, die zu dieser Regelung führte, und sie in den Gesamtkomplex deutsch-deutscher Verhandlungen zur Währungsunion einzuordnen. Anliegen der Arbeit ist es, die Überlegungen beider Seiten im Vorfeld und die Verhandlungen möglichst genau nachzuzeichnen. Gleichzeitig soll geklärt werden, ob die DDR zu diesem Zeitpunkt überhaupt noch als gleichberechtigter Verhandlungspartner agieren oder ob sie lediglich ihre Minimalforderungen durchsetzen konnte. Gefragt wird außerdem, welche alternativen Lösungsmöglichkeiten zur Restitution diskutiert wurden, die beide Seiten ernsthaft in Erwägung zogen.

Im Rahmen einer ausführlichen Betrachtung zur Umsetzung der gesetzlichen Regelungen wird der Versuch gemacht, die Frage zu beantworten, inwieweit es überhaupt möglich war, die Ziele des Gesetzgebers, Wiedergutmachung zu leisten und einen sozialverträglichen Ausgleich zu schaffen, umzusetzen waren, ohne dabei neues Unrecht entstehen zu lassen. Das Gesetz zur Regelung offener Vermögensfragen hat seit Inkrafttreten zahlreiche Änderungen erfahren. Die erst 1994 verabschiedeten Gesetze zur Sachenrechtsbereinigung, zur Schuldrechtsanpassung und zu Entschädigungs- und Ausgleichsleistungen vervollständigten den Gesamtkomplex zur Rechtsabwicklung der offenen Vermögensfragen und zur Neuregelung der Eigentumsordnung in den neuen Bundesländern. Bei all diesen Gesetzen handelt es sich um komplexe Regelwerke, die

[9] Mit einer vom Bundesamt zur Regelung offener Vermögensfragen seit 1991 herausgegebenen Schriftenreihe steht eine Sammlung aller relevanten Dokumente, Gesetze und Dienstanweisungen zur Verfügung.

für juristische Laien kaum zu überblicken sind. Im Rahmen einer ausführlichen Darstellung werden die wesentlichen Inhalte der Gesetze erläutert und es wird gezeigt, ob und wie sich das Restitutionsprinzip in der Folgezeit entwickelt hat. Anhand zahlreicher Fallbeispiele wird dargestellt, welche Umsetzungsprobleme sich in der Praxis für Nutzer, Eigentümer und die Rechtsprechung ergeben haben und wie die Umsetzung der umstrittenen Lösung bewertet werden kann.

Die Beratungen zu den verschiedenen Gesetzentwürfen fanden stets vor dem Hintergrund parlamentarischer Debatten um eine mögliche Umkehrung des Prinzips statt. Das führt zu der Frage, wie die Diskussion über das Restitutionsprinzip auf politischer Ebene geführt wurde. Daran anschließend erfolgt eine Betrachtung der Auswirkungen, die mit dem Vollzug des Restitutionsprinzips in Verbindung gebracht werden können. Diese waren und sind vielfältig, ambivalent und werden je nach Interessenstandpunkt recht unterschiedlich bewertet. Vielfach ist eine Abgrenzung zu den allgemeinen Prozessen des Strukturwandels, begründet durch die Transformation, nicht möglich. Dennoch gilt es zu zeigen, welche politischen, ökonomischen und sozialen Auswirkungen das Restitutionsprinzip nach sich zog. Wie sah der in den Medien heraufbeschworene »deutsch-deutsche-Häuserkampf«[10] vor Ort tatsächlich aus, wenn es ihn denn überhaupt gegeben hat? Einige ausgesuchte Beispiele verdeutlichen, wie Kommunen auf die möglichen Auswirkungen reagierten und mit welchen Problemen sie dabei konfrontiert waren. Das Restitutionsprinzip verursachte erhebliche soziale Spannungen. Zu fragen ist daher auch, welche Auswirkungen die Eigentumsproblematik auf das Zusammenleben der Einwohner und auf die Wiedervereinigung auf lokaler Ebene hatte.

Literaturlage und Forschungsstand

Zum Bodenrecht der DDR, der Enteignungsgesetzgebung und dem Umgang mit Flüchtlingsvermögen existiert eine Reihe von Publikationen, die das Thema recht umfassend behandeln. Eine sehr ausführliche und übersichtliche Darstellung zur Eigentumsordnung der DDR und über die verschiedenen Formen der Vermögensschädigungen in der DDR zwischen 1949 und 1989 ist die Publikation von Karl Heinrich Friauf und Michael Horscht.[11] Die Autoren, die immer den Bezug zum Grundgesetz herstellen, machen deutlich, dass es sich bei den offenen Vermögensfragen um drei unterschiedliche Problemfelder handelt. Dies betraf die Neuordnung des Sachenrechts und die Überleitung sozialistischer Eigentumsformen in eine freiheitliche Eigentums-

[10] So zum Beispiel: Der Häuserkampf, in: DIE ZEIT vom 20.03.1992.

[11] Friauf, Karl Heinrich/Horscht, Michael: Rechtsfolgen der Enteignung von Grundbesitz und Wohngebäuden in der ehemaligen DDR zwischen 1949 und 1990. Stuttgart 1993, S. 22.

ordnung, die Zuordnung des Eigentums, insbesondere im Bereich der öffentlichen Hand, die mit der wirtschaftspolitisch motivierten Privatisierung einherging sowie die Regelung der ungeklärten Eigentumsverhältnisse, die auf eine Rekonstruktion früherer Eigentumsverhältnisse hinauslief. Zum Bodenrecht der DDR erschien 1991 die Publikation von Klaus Heuer, der systematisch und umfassend die Grundzüge der ostdeutschen Eigentumsordnung zwischen 1949 und 1989 darstellt.[12] Die wohl wichtigste und grundlegendste Untersuchung zur Frage, wie sich die Verwaltung der entzogenen und unter Zwangsverwaltung gestellten Vermögenswerte gestaltete, erschien 1994.[13] Die Autoren Monika Tatzkow und Gunnar Schnabel beschäftigen sich mit der Entstehungsgeschichte und der Umsetzung der geheimen Verwalterverordnung von 1968 und weisen nach, dass es sich dabei um eine gezielte staatliche Enteignungskampagne seitens der Staatsführung handelte.

Die erschienene Literatur, die sich aus rechtswissenschaftlicher Sicht mit der Thematik der offenen Vermögensfragen befasst, ist beinahe unüberschaubar. Eine Vielzahl an Ratgebern, Gesetzeskommentaren und Monografien beschäftigt sich mit der Wiederherstellung der privaten Eigentumsordnung, informiert über die Gesetzgebung und wichtige Gerichtsentscheidungen und beschreibt detailliert die Probleme der Eigentumsproblematik. Mehrere juristische Zeitschriften widmen sich zudem dezidiert den offenen Vermögensfragen und berichten über die aktuelle Rechtsprechungsentwicklung.[14] Die Fülle an rechtskundlichem Schrifttum ist jedoch für den juristisch nicht vorgebildeten Leser nur sehr schwer verständlich. Einführungen in die Grundproblematik, die als Handbücher für Betroffene gedacht sind, beschäftigen sich ausschließlich aus rechtswissenschaftlicher Sicht mit dem Thema. Hervorzuheben ist beispielsweise die Publikation der Rechtsanwälte Wedding Fricke und Klaus Märker, die in einer sehr umfangreichen und übersichtlichen Darstellung den Gesamtkomplex der Vermögensfragen erörtern.[15] Nach einer systematischen Einordnung der Vermögensschädigungen zwischen 1945 und 1989 werden detailliert die Rechtsfragen, die sich aus dem Vermögensgesetz ergeben, behandelt. Kritisch bewerten die Rechtsanwälte den Ausschluss der Rückübertragungen zwischen 1945 und 1949. Die Entscheidung des Bundesverfassungsgerichts über die Verfassungsmäßigkeit des Ausschlusses basiere demnach auf einer erfundenen Behauptung der Bundesregierung über die sowjetische Bedingung eines Rückgabeverbotes. Die Autoren positionieren sich in ihrer Eigenschaft als Rechtsanwälte allzu deutlich aufseiten der ehemaligen Eigentümer und kritisieren,

12 Klaus Heuer: Grundzüge des Bodenrechts der DDR 1949–1990. München 1991.

13 Tatzkow, Monika/Schnabel, Gunnar/Hennicke, Hartmut: Kalte Enteignungen von Grundstücken nach der Zwangsverkaufs VO ′68. Berlin 1994, S. 17.

14 Zum Beispiel die Zeitschrift für Offene Vermögensfragen (ZOV), die im Grundeigentum-Verlag GmbH erscheint.

15 Fricke, Wedding/Märker, Klaus: Enteignetes Vermögen in der DDR. München 2002.

dass diese als Opfer des SED-Regimes »zu Bittstellern auf den Vermögensämtern degradiert«[16] worden seien.

Der Rechtsratgeber der Autoren Rolf Theißen und Hans-Georg Patt wendet sich hingegen explizit an die von Rückübertragungsansprüchen betroffenen Grundstücksnutzer sowie an Investoren und erläutert die rechtlichen Möglichkeiten zur Abwehr von Rückübertragungsansprüchen.[17] Positiv hervorzuheben ist ein Gesamtüberblick zur Problematik der offenen Vermögensfragen, der von Juristen des Brandenburger Justizministeriums verfasst wurde und sich insbesondere durch eine umfassende und objektive Darstellung der komplexen Materie auszeichnet.[18] Die Verfasser, die sich einer leicht verständlichen Sprache bedienen, vermögen anhand zahlreicher Beispielfälle einen zusammenhängenden Gesamtüberblick über die wichtigsten Gesetzesinhalte zu geben. In ihrem Ratgeber werden sowohl das Vermögensgesetz als auch das Sachenrechtsbereinigungsgesetz, das Schuldrechtsanpassungsgesetz und das Entschädigungs- und Ausgleichsleistungsgesetz informativ erläutert. Der Leser profitiert außerdem von den Erfahrungen der Autoren mit der Ausführung der Gesetze, da alle als Mitarbeiter des Justizministeriums selbst mit der Umsetzung der Bestimmungen vertraut waren. Das Anliegen der Autoren war es, durch die »klare Darstellung von Rechten und Pflichten den Betroffenen ihre Sorgen und Ängste zu nehmen«, weswegen ihre Publikation eben vor allem »ein politisches Buch«[19] sei. Zusammenfassend stellen die Juristen fest, dass die Regelungen zum Eigentum an Grund und Boden insgesamt besser seien als ihr Ruf. Dies sei nicht zuletzt den Schutzbestimmungen für redlich erworbene Besitzstände zu verdanken, die erst nach hartem Kampf auf allen politischen Ebenen erreicht werden konnten. Diese Verbesserungen seien eine »in weiten Teilen geglückte Aufarbeitung einer vorher im Ansatz her missglückten Gesetzgebung«[20].

Die Lösung der offenen Vermögensfragen und insbesondere das Prinzip »Rückgabe vor Entschädigung« war häufig Gegenstand juristischer Dissertationen, die sich zumeist mit Einzelaspekten auseinandersetzten. So analysierte Ingrid Drees die Aufarbeitung der Enteignungen im wiedervereinigten Deutschland, untersuchte, ob der Restitutionsausschluss für die Enteignungen zwischen 1945 und 1949 verfassungswidrig war und ob die Gesetzgebung zu einem sozialverträglichen Ausgleich aller Interessen geführt hat.[21] Ihrer Meinung nach ist zwar der Restitutionsausschluss verfassungsge-

16 Fricke, W./Märker, K. (2002), S. 468.

17 Patt, Hans-Georg/Theissen, Rolf: Streit um Grundstücke. Die Abwehr von Alteigentümeransprüchen im Rückübertragungs- und Investitionsvorrangverfahren. Freiburg 1994.

18 Brouër, Dirk/Trimbach, Herbert (u.a.): Offene Vermögensfragen. Ein Ratgeber. Hamburg 1995.

19 Ebd., S. 15.

20 Brouër, Dirk: Die Vertreibung findet nicht statt, in: Brouër, Dirk/Trimbach, Herbert (u.a.): Offene Vermögensfragen. Ein Ratgeber. Hamburg 1995, S. 239.

21 Drees, Ingrid: Aufarbeitung von SBZ/DDR-Enteignungen im wiedervereinigten Deutschland. Hannover 1995.

mäß, die Gesetzgebung im Zusammenhang mit der Aufarbeitung der Enteignungen allerdings nur ein Kompromiss. Obwohl der Schutz des redlichen Erwerbs gewährleistet sei, hätte die Rückgabe auf Härtefälle beschränkt werden sollen. Für Birgit Strobl war die Restitution vor allem eine Möglichkeit der Vergangenheitsbewältigung und der Korrektur staatlichen Handelns in der DDR.[22] Herbert Geisler stellte die Frage nach verbleibenden rechtsstaatlichen Defiziten bei der Bewältigung der vermögensrechtlichen Problematik und überprüfte die ausgeschlossenen Rückübertragungsmöglichkeiten bezüglich der Vorgänge zwischen 1945 und 1949 auf Verfassungswidrigkeit.[23] Seiner Meinung nach sei das »Gesetzeswerk eine große Leistung, aber keine Meisterleistung«. Für Geisler gingen die nachträglichen Änderungen am Vermögensgesetz zum Schutz der Nutzer zu Lasten der Alteigentümer. Das Restitutionsprinzip sei zwecks Erreichung eines sozialen Ausgleichs immer mehr eingeschränkt worden, sodass am Ende nicht deutlich werde, weshalb der Alteigentümer oftmals zurückstehen muss. Die Betonung des Nutzerschutzes sei der Grund, warum ein sozialverträglicher Ausgleich gescheitert sei.[24] Alexandra du Sold beschäftigte sich im Jahr 1993 mit dem Grundsatz »Rückgabe vor Entschädigung« und analysierte die Regelungen der Eigentumsfrage nach rechtlichen, wirtschaftlichen und politischen Gesichtspunkten.[25] Du Sold ist der Meinung, dass die Entscheidung zugunsten der Rückübertragung vor allem wahlkampftaktische Gründe gehabt habe. Dies habe den Vorstellungen der westdeutschen Wähler von Wiedergutmachung entsprochen. Die Befürchtungen der Ostwähler vor Grundstücksverlusten hätten sich hingegen im Zuge der Wiedervereinigungseuphorie nicht in Stimmverlusten niedergeschlagen. Sie stellt außerdem fest, dass einer rechtspraktischen Umsetzung der Umkehrung des Prinzips nichts entgegengestanden hätte, da das Prinzip ohnehin durch die Vorfahrtsregelung für Investitionen nicht durchgehend angewendet worden sei.[26] Aus rechtswissenschaftlicher Perspektive verfasst, gibt es außerdem wichtige Gesamtdarstellungen, die sich mit den Schwierigkeiten der Überleitung der sozialistischen Eigentumsordnung befassen und einige Aspekte des Transformationsprozesses näher erläutern. Hervorzuheben sind beispielsweise die Arbeiten von Dirk Bohrisch und Guido Harder.[27] Harder widme-

22 Strobl, Birgit: Die Rückgabe von Vermögen in der ehemaligen DDR. Berlin 1992, S. 84.

23 Geisler, Herbert: Restitution nach der Wiedervereinigung. Vom Unrecht zur Ungerechtigkeit? Regensburg 2000.

24 Ebd., S. 340ff.

25 Du Sold, Alexandra: Restitution vor Entschädigung. Wiedervereinigung zu welchem Preis. Analyse und Wertung nach rechtlichen, wirtschaftlichen und politischen Gesichtspunkten. Baden-Baden 1993.

26 Vgl.: Ebd., S. 160ff.

27 Bohrisch, Dirk: Die sozialistische Grundeigentumsordnung und deren Überleitung in die bundesdeutsche Rechtsordnung. Die Überleitung der DDR-Eigentumsformen durch den Einigungsvertrag in bürgerlich-rechtliches Eigentum im Sinne des Bürgerlichen Gesetzbuches. Göttingen

te sich in seiner Untersuchung der Herausbildung und Entwicklung des Instituts der Nutzungsrechte und beschreibt dabei die Probleme, die in diesem Zusammenhang bei der Sachenrechtsbereinigung entstanden sind. Dirk Bohrisch setzte sich 1996 intensiv mit Fragen bezüglich der Überleitung der sozialistischen Grundeigentumsordnung in die bundesdeutsche Rechtsordnung auseinander. Der Jurist Robert Klüsener versuchte im Rahmen seiner Dissertation die praktische Umsetzung des Restitutionsprinzips zu bewerten und stellte die Frage, ob es tatsächlich eine praxisgerechte Alternative gegeben hat. Fazit seiner Überlegungen ist der Befund, dass keine andere Lösung infrage gekommen wäre.[28] Er kommt zu dem Schluss, dass der Rückgabegrundsatz die »beste aller schlechteste[n] Lösungen«[29] sei. Nachdem er mögliche Alternativen unter den Voraussetzungen »Investition, Rechtsfrieden und politische Durchsetzbarkeit« eingehend erläutert hat, stellt er fest, dass es keine praxistaugliche Alternative gegeben habe. Klüsener beschreibt die Enteignungsformen zwischen 1945 und 1989 und legt eine Zusammenfassung bisheriger Ergebnisse vor. Was die Bewertung der Verhandlungen im Jahr 1990 und damit die Gründe für die Entscheidung zum Restitutionsgrundsatz angeht, orientiert er sich jedoch ausschließlich an den Ausführungen Dieter Grossers, ohne neues Quellenmaterial zu verwenden. Im Rahmen einer vierbändigen Geschichte der Deutschen Einheit widmete sich der Politologe Dieter Grosser dem Wagnis der Währungs-, Wirtschafts- und Sozialunion. Durch eine Sondergenehmigung erhielt Grosser vor Ablauf der Sperrfrist Zugang zu Akten des Bundeskanzleramtes und des Bundesministeriums der Finanzen. Im Rahmen der Publiktion beschreibt er seine Sicht auf die Vermögensverhandlungen zwischen der Bundesrepublik und der DDR. Grosser kommt nach Auswertung aller verfügbaren Quellen zu dem Ergebnis, dass die Regierung der Bundesrepublik zu vorsichtig und zu zögerlich mit den Vertretern der DDR-Regierung in Sachen Vermögensfragen verhandelt, sich insgesamt zu kompromissbereit gezeigt und in erheblichem Maße Rücksicht auf die Wünsche der DDR-Regierung genommen habe.[30]

Viele Aspekte der offenen Vermögensfragen wurden in der Öffentlichkeit kontrovers diskutiert. Für besondere Aufregung sorgte der Rückgabeausschluss der Enteignungen zwischen 1945 und 1949. Großes Aufsehen erregte die Dissertation der Politikwissenschaftlerin Constanze Paffrath im Jahr 2003, die die Entscheidung des

1996; Harder, Guido: Das verliehene Nutzungsrecht. Herausbildung und Entwicklung eines Rechtsinstituts des DDR-Bodenrechts. Berlin 1998.

28 Klüsener, Robert: Rechtsstaat auf dem Prüfstand. Wiedervereinigung und Vermögensfragen. Berlin 2011.

29 Ebd., S. 216.

30 Grosser, Dieter: Das Wagnis der Währungs- Wirtschafts- und Sozialunion. Politische Zwänge im Konflikt mit ökonomischen Regeln (Geschichte der deutschen Einheit in vier Bänden, Bd. 2), Stuttgart 1998.

Gesetzgebers und das Urteil des Bundesverfassungsgerichts erneut ins Rampenlicht rückte.[31] Die Autorin versuchte nachzuweisen, dass die Regierung Kohl mit ihrer Behauptung, die Sowjetunion hätte die Zustimmung zur Einheit von der Festschreibung der Enteignungen abhängig gemacht, die Öffentlichkeit bewusst getäuscht habe. Ihrer Meinung nach habe es eine solche Forderung seitens der Sowjetunion nie gegeben. Paffraths provokante These konnte allerdings nicht überzeugen da sie den Beweis für ihre Behauptung schuldig blieb. Kritisiert wurde außerdem, dass sie ihre Aussagen ausschließlich auf veröffentlichtes Material gestützt habe, ohne neue Erkenntnisse zur Thematik beizutragen.[32] Außer Paffraths Arbeit sind die juristische Dissertation von Stefan von der Beck[33] sowie die Publikation von Bruno J. Sobottka[34] zu erwähnen, die sich dezidiert mit dem Rückgabeausschluss der enteigneten Vermögenswerte zwischen 1945 und 1949 beschäftigen. Sobottkas Publikation enthält Aufsätze von 65 Autoren aus Politik, Wirtschaft, Wissenschaft und Publizistik, die zwischen 1992 und 1997 erschienen sind und den jeweiligen Stand der Auseinandersetzung wiedergeben.

Zu den Publikationen, deren Erscheinen für große Aufmerksamkeit sorgte und die das Thema der Eigentumsfragen in den Fokus der Öffentlichkeit rückten, gehört zweifellos die politische Streitschrift der Autorin und Journalistin Daniela Dahn.[35] Unter dem provokanten Titel »Wir bleiben hier oder wem gehört der Osten?«, übte die ehemalige Bürgerrechtlerin massive Kritik am Wiedervereinigungsprozess und sah darin eine Inbesitznahme des Ostens, die von Beginn an als eine Vereinnahmung geplant worden sei. Ihrer Meinung nach war aufgrund des Rückgabeprinzips die Hälfte aller Ostdeutschen von einer Vertreibung bedroht. Aus dem Einigungsprozess sei so ein Eigentumsprozess geworden. Dahns Publikation stand monatelang ganz oben auf den Bestsellerlisten, was zeigt, dass sie die Stimmung, die Mitte der 1990er-Jahre in den neuen Bundesländern herrschte, auf den Punkt brachte.

Im Jahr 2011 beschäftigte sich Prof. Dr. Rainer Schröder vom Lehrstuhl für Bürgerliches Recht der Humboldt-Universität mit der Problematik der Vermögensfragen. Schröder erstellte im Auftrag der Enquete-Kommission des Brandenburger Landtages zur Aufarbeitung der SED-Diktatur ein Gutachten zur Eigentumstransformation vor

[31] Paffrath, Constanze: Macht und Eigentum. Die Enteignungen 1945-1949 im Prozess der deutschen Wiedervereinigung. Köln 2004.

[32] So unter anderem: Bauerkämper, Arndt: Eine Zwangslage nur vorgetäuscht?, in: DIE ZEIT Nr. 20 / 06.05.2004, S. 46; Susann, Schwabach-Albrecht, Enteignet für die Einheit? Brisante Vorwürfe gegen die Regierung Kohl, in: Deutschland Archiv (DA) 37 (2004), S. 696f.

[33] Beck, Stefan von der: Die Konfiskationen in der sowjetischen Besatzungszone von 1945 bis 1949. Frankfurt am Main 1996.

[34] Sobotka, Bruno J. (Hrsg.): Wiedergutmachungsverbot? Die Enteignungen in der ehemaligen DDR zwischen 1945 und 1949. Witten 1998.

[35] Dahn, Daniela: Wir blieben hier. Oder wem gehört der Osten. Berlin 1994.

und nach 1989 in Brandenburg.[36] Im Rahmen der Untersuchung betrachtet er die verschiedenen Eingriffe in die Vermögenswerte vor 1989 und beschreibt die Rechtsnormen, die zur Lösung der Problematik nach 1989 beitragen sollten. Der Rechtswissenschaftler stellte fest, dass es in Brandenburg bei der Bearbeitung der Vermögensfragen keine negativen Auffälligkeiten im Vergleich zu den anderen neuen Bundesländern gegeben habe. Zusammenfassend wirft er die Frage auf, wie lange man Eigentums-Transformationen zurückdrehen könne: »Können die ›Indianer‹, denen bis circa 1910 der Boden in Seattle gehörte«, auf dem 60 Jahre später Wolkenkratzer stehen, »diesen als Eigentum reklamieren?«[37] Schröders Fazit lautet: »Die großen Ungerechtigkeitslagen kann man nicht mehr ändern.«[38]

Während sich die meisten Arbeiten mit rechtlichen Aspekten des Vermögensgesetzes beschäftigen sind geografische oder soziologische Arbeiten, die sich mit den räumlichen und sozialen Auswirkungen auseinandersetzen, seltener. Hervorzuheben ist eine 2007 erschienene Publikation von Karl Martin Born, der die Dynamik von Eigentumsrechten, die durch Privatisierungen und Restitution ausgelöst wurden im Kontext des Transformationsprozesses untersucht und analysiert wie diese das Landschaftsbild sowie die Sozial- und Wirtschaftsstrukturen in Ostdeutschland geprägt haben.[39] Der Autor bekam Zugang zu den datenschutzrechtlich sensiblen Informationen von Ämtern für offene Vermögensfragen und konnte so die Restitutionsverfahren des Amtes Löcknitz, einer Gemeinde im Landkreis Vorpommern-Greifswald in Mecklenburg-Vorpommern auswerten. Im Rahmen seiner Untersuchung wertete der Geograf statistische Daten zur Erfolgsquote, zur Herkunft der Antragsteller, zu den beantragten Objekten und den Enteignungsgründen aus und legte seine Ergebnisse in einer geografischen Darstellung in Flurkarten ausführlich dar.[40]

In einer Reihe von Publikationen spielt die Restitutionsproblematik vor dem Hintergrund anderer Untersuchungsgegenstände eine zentrale Rolle. Hartwig Dieser untersuchte beispielsweise die Motive von Alteigentümern und versuchte, daraus allgemeine Problemfelder für die Stadterneuerung in Altbaugebieten auszuweisen.[41] Am

36 Schröder, Rainer: Systematische Übersicht zur Eigentumstransformation vor und nach 1989 in Brandenburg. Gutachten für die Enquete Kommission »Aufarbeitung der Geschichte und Bewältigung von Folgen der SED-Diktatur und des Übergangs in einen demokratischen Rechtsstaat im Land Brandenburg«. Berlin 2011. Online unter: http://www.landtag.brandenburg.de/sixcms/media.php/5701/5_Schr%C3%B6der%20Gutachten%20Brandenburg_%20Endfassung%20ohne%20Sperrfristvermerk.15703112.pdf (letzter Abruf am 17.12.2015).

37 Ebd., S. 144.

38 Ebd., S. 143.

39 Born, Karl Martin: Die Dynamik der Eigentumsverhältnisse in Ostdeutschland seit 1945. Ein Beitrag zum rechtsgeographischen Ansatz. Stuttgart 2007.

40 Ebd., S. 18f.

41 Dieser, Hartwig: Restitution. Wie funktioniert sie und was bewirkt sie?, in: Häußermann, Hart-

Beispiel der Spandauer Vorstadt in Berlin versuchte er zu erfragen, welche Absichten die Alteigentümer mit ihren zurückerhaltenen Vermögenswerten hatten.[42] Nach seinen Schätzungen lag der Anteil derer, die ihr Eigentum nicht weiterverkaufen wollten bei lediglich fünf bis acht Prozent. Der Autor prognostizierte für das untersuchte Beispielgebiet, das die klassischen Voraussetzungen für Investitionen aufwies, eine völlig neue Eigentümerstruktur, die zum einen positiv als Katalysator eines ohnehin erforderlichen Erneuerungsprozesses wirken konnte, zum anderen aber auch zur Verdrängung einkommensschwacher Bewohner und Herausbildung von Segregations-Phänomenen führen könne.

Hervorzuheben sind weiterhin einige Forschungsprojekte zum Thema Stadtentwicklung und -umbau in Ostdeutschland. Die Kommission für die Erforschung des sozialen und politischen Wandels in den neuen Bundesländern ließ von 1991 bis 1996 im Rahmen größerer Forschungsarbeiten die Transformation Ostdeutschlands untersuchen. Im 1997 erschienenen Band über städtische Strukturen im Wandel befasste sich Bettina Reimann mit Verfahren, Umfang und Folgen des vermögensrechtlichen Grundsatzes für die Stadtentwicklung und Wohnungsversorgung in Ostdeutschland.[43] Sie stellte dabei fest, dass sich das Problem der Eigentumsfragen in verschiedenen Stadttypen und Lagen innerhalb der Stadt sehr unterschiedlich auswirkte. Reimann versuchte nachzuweisen, dass die Wiedergutmachung des vergangenen Unrechts nicht ohne neue Unrechtssituationen zu bewältigen gewesen sei. Ihrer Meinung nach wog dies umso schwerer, weil die Konfliktlinien häufig entlang der Ost-West-Achse verliefen und somit wesentlich zu einem Erschweren der inneren Einheit beigetragen hatten. In einer anderen Forschungsarbeit beschäftigte sie sich mit den Folgen von Restitutionsverfahren auf Stadterneuerung, Stadtentwicklung und Wohnungspolitik in sanierungsbedürftigen Gebieten.[44] Am Beispiel des Berliner Stadtbezirks Prenzlauer Berg bilanzierte die Autorin die Wirkung der Bereinigung der Eigentumsverhältnisse im Prozess der Wiedervereinigung auf die Stadterneuerung und die Wohnungsversorgung

mut (Hrsg.): Stadtentwicklung in Ostdeutschland. Soziale und räumliche Tendenzen. Opladen 1996, S. 129–138.

42 Dieser, Hartwig: Rückübertragung vor Entschädigung. Konsequenzen eines vermögensrechtlichen Grundsatzes, in: Gesellschaft Hackesche Höfe e.V., Verein zur Förderung urbane Lebens (Hrsg.): Die Spandauer Vorstadt. Utopien und Realitäten zwischen Scheunenviertel und Friedrichstraße. Berlin 1995, S, 110–114.

43 Reimann, Bettina: Restitution. Verfahren, Umfang und Folgen des vermögensrechtlichen Grundsatzes für die Stadtentwicklung und Wohnungsversorgung in Ostdeutschland, in: Schäfer, Uta (Hrsg.): Städtische Strukturen im Wandel. Beiträge zu den Berichten der Kommission für die Erforschung des Sozialen und Politischen Wandels in den Neuen Bundesländern e.V. (KSPW). Opladen 1997, S. 15–116.

44 Reimann, Bettina: Städtische Wohnquartiere: Der Einfluss der Eigentümerstruktur Eine Fallstudie aus Berlin Prenzlauer Berg. Opladen 2000.

und kam dabei zu dem Ergebnis, dass das rechtliche Instrument der Restitution eine Blockade für die Stadterneuerung war und sich durch den Verkauf der Immobilien ein grundlegender Wandel der Eigentümerstruktur ergab. Im Zuge der Restitution und der anschließenden Weiterverkäufe durch die Alteigentümer entstand somit eine neue Eigentümerstruktur, die die baulichen und sozialen Prozesse der Stadterneuerung nachhaltig beeinflusst haben. Ein von Hartmut Häußermann und Rainer Neef herausgegebener Band zur Stadtentwicklung in Ostdeutschland fasst verschiedene Beiträge zusammen, die sich mit einzelnen Aspekten der Stadtentwicklung und der Entwicklung des Wohnungswesens in Ostdeutschland im Rahmen des Transformationsprozesses beschäftigen. Der Stadtforscher und Soziologe Hartmut Häußermann beschäftigte sich mit der Entwicklung der Stadt im Sozialismus zur Stadt im Kapitalismus und warf ebenfalls die Frage nach den Wirkungen von Rückübertragungen auf die Eigentümerstruktur auf. Häußermann kam zu dem Schluss, dass die gesamte Restrukturierung der ostdeutschen Städte und des Immobilienwesens von einem gigantischen Transfer zugunsten der Vermögensbildung von Privatpersonen und Anlegergesellschaften in den alten Bundesländern begleitet war.[45]

Der umfangreichste und wichtigste Beitrag zur Frage nach den sozialen Folgen von Restitution ist eine Reihe von Working Papers, die aus dem Forschungsprojekt »Eigentumsrückübertragung und der Transformationsprozess in Deutschland und Polen nach 1989«, das von September 1999 bis Februar 2001 an Universitäten in Plymouth, Berlin und Krakow durchgeführt wurde, hervorgegangen ist. Das Projekt befasste sich mit sozialen und räumlichen Auswirkungen der Restitution und fragte nach sozialen Folgen und den räumlich differenzierten Auswirkungen des Transformationsprozesses. Dabei beleuchten die Autoren Birgit Glock und Carsten Keller die Konfliktfelder in den innerstädtischen Wohngebieten und im suburbanen Raum. Als Grundlage der Untersuchung dienten der Berliner Stadtteil Prenzlauer Berg und Kleinmachnow. Die Autoren führten zur Beantwortung ihrer formulierten Fragen eine Reihe von Einzelinterviews durch. Durch empirische Untersuchungen sollte herausgefunden werden, wie sich das Restitutionsverfahren in der Praxis gestaltete, welche Folgen sich für die Stadtentwicklung ergaben und inwieweit die Regelungen von den Betroffenen akzeptiert wurden. Ein wichtiges Ergebnis der Forschungsarbeit lautete, dass kein umfassender Wandel der Eigentumsverhältnisse stattgefunden habe und dass die »Häuserkämpfe« und die Vertreibung ostdeutscher Mieter weder das Ausmaß noch die Form angenommen hätten, wie in den Medien immer beschrieben wurde. [46]

45 Häußermann, Hartmut: Von der Stadt im Sozialismus zur Stadt im Kapitalismus, in: Häußermann, Hartmut/Neef, Rainer (Hrsg.): Stadtentwicklung in Ostdeutschland. Opladen 1996, S. 39.

46 Häußermann, Hartmut/Glock, Birgit/Keller, Carsten: Eigentumsstrukturen zwischen Persistenz und Wandel. Zu den Folgen der Restitution in suburbanen und innerstädtischen Gebieten. Working Paper Nr. 2. Berlin 2000; Dies.: Eigentumsrückübertragung und der Transformationsprozess

Quellenlage

Zur Enteignungsgesetzgebung und zum Umgang mit enteigneten oder unter Zwangsverwaltung gestellten Flüchtlingsvermögen in der DDR konnte umfangreiches Material eingesehen werden. Mit einer vom Bundesamt zur Regelung offener Vermögensfragen seit 1991 herausgegebenen Schriftenreihe stand eine Sammlung aller relevanten Dokumente, Gesetze und Dienstanweisungen zur Verfügung.[47] Als weitere wichtige Quellengrundlage dienten die Bestände des Ministeriums der Finanzen der DDR, die im Bundesarchiv-Lichterfelde zugänglich sind. Darin enthalten sind Unterlagen der Abteilung Volkseigentum und Treuhandvermögen. Eine Abteilung, die zwischen 1966 und 1968 gegründet wurde und deren Aufgabe in der Verwaltung und im Verkauf von Vermögenswerten der sogenannten »Republikflüchtlinge« bestand. Die Überlieferung der Abteilung ermöglichte einen guten Einblick in die Problematik der Sicherung und der Verwaltung der entzogenen Vermögenswerte auf zentraler Ebene bis 1989. Da sich einige Fragen in der Beschränkung auf die zentrale Ebene nicht erschlossen hätten, wurden zudem Bestände der Referate Staatliches Eigentum der Räte der Bezirke Cottbus, Frankfurt/Oder und Potsdam im Brandenburgischen Landeshauptarchiv eingesehen. Darin enthalten waren unter anderem Berichterstattungen der Räte der Kreise an den jeweiligen Rat des Bezirkes sowie der Räte der Bezirke an das Ministerium der Finanzen. Die Unterlagen ermöglichten einen guten Einblick in die Probleme der Verwaltung entzogener Vermögenswerte und in die Umsetzung der jeweiligen staatlichen Beschlüsse. Insbesondere zur Umsetzung der Verwalterverordnung von 1968 konnten wichtige Erkenntnisse gewonnen werden. Die Informationen, die sich aus der Einsichtnahme der Akten auf Ebene der Räte der Bezirke ergaben, wurden ergänzt durch weitere Recherchen in den Kreisarchiven der Landkreise Teltow-Fläming und Barnim in Luckenwalde und Bernau. Sie lieferten wertvolle Informationen zur Praxis der Verwaltung von enteigneten und staatlich verwalteten Vermögenswerten und der Vergabe volkseigener Grundstücke auf Ebene von Rat der Stadt beziehungsweise Rat der Ge-

in Deutschland und Polen nach 1989. Rechtliche Regelungen und Praxis der Restitution in Ostdeutschland seit 1990 unter besonderer Berücksichtigung sozial-räumlicher Differenzierungen. Berlin 1999; Glock, Birgit/Keller, Carsten: Kollektiver Protest ums Eigenheim: individualisierte Konflikte in der Innenstadt. Soziale Folgen der Restitution von Immobilien in Berlin. in: Christine Hannemann; Sigrun Kabisch; Christine Weisske (Hrsg.): Neue Länder - neue Sitten? Transformationsprozesse in Städten und Regionen Ostdeutschlands. Berlin 2001; Häußermann, Hartmut/ Glock, Birgit/Keller, Carsten: Die sozialen Konsequenzen der Restitution von Grundeigentum in Deutschland und Polen. in: Berliner Journal für Soziologie, 2001, H. 4, S. 533–550.

47 So z.B.: Behandlung von Vermögenswerten von Berechtigten, die das Gebiet der ehemaligen DDR ohne die erforderliche Genehmigung verlassen haben und deren Vermögenswerte beschlagnahmt und in Volkseigentum überführt wurden. Schriftenreihe des Bundesamtes zur Regelung offener Vermögensfragen. Heft 3, Berlin 1992, Behandlung von in der ehemaligen abgeschlossenen Überlassungsverträgen. Schriftenreihe des Bundesamtes zur Regelung offener Vermögensfragen. Heft 5, Berlin 1993.

meinde. Anhand von konkreten Fallbeispielen konnte somit herausgearbeitet werden, mit welchen Problemen die zuständigen Behörden direkt vor Ort konfrontiert waren und welche Schwierigkeiten aus der Verwaltung der Vermögenswerte resultierten.

Die Bestände des Ministeriums der Finanzen der DDR waren außerdem auch für die Fragestellungen zu den Verhandlungen um die Lösung der offenen Vermögensfragen im Jahr 1990 relevant, da einzelne Mitarbeiter des Ministeriums an den Verhandlungen maßgeblich beteiligt waren. Die Unterlagen ließen wichtige Rückschlüsse auf die Verhandlungsposition der DDR zu. Im Bundesarchiv-Lichterfelde wurden außerdem die Bestände des Ministerrates der DDR, insbesondere der Regierungen Modrow und de Maizière, ausgewertet, vor allem im Hinblick auf den Verlauf der Verhandlungen im Jahr 1990.

Das Schriftgut des früheren Amtes für den Rechtsschutz des Vermögens der DDR (AfR), zugänglich im Bundesamt für zentrale Dienste und offene Vermögensfragen (BADV), bildete eine weitere wichtige Grundlage für die Auswertung der Verhandlungen 1990. Dem Organ des Ministerrates, das 1966 gegründet wurde, oblag unter anderem die Kontrolle über das in der DDR befindliche und der staatlichen Verwaltung unterliegende Vermögen von Berechtigten aus anderen Staaten und West-Berlin. Die Überlieferung des AfR ist insbesondere für die Auswertung der Verhandlungspositionen aufschlussreich, da nicht nur einzelne Mitarbeiter des Amtes, sondern auch der Leiter, Prof. Dr. Stephan Supranowitz, maßgeblich an den Expertengesprächen und an den Verhandlungen zum Einigungsvertrag beteiligt waren. In den Beständen finden sich diverse Unterlagen, die die Verhandlungssituation im Zuge der Verhandlungen gut dokumentieren. Obwohl sich die meisten Unterlagen durch einen protokollarischen Charakter auszeichnen und überwiegend im Hinblick auf die Weiterleitung an höhere Ebenen verfasst wurden, konnte durch die Auswertung ein guter Einblick in die Verhandlungsposition der DDR gewonnen werden.

Im Bundesarchiv Koblenz wurden Akten des Bundeskanzleramtes eingesehen. Einem Antrag nach dem Informationsfreiheitsgesetz für die herausgegebenen Unterlagen wurde stattgegeben, sodass die Akten für die Dissertation verwendet werden konnten. Des Weiteren wurde dem Antrag auf Akteneinsicht nach dem Informationsfreiheitsgesetz für Akten des Bundesministeriums für Justiz entsprochen. Es handelt sich um Material des Bundesministeriums, die das »Materielle Bürgerliche Recht im Allgemeinen – Deutsche Demokratische Republik – Arbeitsgruppe offene Vermögensfragen« betrafen und sich im Zwischenarchiv des Bundesarchivs befanden. Durch die Einsichtnahme und Auswertung dieser Bestände konnten die Informationen zum Verlauf der Verhandlungen zu den offenen Vermögensfragen vervollständigt werden. Des Weiteren lieferten sie wertvolle Informationen über die sich anschließenden Probleme bei der Umsetzung des Vermögensgesetzes und der Situation der Vermögensämter. Weiterhin konnte auf bereits veröffentlichtes Quellenmaterial zurückgegriffen werden. Die Herausgeber der Sonderedition aus den Akten des Bundeskanzleramtes 1989/90[48] legten vor Ablauf der regulären Sperrfrist einen Teil von Dokumenten zur Wiedervereinigung vor, die auch für die Lösung der offenen Vermögensfragen relevant waren. Zudem existiert eine vierbändige Reihe zur Gesamtdarstellung der deutschen Einheit, deren Autoren eine Sondergenehmigung zur Auswertung bislang unzugänglichen Quellenmaterials erhielten. Für die Untersuchung besonders relevant waren die Ausführungen des Politologen Dieter Grosser, der sich mit der Währungs-, Wirtschafts- und Sozialunion und damit auch mit der Problematik der Vermögensfragen befasst hat.[49] Bei der systematischen Auswertung verfügbarer Dokumente ergibt sich ein recht detailliertes Bild der Verhandlungen. Dennoch muss hinzugefügt werden, dass viele Dokumente einen reinen protokollarischen Charakter besitzen und zentrale Verhandlungsergebnisse, die mündlich erzielt wurden, wenige bis gar keine Spuren in den Akten hinterlassen haben.

Biografien und Erinnerungen von Politikern und beteiligten Akteuren boten gute Einblicke in die Probleme des innenpolitischen Einigungsprozesses und gaben zum Teil auch einige Hinweise auf die Behandlung der vermögensrechtlichen Fragen. Hervorzuheben sind beispielsweise die Erinnerungen von Hans Tietmeyer, der als Unterhändler und Berater von Helmut Kohl in Wirtschaftsfragen an den Verhandlungen zur Währungs- Wirtschafts- und Sozialunion beteiligt war,[50] sowie von Claus J. Duisberg, Leiter des Arbeitsstabes Deutschlandpolitik auf bundesdeutscher Seite, der die Restitutionsregelung sehr kritisch betrachtete.[51] Zu erwähnen sind außerdem die erschienenen Beiträge von Wolfgang Schäuble, Helmut Kohl, Lothar de Maizière und Hans Modrow, die wichtige Hinweise zur Behandlung der offenen Vermögensfragen im Prozess der deutschen Wiedervereinigung liefern.[52] Mit Hans Modrow und Lothar de Maizière wurden außerdem Interviews geführt, die auf der Basis vorbereiteter Fragen stattfanden. Günther Krause erklärte sich bereit, Detailfragen per E-Mail zu beantworten.[53]

[48] Dokumente zur Deutschlandpolitik. Deutsche Einheit. Sonderedition aus den Akten des Bundeskanzleramtes 1989/90, bearbeitet von Hanns Jürgen Küsters und Daniel Hofmann. München 1998.

[49] Grosser, D. (1998).

[50] Tietmeyer, Hans: Erinnerungen an die Vertragsverhandlungen, in: Waigel, Theo/Schell, Manfred: Tage, die Deutschland und die Welt veränderten. Vom Mauerfall zum Kaukasus. Die deutsche Währungsunion. München 1994.

[51] Duisberg, Claus J.: Das Deutsche Jahr. Einblicke in die Wiedervereinigung 1989/1990. Berlin 2005.

[52] De Maizière, Lothar: Anwalt der Einheit. Ein Gespräch mit Christine de Maizieres. Berlin 1996; Modrow, Hans: Ich wollte ein neues Deutschland. Berlin 1998; Kohl, Helmut: Ich wollte Deutschlands Einheit. Berlin 1996; Schäuble, Wolfgang: Der Vertrag. Wie ich über die deutsche Einheit verhandelte. Stuttgart 1991.

[53] Ein Gespräch mit Klaus Kinkel wurde im November 2012 und im Juni 2015 angefragt. Beide Anfragen wurden abschlägig beschieden.

Wichtige Grundlage zur Beantwortung der Fragen, die die Umsetzung der Gesetze zur Klärung der Eigentumsfragen nach sich zogen waren die Bestände des Parlamentsarchivs des Deutschen Bundestages, wo unter anderem Akten des Ausschusses Deutsche Einheit eingesehen wurde. Des Weiteren konnten die lückenlose Gesetzesdokumentation sowie Akten und Protokolle des Deutschen Bundestages verwendet werden. Umfangreich genutzt wurde außerdem das Dokumentations- und Informationssystem für Parlamentarische Vorgänge (DIP) von Bundestag und Bundesrat.[54] Drucksacken und Stenografische Berichte, die das Geschehen in Bundesrat und Bundestag festhalten, sind online zugänglich und ermöglichten eine guten Einblick in die parlamentarischen Beratungen zu den einzelnen Gesetzen. Weiterhin standen Druckerzeugnisse von Parteien und des Brandenburger Landtages zur Verfügung. Wichtige Erkenntnisse zur Umsetzung der gesetzlichen Regelungen lieferten weiterhin die Auswertung konkreter Fallbeispiele, die auf verschiedenen Wegen erschlossen werden konnten. So wurden beispielsweise einzelne problematische Fälle in der juristischen Fachliteratur ausführlich beschrieben oder die Betroffenen stellten selbst ihre persönlichen Unterlagen zur Verfügung. Entscheidungen des Brandenburgischen Oberlandesgerichts sowie anderer Gerichte der Länder Berlin und Brandenburg sind online abrufbar und standen somit für eine Auswertung zur Verfügung.[55] Entscheidungen der Rechtsprechung sind zum Teil im Internet zugänglich, wie beispielsweise auf der Internetseite des Bundesverwaltungsgerichts[56] oder diverser juristischer Fachportale.[57]

Des Weiteren konnte auf das Material des Kleinmachnower »Selbsthilfevereins Nutzer« (SHVN) aus Kleinmachnow, ein Zusammenschluss örtlicher Mieter- und Nutzervereine, der sich 1990 gegründet hatte, zurückgegriffen werden. Der Verein, der mittlerweile nicht mehr besteht, verfügt über eine umfangreiche Materialsammlung zu dieser Thematik, die insbesondere das Schriftmaterial von Betroffenen zu einzelnen Verfahren enthält. Obwohl alle Fälle einen individuellen Charakter haben, offenbart jeder einzelne die beschränkten Möglichkeiten der Vorgabe, altes Unrecht, nicht durch neues zu ersetzen. Die Frage nach den Auswirkungen des Rückgabeprinzips in der Praxis war quellentechnisch schwieriger zu beantworten. In diesem Abschnitt wurden vor allem die Aussagen verschiedener Gesprächspartner berücksichtigt. Eine wichtige Grundlage bildeten die Interviews mit Bürgermeistern von mehreren Berliner Umlandgemeinden. Diese konnten als Schnittstelle zwischen Politik und Bürgern wichtige Auskünfte über die Auswirkung der Eigentumsregelungen geben und aus ihren eigenen Erfahrungen mit der Umsetzung der gesetzlichen Regelung berichten. Hinzu kamen Gespräche mit Betroffenen, mit Mitarbeitern von Liegenschaftsämtern

54 http://dipbt.bundestag.de/dip21.web/bt.

55 www.gerichtsentscheidungen.berlin-brandenburg.de.

56 http://www.bverwg.de/entscheidungen/entscheidungen.php.

57 http://lexetius.com/iudicia/index?3; https://www.jurion.de/de/home/guest.

und auch Ortschronisten, die die gewonnenen Erkenntnisse vervollständigten. Eine wichtige Quellengrundlage für die gesamte Arbeit waren zudem einzelne zeitgenössische Presseartikel und publizistische Quellen, die sich dezidiert mit den politischen und gesellschaftlichen Umwälzungen und der Eigentumsfrage befassten und oftmals einen wertvollen Situationsbericht abgaben. Zur Frage nach den Auswirkungen konnte außerdem auf statistisches Datenmaterial zurückgegriffen werden. Zu nennen sind in erster Linie die statistischen Übersichten, die vom Bundesamt für zentrale Dienste und offene Vermögensfragen zur Verfügung gestellt werden. Statistiken des Amtes für Statistik Berlin-Brandenburg lieferten wichtige Hinweise zur Einwohnerentwicklung der Berliner Umlandgemeinden und zu den Stadt-Umland-Wanderungen. Mehrere Studien aus der Transformationsforschung, die auf qualitativen Interviews basierten, ergänzten das Gesamtbild an vielen Stellen sinnvoll und lieferten empirische Befunde, die zum heutigen Zeitpunkt nicht mehr zugänglich wären.

Methodisches Vorgehen

Die Klärung der strittigen Eigentumsfragen ist in rechtlicher und politischer Hinsicht ein komplexes Gebiet, das eine Reihe von ökonomischen und vor allem gesellschaftspolitischen Fragen aufgeworfen hat. Die Vielschichtigkeit des Themas und auch die Fülle der Fragestellungen erfordern die Anwendung eines multiperspektivischen Ansatzes, sodass wirtschaftliche, soziologische, rechtswissenschaftliche und politische Ansätze verbunden werden, um sieaus historischer Perspektive zu beantworten.

Die Arbeit verbindet Rechts- und Politikgeschichte mit Erfahrungs- und Alltagsgeschichte und lässt sich eingliedern in das interdisziplinäre und relativ junge Forschungsfeld Transitional Justice, das sich – vereinfacht gesagt – mit der Aufarbeitung der Vergangenheit nach einem gesellschaftspolitischen Umbruch beschäftigt. Ebenso wie die Einsetzung von Wahrheitskommissionen oder der Entfernung belasteter Personen aus öffentlichen Ämtern dient Restitution als juristisches Instrument zur Aufarbeitung der Vergangenheit. Die Frage des Umgangs mit Restitutionsforderungen ehemaliger Eigentümer ist in den postkommunistischen Ländern sehr kontrovers diskutiert worden, denn sie beinhaltet zugleich zwei Konfliktfelder. Dies ist zum einen die Frage nach der zukünftigen Eigentumsordnung und der Privatisierung, zum anderen die Bewältigung der kommunistischen Vergangenheit und damit verbunden der Umgang mit verübtem Unrecht.[58]

Im allgemeinen Sprachgebrauch wird der Begriff »Restitution« mit der Wiederherstellung eines früher bestehenden tatsächlichen Zustandes verstanden. Im Zusammen-

58 Krüger, Anne K.: Transitional Justice, in: Docupedia-Zeitgeschichte, 25.01.2013, online unter: https://docupedia.de/zg/Transitional_Justice (letzter Abruf am 24.09.2015).

hang mit Grundstücken und Immobilien also mit der Wiederherstellung früherer Eigentumsverhältnisse. Für Frank Bönker und Claus Offe stellen die Wiedergutmachung von Eigentumsschäden eine Form der Restitution dar, denn dieser Begriff bezieht sich auch auf andere widerrechtliche Schädigungen durch ein altes Regime, wie zum Beispiel der Verlust des Arbeitsplatzes, des Wohneigentums oder der Freiheit durch Inhaftierung. Eine Kombination ökonomischer und nicht-ökonomischer Restitution erfolgt, wenn Eigentum zurückgegeben wird, das von dem früheren Regime im Zusammenhang mit einer Verurteilung wegen angeblicher (politischer) Verbrechen konfisziert wurde (z.B. Flucht). Restitution kann die Form der Rückgabe der identischen oder einer äquivalenten Sache (Naturalrestitution) annehmen oder aus einer Entschädigung für den endgültigen Verlust des Eigentums bestehen. Demnach ist sowohl die Rückgabe von Grundstücken als auch die Entschädigung (im Falle der Unmöglichkeit einer Rückübertragung) als Restitution zu verstehen.[59]

Nach Karl Heinrich Friauf und Michael Horscht handelt es sich bei den offenen Vermögensfragen um drei unterschiedliche Problemfelder: Die Neuordnung des Sachenrechts und die Überleitung sozialistischer Eigentumsformen in eine freiheitliche Eigentumsordnung, die Zuordnung des Eigentums, insbesondere im Bereich der öffentlichen Hand, die mit der wirtschaftspolitisch motivierten Privatisierung einhergeht und die Regelung der ungeklärten Eigentumsverhältnisse, die auf eine Rekonstruktion früherer Eigentumsverhältnisse hinausläuft.[60] Der Begriff »offene Vermögensfragen« umfasst viele Aspekte, wie beispielsweise die Rückübertragung von Unternehmen, Fragen der Verteilung öffentlichen Vermögens, die Auflösung von Produktionsgenossenschaften oder Konsumgenossenschaften oder das ehemalige Parteivermögen. Die Ausführungen der vorliegenden Arbeit beziehen sich im Wesentlichen auf Eigentumsfragen im Zusammenhang mit privat genutzten Häusern oder Grundstücken, die bei Betroffenen und auch in der öffentlichen Meinung das meiste Konfliktpotenzial in sich trugen. Unberücksichtigt bleiben damit auch alle sonstigen entzogenen Vermögenswerte, wie Geld, Hausrat, Antiquitäten oder Kunstgüter.

Den zeitlichen Schwerpunkt der Arbeit bilden die Vermögensschädigungen nach Gründung der DDR im Jahr 1949. Die Festschreibung der Enteignungen auf besatzungsrechtlicher beziehungsweise besatzungshoheitlicher Grundlage zwischen 1945 und 1949 gehört zu den umstrittensten Punkten im Bereich der offenen Vermögensfragen. Vor allem bei der Lösung der offenen Vermögensfragen im Prozess der Wiedervereinigung sollen die Quellen deshalb auch zur Entscheidung des Rückgabeaus-

59 Bönker, Frank/Offe, Claus: Die moralische Rechtfertigung der Restitution des Eigentums. Überlegungen zu einigen normativen Problemen der Privatisierung in postkommunistischen Ökonomien, in: Leviathan. Zeitschrift für Sozialwissenschaft 22(3): 318–352.

60 Friauf, K.-H./Horscht, M. (1993), S. 22.

schlusses befragt werden. Gegenstand der Analyse ist aber vor allem die Betrachtung der Vermögensschäden von 1949 bis 1989 sowie deren Aufarbeitung nach 1990.

Die Untersuchung gliedert sich thematisch in fünf Teile. Im ersten Abschnitt werden quellennah und übersichtlich die Grundlagen des Bodenrechts und die Vermögensschädigungen unter dem SED-Regime zwischen 1949 und 1989 dargestellt. Erläutert werden die gesetzlichen Grundlagen, die internen Dienstanweisungen, aber auch die Verwaltungspraktiken zur Sicherung und Verwaltung der Vermögenswerte durch die zuständigen Behörden. Einen wesentlichen Schwerpunkt bilden dabei die Nutzungsrechte als DDR-eigene Rechtsinstitute und Grundlage der sozialistischen Eigentumsordnung. Daran anschließend wird eingehend die Entscheidungsfindung zur Lösung der offenen Vermögensfragen im Rahmen der Verhandlungen zur Währungs-, Wirtschafts- und Sozialunion und zum Einigungsvertrag betrachtet. Auf Basis der Auswertung von schriftlichen Quellen und von Gesprächen mit unmittelbar Beteiligten wurden die eingangs formulierten Fragestellungen beantwortet. Ein Überblick über die vermögensrechtliche Gesetzgebung zeigt, wie sich die in der Gemeinsamen Erklärung formulierten Eckwerte in der Folgezeit entwickelt haben und welche weiteren Gesetze notwendig waren, um die Eigentumsfragen endgültig zu klären. Neben der Restitutionsregelung, die im Vermögensgesetz festgehalten wurde, waren das Sachenrechtsbereinigungsgesetz[61] und das Schuldrechtsanpassungsgesetz[62] entscheidend für die Neuordnung des Eigentumsrechts in Ostdeutschland. Aufgrund der Komplexität der Gesetze kann und wird notwendigerweise kein umfassender Überblick über jede Novellierung erfolgen. Ein allgemeiner Überblick über die einzelnen Inhalte und Änderungen soll zeigen, welche Schwierigkeiten sich bei der Umsetzung ergaben und an welchen Stellen dringender Nachbesserungsbedarf bestand. Aufschlussreich war daher auch ein Blick auf einzelne Fallbeispiele. Er verdeutlichte, mit welchen Problemen Nutzer, Eigentümer, Vermögensämter und die Rechtsprechung konfrontiert waren, um die gesetzlichen Vorgaben der Wiedergutmachung im Einzelfall unter dem Aspekt der Sozialverträglichkeit zu lösen.

Nach eingehender Betrachtung der Umsetzungsprobleme des Restitutionsprinzips stellte sich die Frage, was die Bemühungen, die Eigentumsfragen an Grundstücken in Ostdeutschland auf rechtsstaatliche Weise zu lösen, gebracht haben. Die Frage nach den Folgen und Auswirkungen des Prinzips »Rückgabe vor Entschädigung« ist jedoch schwer zu beantworten und der Versuch, eine Bilanz vorzunehmen, nicht einfach. Das Thema ist empirisch schwer zugänglich und stark durch medienöffentliche Zuschrei-

61 Gesetz zur Sachenrechtsbereinigung im Beitrittsgebiet (Sachenrechtsbereinigungsgesetz – SachenRBerG).
Artikel 1 G. v. 21.09.1994 (BGBl. I, S. 2457).

62 Gesetz zur Anpassung schuldrechtlicher Nutzungsverhältnisse an Grundstücken im Beitrittsgebiet (BGBL. S. 2538).

bungen, Berichte von Betroffenen, die jeweils eine Einzelfallperspektive widerspiegeln, und durch Einschätzungen von Experten geprägt. Die Folgen des Rückgabeprinzips waren und sind äußerst vielfältig, ambivalent und erfahren je nach Interessenstandpunkt eine zum Teil sehr unterschiedliche Bewertung. Rechtswissenschaftler, Soziologen oder Wirtschaftswissenschaftler bewerten die gesetzlichen Bestimmungen und deren Umsetzung ganz anders als ein Unternehmer, ein Eigentümer, ein Nutzer oder der Bürgermeister einer Gemeinde. Das Problem der Restitution ist zudem nicht nur unter den Gesichtspunkten Effizienz und Praktikabilität zu betrachten, sondern hat zudem eine moralische und politische Dimension. Allein die Frage, ob die Rückgaberegelung tatsächlich ein massives Investitionshindernis war und sich auf den wirtschaftlichen Aufschwung Ostdeutschlands nachhaltig negativ ausgewirkt hat, lässt sich nicht zweifelsfrei beantworten und erfährt eine unterschiedliche Bewertung. Ausgangspunkt einer zusammenfassenden Betrachtung über die Folgen der Restitution in Ostdeutschland ist außerdem der Umstand, dass eine Abgrenzung zu Prozessen des durch die Systemtransformation begründeten, generellen Strukturwandels nicht immer oder nur sehr schwer vorzunehmen ist. Trotz aller Schwierigkeiten, die einer bilanzierenden Bewertung innewohnen, versucht die vorliegende Arbeit, politische, ökonomische und soziale Auswirkungen des Restitutionsprinzips in einer Zusammenschau sichtbar zu machen. Eine ausführliche Auswertung der statistischen Angaben gibt zunächst Auskunft über die tatsächliche Zahl der rückübertragenen Immobilien und zeigt, dass knapp die Hälfte aller gestellten Anträge abschlägig beschieden wurde. Für eine Beurteilung der Auswirkungen der vermögensrechtlichen Bestimmungen sind die statistischen Angaben in vielerlei Hinsicht jedoch nur bedingt aussagekräftig, da viele Fragen unbeantwortet bleiben müssen. Obwohl es nachweislich nicht zu einer »Vertreibung« der Ostdeutschen im Zuge der Wiedervereinigung kam, steht das Restitutionsprinzip vor allem in den neuen Bundesländern synonym mit Begriffen wie »Vertreibung« und »Enteignung«. Der Austausch der Bewohner und/oder die Verdrängung durch eine große Zahl von Zuzüglern, die seit 1989 stattfand, spielten in der Entwicklung der Berliner Umlandgemeinden eine entscheidende Rolle und haben den Transformationsprozess dort maßgeblich geprägt. Gezeigt wird, wie sich das Restitutionsgeschehen innerhalb dieser Prozesse einfügte und wie es von den Betroffenen wahrgenommen wurde. Es ist unbestritten, dass das Rückübertragungsprinzip zu erheblichen sozialen Spannungen geführt und mitunter für ein konfliktreiches Gemeindeleben gesorgt hat. Die Frage, wie sich das Restitutionsprinzip für die Einwohnerschaft ausgewirkt und welche Folgen sich daraus möglicherweise für das Gesamtklima in den Gemeinden ergeben haben, soll anhand von verschiedenen Beispielen beantwortet werden. Ausgewählt wurden die Gemeinden Schönwalde-Glien, Kleinmachnow, Schulzendorf und Woltersdorf. Alle Gemeinden weisen in unterschiedlicher Ausprägung die gleichen Merkmale auf. Alle sind im unmittelbaren Berliner Umland gelegen, waren von einer hohen Zahl an Rückübertragungsansprüchen betroffen und hatten in den 1990er-Jahren einen Bevölkerungszuwachs zu verzeichnen. Gerade die Gemeinde Kleinmachnow steht aus mehreren Gründen synonym für den Kampf um Grund und Boden im suburbanen Randgebiet von Berlin. Aus der Betrachtung mehrerer Nahaufnahmen entstand so ein Gesamtbild, welche sozialen und psychologischen Folgen die eigentumsrechtlichen Auseinandersetzungen vor Ort tatsächlich hatten. Wichtigste Bearbeitungsgrundlage für diesen Abschnitt bildeten die Gespräche mit Einwohnern, Betroffenen und Bürgermeistern. Alle Gespräche fanden auf der Basis vorbereiteter Fragen statt und hatten das Ziel, das Ausmaß und die Bedeutung des Restitutionsgeschehens vor Ort zu eruieren. Damit floss zu einem großen Teil auch die kollektive beziehungsweise die individuelle Erfahrungsgeschichte in die Bearbeitung mit ein.

Die Rahmenbedingungen – Das Bodenrecht der DDR

Zum Bodenrecht der DDR existierte eine Vielzahl verschiedener Gesetze und Verordnungen, ohne dass diese bis 1989 zu einem einheitlichen Gesetz zusammengeführt wurden. Die Anwendung unterschiedlicher Rechtsnormen – die zudem je nach Eigentumsform und Nutzungsart differierten – und die besondere Stellung des Volkseigentums machten das Bodenrecht der DDR schwer verständlich und die Umgestaltung in das bundesrepublikanische Recht außerordentlich schwierig. Vor allem für westdeutsche Betrachter erwiesen sich die Fragen um Grund und Boden in der DDR als eine beinahe undurchdringbare Materie. So waren eine Trennung von Grundstücks- und Gebäudeeigentum und die damit einhergehende Bedeutung von Nutzungsrechten an Grundstücken in der Bundesrepublik ebenso unbekannt wie eine Unterteilung in verschiedene Eigentumsformen, die durch die Verfassung unterschiedlich geschützt und hierarchisch gegliedert waren. Weiterhin kam erschwerend hinzu, dass sich neben den gesetzlichen Bestimmungen zum Bodenrecht im Rechtsalltag der DDR eine Vielzahl von Einzelfällen herausbildete, die nicht nur geduldet und gebilligt, sondern auch gefördert wurden. Zu denken ist beispielsweise an den Umbau von einfachen Bungalows zu Wohnhäusern auf Grundstücken, die eigentlich nur der Erholung dienen sollten. Hilfsweise sollte damit die allgegenwärtige Wohnungsknappheit wenigstens gemildert werden. Das Fehlen von ausreichend geeignetem Wohnraum und die ungenügende Ausstattung der Wohnungen blieben für die Bürger der DDR ein dauerhaftes Problem, auf das die staatlichen Organe in vielen Fällen auch mit einem gewissen Pragmatismus reagieren mussten.

Eigentumsformen

Sozialistisches Eigentum

Die verfassungsrechtlichen Festlegungen zum Eigentum erfuhren seit dem Bestehen der DDR zahlreiche Änderungen. So war in der ersten Verfassung von 1949 der Eigentumsbegriff noch nicht differenziert und das Privateigentum noch geschützt.

> »**Artikel 22**
> Das Eigentum wird von der Verfassung gewährleistet. Sein Inhalt und seine Schranken ergeben sich aus den Gesetzen und den sozialen Pflichten gegenüber der Gemeinschaft.

Das Erbrecht wird nach Maßgabe des bürgerlichen Rechts gewährleistet. Der Anteil des Staates am Erbe wird durch Gesetz bestimmt.

Die geistige Arbeit, das Recht der Urheber, der Erfinder und der Künstler genießen den Schutz, die Förderung und die Fürsorge der Republik.

Artikel 24

Eigentum verpflichtet. Sein Gebrauch darf dem Gemeinwohl nicht zuwiderlaufen.

Der Mißbrauch des Eigentums durch Begründung wirtschaftlicher Machtstellung zum Schaden des Gemeinwohls hat die entschädigungslose Enteignung und Überführung in das Eigentum des Volkes zur Folge.

Die Betriebe der Kriegsverbrecher und aktiven Nationalsozialisten sind enteignet und gehen in Volkseigentum über. Das gleiche gilt für private Unternehmungen, die sich in den Dienst einer Kriegspolitik stellen.

Alle privaten Monopolorganisationen, wie Kartelle, Syndikate, Konzerne, Trusts und ähnliche auf Gewinnsteigerung durch Produktions-, Preis- und Absatzregelung gerichtete private Organisationen sind aufgehoben und verboten.

Der private Großgrundbesitz, der mehr als 100 ha umfaßt, ist aufgelöst und wird ohne Entschädigung aufgeteilt. Nach Durchführung dieser Bodenreform wird den Bauern das Privateigentum an ihrem Boden gewährleistet.[63]

In der Folgezeit wurden, ganz nach sowjetischem Vorbild, die Privilegierung des Volkseigentums und der Versuch das Privateigentum so weit wie möglich zu reduzieren immer prägender für das Bodenrecht. Die Verfassung von 1968 separierte bereits deutlich zwischen »sozialistischem« und »persönlichem« Eigentum. Die unterscheidbaren Eigentumsformen waren hierarchisch gegliedert, der Staat schützte sie differenziert. Dem sogenannten Volkseigentum kam dabei eine Schlüsselrolle zu. Es gehörte, wie genossenschaftliches und gesellschaftliches Eigentum, zum sozialistischen Eigentum. Die hervorgehobene Stellung des sozialistischen Eigentums war in Artikel 10 und 11 der DDR-Verfassung von 1968 festgelegt:

> »Das sozialistische Eigentum besteht als gesamtgesellschaftliches Volkseigentum, als genossenschaftliches Gemeineigentum werktätiger Kollektive sowie als Eigentum gesellschaftlicher Organisationen der Bürger.«[64]

Es untergliederte sich in drei verschiedene Formen und wurde unterschieden in:

- Volkseigentum (z.B. volkseigene Betriebe, Kombinate)

[63] Art. 22 und 24 DDR-Verfassung vom 07. Oktober 1949.

[64] Art. 10 und 11 DDR-Verfassung vom 06. April.1968.

- das Eigentum sozialistischer Genossenschaften (z.B. LPG)
- das Eigentum gesellschaftlicher Organisationen (z.B. Parteien, Massenorganisationen)

Die entscheidenden Schritte zur Begründung des Volkseigentums wurden bereits kurz nach Ende des Zweiten Weltkrieges gelegt.[65] Die Sowjetische Militäradministration in Deutschland (SMAD) enteignete landwirtschaftlichen Großbesitz, Industrieunternehmen, Banken, Sparkassen und Kredit- und Versicherungsanstalten entschädigungslos und deklarierte sie zu »Volkseigentum«. Die unter der Losung »Junkernland in Bauernhand« eingeleitete Bodenreform war eine der wichtigsten Maßnahmen zur Schaffung von Volkseigentum. Das Land von Großgrundbesitzern, die mehr als 100 Hektar Land besaßen, sowie das von als »Faschisten und Kriegsverbrecher« verdächtigten Personen wurde konfisziert und ebenfalls in Volkseigentum überführt. Landlose Bauern, Landarbeiter und Umsiedler sollten den enteigneten Grundbesitz erhalten. Dazu wurden die Ländereien in den sogenannten Bodenfonds überführt. Bodenreformkommissionen der Gemeinden teilten den Boden unter den Siedlern auf. Diese standen fortan zwar als Eigentümer im Grundbuch, konnten jedoch nicht gänzlich über das Land verfügen. Eine Verpachtung, Pfändung, Teilung oder gar ein Verkauf des Landes war ihnen nicht möglich. In diversen »Besitzwechselverordnungen« regelte der Staat, wie das Land nach Aufgabe aus wirtschaftlichen Gründen, Krankheit oder Tod zu behandeln war.[66] Im Rahmen der Zwangskollektivierung ab 1952 brachten die Neubauern ihr Bodenreformland in die landwirtschaftlichen Produktionsgenossenschaften (LPG) ein. Im Falle einer Betriebsaufgabe fiel das Land automatisch in den staatlichen Bodenfonds zurück. Volkseigentum in großem Umfang entstand in dieser frühen Phase außerdem durch die entschädigungslose Enteignung von Banken, Versicherungen und Unternehmen. Mithilfe der Aufbau- beziehungsweise Baulandgesetzgebung war zudem ein Enteignungstatbestand geschaffen worden, mit dem Grundstücke zum Bau von Eigenheimen in Volkseigentum überführt werden konnten. Bereits der SMAD-Befehl Nr. 64 vom 17. April 1948 fixierte den Grundsatz der »Unantastbarkeit" des Volkseigentums. Im Artikel 28 der ersten DDR-Verfassung von 1949 waren dann weitreichende Verfügungsbeschränkungen für Grundbesitz und Produktionsstätten in Volkseigentum festgeschrieben: »Die Veräußerung und Belastung von Grundbesitz, Produktionsstätten und Beteiligungen, die sich im Eigentum des Volkes befinden, bedürfen der Zustimmung der für ihren Rechtsträger zuständigen Volksvertretung. Diese Zustimmung kann nur mit zwei Dritteln der gesetzlichen Mitgliederzahl erteilt werden."[67]

65 Vgl.: Bauerkämper, Arnd (Hg.): »Junkerland in Bauernhand«? Durchführung, Auswirkungen und Stellenwert der Bodenreform in der SBZ. Stuttgart 1996.

66 Vgl.: Falkenhausen, Alexander: Das Vermögensgesetz oder Wer bekommt was?, in: Brouër, Dirk/ Trimbach, Herbert (u.a.): Offene Vermögensfragen. Ein Ratgeber Hamburg 1995, S. 58ff.

67 DDR-Verfassung 07. Oktober 1949, Artikel 28.

Diese wurden im Zivilgesetzbuch von 1975, das das BGB ablöste, nochmals ausdrücklich bekräftigt: »Der Erwerb und der Übergang von Sachen, die Grundlage der wirtschaftlichen Tätigkeit der Betriebe sind, aus dem sozialistischen Eigentum in persönliches Eigentum ist unzulässig. Volkseigentum darf weder verpfändet; gepfändet noch belastet werden. Ausnahmen müssen in Rechtsvorschriften geregelt werden.“[68]

Der Grundstücksverkehr mit volkseigenem Grund und Boden blieb untersagt und eine Umwandlung in privates Eigentum war damit grundsätzlich nicht möglich. Auch bei dauernder Nutzung des Bodens durch Privatpersonen sollte das einmal geschaffene Volkseigentum am Boden erhalten bleiben. Laut der Verfassung gehörte das Volkseigentum zwar allen DDR-Bürgern, eine Verteilung dieses Eigentums beziehungsweise der Eigentümerbefugnisse war dennoch zuweilen unvermeidlich, um es überhaupt wirtschaftlich nutzen zu können. Bewirtschaftet und genutzt wurde es deshalb von sogenannten Rechtsträgern. Diese konnten nicht nur Struktureinheiten der volkseigenen Wirtschaft, wie Betriebe oder Kombinate, sein, sondern auch sozialistische Genossenschaften, Parteien oder gesellschaftliche Organisationen, in jedem Fall juristische Personen. Den Rechtsträgern standen zwar die Besitz- und Nutzungsbefugnisse zu, gleichzeitig hatten sie jedoch die Verpflichtung zum Erhalt der Grundstücke und Gebäude sowie zum Entrichten von Gebühren für Versicherung, Straßenreinigung und Grundsteuer. Das Eigentum am Grundstück durfte nicht ökonomisch verwertet werden, was wiederum dazu führte, dass volkseigener Boden vielfach gehortet und unrationell genutzt wurde.[69]

Nach real-sozialistischem Verständnis war das genossenschaftliche Eigentum im Vergleich zum Volkseigentum von minderer gesellschaftlicher Qualität. Während beim Volkseigentum das gesamte Volk als Eigentümer fungierte, übernahm in den Genossenschaften nur ein relativ kleines Kollektiv diese Rolle. Immerhin massenhaftes genossenschaftliches Eigentum existierte beispielsweise in Gestalt der Landwirtschaftlichen Produktionsgenossenschaften (LPG).

Wesensmerkmal des LPG-Rechts war das Nutzungsrecht einer LPG an allen von ihr bewirtschafteten Flächen. Dieses Nutzungsrecht bezog sich vor allem auf den von den Genossenschaftsbauern eingebrachten Grund und Boden und beinhaltete hauptsächlich die landwirtschaftliche Nutzung, aber auch das Gewinnen von Bodenschätzen oder die Zurverfügungstellung des Bodens für staatliche Organe. Weiterhin konnte die LPG auch an Nicht-Mitglieder Grundstücke zur kleingärtnerischen Nutzung und zum Bau von Eigenheimen bereitstellen.

68 ZGB-DDR, §20, Abs. 3. Das ZGB ersetzte mit Wirkung vom 01.01.1976 das bis dahin geltende Bürgerliche Gesetzbuch (BGB). Durch das ZGB wurde im Interesse sozialistischer Bodenpolitik eine Vielzahl tradierter Prinzipien und Rechtsinstitute abgelöst und durch neue ersetzt.

69 Vgl.: Janke, Gernot: Das verliehene Nutzungsrecht und das damit verbundene separate Eigentum am Eigenheim. Schweinfurt 1993, S. 12–15.

Ein weiteres Beispiel für genossenschaftliches Eigentum waren die Arbeiterwohnungsbaugenossenschaften (AWG). Diese errichteten für ihre Mitglieder auf volkseigenen Grundstücken Wohngebäude, die dann genossenschaftliches Eigentum wurden, während der Grund und Boden weiterhin Volkseigentum blieb.

Zum Eigentum gesellschaftlicher Organisationen zählten das Eigentum der SED, der Blockparteien und der Massenorganisationen, wie FDJ und FDGB.

Persönliches Eigentum und Privateigentum

Eine Abgrenzung zwischen den Begriffen „persönliches Eigentum« und „Privateigentum« kannte die DDR-Verfassung nicht. Das Kriterium zu ihrer Unterscheidung war eher ein ökonomisches. Persönliches Eigentum diente der Befriedigung der materiellen und kulturellen Bedürfnisse der Bevölkerung. Gegenstand und die Funktion dieses Eigentums waren genau bestimmt. Nach § 23 Abs. 1 des ZBG gehörten dazu Arbeitseinkünfte und Ersparnisse, die Ausstattung der Wohnung und des Haushaltes, Gegenstände des persönlichen Bedarfs, die für Berufsausbildung, Weiterbildung und Freizeitgestaltung erworbenen Sachen sowie Grundstücke und Gebäude zur Befriedigung der Wohn- und Erholungsbedürfnisse. Laut Klaus Heuer war jedes Eigentum, das diese persönlichen Bedürfnisse überstieg, Privateigentum.[70] Für beide Eigentumsformen, Privateigentum und persönliches Eigentum, galt, dass der Gebrauch nicht den Interessen der Gesellschaft zuwiderlaufen durfte (Art. 11 Abs. 1). Dabei unterlag das Privateigentum einigen Einschränkungen, während die Nutzung des persönlichen Eigentums durch die Gesetzgebung in einem gewissen Rahmen geschützt war. Der Privateigentümer wurde mit staatlichen Auflagen dazu angehalten, sein Eigentum in bestimmter Weise zu nutzen beziehungsweise darüber zu verfügen. So hatten Eigentümer eines Mietwohngrundstücks die Pflicht zur Modernisierung, zum Um- und Ausbau sowie zur Instandhaltung- und Instandsetzung ihrer Häuser.[71] Gleichzeitig war jedoch die Höhe der Mieten auf dem Niveau von 1936 eingefroren worden, sodass nicht wenige Eigentümer die notwendigen Maßnahmen zum Erhalt der Gebäude nicht finanzieren konnten und die Häuser dem Verfall preisgegeben waren. In diesen Fällen war der Rat der Stadt ermächtigt, gegen den Willen des Eigentümers Baumaßnahmen anzuordnen, einen Kredit aufzunehmen und die Rückzahlung zu regeln. Aus solchen Situationen heraus kam es dann oftmals zur Überschuldung, die eine Schenkung an den Staat und somit den Übergang der Mietshäuser in Volkseigentum zur Folge hatte.[72]

Obwohl das erklärte Ziel in der Abschaffung des Privateigentums und in der Vergesellschaftung des Bodens lag, befanden sich Ende des Jahres 1989 knapp 70 Prozent des

70 Vgl.: Klaus Heuer: Grundzüge des Bodenrechts der DDR 1949-1990. München 1991.

71 U.a. geregelt im § 15 des Baulandgesetzes, Vgl.: Heuer, K. (1991), S. 57f.

72 Vgl.: Ebd., S. 55ff.

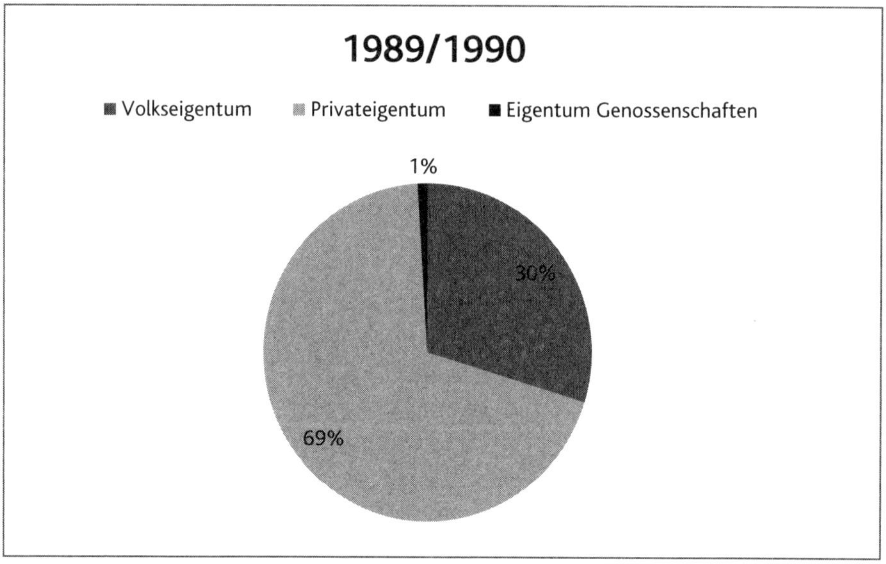

Eigentumsformen 1989/1990

Bodens in privatem beziehungsweise persönlichem Eigentum. Der Anteil des Volkseigentums betrug somit etwa 30 Prozent.[73] Der Eigentumsanteil von Genossenschaften oder gesellschaftlichen Organisationen war mit weniger als einem Prozent verschwindend gering.[74]

Im Bereich der Wohnungen vollzog sich bei den Eigentumsverhältnissen folgende Entwicklung:

Eigentumsform	1959	1970	1981	1989
kommunal	13	28,0	37,3	41,3
genossenschaftlich	3	9,8	14,9	17,6
privat und sonstiges	84	62,1	47,9	41,2

Entwicklung der Eigentumsformen von 1959 bis 1989[75]

[73] Vgl.: Heuer, K. (1991), S. 147.

[74] Harder, Guido: Das verliehene Nutzungsrecht. Herausbildung und Entwicklung eines Rechtsinstituts des DDR-Bodenrechts. Berlin 1998, S. 10f.

[75] Winkler, Gunnar: Sozialreport 1992. Daten und Fakten zur sozialen Lage in den neuen Bundesländern, S. 1969.

Staatliches und genossenschaftliches Eigentum wurde die dominierende Eigentumsform, während der Anteil an privatem Wohneigentum bis 1989 stark rückläufig war.

Die Herausbildung eines neuen Rechtsinstitutes – Das Nutzungsrecht am volkseigenen Boden

Eine Besonderheit im Bodenrecht der DDR war das Einräumen von Nutzungsrechten. Durch private Initiative der Bevölkerung sollten mehr Eigenheime geschaffen und das Erholungsbedürfnis der Bürger befriedigt werden. Daher wurden den Interessierten, Rechte an den volkseigenen Grundstücken zur genau vorgeschriebenen Nutzung verliehen – für den Bau und die persönliche Nutzung von Eigenheimen. Damit entstand eine Trennung von Grundstücks- und Gebäudeeigentum, die in der Bundesrepublik gänzlich unbekannt war. Die auf den volkseigenen Grundstücken entstandenen Gebäude wurden Eigentum der Bürger, wofür ein gesondertes Gebäudegrundbuchblatt angelegt wurde.

Damit wurden DDR-Bürger zwar zu Eigenheimbesitzern, blieben aber lediglich Nutzer des Bodens, da das Grundstück im Volkseigentum oder – bei Flüchtlingsvermögen – unter staatlicher Verwaltung verblieb. Das Nutzungsrecht konnte entweder zum Zweck der Errichtung eines neuen Eigenheimes oder zum Kauf eines bestehenden Hauses verliehen werden. Es galt in der Regel unbefristet und unentgeltlich, was bedeutete, dass das Eigentum an Haus und Grundstück nicht nur für eine bestimmte Zeitspanne, sondern dauerhaft auseinanderfiel. Der Verzicht des Staates auf ein Nutzungsentgelt ging zudem einher mit Kreditvergünstigungen oder Gebührenbefreiung beim Neubau eines Hauses. Die Verleihung des Nutzungsrechts erfolgte auf Antrag des Bürgers und war ein Verwaltungsakt des Rates des Kreises. War der Bau eines Hauses geplant, ging die Verleihung des Nutzungsrechts dem Eigentumserwerb des Hauses voraus. Wurde hingegen ein volkseigenes Gebäude, das bereits errichtet worden war, verkauft, dann waren der Eigentumserwerb am Haus und die Verleihung des Nutzungsrechtes miteinander gekoppelt. Das Nutzungsrecht war allerdings mit erheblichen Beschränkungen verbunden. Dies betraf vornehmlich die freie Verfügbarkeit der Gebäude. Ein Verkauf eines Gebäudes mit nachfolgender Nutzungsrechtsverleihung kam nicht in Betracht, wenn der Interessent bereits Eigentümer eines Eigenheimes war. Das gleiche galt für den Verkauf von Gebäuden zu Erholungszwecken, wenn der Bürger oder auch der Ehepartner bereits ein Erholungsgrundstück besaß oder nutzte. Die errichteten oder käuflich erworbenen Eigenheime konnten zwar vererbt werden, jedoch nur, wenn der Erbe Bürger der DDR war, nicht bereits ein Eigenheim besaß und das Gebäude ausschließlich seinen Wohnbedürfnissen dienen sollte. Bei nicht bestimmungsgemäßer Nutzung konnte das Nutzungsrecht auch entzogen werden. Dies passierte, wenn das Grundstück dauernd für gewerbliche Zwecke genutzt wurde. Das

Gebäude wäre in einem solchen Fall gegen die Zahlung einer Entschädigung in Volkseigentum überführt worden.[76]

Die Rechtswissenschaft hat sich intensiv mit dem DDR-spezifischen Rechtsinstitut des Nutzungsrechts auseinandergesetzt. So hat sich beispielsweise der Rechtswissenschaftler Guido Harder mit der Herausbildung und Entwicklung des Nutzungsrechts befasst und nach historischen Parallelen sowie der Notwendigkeit solcher neuartigen Rechtsinstitute zur Durchsetzung marxistisch-leninistischer Ziele in der Bodenpolitik gefragt.[77] Gernot Janke ging der Frage nach, ob das Nutzungsrecht der DDR mit dem Erbbaurecht der Bundesrepublik vergleichbar sei.[78]

Das Rechtsinstitut des Nutzungsrechts entstand in den 1950er-Jahren im Kontext der Bodenrechtspolitik. Die Auslegung des Artikels 28 der DDR-Verfassung[79] führte damals in der Praxis zu erheblichen Problemen, sodass es Überlegungen zur Schaffung eines separaten Eigentums am Gebäude gab.[80] Bereits vor 1949 waren in beträchtlichem Umfang Kaufverträge zwischen Kommunen und Siedlern (oder später enteigneten Siedlungsgesellschaften) abgeschlossen worden, die im Vertrauen auf einen späteren Eigentumserwerb oder die Bestellung von Erbbaurechten Häuser errichtet hatten. Aufgrund der Unantastbarkeit des Volkseigentums konnte ihnen[81] nach 1949 allerdings kein Eigentum am Boden verschafft werden. Der Verkauf von volkseigenem Boden kam im Ergebnis der Diskussionen um dessen Unantastbarkeit nicht mehr in Betracht. Um dennoch Anreize für Eigeninitiative beim Wohnungsbau zu schaffen, Kaufkraft abzuschöpfen und die kriegsbedingte Wohnungsnot zu lindern, wurde seitens der Staatsführung nach Wegen gesucht, um selbstständiges Eigentum am Gebäude zu ermöglichen. Bis 1954 gab es mehrere Gesetzentwürfe, die ein solches separates Gebäudeeigentum behandelten. Bereits 1950 entstanden erste Entwürfe für eine Verordnung, die den Eigentumserwerb an Gebäuden auf volkseigenen Grundstücken vorsahen. Der Begriff »Verleihung von Nutzungsrechten« tauchte dort zum ersten Mal auf. Der Partei- und Staatsführung ging es dabei allerdings nur um einen bestimmten Teil der Bevölkerung – die sogenannte Intelligenz, eine zu jener Zeit umworbene und dementsprechend bevorzugte Gruppe.

[76] Vgl.: Heuer, K. (1991), S. 40–46.

[77] Harder, Guido: Das verliehene Nutzungsrecht. Herausbildung und Entwicklung eines Rechtsinstituts des DDR-Bodenrechts. Berlin 1998

[78] Janke, Gernot: Das verliehene Nutzungsrecht und das damit verbundene separate Eigentum am Eigenheim, Schweinfurt 1993.

[79] »Die Veräußerung und Belastung von Grundbesitz, Produktionsstätten und Beteiligungen, die sich im Eigentum des Volkes befinden, bedürfen der Zustimmung der für ihren Rechtsträger zuständigen Volksvertretung. Diese Zustimmung kann nur mit zwei Dritteln der gesetzlichen Mitgliederzahl erteilt werden.«

[80] Nachfolgender Abschnitt: Vgl.: Harder, G. (1998), S. 44ff.

[81] Harder nennt die Zahl von 25.000 Siedlerstellen, zitiert nach: Protokoll der Sitzung des Politbüros des ZK der SED vom 24.08.1954; SAPMO-BArch, J IV 2/2/378, S. 20.

Obwohl die Überlegungen dazu schon recht konkret waren, wurden die Entwürfe nicht verabschiedet. Harder vermutet, dass die »Intelligenz« aufgrund der unsicheren Rechtslage Hemmungen hatte, Geld in den Bau eines Eigenheimes zu investieren.[82] Vier Jahre später begann die Erarbeitung von Einzelvorschriften, um gesondertes Hauseigentum zu ermöglichen. Nach den Ereignissen des 17. Juni 1953 waren es die Arbeiter, die durch eine Verbesserung ihrer materiellen Lage beschwichtigt werden sollten. Am 10. Dezember 1953 wurde die »Verordnung über die weitere Verbesserung der Arbeits- und Lebensbedingungen der Arbeiter und der Rechte der Gewerkschaften« erlassen. Basierend auf dieser Verordnung ergingen 1954 verschiedene Rechtsvorschriften, auf deren Grundlage selbstständiges Gebäudeeigentum entstehen konnte, wenn Nutzungsrechte verliehen worden waren. Alle Entwürfe beschränkten den potenziell begünstigten Personenkreis zunächst nur auf Arbeiter und Angestellte. Mit der »Verordnung über die Finanzierung des Arbeiterwohnungsbaus vom 4.03.1954« war die Möglichkeit zum Neubau von Eigenheimen auf volkseigenen Grundstücken für Arbeiter und Angestellte eröffnet. Unklar war, ob hinsichtlich der Verordnung ein förmliches Gesetz hätte erlassen werden müssen. Im April 1954 beschäftigte sich der Rechtsausschuss der Volkskammer mit einem Gesetzentwurf. In den Redebeiträgen im Plenum der Volkskammer ging es weniger um inhaltliche Aspekte des Gesetzes, als vielmehr um die Hervorhebung der unentgeltlichen Nutzung des Bodens und dies vor allem im Hinblick auf die Bundesrepublik. So begründete der Minister für Arbeit und Berufsbildung Friedrich Macher vor der Volkskammer: »Eine besondere Vergünstigung für den Arbeiterwohnungsbau ist die Verpflichtung [...] volkseigenes Bauland zur unentgeltlichen und unbefristeten Nutzung zur Verfügung zu stellen. In Westdeutschland, wo sich der Boden zum größten Teil in den Händen von Großgrundbesitzern und Monopolkapitalisten befindet, wird dieser zu Spekulationen und zur Aneignung von Maximalprofiten genutzt. Dort sind solche Maßnahmen, die den Interessen der Werktätigen dienen einfach undenkbar.«[83]

Unklar war, ob auch ein Verkauf bereits errichteter volkseigener Eigenheime erfolgen konnte. Die Kosten für die Verwaltung und den Unterhalt von volkseigenen Eigenheimen stellten eine nicht unerhebliche Belastung für den Staatshaushalt dar. Das »Gesetz über den Verkauf volkseigener Eigenheime und Siedlungshäuser« vom 24. Januar 1954 vervollständigte den Komplex gesetzlicher Bestimmungen zum Nutzungsrecht. Guido Harder konstatiert zusammenfassend für die Rechtsetzung in Bezug auf das verliehene Nutzungsrecht bis zum Jahr 1954 eine »Zersplitterung der einschlägigen Normen«[84]. Die Einführung des neuartigen Rechtsinstitutes sei zwar in mehreren Gesetzen

[82] Harder, G. (1998), S. 53.

[83] Stenographische Niederschrift der 46. Sitzung der Volkskammer der 1. Wahlperiode, S. 2204, zitiert nach Harder, G. (1998), S. 80.

[84] Ebd., S. 91.

und Verordnungen erfolgt, die aber insgesamt recht einheitlich die Ausgestaltung des Nutzungsrechts regelten. Alle Rechtsvorschriften enthielten folgende übereinstimmende Regelungen:

- Die Verleihung des Nutzungsrechtes erfolgte durch Verwaltungsakt.
- Unter der Voraussetzung einer Verleihung eines Nutzungsrechtes entstand gesondertes Eigentum an den auf volkseigenen Grundstücken errichteten Gebäuden.
- Für das Eigenheim war ein eigenes Gebäudegrundbuch anzulegen. Das Nutzungsrecht entstand mit der Eintragung im Grundbuch.
- Eine Befristung des Nutzungsrechts war nicht vorgesehen.
- Die Nutzung des Bodens erfolgte unentgeltlich.
- Die errichteten Gebäude hatten Wohnzwecken des Eigentümers zu dienen.
- Das Eigentum am Eigenheim konnte vererbt werden. Das Nutzungsrecht ging dann auf die Erben über.
- Die Eigenheime konnten nur an einen unterschiedlich beschränkten Personenkreis veräußert werden. Das Nutzungsrecht an den volkseigenen Grundstücken war im Zusammenhang mit der Genehmigung dieser Rechtsgeschäfte neu zu verleihen. Veräußerungen bedurften der notariellen Beurkundung.[85]

Im April des Jahres 1959 wurde ein zweites Gesetz über die Verleihung von Nutzungsrechten an volkseigenen Grundstücken erlassen. Während der Volkskammer-Sitzungen wurden erneut die Vorzüge des Nutzungsrechts im Vergleich zur Bundesrepublik erörtert. Das Nutzungsrecht stelle eine »neue, sozialistische Form der Überlassung volkseigener Grundstücke [...] dar. Das Neue im Nutzungsrecht bestehe in der »Ausnutzung des volkseigenen Grund und Bodens für bestimmte, den Interessen der Werktätigen dienende Zwecke ohne kapitalistische Ausbeutung«[86]. Neu an diesem zweiten Nutzungsgesetz war, dass nun auch an Genossenschaften und an gesellschaftliche Organisationen Nutzungsrechte verliehen werden konnten. Bis 1959 hatten Nutzungsrechte nur dann verliehen werden können, wenn die Überlassung des Grundstücks auf der Grundlage eines Erbbaurechtes und Erbpachtvertrages nach dem 8. Mai 1948 erfolgt war. Nach den Bestimmungen des zweiten Gesetzes konnten nun die bestehenden Erbbaurechte in Nutzungsrechte umgewandelt werden, wenn:

- der Berechtigte seinen Wohnsitz in der DDR oder Ost-Berlin hatte,
- das belastete Grundstück in Volkseigentum übergegangen war,
- sich auf der Grundlage des Rechts ein Eigenheim im Besitz des Berechtigten befand,

[85] Vgl. Ebd., S. 92f.

[86] Stellvertreter des Ministers der Finanzen vor dem Haushalts- und Finanzausschuss der Volkskammer über die Vorlage des Gesetzes zur Verleihung von Nutzungsrechten am 01.04.1959, zitiert nach Harder, G. (1998), S. 114.

- das Eigenheim selbst vom Berechtigten genutzt wurde *und*
- der Berechtigte nicht Eigentümer anderer Eigenheime oder Wohngrundstücke war.

Zum ersten Mal tauchten auch Regelungen zum Entzug des Nutzungsrechtes auf, die deutlich machen sollten, dass das Eigentum am Gebäude und das Nutzungsrecht am Grundstück untrennbar miteinander verbunden waren. Bereits vor dem Erlass eines Nutzungsrechtsgesetzes im Zusammenhang mit den Arbeiten am Zivilgesetzbuch wurde erwogen, den Anwendungsbereich des verliehenen Nutzungsrechtes zu erweitern. Es sollte nun jedem DDR-Bürger ein Nutzungsrecht verliehen werden können und damit die Beschränkungen auf bestimmte Personenkreise entfallen. Des Weiteren gab es Überlegungen, Nutzungsrechte nicht nur für den Bau von Eigenheimen zu vergeben, sondern auch Garagen und Wochenendhäuser einzubeziehen, um somit das Rechtsinstitut der Pacht abzuschaffen. Erwogen wurde außerdem erstmals die Entgeltlichkeit des Nutzungsrechts in bestimmten Fällen.

Da die Rechtssituation auf dem Gebiet der Verleihung des Nutzungsrechtes recht unübersichtlich geworden war, wurde unter Aufhebung aller bisherigen Vorschriften im Jahr 1970 ein neues Gesetz erlassen. Darin wurde der Kreis der Begünstigten erweitert. Eine Verleihung konnte nun an alle DDR-Bürger erfolgen, die nicht bereits Eigentümer eines Eigenheimes waren und die bei der zuständigen Gemeinde einen Antrag stellten. Neu war eine grundsätzliche Entgeltlichkeit für verliehene Nutzungsrechte, womit jedoch auch die vermeintliche Überlegenheit des sozialistischen Systems wegfiel. Mit den unter Erich Honecker lancierten weitreichenden sozialpolitischen Maßnahmen wurde dann jedoch auf die Zahlung eines Entgeltes verzichtet. Auch mit dem Inkrafttreten des Zivilgesetzbuches von 1976 gab es keine wesentlichen Veränderungen an den gesetzlichen Bestimmungen des verliehenen Nutzungsrechts, sodass diese bis ins Jahr 1990 unverändert so gehandhabt wurden.

In seiner Untersuchung ging Guido Harder der Frage nach, warum gerade das Nutzungsrecht als neues Rechtsinstitut etabliert wurde und nicht etwa das Erbbaurecht, das ja durchaus Parallelen aufwies, weiterverwendet wurde. Demnach sei das Erbbauchrecht vom Ministerium der Justiz als ungeeignet angesehen worden, weil es auf die komplizierte Regelung der volkseigenen Grundstücke schlecht gepasst und die Werktätigen eine klare und endgültige Eigentumsregelung gefordert hätten. Harder bezweifelt allerdings, dass die vermeintliche Kompliziertheit des Erbbaurechts Grund für die Schaffung eines neuen Rechtsinstituts gewesen sei. Vielmehr resultierte seiner Meinung nach die Ablehnung des Erbbaurechts aus ideologischen Gründen. So wurde die Nichtanwendbarkeit des Erbbaurechts für die sozialistische Eigentumsordnung mit seiner Rolle im Kapitalismus begründet, die unter anderem in der Abhaltung vom Klassenkampf durch die Bindung an die Scholle bestand.[87]

[87] Harder, G. (1998), S. 1.

Die Nutzungsrechte waren fester Bestandteil des DDR-Bodenrechts. Wollten DDR-Bürger ein Eigenheim errichten oder bewohnen, kamen sie nicht umhin, sich um die Nutzungsrechte zu bemühen. Die Frage, wem ein Grundstück gehörte, spielte im Bewusstsein vieler Menschen eine zunehmend geringere Rolle und die Unterschiede zwischen Besitzer und Eigentümer verschwammen häufig. Entscheidend war vielmehr die Möglichkeit der tatsächlichen Nutzung. Der Inhaber eines solchen Nutzungsrechts hatte eine eigentümerähnliche Rechtsposition inne, aber nur solange er der Zweckbindung Folge leistete und sich systemkonform verhielt.

Wie die Entstehung der Nutzungsrechte gezeigt hat, waren dabei weniger ideologische Vorgaben entscheidend. Vielmehr erfolgte eine Anpassung an die vorhandenen Bedingungen. Dirk Bohrisch stellte dazu fest, dass die Nutzung der volkseigenen Grundstücke zunächst vor allem außergesetzlich geregelt wurde, um dann den später schon existierenden Zustand zu sanktionieren.[88] Natürlich entfiel durch das Nutzungsrecht für die Eigenheimbauer ein großer Teil der finanziellen Belastung. Die Einführung dieses Rechtsinstituts erfolgte allerdings aus der Einsicht, dass das Volkseigentum nicht anders zu verwalten sei. Dafür waren weniger soziale Motive entscheidend, als der Zweck, das grundsätzliche Problem massen- und dauerhaften Mangels an geeignetem Wohnraum zu lösen. Laut Schätzungen des Bundesjustizministeriums sind von den etwa 300.000 in der DDR gebauten Eigenheimen rund 250.000 auf Grundstücken errichtet worden, die den Errichtern der Gebäude nicht gehörten.[89]

Einzelfälle staatlicher Unordnung

Neben der Möglichkeit, durch Verleihung eines Nutzungsrechts selbstständiges Gebäudeeigentum zu erwerben, gab es im DDR-Bodenrecht weitere Bestimmungen, nach denen ebenfalls Eigentum an einem Gebäude erworben werden konnte, ohne Eigentümer des Bodens zu werden. Dirk Brouër, ehemaliger Abteilungsleiter im Justizministerium des Landes Brandenburg, beschreibt die Besonderheit des Bodenrechts folgendermaßen: »In allen Fällen spielte es faktisch keine Rolle, ob das den gesellschaftlichen Organisationen oder den einzelnen Bürgern zur Nutzung zugewiesene oder sonst wie vertraglich überlassene Grundstück von Anfang an in staatlichem Eigentum gestanden hatte, durch die Ergebnisse der Enteignungen zwischen 1945 und 1949 dem Staat zugefallen war, durch rechtmäßige oder unrechtmäßige Enteignung in die Hand des Staates

88 Bohrisch, Dirk: Die sozialistische Grundeigentumsordnung und deren Überleitung in die bundesdeutsche Rechtsordnung. Celle 1996. S, 47.

89 Deutscher Bundestag. 12. Wahlperiode, Drucksache 12/5992: Gesetzentwurf der Bundesregierung, Entwurf eines Gesetzes zur Änderung sachenrechtlicher Bestimmungen vom 27.10.1993.

gekommen war oder sogar – wie oft bei den LPGs – vom Ursprung her als Privateigentum lediglich in die Genossenschaft eingebracht worden war.«[90]

Ferner gab es Unregelmäßigkeiten, die sich im DDR-Rechtsalltag herausbildeten, allerdings oftmals mit staatlicher Billigung. Es konnte durchaus vorkommen, dass Bauten auf fremdem Grund errichtet wurden, ohne vorherige Klärung der Frage, wem die Flächen gehörten. Weiterhin gab es Fälle, in denen Grundstücke mit staatlicher Genehmigung bebaut, für die dann jedoch in der Folge kein Nutzungsrecht verliehen wurde. Allein in Kleinmachnow ist bei 50 Eigenheimen die Verleihung eines Nutzungsrechts schlichtweg verabsäumt worden.[91] Des Weiteren war es nicht ungewöhnlich, dass auf Erholungsgrundstücken, die nur zur Errichtung von Wochenendhäusern gedacht waren, vollwertige Wohnhäuser entstanden. Zu Unregelmäßigkeiten kam es aber auch durch Nachlässigkeiten der DDR-Behörden. In den Überlieferungen des Rates des Bezirkes Frankfurt/Oder findet sich ein Dokument mit dem Titel »Informationen über einige Probleme auf dem Gebiet des staatlichen und treuhänderisch verwalteten Eigentums«.[92] Ein Abschnitt darin widmet sich dem Schwerpunkt im Bereich des staatlichen Eigentums, nämlich den umfangreichen Grunderwerb in Volkseigentum. Dazu gehörte, nichtvolkseigene Grundstücke in Baumaßnahmen mit einzubeziehen und sie zuvor für das Volkseigentum käuflich zu erwerben oder nach den Bestimmungen des Aufbaugesetzes in Anspruch zu nehmen. In diesem Dokument finden sich mehrere Beispiele für solche Ungenauigkeiten, die eine Neuordnung der Eigentumsverhältnisse nach 1990 zusätzlich erschwerten. So wurde berichtet, dass ein Volkseigener Betrieb auf dem Grund und Boden der Kirche ein Großtanklager errichtet hatte. Der Rat des Kreises in Eberswalde baute in den Jahren 1954/55 auf einem Grundstück mehrere Verwaltungsbaracken, ohne die Flächen zuvor in Volkseigentum zu überführen oder entsprechende Vertragsverhältnisse mit den zehn Grundstückseigentümern herzustellen. In einem Dorf im Kreis Seelow wurden zwischen 1952 und 1958 acht Wohneinheiten, eine Schule, zwei Wasserhäuser, ein Feuerwehrgerätehaus und eine staatliche Tierarztpraxis erbaut, ohne den Grunderwerb für Volkseigentum durchzuführen. Das im Jahr 1959 errichtete Kulturhaus in Schönfließ, Kreis Seelow befand sich ebenso auf privatem Grund und Boden, wie die in Golzow 1960 gebaute Polytechnische Oberschule. Berichtet wurde noch zu weiteren Beispielen, dass Schulen, Kulturhäuser, Kindergärten und Kinderkrippen auf nichtvolkseigenen Grundstücken gebaut worden sind.

90 Brouër, Dirk: Einleitung oder von Ängsten und Ansprüchen, in: Brouër, Dirk/Trimbach, Herbert (u.a.): Offene Vermögensfragen. Ein Ratgeber. Hamburg 1995, S. 22.

91 BMJ, Az.: 3440/4-6, Bd. 4: Nutzungsrecht und Eigentum an Grund und Boden in den neuen Ländern und im Osten Berlins. Bericht über die Ergebnisse der Fragebogenuntersuchung des Bundesministeriums der Justiz in der Zeit vom 14.–23. Oktober 1991, S. 15.

92 BLHA, Rep. 601, 22960, Information über einige Probleme auf dem Gebiet des staatlichen und treuhänderisch verwalteten Eigentums, o.D.

Enteignungsgesetzgebung und Verwaltungspraxis in der DDR

Vermögensverlust auf strafrechtlicher Grundlage

Nach Artikel 12 der Verfassung von 1949[93] und Artikel 16 der Verfassung von 1968[94] waren Enteignungen dem Gesetz nach zwar möglich, konnten aber grundsätzlich nur gegen Entschädigung durchgeführt werden. Enteignungen und der Einzug von Vermögenswerten gehörten allerdings auch zu politischen Maßnahmen, die im Sinne des Rechtsanwenders ausgelegt werden konnten und für viele Betroffene den vollständigen Verlust des Vermögens zur Folge hatten. Nach dem Strafgesetzbuch war bei bestimmten Delikten eine Einziehung des gesamten Vermögens vorgesehen. Es ist unklar, in wie vielen Fällen während des Bestehens der DDR Straftaten eigens zum Zweck der Einziehung des Vermögens konstruiert worden sind.[95]

Bekanntestes Beispiel dafür, wie der Staat sich mithilfe eines politisierten Strafrechts das Vermögen von Privatleuten einverleibte, ist die umfangreiche Enteignungs- und Verstaatlichungswelle »Aktion Rose« an der Ostsee. Im Jahr 1953 wurden über 400 Besitzer von Hotels und Pensionen inhaftiert und mit dem Vorwurf der »Wirtschaftskriminalität« verurteilt. Die Volkspolizei durchsuchte über 700 Betriebe und beschlagnahmte dabei Werte von mehr als 30 Millionen Mark. Den Gewerbetreibenden wurde unter anderem das »Horten« und die fehlerhafte Angabe von Lebensmitteln und der Verkauf von Kaffee und Zigaretten aus West-Berlin unterstellt. Ihr Besitz wurde beschlagnahmt und die meisten Häuser später in Ferienheime des staatlich gesteuerten Gewerkschaftsmonopolisten FDGB umgewandelt. Sondergerichte verurteilten Hunderte Personen zu teils absurd hohen Strafen. Viele der Betroffenen flohen aus der DDR und ließen ihr gesamtes Hab und Gut zurück. Die meisten der Inhaftierten ka-

93 »Beschränkungen des Eigentums und Enteignungen können nur zum Wohle der Allgemeinheit und auf gesetzlicher Grundlage vorgenommen werden. Sie erfolgen gegen angemessene Entschädigung soweit das Gesetz nichts anderes bestimmt. Wegen der Höhe der Entschädigung ist im Streitfall der Rechtsweg bei den ordentlichen Gesetzen offenzuhalten, soweit ein Gesetz nichts anderes bestimmt.«

94 »Enteignungen sind nur für gemeinnützige Zwecke auf gesetzlicher Grundlage und gegen eine angemessene Entschädigung zulässig. Sie dürfen nur erfolgen, wenn auf andere Weise der angestrebte gemeinnützige Zweck nicht erreicht werden kann.«

95 Vgl.: Friauf K.-H/Horscht, M. (1993), S. 54; Fricke, W./Märker, K. (2002), S. 27.

men nach kurzer Gefängniszeit auf Bewährung frei – ihr Eigentum erhielten sie jedoch nicht zurück.[96]

»Legale« Enteignungen nach dem Aufbau- und Baulandgesetz oder anderen Spezialgesetzen

Im Aufbaugesetz, das am 6. September 1950 in Kraft trat, wurde der Eigentumseinzug von privaten Grundstückseigentümern geregelt.[97] Für »den planmäßigen Aufbau der Städte im Rahmen des Volkswirtschaftsplanes«[98] konnten Stadtzentren, aber auch ländliche Gebiete zum »Aufbaugebiet« erklärt werden, was zur Folge hatte, dass unbebaute und bebaute Grundstücke vom Staat in Anspruch genommen werden konnten. Für diese »Inanspruchnahme« zu städtebaulichen Zwecken war zwar eine Entschädigung vorgesehen, diese wurde allerdings erst neun Jahre später, im April 1960, im Entschädigungsgesetz geregelt. Der Zweck des Eigentumsentzuges wurde in den 1950er- und 1960er-Jahren erweitert. Aus der ursprünglichen Zielsetzung, durch die Inanspruchnahme den Aufbau der zerstörten Städte schneller zu sichern, wurde in der Praxis schrittweise ein ganz allgemeiner Enteignungstatbestand.[99]

Eine weitere Durchführungsbestimmung aus dem Jahr 1972 ermöglichte die Inanspruchnahme von Grundstücken zur Sanierung ganzer Stadtviertel, aber auch zur Bereitstellung von Bauland für Eigenheime. Nun wurden neben dem Aufbau auch explizit der Neubau, die Instandsetzung, die Modernisierung- und Rekonstruktion, der Um- und Ausbau sowie der Abriss als Zwecke von Aufbaugebietserklärungen definiert.[100] Damit gingen die Bestimmungen des Aufbaugesetzes weit über ihren eigentlichen Zweck – die schnelle Beseitigung von Kriegsschäden – hinaus und wurden wichtige gesetzliche Grundlagen zur Überführung von Grund und Boden in Volkseigentum.[101]

Im Jahr 1984 löste das Baulandgesetz das Aufbaugesetz ab. Die Zielsetzung des Gesetzes bestand in der Bereitstellung von Bauland für die »planmäßige Errichtung und Modernisierung von Gebäuden und baulichen Anlagen«[102]. Ähnlich wie

96 Vgl.: Müller, Klaus: Die Lenkung der Strafjustiz durch die SED-Staats- und Parteiführung der DDR am Beispiel der Aktion Rose. Frankfurt am Main 1995. Internetseite einer betroffenen Familie: http://www.stasi-aktion-rose.de/ (letzter Abruf am 28.11.2014).

97 Gesetz über den Aufbau der Städte in der Deutschen Demokratischen Republik und der Hauptstadt Deutschlands, GBL der DDR Nr. 104, S. 956.

98 Zitiert nach: Fricke, W./Märker, M. (2002), S. 26.

99 Vgl.: Heuer, K. (1991), S. 67.

100 Vgl.: Sartor, Lutz: Enteignungen durch Aufbau- und Baulandgesetz am Beispiel des Bezirkes Dresden. 1950-1990, in: Deutschland Archiv 36 (2003), S. 812.

101 Vgl.: Friauf, K. (2002), S. 55f.

102 Wiktorin; Dorothea, Grundeigentum und Stadtentwicklung nach der Wende. Räumliche Wirkungen der Transformation von Grundeigentumsverhältnissen seit 1990 am Beispiel der Innenstadt und Äußeren Neustadt von Dresden. Köln 2000. S, 27.

bei der Aufbaugesetzgebung war die »Verwirklichung gesellschaftlicher Interessen« Voraussetzung für die Zulässigkeit von Enteignungsmaßnahmen. Der Entzug von privatem Eigentum für gemeinnützige Zwecke, wie beispielsweise für städtebauliche Aufgaben, war nicht nur in der DDR, sondern auch in anderen Ländern eine Notwendigkeit. Allerdings hat der »Entzug und die Beschränkung des Eigentums an Grundstücken und Gebäuden durch den Staat im Wege der Enteignungsgesetzgebung in der DDR [...] eine wesentliche größere Rolle gespielt als in den westlichen Ländern«[103].

Die Höhe der Entschädigung war auf Grundlage des Wertes der Grundstücke festzusetzen. In der Verwaltungspraxis wurden jedoch zum Teil extrem niedrige Beträge gezahlt. Hinzu kam, dass die Grundstücke von »Westeigentümern« oftmals wesentlich niedriger bewertet wurden beziehungsweise, dass diese auch keine Möglichkeit hatten, gegen den Entzug des Eigentums Beschwerde einzulegen. Sowohl das Aufbau- als auch das Baulandgesetz entsprachen rechtsstaatlichen Maßstäben von Enteignungsgesetzen, die allerdings in der Praxis nicht immer so angewendet wurden. Eine Vielzahl staatlich verwalteter Grundstücke konnte somit in Volkseigentum überführt werden. Lutz Sartor, der sich mit den Enteignungen durch Aufbau- und Baulandgesetz am Beispiel des Bezirks Dresden beschäftigt hat, kam zu dem Schluss, dass diese Gesetze sowie eine Reihe von unveröffentlichten Beschlüssen und Richtlinien der Staatsführung »mannigfaltige Möglichkeiten« boten, um die Besitzverhältnisse von Wohnraum umfassend umzugestalten.[104]

Überdies bot eine Reihe von Spezialgesetzen ebenfalls die Möglichkeit, Grund und Boden zu entziehen. Hierzu gehörten beispielsweise das Denkmalpflegegesetz, das Landeskulturgesetz, das Berggesetz oder das Atomenergiegesetz. Eine besondere Sachlage ergab sich bei den Enteignungen im Zusammenhang der Schaffung und Sicherung der innerdeutschen Grenze. Vor allem in den 1950er-Jahren kam es dabei zu brutalen Zwangsumsiedlungen. Unter dem Namen »*Aktion Ungeziefer*« fand bereits 1952 die Zwangsaussiedlung Tausender Bewohner des Grenzgebietes statt. Weitere Aussiedlungen folgten, wie beispielsweise die »Aktion Kornblume« im Oktober 1961.[105]

103 Heuer, K. (1991), S. 65.

104 Vgl.: Sartor, L. (2003), S. 820.

105 Vgl.: Bennewitz, Inge/Potratz, Rainer: Zwangsaussiedlungen an der innerdeutschen Grenze. Analysen und Dokumente. Berlin 1994; Wagner, Manfred: Beseitigung des Ungeziefers. Zwangsaussiedlungen in den thüringischen Landkreisen Saalfeld, Schleiz und Lobenstein 1952 und 1961. Analysen und Dokumente. Landesbeauftragter des Freistaates Thüringen für die Unterlagen des Staatssicherheitsdienstes der ehemaligen DDR, Erfurt 2001.

Flüchtlings- und Übersiedlervermögen

Eine besonders große Zahl an Vermögenswerten jeglicher Art, die dem Staatshaushalt zugeführt wurden, war Vermögen von Flüchtlingen, Übersiedlern und Westdeutschen, die keinen Wohnsitz in der DDR hatten. Dies waren oft bewegliche Gegenstände, die zumeist veräußert wurden, vor allem aber Immobilien und Grundstücke.

Seit 1949 galten unterschiedliche Gesetze und Verordnungen bezüglich des Umgangs mit den zurückgelassenen Vermögenswerten. Daneben existierte eine ganze Reihe von unveröffentlichten Dienstanweisungen oder es wurden Verwaltungspraktiken angewendet, die mitunter keine gesetzliche Grundlage hatten. Der Umgang mit diesen Vermögenswerten, die entweder enteignet oder unter staatliche Zwangsverwaltung gestellt wurden, war bis zum Ende der DDR zahlreichen Veränderungen unterworfen.

§1 der Vermögenssicherungsverordnung vom 17. Juli 1952

Die erste gesetzliche Grundlage zum Umgang mit Flüchtlingsvermögen war die »Verordnung zur Sicherung von Vermögenswerten vom 17. Juli 1952«[106], die für die Betroffenen eine entschädigungslose Enteignung aller Vermögenswerte zur Folge hatte, die daraufhin in Volkseigentum überführt wurden. Die Verordnung richtete sich gegen Personen, die das Gebiet der SBZ/DDR ohne polizeiliche Genehmigung verlassen hatten und gegen sogenannte »Nichtrückkehrer«, also Personen, die zwar am 08. Mai 1945 ihren Wohnsitz in der SBZ beziehungsweise DDR hatten, aber nicht dorthin zurückgekehrt waren. Mehrere unveröffentlichte Richtlinien und Anweisungen erläuterten die Durchführung dieser Verordnung. Nach §1 war das Vermögen von Personen, die die DDR ohne Beachtung der polizeilichen Meldevorschriften verlassen hatten oder die »dazu Maßnahmen trafen«, sofort zu beschlagnahmen. Die Grundlage für die entschädigungslose Enteignung war zunächst die Meldung der zuständigen Volkspolizeidienststelle, dass ein Eigentümer ohne Genehmigung verzogen war. Für die Feststellung und Sicherung der Vermögenswerte waren dann die jeweiligen Räte der Städte und Gemeinden verantwortlich. Eine Auflistung der zurückgelassenen, beweglichen Vermögenswerte erfolgte in »Vermögensverzeichnissen«. Es folgte eine ausführliche Überprüfung der Eigentumsverhältnisse, die dann in Form von Musterformularen an den zuständigen Rat des Bezirkes weitergegeben wurden. Die Räte der Städte und Gemeinden waren ermächtigt, die Grundstücke zu übernehmen, bewegliches Vermögen zu veräußern und den Erlös dem Staatshaushalt zuzuführen. Für die nun volkseigenen Grundstücke wurden Rechtsträgernachweise ausgestellt, mit denen sie der kommunalen Wohnungsverwaltung beziehungsweise dem Rat der Gemeinde übertragen wurden. Zeitgleich mit dem Erlass der Verordnung wurden bei den Räten der Kreise die

[106] GBL. der DDR Nr. 100, S. 615.

Aufgabengebiete »Staatliches und treuhänderisch verwaltetes Eigentum« gebildet. Den Sachgebieten der Gemeinden oblagen unter anderem folgende Aufgaben:

- »Ermittlung und Sicherung des dem Volkseigentum zustehenden Vermögens
- Verwaltung des Volkseigentums
- Anleitung der örtlichen Organe zur Durchführung der Aufgaben der Verwaltung
- Staatliche Aneignung
- Durchführung von Vermögensrückgaben bei Gnadenerweisen und an Rückkehrer«[107]

Ein gravierendes Problem bei der Erfassung und Sicherung des Vermögens von Personen, die die DDR verlassen hatten, bestand darin, dass immer wieder bewegliches Vermögen durch einzelne Mitarbeiter veruntreut wurde. Die Umsetzung der vorgeschriebenen Maßnahmen war zwar genau zu dokumentieren, doch es kam nicht selten vor, dass sich einzelne Mitarbeiter am Flüchtlingsvermögen bereicherten. So berichtete die Kreisinspektion Bernau über das Verschwinden von Vermögensgegenständen Geflüchteter in der Gemeinde Wandlitz: »Bei der Revision des staatlichen Eigentums der Gemeinde Wandlitz wurde festgestellt, dass die Verwaltung verantwortungslos mit den zurückgelassenen Werten umgegangen ist. [...] Der größte Teil der Möbel wurde Einzelnen leihweise zur Verfügung gestellt. Auffallend ist, dass in der Hauptsache nur Namen von Personen erscheinen, die im öffentlichen Dienst stehen. Es wurde weiterhin festgestellt, dass ein großer Posten Möbel spurlos verschwunden ist. [...] L. verschaffte seinem Bruder in Wandlitzsee ein Wochenendhaus. Dieses Haus dürfte auch mit Möbeln aus Staatseigentum ausgestattet sein. [...] Im Haus B. (Ehefrau ist Angestellte der Gemeinde) werden wertvolle Einrichtungsgegenstände vermutet, weil B. niemandem Zutritt zu seiner Wohnung gestattet. [...] Unseres Erachtens wäre es für die Herbeischaffung und Sicherstellung von Staatseigentum erforderlich, schlagartig in den Wohnungen Hausdurchsuchungen durchzuführen.«[108]

Solche Berichte waren keine Einzelfälle. Im Jahr 1958 berichtete der Rat des Kreises Straußberg über die Arbeitsweise auf dem Gebiet des staatlichen Eigentums von mehreren Fällen der Veruntreuung in den einzelnen Gemeinden:

- »Bürgermeister M. Unterschlagung von Sachwerten, 1 Jahr Gefängnis
- Bürgermeister L. Unterschlagung von Geldern aus dem Verkauf von Vieh, 1 Jahr Gefängnis
- Rat der Gemeinde Z., Bürgermeister, 1 Jahr Gefängnis

[107] BLHA, Rep. 601, 22921, Ratsvorlage über das Aufgabengebiet staatliches und treuhänderisch verwaltetes Eigentum im Kreise Straußberg nach dem Stande vom 20. Juli 1958, S. 4.

[108] Kreisarchiv Barnim, E.I. RdKB 22271, An die Regierung der DDR, MdF, Hauptverwaltung Finanzrevision Kreisinspektion Bernau am 21.10.1953. Bericht über die Verwendung von Vermögensgegenständen Republikflüchtiger in der Gemeinde Wandlitz.

- Sachbearbeiter K., 5.000 DM Unterschlagung, 5 Jahre Zuchthaus
- Rat der Gemeinde Hönow, 4.000 DM Unterschlagung, konnte nicht mehr inhaftiert werden, da flüchtig
- Sachbearbeiter M., 500 DM Unterschlagung, 5 Monate Gefängnis«[109]

In der Beschreibung der eigenen Personalstruktur hieß es: »Das Aufgabengebiet beim Rat des Kreises Straußberg wurde am 1.09.1952 mit dem Referatsleiter S., den Mitarbeitern S., R. und M. besetzt. Der Mitarbeiter S. wurde wegen Unterschlagung von Volkseigentum zu 5 Jahren Zuchthaus verurteilt. [...] Der Referatsleiter S. wurde im Mai 1953 wegen Unterschlagung zu einem Jahr Gefängnis verurteilt.«[110]

Die Kontrolleure bemängelten auch die unzureichende Qualifikation der zuständigen Mitarbeiter. So mussten sie feststellen, dass »die kadermäßigen Voraussetzungen zur Durchführung dieser umfangreichen Aufgaben keinesfalls gegeben«[111] waren. Als großes Problem erwies sich außerdem die ordnungsgemäße Erstellung von zentralen Übersichten, um einen Überblick über die genaue Anzahl der Vermögenswerte zu bekommen. Da die Sachgebiete selbst noch im Aufbau waren, gab es kaum eine systematische Prüfung der Vorgänge. Oftmals wurden Übersichten über die sogenannten §1-Fälle der Verordnung erst im Nachhinein zusammengestellt. Obwohl für die Dokumentation dieser Fälle genaue Vorgaben existierten, kam es beim Führen der Unterlagen andauernd zu Ungenauigkeiten. So wurde beispielsweise kritisiert, dass Bestandsaufnahmelisten der Vermögenswerte nicht unterschrieben oder die Bestandsaufnahmen nur von einer Person durchgeführt worden waren. Dies erschien den leitenden Mitarbeitern »im Hinblick auf die zu erwartende Rückkehr dieses Personenkreises« problematisch, da die Durchführung damit »anfechtbar«[112] war.

In den Verhandlungsunterlagen über die offenen Vermögensfragen aus dem Jahr 1990 wird die Zahl von insgesamt 31.292 Grundstücken genannt, die von dieser entschädigungslosen Enteignung betroffen waren.[113] Darunter befanden sich 10.059 Landwirtschaften und 4.148 Einfamilienhäuser. Hinzu kamen Kontoguthaben und sonstige Vermögenswerte. Der Gesamtwert belief sich auf etwa 1,4 Milliarden Mark.[114]

109 BLHA, Rep. 601, 22921, Ratsvorlage über das Aufgabengebiet staatliches und treuhänderisch verwaltetes Eigentum im Kreise Straußberg nach dem Stande vom 20. Juli 1958, S. 3.

110 Ebd., S. 3.

111 Ebd., S. 14.

112 Kreisarchiv Barnim, E.I.RdKB 22271, Bericht des Referates über die Überprüfung des Rates der Gemeinde Schwanebeck am 23. Juni 1953.

113 BArch, DN 1/23116, Verhandlungsunterlagen, Positionspapier über die Aufhebung der staatlichen Treuhandverwaltung gemäß Anordnung Nr. 2, Vermögenswerte von Personen, die die DDR bis zum 10.6.1953 verlassen haben.

114 Bundesamt zur Regelung offener Vermögensfragen (Hrsg.): Offene Vermögenfragen. Versuch einer Bilanz. Berlin 2001, S. 10.

Die Verordnung, mit der die Vermögenswerte ausnahmslos in Volkseigentum überführt wurden, blieb nur kurze Zeit gültig, bevor sie am 11. Juni 1953 wieder außer Kraft gesetzt und durch die »Anordnung über die Behandlung des Vermögens von Personen, die die Deutsche Demokratische Republik nach dem 10. Juni 1953 verlassen haben« vom 1. Dezember 1953 ersetzt wurde. Damit war dem Gesetz nach eine entschädigungslose Enteignung der Grundstücke, wie sie bis dahin erfolgt war, nicht mehr zulässig. Die neue Anordnung sah vor, dass das Eigentum der Geflüchteten nun entweder durch einen vom Eigentümer dafür eingesetzten Bevollmächtigten oder, wenn dies nicht geschah, durch einen vom staatlichen Notariat bestellten Abwesenheitspfleger verwaltet wurde. Diese Möglichkeit, einen privaten Verwalter einzusetzen, bestand bis zum Jahr 1958.

»Westgrundstücke« – §6 der Vermögenssicherungsverordnung von 1952

Das Vermögen von Personen, die in der DDR niemals ihren Wohnsitz hatten oder mit staatlicher Genehmigung ausgereist sind, wurde nicht enteignet, sondern nach §6 der sogenannten »Vermögenssicherungsverordnung« von 1952 unter vorläufige staatliche Verwaltung gestellt. Obwohl sich die Eigentumsverhältnisse damit praktisch nicht veränderten, wurde den Eigentümern die Verfügungsmöglichkeit entzogen. Die staatliche Verwaltung endete, wenn der Eigentümer seinen Wohnsitz in die DDR verlegte beziehungsweise durch Sterbefall, wenn ein Bürger der DDR der Erbe des Grundstücks wurde. Eine Enteignung dieser Grundstücke sollte aus politischen Gründen vermieden werden. Eine Veräußerung durch den staatlichen Verwalter an Dritte, wie beispielsweise zur Errichtung eines Einfamilienhauses, war grundsätzlich untersagt. Enteignungen oder Inanspruchnahmen der Grundstücke nach den geltenden Rechtsvorschriften der DDR – wie beispielsweise nach dem Bauland- oder dem Aufbaugesetz gegen die Zahlung einer Entschädigung – bildeten die Grundlage für eine Veränderung der Eigentumsverhältnisse. Für die DDR-Behörden ergaben sich aus der Verwaltung der Grundstücke zahlreiche Probleme, die sich im Laufe der Zeit immer weiter vergrößerten. Staatliche Verwalter waren verpflichtet, die Grundstücke ordnungsgemäß zu verwalten und zu erhalten. Die Instandhaltung erfolgte in erster Linie aus laufenden Mieteinnahmen. Für größere Instandhaltungsarbeiten konnte ein Kredit bei der Kreissparkasse in Anspruch genommen werden. So wurden beispielsweise in den Jahren 1964 und 1965 beim Rat des Kreises Bernau 1.686.750 MDN Kredite der Kreissparkasse zur Instandsetzung von insgesamt 399 Wohnungseinheiten ausgegeben.[115] Ungleich schwieriger gestaltete sich die Verwaltung nicht genutzter Grundstücke, sodass hierfür die Verwaltungsgrundsätze mehrfach geändert werden mussten. In einem Bericht über die Arbeitsweise der Sachgebiete Staatliches Eigentum der Räte der Kreise des Bezirkes Frankfurt/Oder wurde beispielsweise

115 Kreisarchiv Barnim, E.I. 18296, Mündlicher Bericht des Abteilungsleiters Finanzen über die Verwaltung des Westvermögens im Kreis Bernau vom 16.10.1965.

vermerkt: »Aufgrund der bereits angezeigten Arbeitssituation [...] erfolgten seit 1958 kaum noch Überprüfungen der vorläufigen Verwalter. Das hatte schließlich zur Folge, dass die örtlichen Organe in vielen Fällen ihre Pflichten als vorläufige Verwalter verletzten und sich dadurch Beschwerden der Mieter und Pächter sowie der Eigentümer, die durch unsere Bürger hierüber informiert wurden, ergaben.«[116]

Nach Meinung der staatlichen Stellen hatte dies negative Auswirkungen auf das Erscheinungsbild der Städte und Gemeinden. Nicht wenige Bürger beschwerten sich über die verwilderten und ungenutzten Grundstücke. So wurde für den Kreis Straußberg festgehalten: »Große Schwierigkeiten bestehen bei nicht verpachteten Grundstücken, die größtenteils einen sehr verwilderten Zustand aufweisen. In der Gemeinde Petershagen handelt es sich hierbei um 2 Kilometer Straßenfront. Diese Grundstücke bringen keine Einnahmen, so dass die laufenden Steuern und Versicherungsgebühren nicht bezahlt werden können. Die Straßenreinigung und insbesondere die Schneebeseitigung bereiten große Schwierigkeiten.«[117]

Für das Randgebiet von Berlin wurden deswegen im Dezember 1959 Maßnahmen festgelegt, mit denen vor allem ungenutzte und damit ertraglose Grundstücke einer Nutzung durch Verpachtung zugeführt werden sollten.[118] Mitarbeiter der Räte der Bezirke waren angehalten »im Interesse der Erhaltung eines sauberen Ortsbildes« die bisher nicht verpachteten, unbebauten Grundstücke »unter breitester Einbeziehung der Bevölkerung einer volkswirtschaftlich zweckmäßigen Nutzung zuzuführen«. Als notwendige Maßnahmen wurden diesbezüglich festgehalten:

a) »Von den Räten der Gemeinden ist im Ort und im demokratischen Sektor von Groß-Berlin eine verstärkte Werbung durchzuführen, wobei der Pachtzins im Einzelfall unter den üblichen Sätzen gesenkt wird bzw. auf unbestimmte Zeit (im Höchstfalle bis zu 5 Jahren) ganz erlassen werden kann.
b) Soweit eine Verpachtung an Einzelpächter nicht möglich ist, ist zu prüfen, inwieweit nicht verpachtete Gartengrundstücke durch staatliche oder genossenschaftliche Gartenbaubetriebe unentgeltlich genutzt werden können.
c) Im Ortskern gelegene nicht verpachtete unbebaute Grundstücke sind im Rahmen des Nationalen Aufbauwerkes in Kinderspielplätze, Kleinstsportanlagen oder in Grünflächen umzugestalten.«[119]

[116] Kreisarchiv Barnim, D.I, 25118, Bericht über die Arbeitssituation und Durchführung wichtiger politischer Schwerpunktaufgaben auf dem Gebiete des staatlichen Eigentums im Bereich der Räte der Kreise des Bezirkes Frankfurt (Oder).

[117] BLHA, Rep. 601, 22921, Ratsvorlage über das Ausgabengebiet Staatliches und treuhänderisch verwaltetes Eigentum im Kreise Straußberg nach dem Stande vom 20. Juli 1958, S. 12.

[118] BArch, DN 1/122239, Abteilung Volkseigentum und Treuhandvermögen: Maßnahmen zur Verbesserung der Verwaltung von Westgrundstücke 1959–1960.

[119] BArch, DN 1/122239, Abteilung Volkseigentum und Treuhandvermögen, Aktentitel: Maßnahmen zur Verbesserung der Verwaltung von Westgrundstücken 1959 – 1960, Rat des Be-

Kreis	Westgrundstücke insgesamt	1959 ungenutzt	1965 ungenutzt	1959/65 verpachtet
Bernau	3.605	670	396	274
Fürstenwalde	2.705	246	136	110
Straußberg	4.191	870	782	88
Insgesamt	**10.501**	1.786	1.314	**472**

»Westgrundstücke« sollten wie sonstige private Wohngrundstücke behandelt und in den Plan zur Finanzierung des Wohnungsbaus einbezogen werden. Die Vorsitzenden der Räte der Kreise wurden verpflichtet, zur Verbesserung der Verwaltung der Grundstücke konkrete Maßnahmen festzulegen. Diese Maßnahmen sollten in Zusammenarbeit mit den Ausschüssen der Nationalen Front und den Massenorganisationen durchgeführt werden. Gleichzeitig wurden aus dem Staatshaushalt durchschnittlich 120 DM für jedes dieser Grundstücke zur Verfügung gestellt. In einer Auswertung der Berichte der Leiter der Abteilungen der Räte der Kreise wurde eingeschätzt, dass die zwischen 1959 und 1965 eingesetzten finanziellen Mittel nutzbringend verwendet worden seien. Zufrieden wurde vermerkt, wie viele Grundstücke dadurch einer Verpachtung zugeführt werden konnten.

Dass innerhalb von sechs Jahren 472 bislang ertraglose Grundstücke einer Verpachtung zugeführt werden konnten, wurde als großer Erfolg der durchgeführten Maßnahmen bewertet.[120]

Immer mehr DDR-Bürger äußerten gegenüber den staatlichen Stellen den Wunsch, die »Westgrundstücke« zu nutzen beziehungsweise ein bereits zur Pacht genutztes Grundstück durch Kauf in Eigentum zu übernehmen. In der Zeit zwischen 1963 und 1977 kam es deswegen, insbesondere bei den §6-Fällen, zum Abschluss sogenannter Überlassungsverträge. Mit diesen Verträgen wurde ein Konstrukt geschaffen, das dazu dienen sollte, dem Wunsch der DDR-Bürger nach dauerhafter Nutzung nachzukommen, ohne dass damit ein Eigentumsübergang verbunden war. Bei Abschluss des Vertrages verpflichtete sich der staatliche Verwalter zur Überlassung eines unbebauten oder bebauten Grundstücks an einen DDR-Bürger zum Zweck des Wohnens oder zu Erholungszwecken. Vorhandene Gebäude wurden vom Nutzer übernommen. Er war aber auch berechtigt, das Grundstück zu bebauen beziehungsweise an vorhandenen Gebäuden bauliche Veränderungen vorzunehmen. Die Verträge waren entweder zeit-

zirkes Potsdam, z. Hd. des Leiters der Abteilung Finanzen, Genossen Westphal vom 26. Juli 1960.

120 BLHA, Rep. 601, 22960, Information über einige Probleme auf dem Gebiet des staatlichen und treuhänderisch verwalteten Eigentums.

lich befristet (in der Regel auf 30 Jahre) oder wurden sogar lebenslang gewährt. Der Nutzer übernahm dann sämtliche Aufwendungen für die Instandsetzung und Instandhaltung sowie alle öffentlichen Lasten, wie Grundsteuern, Versicherung, Straßenreinigung.

Auf der Basis eines Gutachtens hatte der Nutzer dann sämtliche bewegliche Vermögenswerte, wie Aufwuchs und Mobiliar, käuflich zu erwerben. Die Zahlung von Miete oder Pacht war nicht vorgesehen, stattdessen sollte eine Summe in Höhe des Wertes des überlassenen Grundstücks auf ein Hinterlegungskonto des staatlichen Verwalters gezahlt werden. Diese Lösung sollte sowohl die Wünsche von DDR-Bürger befriedigen, als auch das Problem der verwilderten Grundstücke lösen.[121]

In einer Einschätzung des Rates des Kreises Zossen über die Nutzung von unbebauten Grundstücken, die nach §6 der Verordnung vom 17.Juli 1952 oder nach der Anordnung Nr. 2 vom 20.August 1958 verwaltet wurden, sind folgende wesentliche Vorteile festgehalten worden:

> »Für den staatlichen Verwalter bzw. Treuhänder sowie im gesellschaftlichen Interesse:
>
> 1. Verminderung der Verwaltungsarbeit
> 2. Sicherung der Erhebung der mit dem Grundstück in Zusammenhang stehenden öffentlichen Lasten und Abgaben
> 3. Kaufkraftabschöpfung durch Hinterlegung eines Betrages in Höhe des Grundstückswertes einschließlich der Grundstückseinrichtungen
> 4. Erhaltung des in staatliche Verwaltung bzw. Treuhandschaft befindlichen Vermögens durch den Nutzer
> 5. Errichtung von Gebäuden und Schaffung von Wohnraum oder Stätten der Erholung für Zwecke des Nutzers durch die Initiative und aus Mitteln des Nutzers
>
> Für den Nutzer:
>
> 1. Während der Dauer des Vertrages kann der Nutzer das Grundstück wie ein Eigentümer selbst nutzen
> 2. Möglichkeit für den Nutzer, das Grundstück nach seinen eigenen Wünschen und Erfordernissen zu gestalten, ohne verpflichtet zu sein, jeweils vorher die Genehmigung des Verwalters bzw. des Treuhänders einholen zu müssen
> 3. Langfristigkeit der Verträge
> 4. Sicherung der Aufwendungen des Nutzers auch dann, wenn der Eigentümer

[121] Bundesamt zur Regelung offener Vermögensfragen (Hrsg.): Schriftenreihe des Bundesamtes zur Regelung offener Vermögensfragen. Heft 5: Behandlung von in der DDR abgeschlossenen Überlassungsverträgen. Berlin 1993.

in die DDR übersiedelt oder bei Aufhebung der staatlichen Verwaltung bzw. Treuhänderschaft oder bei Erbfall an DDR-Bürger

5. Einräumung des Rechts an den Nutzer, die ihm aus dem Vertrag zustehenden Rechte mit Zustimmung des Verwalters auf einen Dritten übertragen zu können
6. Übergang der Rechte aus dem Vertrag auf die Erben des Nutzers«[122]

Bei der Entscheidung für die Überlassungsverträge spielte die Überlegung eine Rolle, dass die Fragen der vorläufigen staatlichen Verwaltung der »Westgrundstücke« irgendwann auf zwischenstaatlicher Ebene, also im Zuge von Verhandlungen zwischen der Regierung der DDR und dem Berliner Senat beziehungsweise der Bundesregierung, geregelt werden und es zu keiner Aufhebung der staatlichen Verwaltung mehr kommt: »Es ist bei diesen Vermögenswerten davon auszugehen, dass die vorläufige Verwaltung nicht aufgehoben werden kann, solange die mit den westberliner und westdeutschen Vermögenswerten zusammenhängenden Fragen nicht durch Verhandlungen zwischen der Regierung der DDR und dem Senat von Westberlin bzw. der Bundesregierung geregelt sind. Bis zu diesem Zeitpunkt ruhen die Befugnisse der Grundstückseigentümer.«[123]

Zu den Überlassungsverträgen wurde an anderer Stelle festgehalten: »Der Grundsatz ist hierbei, dass der DDR-Bürger als Pächter später einmal nicht mehr mit dem westdeutschen oder westberliner Eigentümer abrechnet, diese Frage vielmehr durch Verhandlungen und entsprechende Verträge zwischen beiden deutschen Staaten [...] vertraglich geregelt werden.«[124]

Beim Abschluss der Überlassungsverträge wurde das Prinzip der vorläufigen Verwaltung und damit auch der Unveräußerlichkeit der Grundstücke beibehalten. Obwohl die staatlichen Organe stets bestrebt waren, die ungenutzten Grundstücke einer Verwendung zuzuführen, waren die Verwalter weiterhin zur Einhaltung der Grundsätze verpflichtet. In Umsetzung des Beschlusses des Ministerrates vom 23. Dezember 1976 »Zur weiteren Durchführung der Grundlinie der Behandlung des in der DDR befindlichen Vermögens von Berechtigten aus kapitalistischen Staaten und Westberlin« änderte sich diese Vorgehensweise jedoch ganz entscheidend. Mit einer objektbezogenen Finanzierung und durch Baumaßnahmen sollte der Grundbesitz systematisch verschuldet werden. Unter Ausnutzung des Aufbaugesetzes und weiterer Bestimmungen

122 Kreisarchiv Teltow-Fläming, VI. 9320, Rat des Kreises Zossen, Nutzung von unbebauten Grundstücken, die nach §6 der Verordnung vom 17.07.1952 oder nach der Anordnung Nr. 2 vom 20.08.1958 verwaltet wurden, durch Bürger mit Wohnsitz in der DDR vom 31.08.1965.

123 Kreisarchiv Teltow-Fläming, VI 8476 Sicherung von Vermögenswerten nach §6 der VO vom 17.07.1952, Schriftverkehr, Rat des Bezirkes Potsdam an Rat der Gemeinde Dahlewitz, 05.02.1964, Vorläufige Verwaltung von Grundstücken nach § 6 der VO vom 17.07.1952.

124 BLHA, Rep. 601, 22960, Information über einige Probleme auf dem Gebiet des staatlichen und treuhänderisch verwalteten Eigentums, o.D.

sollte er dann schrittweise in Volkseigentum überführt werden. Zu den Aufgaben der staatlichen Verwaltung gehörte seitdem auch, staatlich verwaltetes Eigentum mittels Anrechnung von Schulden so weit wie möglich zu reduzieren. Zu diesem Zeitpunkt stand die DDR mit anderen Staaten in Verhandlungen über Vermögensfragen. Im Zusammenhang damit sollte durch die vorherige Reduzierung des Vermögens, die finanzielle Belastung bei einer möglichen Forderung nach Entschädigungszahlung für die entzogenen Vermögenswerte der DDR in Grenzen gehalten werden.

Anknüpfend an die Bestimmungen des Baulandgesetzes wurden im Jahr 1985 durch einen Beschluss des DDR-Ministerrates die Möglichkeiten des gezielten und planmäßigen Zugriffs auf den Grundbesitz von Personen aus »kapitalistischen Staaten und Westberlin« erweitert. Grundstücke konnten im Rahmen der »schöneren Gestaltung von Städten und Gemeinden« auch dann in Volkseigentum überführt werden, wenn sie noch nicht verschuldet waren und eine Überschuldung auch in Zukunft nicht möglich war. Dem Ministerratsbeschluss waren Beratungen vorausgegangen, bei denen das Amt für den Rechtsschutz des Vermögens der DDR über die Möglichkeiten und Grenzen der Einbeziehung der »Westgrundstücke« informiert hatte. Bei allen Maßnahmen sei darauf zu achten, dass »keine Enteignungswelle ausgelöst« werde, die »zu außenpolitischen Konsequenzen« führe. »Schritte, die sich außenpolitisch negativ auswirken könnten«, seien unbedingt zu vermeiden. Grundsätzlich festgestellt wurde aber, »bei staatlich verwalteten Grundstücken darf es keine Grenzen geben für die Beauflagung von notwendigen Baumaßnahmen«. Weiterhin sei »der Verkauf bestimmter Grundstücke in Betracht zu ziehen«[125]. Obwohl die Wirkung der Maßnahmen auf die Bundesrepublik beziehungsweise auf andere Staaten eine Rolle spielte, hielt die DDR an dem Grundsatz, dass staatlich verwaltetes Eigentum nicht veräußert werden dürfe, nicht mehr fest. In einer Vorlage von DDR-Ministerpräsident Willy Stoph für das Politbüro des ZK der SED zum Verkauf der »Westgrundstücke« wurde resümiert: »Die vorgeschlagene Verfahrensweise – Eigentumsveränderung ohne Herbeiführung einer Verschuldung – ist vertretbar, weil in Vermögensverhandlungen mit kapitalistischen Staaten von diesen der Rechtsauffassung der BRD gefolgt wird, dass eine staatliche Verwaltung in der DDR einer Enteignung gleichzusetzen sei. Deshalb ist für diese Staaten nicht entscheidend, was mit dem Vermögen im Verlauf der Verwaltung erfolgt, sondern welche Werte vorhanden waren zum Zeitpunkt des Beginns der staatlichen Verwaltung.«[126]

Die Maßnahmen wurden vor Ort in den einzelnen Kreisen und Bezirken umgesetzt. Die Arbeitsgruppe Vermögen des Kreises Eberswalde berichtet beispielsweise: »Der Bestand der staatlich verwalteten und zivilrechtlich verwalteten Grundstücke von

[125] BArch, DN 1/121964b, Information über die erste Beratung am 30.04.1985 zum Auftrag des Genossen W. Stoph über die Entscheidungsvorschläge zu Westgrundstücken.

[126] BArch, DN 1/121964b, Vorlage des Genossen W. Stoph für das PB des ZK der SED zum Verkauf von Westgrundstücken vom 24.06.1985.

Berechtigten mit Wohnsitz in kapitalistischen Staaten und Berlin (West) wurde weiterhin reduziert und dabei insbesondere Wohngrundstücke durch Entzug des Eigentumsrechts nach dem Baulandgesetz in Volkseigentum überführt. Nach der Objektliste für das Jahr 1987 sollten 45 Wohngrundstücke in Volkseigentum überführt werden, übernommen wurden jedoch 58 Wohngrundstücke. Der Bestand der ausländischen Grundstücke verringerte sich im Zeitraum von 1977 bis zum 31.12.1987 somit insgesamt um 768 Grundstücke, gleichzeitig mussten aber auch im gleichen Zeitraum 549 Zugänge registriert werden. Der Bestand beträgt per 31.12.1987 insgesamt noch 874 Grundstücke, wobei zu bemerken ist, dass es sich hier vorwiegend nur noch um unbebaute Grundstücke handelt. Der größte Teil der staatlich verwalteten bebauten Grundstücke und der durch den VEB Gebäudewirtschaft zivilrechtlich verwalteten bebauten Grundstücken wurden bereits in VE überführt.«[127]

Insgesamt waren beim AfR 105.056 staatlich verwaltete Grundstücke von Berechtigten aus der Bundesrepublik und West-Berlin erfasst. Laut der letzten Gesamtstatistik vom 31. Dezember 1988 unterlagen zu diesem Zeitpunkt noch ca. 68.193 Grundstücke von Berechtigten aus der BRD und West-Berlin sowie 3.720 Grundstücke von Ausländern aus anderen Staaten der staatlichen Verwaltung. Von den am 31.Dezember 1988 staatlich verwalteten Grundstücken standen 7.997 im gemeinschaftlichen Eigentum mit DDR-Bürgern. Bei 44.722 unbebauten Grundstücken handelte es sich um Wochenend- oder Kleingartengrundstücke, die von den Nutzern mit Bungalows bebaut worden waren. Im AfR-Bericht wurde vermerkt, dass zu den verbleibenden 27.191 bebauten Grundstücken keine Angaben zur Struktur der Nutzungsart vorlagen. Von diesen Grundstücken waren aber 19.281 bereits überschuldet.[128] Im Zeitraum vom 31. Dezember 1976 bis zum 31. Dezember 1988 wurden 36.595 staatlich verwaltete Grundstücke aufgrund von DDR-Gesetzen in Volkseigentum überführt. Die Überführung des überwiegenden Teils – 32.592 Grundstücke – erfolgte nach dem Baulandgesetz beziehungsweise Aufbaugesetz. Von den Enteignungen nach diesen Gesetzen waren 19.282 Mietwohngrundstücke, 560 gewerblich genutzte Grundstücke, 2.429 gemischt genutzte Grundstücke, 8.606 Einfamilienhausgrundstücke und 1.715 sonstige Grundstücke betroffen.[129]

127 Kreisarchiv Barnim, D.I. 25120, Abrechnung des Arbeitsprogrammes zur Durchführung der Beschlüsse des Ministerrates der DDR vom 23.12.1976 und 20.07.1978 über die Grundlinie der Behandlung von Vermögenswerten Berechtigter mit Wohnsitz in kapitalistischen Staaten und Berlin (West) im Jahr 1987.

128 AfR-Archiv, 300: Informationen zum Vermögen von Personen aus der BRD bzw. Berlin-West, das auf der Grundlage von Rechtsvorschriften der DDR (§6 der VO vom 17.07.1952 bzw. §2 der Berliner Verordnung vom 04.09.1952 bislang der staatlichen Verwaltung unterlag und einen Gegenstand der erforderlichen Regelung offener vermögensrechtlicher Fragen zwischen beiden deutschen Staaten bildet.

129 Bundesamt zur Regelung offener Vermögensfragen (Hrsg.) (2001), S. 16.

Staatliche Verwaltung von Flüchtlingsvermögen – AO Nr. 2 vom 20. August 1958

Mit Inkrafttreten der sogenannten AO Nr. 2 - Verwaltung war die moderate Phase seit 1953 im Umgang mit den Vermögenswerten beendet. Nun wurden sämtliche bestehende Abwesenheitspflegschaften und private Vermögensverwaltungen, wie sie seit 1952 bestanden, aufgehoben.[130] Das Flüchtlingsvermögen wurde einheitlich unter staatliche Treuhandverwaltung gestellt. Für den Eigentümer hatte dies zur Konsequenz, dass er nicht mehr über sein Eigentum verfügen konnte, ihm keine Erträge zustanden und auch keine Auskünfte mehr erteilt wurden. Es handelte sich zwar offiziell nur um eine Inverwaltungnahme, kam aber faktisch einer Enteignung gleich. Über die betreffenden Vermögenswerte wurden in den Unterlagen beim örtlichen zuständigen Referat Staatliches Eigentum des Rates des Kreises beziehungsweise der Gemeinde Vermögensakten geführt, die Aufschluss über die wertmäßige Entwicklung des Vermögens gaben. Geld, das den Eigentümern zugestanden hätte – wie Guthaben aus Kontoauflösungen oder Erlöse aus der Verwertung von beweglichen Vermögenswerten –, floss in den Staatshaushalt der DDR. Eventuelle Miet- und Pachteinnahmen, Gewinne aus Unternehmen und Zinsen gingen ebenfalls auf das Konto des Staates. Auf der Passivseite der Vermögensverzeichnisse wurden jedoch die Verbindlichkeiten des Geflüchteten akribisch aufgeführt.[131] In der Anweisung Nr. 30/58 des Ministeriums der Finanzen war festgelegt, wie die entsprechenden Vermögenswerte vor Ort zu behandeln waren.[132] An erster Stelle stand zunächst die Sicherstellung und Erfassung der Vermögenswerte durch die Räte der Kreise. Bis zur Übergabe an den staatlichen Treuhänder waren die Mitarbeiter für das zurückgelassene Vermögen verantwortlich. Die Erfassung sollte unmittelbar nach Feststellung der Flucht erfolgen. Die wertmäßige Bestandsaufnahme der Vermögenswerte wurde in sogenannten Vermögensverzeichnissen festgehalten. Um herauszufinden, welche Vermögenswerte neben der Wohnung und dem Hausrat vorhanden waren, wurden schriftliche Anfragen an staatliche Organe und Institutionen wie beispielsweise an Kreditinstitute, an die Kreisgeschäftsstelle der Deutschen Versicherungsanstalt, an die ehemalige Arbeitsstelle und an den Rat des Kreises, Abteilung Innere Angelegenheiten Kataster/Grundbuchamt gerichtet. Zwei Jahre nach Inkrafttreten der Verordnung wurden die Probleme, die bei der Umsetzung auftraten, in

130 Vgl.: Schriftenreihe des Bundesamtes zur Regelung offener Vermögensfragen: Behandlung von Flüchtlingsvermögen nach der DDR-Anordnung Nr. 2 von 1958.

131 Vgl.: Schriftenreihe des Bundesamtes zur Regelung offener Vermögensfragen: Behandlung von Flüchtlingsvermögen nach der DDR-Anordnung Nr. 2 vom 1958 (Heft 10), Berlin 1996, S. V-VII.

132 Anweisung Nr. 30/58 des Ministeriums der Finanzen der DDR vom 27.09.1958 zur »Anordnung Nr. 2 vom 20.08.1958 über die Behandlung des Vermögens von Personen, die die DDR nach dem 10.06.1953 verlassen«, in: Schriftenreihe des Bundesamtes zur Regelung offener Vermögensfragen: Behandlung von Flüchtlingsvermögen nach der DDR-Anordnung Nr. 2 vom 1958 (Heft 10), Berlin 1996, Dokument 5, S. 19–49.

einem Bericht der Sachgebiete Staatliches Eigentum bei den Räten des Bezirkes Frankfurt/Oder zusammengefasst. Dort wurde festgestellt, dass jeder Fall von Republikflucht einen umfangreichen Schriftwechsel mit sich brachte, sodass der Posteingang bei den Sachgebieten Staatliches Eigentum durchschnittlich 30 bis 50 Einsendungen betrug.[133]

Die staatliche Treuhänderschaft galt nicht für Möbel, Hausrat und persönliche Gegenstände, sodass die Wohnungen der Geflüchteten umgehend geräumt wurden. Nach Inventarisierung und Schätzung sollte dieses Gut nach Möglichkeit in HO-Gebrauchtwaren-Läden verkauft oder dem Altstoffhandel zugeführt werden. Die erzielten Erlöse waren dann ebenfalls dem Rat des Kreises, Abteilung Finanzen zuzuführen. Diese Verwertung der Besitzstände ehemaliger DDR-Bürger durch Gebrauchtwarenläden erwies sich für die DDR-Behörden als sehr rentabel. Dort, wo solche Läden existierten, wurde eine schnelle und »ordnungsgemäße Abwicklung« der Fälle ermöglicht, was wiederum dazu führte, dass die Wohnungen schneller geräumt und damit wieder nutzbar gemacht werden konnten. Laut eines Berichts aus dem Bezirk Frankfurt/Oder dauerte der Verkauf der beweglichen Vermögenswerte durch die örtlichen Organe durchschnittlich 10 bis 30 Stunden. Vermerkt wurde, dass in vielen Fällen für bestimmte Gegenstände keine Käufer gefunden werden konnten beziehungsweise infolge von fehlenden Unterstellmöglichkeiten die Wohnungen zu lange blockiert blieben.[134] Die Umsetzung der Maßnahmen bedeutete für die ohnehin schon überlasteten Mitarbeiter einen enormen Verwaltungsaufwand. Für jeden Fall musste eine Akte angelegt werden, in der Belege über die Bestandsaufnahme sowie der Nachweis über den Erlös des verwerteten Vermögens abgeheftet wurden. Dies erschien den Verantwortlichen erforderlich, da bei der Rückkehr des Geflüchteten der staatliche Treuhänder verpflichtet war, eine Abrechnung vorzulegen, gegebenenfalls die verwalteten Grundstücke zurückzugeben und nach Abzug aller Verbindlichkeiten den verbleibenden Betrag dem Rückkehrer auszuhändigen.[135] Obwohl die Anordnung Nr. 2 einen enormen Verwaltungs- und Personalaufwand mit sich brachte, war die Umsetzung der Maßnahmen für den Staatshaushalt durchaus lukrativ. Im Jahr 1960 wurden im Bezirk Frankfurt/Oder auf diese Weise 4.765 Haushalte aufgelöst. Nach Abzug aller Verbindlichkeiten konnten dem Staatshaushalt 3.472,100 DM zugeführt werden.[136] Hinsichtlich der Erfassung

133 BLHA, Rep. 601, 22921. Bericht über die Aufgaben und die Arbeitsweise der Sachgebiete Staatliches Eigentum bei den Räten der Kreise des Bezirkes Frankfurt/Oder vom 27.05.1961.

134 Kreisarchiv Barnim, D.I.25118, Bericht über die Arbeitssituation und Durchführung wichtiger politischer Schwerpunktaufgaben auf dem Gebiet des staatlichen Eigentums im Bereich der Räte und Kreise des Bezirkes Frankfurt (Oder).

135 BLHA, Rep. 601, 22921, Bericht über die Aufgaben und die Arbeitsweise des Sachgebietes Staatliches Eigentum bei den Räten der Kreise des Bez. Ffo. Berichterstatter: Koll. Schmidt vom 27.05.1961.

136 BLHA, Rep. 601, 22921; An den Minister der Finanzen, Betr.: Arbeitsweise der Abt. Finanzen der Räte im Bereich des Bezirkes Frankfurt/Oder vom 28.02.1961.

und Verwaltung der Vermögenswerte wurden auch bei der Umsetzung der AO Nr. 2 einige immer wiederkehrende Schwierigkeiten festgestellt. Ein großes Problem ergab sich zunächst aus der Tatsache, dass die Sachgebiete Staatliches Eigentum mit der Umsetzung der Maßnahmen völlig überfordert waren. Im Bereich des Bezirkes Frankfurt/Oder wurde festgestellt, durch die »zahlreichen R-Fälle entstand eine Überbelastung der Mitarbeiter des staatlichen Eigentums, was dazu führte, dass die Mitarbeiter der Räte der Kreise die Übersicht verloren und infolge des sich häufenden Schriftverkehrs immer mehr an den Schreibtisch gefesselt wurden, so dass sie keine Zeit mehr fanden, die Gemeinden anzuleiten und vor allem zu kontrollieren. Das musste leider dann zu Unterschlagungen und anderen Unregelmäßigkeiten führen.«[137]

An anderer Stelle wurde bemängelt, dass infolge der schwierigen Arbeitssituation die Sachgebiete mit einem sehr umfangreichen Schriftverkehr belastet waren, der etwa 80 Prozent der Arbeitszeit beanspruchte und die Mitarbeiter an den Schreibtisch fesselte.[138] In den Unterlagen finden sich zwei Beispiele dafür, dass sich im Falle einer Rückkehr in die DDR die Abwicklung unkompliziert gestaltete. Im Oktober 1954 bat ein Rückkehrer: »Nach meiner Rückkehr in die DDR beantrage ich hiermit die Rückgabe der Bankkonten und Grundstücke in Treuenbrietzen.«[139]

Der Antrag wurde schnell befürwortet und vom Rat der Stadt keine Einwände dagegen erhoben. In einem anderen Fall wurde die Rückzahlung des Vermögens mit einer Zahlung aus staatlichen Mittel überbrückt: »Da seinerzeit sein Konto bei der Deutschen Notenbank aufgelöst und DM 12.333,92 an das Ministerium der Finanzen abgeführt wurden, bitten wir bis zur Rücküberweisung des Betrages Herrn H. aus den Mitteln des Rates des Kreises DM 300 zur Verfügung zu stellen.«[140]

Ein Fallbeispiel: Flucht aus Treuenbrietzen

Die Einsichtnahme in die Unterlagen der Abteilungen Staatliches Eigentum der Kreisverwaltungen Luckenwalde, Jüterbog und Zossen bot einen wertvollen Einblick in die Arbeitsschritte, die die Umsetzung der Maßnahmen der AO-Nr. 2 nach sich zogen. Als Beispiel für die Umsetzung der AO Nr. 2 in der Praxis soll der Vorgang einer geflüchteten Familie aus Treuenbrietzen[141] dargestellt werden, der zeigt, wie hoch der Verwaltungsaufwand bei der Sicherstellung und Erfassung der Vermögenswerte war und mit welcher Genauigkeit dabei vorgegangen wurde.

137 Ebd.

138 Kreisarchiv Barnim, D.I.25118, Bericht über die Arbeitssituation und Durchführung wichtiger politischer Schwerpunktaufgaben auf dem Gebiet des staatlichen Eigentums im Bereich der Räte der Kreise des Bezirks Frankfurt (Oder), S. 6.

139 Kreisarchiv Teltow-Fläming, VI 8372, Antrag eines Rückkehrers vom 16.10.1954

140 Ebd.

141 Kreisarchiv Teltow-Fläming, VI 8372, AO 2-Vermögen.

Die Flucht der Familie erfolgte am 20. April 1959. Sie hinterließ nur bewegliche Vermögenswerte und keine Immobilien. Zwei Wochen nach der Flucht erfolgte die Meldung der Volkspolizei an den Rat der Stadt über das ungesetzliche Verlassen der Familie aus der DDR. Es schlossen sich schriftliche Anfragen an die Versicherung und an den ehemaligen Betrieb an sowie die Sicherstellung des Vermögens auf einem Bankkonto, das sich auf 394,22 Mark belief. Zusätzlich wurde der Restlohn mit 56,45 Mark aufgeführt. Die Reichsbahn-Kleiderkasse der Deutschen Reichsbahn meldete sich schriftlich beim Rat der Stadt und machte ihre Forderungen aus der Lieferung von Teilen der Dienstuniformen geltend. Sie erkundigte sich nach dem Verbleib einiger Kleidungsstücke, wie einem Wintermantel, einem Regenmantel und einer Schirmmütze und bat um Zusendung, falls die genannten Dinge im Nachlass vorgefunden werden sollten. Wie präzise bei der Ermittlung des Vermögens vorgegangen wurde, zeigt eine zweiseitige Aufstellung über alle zurückgelassenen Vermögenswerte, die auf eine Summe von 1.523,90 Mark beziffert wurden. Sämtliche Gegenstände, die sich zu diesem Zeitpunkt noch in der Wohnung befanden, wurden ebenso wie deren Wert lückenlos aufgeführt. Dazu gehörten unter anderem: »1 Anrichte – 95,00 DM, 1 großes Schlafzimmerbild – 18,00 DM, 1 Deckenbeleuchtung altmodisch – 3,50, 1 Deckbett – 30,00 DM, 1 Wecker 5,00 DM, verschiedene Töpfe und Backformen – 3,00 DM. Hinzugerechnet wurden aber auch: ½ Zentner Kohlen – 1,90 DM, ½ Zentner Kartoffeln – 2,00 DM und 24 Gläser eingewecktes Obst á 0,50 DM.«[142]

Akribisch wurde jeder einzelne Gegenstand erfasst und bewertet. Dabei erwies sich die Behandlung eines auf dem Gartengelände befindlichen Hühnerzwingers als besonders kompliziert. In der Vermögensaufstellung wurde das in einem Nachtrag festgehalten: »Auf dem Gartengelände der Genannten ist ein Hühnerzwinger aufgebaut. Dieser ist mit einem Wert von DM 30,00 geschätzt und 3 alte Hühner, Schlachtwert á 4,00 = 12,00 DM.«

In einem späteren Aktenvermerk ist jedoch nachzulesen: »Der Hühnerzwinger, welcher mit einem Wert von 30,00 angegeben ist, wurde von dem neuen Mieter nicht übernommen. Er musste daher abgerissen werden. Der Abrisswert liegt natürlich wesentlich niedriger, da dabei der Draht, da er vollständig brüchig ist, nicht wieder verwendet werden kann, sowie auch das ganze Holz nur noch als Brennholz zu verwerten ist. Er konnte daher nur für DM 5,00 veräußert werden.«[143]

Drei Monate später meldete sich der zwischenzeitliche Pfleger der Tiere, der um die Erstattung der Futterkosten für die 3 Hühner in Höhe von 12 DM bat. Abgeschlossen

142 Kreisarchiv Teltow-Fläming, VI. 8372, Aufstellung über die zurückgelassenen Vermögenswerte der Frau Meta U. bisher wohnhaft in Treuenbrietzen sowie den Mitbewohner dieser Wohnung Herrn Richard H. Treuenbrietzen den 12.05.1959.

143 Ebd. Aktenvermerk zur Schätzung, Betr.: Hühnerzwinger vom Nachlaß U.-H.

wurde der Vorgang mit der Bemerkung: »Die 3 Hühner werden Herrn H. für die Unkosten übereignet, da es alte Tiere sind.«[144]

Auf der Passiva-Seite im Vermögensverzeichnis wurden die seit der Flucht aus der DDR bestehenden Verbindlichkeiten der Familie aufgeführt. Dazu zählten die Energierechnung und die Miete, aber auch laufende Verbindlichkeiten, wie eine einmalige Gebühr, die 28 Prozent des Grundvermögens betrug, eine laufende Gebühr für die Verwaltung des Vermögens (sieben Prozent des Grundvermögens jährlich) oder auch die Vermögenssteuer in Höhe von zwei Prozent.[145]

Das Staatsgeheimnis – Die Verwalterverordnung von 1968

Die »Verordnung über die Rechte und Pflichten des Verwalters des Vermögens von Eigentümern, die die Deutsche Demokratische Republik verlassen haben, gegenüber Gläubigern in der Deutschen Demokratischen Republik« vom 11. Dezember 1968, die sogenannte Verwalterverordnung, beruhte zwar inhaltlich auf den Grundsätzen der AO Nr. 2 von 1958, dennoch änderte sich damit der Umgang mit Flüchtlingsvermögen durch die staatlichen Behörden grundlegend und dauerhaft.[146] Immer mehr Menschen verließen die DDR und die Zahl der Flüchtlinge stieg kontinuierlich an. Dies bedeutete gleichzeitig eine Zunahme der unter staatlicher Verwaltung stehenden Vermögenswerte. Durch den Mauerbau im August 1961 änderte sich die Vorgehensweise in vermögensrechtlichen Fragen ganz entscheidend. Schien eine Wiedervereinigung zuvor noch möglich, war nun die Zweistaatlichkeit zementiert, was zur Folge hatte, dass in Sachen West- und Flüchtlingseigentum eine neue Richtung eingeschlagen wurde.

Vermögenswerte von Personen, die das Gebiet der DDR ohne polizeiliche Abmeldung verlassen hatten, unterlagen nach wie vor der staatlichen Verwaltung. Nach der Verwalterverordnung war aber nun der staatliche Verwalter verpflichtet, im Zusammenhang mit den verwalteten Vermögenswerten ausstehende Forderungen von Gläubigern in der DDR zu erfüllen. Dies hatte zur Folge, dass der Verwalter zur Erfüllung der Verpflichtung, die verwalteten Vermögenswerte künftig verkaufen konnte, wenn die Höhe der Forderungen dem Vermögenswert gleichkam oder ihn überstieg. Da dem Eigentümer Erträge während der Treuhandverwaltung nicht zustanden, konnten diese auch nicht zur Begleichung von Verbindlichkeiten herangezogen werden. Andererseits sah schon die Anweisung zur AO Nr. 2 das Geltendmachen von Steuern, Gebühren und Verzugszuschlägen in erheblicher Höhe auf der Passivseite des Vermögensverzeichnisses vor. In der Anweisung Nr. 13/68 des Ministeriums der Finanzen über die Führung

144 Ebd.

145 Vgl.: Schriftenreihe des Bundesamtes zur Regelung offener Vermögensfragen. Behandlung von Flüchtlingsvermögen nach der DDR-Anordnung Nr. 2 von 1958. Berlin 1996.

146 Vgl.: Schriftenreihe des Bundesamtes zur Regelung offener Vermögensfragen: Behandlung von Flüchtlingsvermögen nach der DDR-Verwalterverordnung von 1968. Berlin 1996.

von Vermögensverzeichnissen[147] war für die Sachgebiete Staatliches Eigentum der jeweiligen Räte der Kreise genau festgelegt, wie bestimmte staatliche Forderungen errechnet wurden, um sie im Vermögensverzeichnis aufzunehmen. Dazu gehörten Kosten für Generalreparaturen und Hauptinstandsetzungen, also bauliche Maßnahmen an Gebäuden, die der Erhaltung der Bausubstanz dienten, aber auch Aufwendungen des Staates für die Nutzbarmachung unbebauter Grundstücke, wozu beispielsweise Mittel zur Schädlingsbekämpfung, die Beseitigung von Unkraut und das Aufstellen von Zäunen gehörten. Da stets volkseigene Gläubigeransprüche bestanden, war die Möglichkeit der Veräußerung von Grundstücken schnell gegeben.[148]

Obwohl die Verordnung nach außen hin, nach rechtsstaatlichen Grundsätzen nicht zu beanstanden war, stellte die Verordnung eine »staatliche Willkür und Unrechtsmaßnahme par excellence«[149] dar. Die offizielle Verwalterverordnung war tatsächlich eine bis ins Detail organisierte Kampagne zur zielgerichteten Einverleibung des Flüchtlingsvermögens und wurde begleitet von als »streng vertraulich« deklarierten Maßnahmenplänen. Im Beschluss des Ministerrates war festgelegt, dass mit den Maßnahmen Anfang des Jahres 1969 zu beginnen war. Als erstes sollten die Landwirtschaften, dann Mietshäuser, Einfamilienhausgrundstücke und als letztes Wochenend- und Gartengrundstücke zielgerichtet veräußert werden. Die Durchführung der Verordnung bedeutete für die Mitarbeiter der zuständigen Referate ein enormes Arbeitspensum. Denn zunächst musste die Erfassung der infrage kommenden Vermögenswerte erfolgen, bevor die gezielte Überschuldung herbeigeführt werden konnte. Als letztes musste schließlich der Verkauf der Objekte vollzogen werden.

Noch am Tag der Beschlussfassung konstituierten sich die zeitweilige Arbeitsgruppe des Ministerrates sowie deren Exekutivorgan, ein achtköpfiger operativer Arbeitsstab, der mit der Durchführung des Beschlusses betraut war. Mittels eines durchorganisierten Schulungssystems für die verschiedenen Fachorgane und Ebenen erhielten in der Folgezeit alle Mitarbeiter die dafür notwendigen Qualifikationen. Dieses System war so aufgebaut, dass jedes zuständige Fachorgan auf entsprechender Verwaltungsebene nur so viele Informationen erhielt, wie zur Bewältigung der jeweiligen Aufgabe not-

[147] Anweisung Nr. 13/68 des MdF der DDR vom 11.12.1968 über die Führung von Vermögensverzeichnissen für das durch staatliche Treuhänder verwaltete Vermögen von Eigentümern, die die DDR ungesetzlich verlassen haben und über die Behandlung volkseigener Forderungen, in: Schriftenreihe des Bundesamtes (Heft 10), S. 3–21.

[148] In einem Positionspapier des Ministeriums der Finanzen für die Verhandlungen mit der Bundesrepublik über die offenen Vermögensfragen wurde bezüglich der Verwalterverordnung festgestellt: »Die Überschuldung wurde im Wesentlichen durch eine Berechnung hoher Verwaltergebühren erreicht« BArch, DN 1/23116, Verhandlungsunterlagen, Positionspapier über die Aufhebung der staatlichen Treuhandverwaltung gemäß Anordnung Nr. 2.

[149] Tatzkow, Monika/Schnabel, Gunnar/Hennicke, Hartmut: Kalte Enteignungen von Grundstücken nach der Zwangsverkaufs VO ´68. Berlin 1994, S. 17.

wendig waren.[150] Über die genauen Inhalte der Verordnung durfte nichts nach außen dringen. Oberstes Prinzip für alle Mitarbeiter war die strikte Geheimhaltung. Im Plan zur Durchführung der Verordnung auf Ebene eines Rates des Kreises sind mehrere Seiten den notwendigen »Sicherheitsmaßnahmen« gewidmet. Exakt festgelegt wurde beispielsweise, dass alle Mitarbeiter über die Schweigepflicht zu belehren waren, keine Auskünfte über die Maßnahmen erteilt wurden, dass alle Unterlagen nur in einem vorher bestimmten »Siegelzimmer« aufzubewahren waren und dass alle Mitarbeiter, die an »der Errechnung der Vermögenssteuern, Grundsteuern und Verzugszuschläge arbeiten«, nur in diesem Verschlusszimmer arbeiten durften.[151] Alle Vorsichtsmaßnahmen konnten allerdings nicht verhindern, dass nach der Flucht des Vorsitzenden des Rates des Kreises Osterburg (Magdeburg), Werner Barm, im August 1969, Inhalte der Verordnung in der Bundesrepublik bekannt wurden. Er berichtete von dem als »Geheime Verschlusssache« deklarierten Beschluss zur Erfassung des Eigentums und der Berechnung von Gebühren, die rückwirkend vom Tag der Flucht erhoben wurden und auf diese Weise das Grundvermögen der Geflüchteten erheblich dezimierten.[152] Ein ungeklärtes Verschwinden von Unterlagen im Kreis Pritzwalk im Jahr 1975 ließ das Ministerium der Finanzen einige Schlussfolgerungen über die Konsequenzen anstellen.[153] Bezüglich der Flucht von Werner Barm einige Jahre zuvor wurde zufrieden festgestellt, dass er keine genauen Kenntnisse über den Ablauf der Beschlussdurchführung gehabt habe, da bereits Mitte 1970 die Maßnahmen im Großen und Ganzen abgeschlossen gewesen seien. Wesentlich schwerwiegender wären die Konsequenzen, wenn Inhalte der verschwundenen Materialien bekannt werden würden. Zu rechnen sei dann mit Störungen der Arbeit der staatlichen Organe und mit »gezielter Hetze« gegen die DDR. Ferner könnte es zu Unsicherheiten bei DDR-Bürgern kommen, die Einfamilienhaus- und Erholungsgrundstücke im Zusammenhang mit der Verordnung gekauft hatten. Im Hinblick auf mögliche Verhandlungen mit der Bundesrepublik wurde zudem festgestellt, dass »äußerst komplizierte Situationen für die Vertreter der DDR entstehen« könnten und »Auswirkungen eintreten, die seitens der DDR einen höheren Mittelaufwand für Entschädigungsleistungen erfordern bzw. Gegenforderungen

[150] Ebd., S. 8.

[151] Kreisarchiv Teltow- Fläming, VI 9312, Maßnahmeplan zur Durchsetzung der Anweisung 13/68 des MdF zur Realisierung der Anweisung über die Führung von Vermögensverzeichnissen für das durch staatliche Treuhänder verwaltete Vermögen von Eigentümern, die die DDR ungesetzlich verlassen haben und über die Behandlung volkseigener Forderungen sind folgende Aufgaben durchzuführen vom 09.01.1969.

[152] Vgl.: Konspirativer Gang, in: DER SPIEGEL 26/1970 vom 22.06.1970, S.41–44.

[153] BArch, DN 1/121974, Schlussfolgerungen über die möglichen politischen Auswirkungen des Abhandenkommens von 19 VVS-Materialien im Kreis Pritzwalk, Bezirk Potsdam vom 10.02.1975.

der DDR sich nicht aufrechtzuerhalten oder erscheinen äußerst zweifelhaft. Insgesamt würde somit ein politischer und ökonomischer Schaden für die DDR entstehen.«[154]

In den für die Mitarbeiter erstellten Richtlinien wurde bezüglich der Kontakte zu Eigentümern festgehalten, dass diesen lediglich die gesetzliche Grundlage der Verwaltung des Vermögens erläutert werden sollte. Dem »Republikflüchtigen« seien statt Information »politische Wahrheiten« darzulegen. So zum Beispiel, dass die Republikflucht ein Verrat am Sozialismus sei, mit dem die »revanchistischen Kräfte« unterstützt würden. Höflich, aber konsequent sollte dargelegt werden, dass die mehr als »20-jährige aggressive Politik des westdeutschen Imperialismus einschließlich West-Berlin die staatliche Verwaltung notwendig gemacht hat. Bei frechem und arrogantem Verhalten der Besucher sollten die Gespräche abgebrochen werden ebenso wie bei anmaßendem Verhalten.«

Der Genosse S. sollte regelmäßig darüber informiert werden, »welche Leute so auftreten und welche Zielsetzung erfolgte«[155]. Trotz aller Schwierigkeiten und Probleme vor Ort wurden die Maßnahmen nach Plan umgesetzt und in regelmäßigen Abständen der Stand der Durchführung an die jeweils höhere Ebene übermittelt. Im Juli 1969 meldete die Abteilung Finanzen des Rates des Kreises Zossen: »Die erste Etappe (landwirtschaftliches Vermögen) ist allgemein gelaufen. Die mit der Durchführung beauftragten Mitarbeiter haben die Aufgaben verantwortungsbewusst und mit hoher politischer Einstellung, dank einer straffen Führungs- und Leitungstätigkeit, gemeistert. Die zweite Etappe hat eine noch höhere politische Bedeutung, da mit der Bevölkerung unmittelbarer Kontakt besteht. (Verkauf v. Einf. Häusern).«[156]

Vier Monate später wurde jedoch deutlich, dass die zweite Etappe schleppend verlief, da die Nutzer, die in den Häusern wohnten, zum überwiegenden Teil nicht bereit waren, diese auch käuflich zu erwerben.[157] Beim Ministerium der Finanzen wurde im April des Jahres 1971 bilanziert: »Von insgesamt 8931 Einfamilienhäusern im Alleineigentum von Personen, die die DDR ungesetzlich verlassen haben, konnten bis zum 30. April 1971 8349 Einfamilienhäuser verkauft werden. Davon wurden 4521 an die Bürger veräußert, die diese Häuser ohnehin bewohnten und damit Kaufkraft in Höhe von 41,6 Mio M abgeschöpft. Nach Befriedigung der volkseigenen und privaten Hypotheken sind daraus 38,8 Mio M als Einnahmen für den Haushalt der Republik verblieben und mit den Schulden aus Gebühren und Steuern verrechnet worden. Gute Ergebnisse beim Verkauf der Einfamilienhäuser erzielten die Bezirke Halle, Dresden, Suhl und

154 Ebd.

155 BLHA, Rep. 401, 22036 Richtlinien für Kontakte zu Eigentümern.

156 Kreisarchiv Teltow-Fläming, VI 9312, Protokoll über die Arbeitstagung der 1. Stellvertreter der Vorsitzenden der Räte der Kreise beim Rat des Bezirkes Potsdam vom 07.07.1969.

157 Kreisarchiv Teltow-Fläming, VI 9312, Bericht über den Stand der Durchführung des Ministerratsbeschlusses vom 11.12.1968, Zossen, den 03.11.1969.

Karl-Marx-Stadt, die durch gute Arbeit mit den Bewohnern 67 bis 80 Prozent der in ihrem Territorium befindlichen Häuser dieser Art an die Bürger verkaufen konnten. Unter dem in der Republik erzielten Durchschnittsergebnis lagen hingegen die Bezirke Potsdam, Frankfurt/Oder und die Hauptstadt Berlin. Hier wurden nur 32 bis 48 Prozent der Häuser an die Nutzer veräußert. Für den Bezirk Potsdam wurde festgestellt, dass zwar von den vorhandenen 2580 Einfamilienhäusern 828 verkauft worden seien. Größeren Erfolg wäre allerdings zu verzeichnen gewesen, wenn gleich zu Beginn der Maßnahmen in diesem Bezirk eine straffere Leitungstätigkeit der Arbeitsgruppen bestanden hätte und größere Anstrengungen gemacht worden wären. Von Mitte 1969 bis Ende 1970 sind im Bezirk Potsdam nur 400 Häuser verkauft worden.«[158]

Das Programm zur zielgerichteten Überschuldung und der sich daran anschließende Verkauf war bis zum Ende der DDR nicht abgeschlossen. Durch ungeklärte vermögensrechtliche Fälle und durch Erbschaften war es nach den Vorgaben der Verwalterverordnung nie vollständig erledigt worden. Noch im Oktober 1989 beschloss der Ministerrat, dass die Vermögen der Menschen, die über die Botschaften in Prag und Warschau ausgereist waren, ebenfalls nach den Bestimmungen der Anordnung Nr. 2 von 1958 sowie der Verordnung von 1968 zu behandeln seien. In einer Verfügung des Ministerrates wurde festgehalten: »Das Vermögen von Bürgern der Deutschen Demokratischen Republik, die sich nach dem 30. September 1989 unter grober Verletzung der staatsbürgerlichen Pflichten im Ausland aufgehalten haben und denen durch die zuständigen staatlichen Organe der Deutschen Demokratischen Republik aus humanitären Gründen eine Weiterreise in ein Drittland ermöglicht wurde, ist nach den Rechtsvorschriften über ungenehmigte ständige Ausreise aus der DDR zu behandeln.«[159]

Über den Umfang des Flüchtlingsvermögens, das im Rahmen der Anordnung Nr. 2 aus dem Jahr 1958 zum Ende der DDR noch staatlich verwaltet sowie durch die Verwalterverordnung an die Nutzer verkauft wurde, gibt es keine exakten Angaben. In den Unterlagen, die im Rahmen der Verhandlungen zur Lösung der offenen Vermögensfragen entstanden, finden sich verschiedene Informationen, die zeigen, wie schwierig es war, sich ein Bild über genaue Zahlen der zu erwartenden vermögensrechtlichen Ansprüche zu machen. Insgesamt sollen sich etwa 80.000 Grundstücke in der staatlichen Treuhandverwaltung befunden haben, wovon bis zum Ende der DDR nur ein geringer Teil im Eigentum der Flüchtlinge oder ihrer Erben verblieben ist. Im Jahr 1963 waren etwa 41.000 Grundstücke von der staatlichen Verwaltung betroffen.[160] Nur wenige Jahre später im April 1971 waren noch 63.732 Grundstücke zwangsverwaltet. Seit 1968 wurden diese sukzessive im Rahmen der geheimen Durchführungsbestimmungen der

158 BArch, DN 1/122584 Durchführung des Beschlusses vom 11.12.1968. Behandlung des Vermögens von Eigentümern, die die DDR ungesetzlich verlassen haben.
159 BArch, DN 1/39156, Beschluss des Ministerrats vom 10.10.1989.
160 Bundesamt zur Regelung offener Vermögensfragen (Hrsg.) (2001), S. 13.

Verwalterverordnung verkauft. Vermerkt wurde, dass kurzfristig keine Angaben über die Entwicklung von 1971 bis 1989 zu beschaffen sind.[161]

In einem anderen Dokument findet sich bezüglich des Flüchtlingsvermögens, das sich in der staatlichen Treuhänderschaft befand, der Vermerk: »Über den Umfang gibt es keine exakten Zahlen. Es soll sich um 500.000 bis 1 Million Einzelfälle handeln.«[162]

Organisation der Vermögenswerte – Die Abteilung Volkseigentum und Treuhandvermögen

Bevor die Abteilung »Volkseigentum und Treuhandvermögen« beim Ministerium der Finanzen ins Leben gerufen wurde, existierten seit 1949 zwei Vorgänger - die Abteilung 12 Verwaltung und Schutz des ausländischen Eigentums (1949–1955) sowie die Abteilung Vermögen und Schulden (1949–1955). Beim Ministerium des Innern gab es seit 1953 im Staatsekretariat für Innere Angelegenheiten die Abteilung Staatliches Eigentum. Im März 1955 fand eine Zusammenlegung aller Bereiche statt, die seitdem die »Abteilung Staatliches Eigentum« im Ministerium der Finanzen bildeten und wenig später in »Abteilung Kontrolle der Verwaltung des staatlich und treuhänderisch verwalteten Eigentums« umbenannt wurden. Aus dieser Abteilung wurden die Aufgaben für die Verwaltung ausländischen Eigentums sukzessive herausgelöst, bis im Jahr 1966 das Amt für den Rechtsschutz des Vermögens der DDR (AfR) gegründet wurde, das fortan speziell für die Verwaltung des ausländischen Vermögens zuständig war.[163] Die »Abteilung Kontrolle der Verwaltung des staatlich und treuhänderisch verwalteten Eigentums« wurde erneut umbenannt in »Abteilung Volkseigentum und Treuhandvermögen«, die dann unter anderem folgende Aufgaben wahrnahm:

- Bearbeitung und Entscheidungen von Anträgen und Einsprüchen in Zusammenhang von Enteignungen nach SMAD-Befehlen
- Übernahme nichtvolkseigener Vermögenswerte in Volkseigentum
- Regelung über die Nutzung volkseigener und privater Grundstücke durch die in der DDR stationierten sowjetischen Streitkräfte
- Nutzung und Verkauf von Flüchtlingsvermögen sowie die Behandlung von Verbindlichkeiten, die mit diesen Vermögenswerten in Zusammenhang standen
- Begründung, Bilanzierung, Befriedigung, Planung und Abrechnung von Verbindlichkeiten des Staatshaushaltes aus vermögensrechtlichen Maßnahmen
- Vermögenseinzug auf Grund von Strafurteilen
- Verfahren bei staatlichem Erbrecht[164]

161 BArch, DN 1/23116, Verhandlungsunterlagen, Positionspapier über die Aufhebung der staatlichen Treuhand-verwaltung gemäß Anordnung Nr. 2.

162 BArch, DC 20/6003, Vorschläge zu Lösung offener Vermögensfragen, 18. Mai 1990.

163 Im Folgenden wird die Abkürzung AfR verwendet.

164 Vgl.: Findbuch des Bundesarchivs. Ministerium der Finanzen.- Abt. Volkseigentum und Treuhandvermögen. 1945-1990, bearbeitet von Evelyn Grünspek, Maria Roll und Kerstin Weller.

Bis 1990 blieben die Zuständigkeiten der Abteilung in dieser Form bestehen. Das Amt für den Rechtsschutz des Vermögens der DDR hingegen war zuständig für

- Feststellung und Regelung offener Vermögensfragen zwischen der DDR und anderen Staaten und Westberlin
- Kontrolle über das in der DDR befindliche und der staatlichen Verwaltung unterliegende Vermögen von Berechtigten aus anderen Staaten und Westberlin
- Sicherung der Vermögensrechte der DDR in anderen Staaten und Westberlin[165]

Die Aufgabenabgrenzung ergab sich daraus, dass das AfR hinsichtlich des in der DDR verwalteten Vermögens ausländischer, westdeutscher und West-Berliner Eigentümer die Grundsätze erarbeiten sollte, die für den Rechtsverkehr anzuwenden waren, und bei den auftretenden Rechtsstreitigkeiten den Schutz der Interessen der DDR zu gewährleisten und durchzusetzen.[166]

Die Umsetzung der von der Abteilung Volkseigentum und Treuhandvermögen und dem Amt für den Rechtsschutz des Vermögens beschlossenen Maßnahmen oblag den Referaten Staatliches Eigentum bei den Räten der Bezirke sowie den Sachgebieten Staatliches Eigentum bei den Räten der Kreise. Vor allem die Durchführung der Anordnung Nr. 2 aus dem Jahr 1958 bereitete den zuständigen Referaten und Abteilungen Schwierigkeiten, da die personelle Besetzung der Bereiche nach der Aufhebung der Vermögenssicherungsverordnung im Jahre 1952 zumeist um 50 Prozent gekürzt worden waren. Seit Inkrafttreten der staatlichen Treuhandverwaltung von Vermögenswerten wurde vielfach die Überbelastung der Mitarbeiter beklagt. Zahlreiche Berichte, besonders von Anfang der 1960er-Jahre, bemängeln immer wieder die ungenügende Personalsituation und beklagen eine ständige Überlastung der Mitarbeiter. Daraus resultierten wiederum Beschwerden über eine hohe Zahl von Abwanderungen der Mitarbeiter sowie die ungenügende Möglichkeit der Kontrolle und Anleitung durch die Referate Staatliches Eigentum.[167] Die einzelnen Abteilungen hatten ihre Unterlagen zu den Vermögenswerten ständig zu aktualisieren, wollten sie nicht den Überblick verlieren. Für die einzelnen Mitarbeiter vor Ort, bedeutete dies eine umfangreiche Ermittlungsarbeit, da zunächst einmal festgestellt werden musste, ob es sich um eine legale Ausreise, einen Fluchtfall oder um sogenanntes Westvermögen handelte. Nicht verwunderlich ist daher auch eine hohe Fehlerquote bei dieser Ermittlungsarbeit.

[165] Vgl.:http://www.badv.bund.de/DE/OffeneVermoegensfragen/Archive/AfRArchiv/Amtfuerden-RechtsschutzdesVermoegensderDDR/start.html (letzter Abruf am 10.09.15).

[166] BArch, DN 1 121964.

[167] BLHA, Rep. 601, 22921 Bericht über die Aufgaben und die Arbeitsweise der Sachgebiete Staatliches Eigentum bei den Räten der Kreise des Bez. Ffo. Vom 27.05.1961; Kreisarchiv Barnim, E.I. 18296 Mündlicher Bericht des Abteilungsleiters Finanzen über die Verwaltung des Westvermögens im Kreis Bernau vom 16.10.1965.

»Nutznießer des SED-Systems«[168] profitierten von systematischer Liquidierung des Vermögens?

Die komplizierten Regelungen des DDR-Bodenrechts und der Umgang der zuständigen Abteilungen mit den entzogenen oder unter staatliche Verwaltung gestellten Vermögenswerten, die sich nach dem 8. Mai 1945 auf dem Territorium der DDR befanden und deren Zahl bis 1989 immer weiter anwuchs, war westdeutschen Betrachtern, die sich nach dem Fall der Mauer mit der Materie konfrontiert sahen, in weiten Teilen unbekannt. Hartnäckig hielt sich zum Teil die Ansicht, DDR-Bürger hätten sich in unzähligen Fällen am Eigentum von Flüchtlingen bereichert, indem sie Immobilien der Flüchtlinge zu Tiefpreisen bewohnten oder erwarben. Sie sahen sich dabei oftmals dem Vorwurf ausgesetzt, »Nutznießer des SED-Regimes« gewesen zu sein. Gleichwohl es ohne Zweifel solche Nutznießer gegeben hat, die unter Ausnutzung ihrer Position an besonders lukrative Grundstücke gelangt waren, war es im Allgemeinen jedem DDR-Bürger möglich, die Zuweisung eines Hauses oder eines Grundstücks im Zusammenhang mit der Verleihung von Nutzungsrechten zu erlangen. Personen, die hohe Positionen bekleideten, die in der Öffentlichkeit standen oder Personen, deren Übersiedlung in die BRD unbedingt vermieden werden sollte, erhielten mitunter in der Praxis jedoch noch viel weitreichendere Privilegien. So konnte mitunter auch ein Nutzungsrecht für ein 4.000 Quadratmeter großes Grundstück vergeben werden, wenn es sich bei dem Antragsteller um einen Nationalpreisträger handelte. Dabei war die Verleihung eines Nutzungsrechtes per Gesetz auf 500 Quadratmeter beschränkt. Angedacht war in diesem besonderen Fall sogar der Verkauf des volkseigenen Grundstücks: »Außerdem weisen wir darauf hin, dass durch Beschluss des Kreistages auch ein Verkauf des Grundstückes an Herrn H. erfolgen kann [...]. Bei der Entscheidung muss unseres Erachtens davon ausgegangen werden, dass auf der Grundlage eines der vorstehend geschilderten Möglichkeiten des Bauvorhaben des Herrn H. durchgeführt werden kann, da es sich bei Herrn H. um einen Nationalpreisträger handelt.«[169]

Obwohl sich die meisten DDR-Bürger, die ein sogenanntes »Westgrundstück« nutzten, mit dem Abschluss eines Überlassungsvertrages, der ihnen nur die dauerhafte Nutzung ermöglichte, begnügen mussten, wurde dem Wunsch nach einem Kauf mitunter entsprochen, wenn es sich um wichtige Personen handelte. So findet sich in den Unterlagen des Ministeriums der Finanzen der Fall eines Prof. Dr. U., der einer Stadt unter allen Umständen als Chirurg erhalten bleiben sollte. Dieser wollte allerdings keinen Überlassungsvertrag abschließen, da er »klare Eigentums- und Rechtsverhältnisse« anstrebte. Deswegen sollte geprüft werden, ob »der Wunsch auf käufliche Über-

168 Fricke, W./Märker, K. (2002), S. 277; Wettstein, Manfred: Die Enteignung von Republikflüchtigen. Am Beispiel der Familie Eißer in Wechmar bei Gotha 1958. Erfurt 2001, S. 5.

169 BArch, DN 1/115184, Verleihung von Nutzungsrechten, Grundsätzliches 1950–1955, Aktenvermerk, 30.08.1954.

lassung des Eigenheims durch Ratsbeschluss im Ausnahmefall entsprochen werden kann«[170]. Für die Nutzung von Grundstücken waren jedoch im Allgemeinen keinerlei besondere Beziehungen notwendig. Die Verleihung der Nutzungsrechte gestaltete sich in den meisten Fällen unproblematisch. In Umsetzung der Verwalterverordnung wurden die Nutzer der Grundstücke dazu angehalten, das bewohnte Eigenheim käuflich zu erwerben.

Vor allem in kleineren Orten und Gemeinden war bekannt, dass es sich um ein belastetes Grundstück eines Flüchtlings handelte. Oftmals war den nachfolgenden Nutzern sogar der Eigentümer namentlich bekannt, was die meisten jedoch nicht von einer dauerhaften Nutzung der fremden Immobilie abhielt. Wohl kaum jemand rechnete mit einer Rückkehr des Geflüchteten oder gar mit einer baldigen Wiedervereinigung. Eine Nutzung der Grundstücke durch Überlassungsvertrag, als Mieter oder durch die Verleihung des Nutzungsrechts war außerdem dem Umstand geschuldet, dass es in der DDR ein latentes Wohnungsproblem gab und die Auswahl an schönem und gut ausgestattetem Wohnraum sehr begrenzt war. Für jene, die dringend eine Wohnung oder ein Grundstück für die Errichtung eines Eigenheimes suchten, hing es in der Praxis weitgehend vom Zufall ab, auf welche Weise sie die Rechte daran erwerben konnten. Je nach Zeitraum oder Enteignungstatbestand des Grundstücks bewohnten sie die Immobilie entweder zur Miete, mussten sich auf einen Überlassungsvertrag einlassen oder sie bekamen eine Nutzungsurkunde für das Grundstück und kauften – in den für den Nutzer günstigsten Fällen – das Haus. Wie in vielen anderen Lebensbereichen waren die DDR-Bürger auch bei der Wohnungs- und Haussuche oftmals dem Zufall unterworfen, konnten zum Teil recht wenig Einfluss auf die Grundlage ihrer Nutzungsmöglichkeit ausüben und mussten nehmen, was sie kriegen konnten. Die Annahme, dass es den DDR-Bürgern gleichgültig war, wem das Grundstück gehörte, das sie auf unterschiedlichen Rechtsgrundlagen nutzten, kann jedoch nicht bestätigt werden. Vielmehr finden sich in den Akten immer wieder schriftliche Vermerke, dass seitens der Bürger der Wunsch geäußert wurde, die von ihnen genutzten Grundstücke in irgendeiner Art und Weise erwerben zu können, um so ihren rechtlichen Schutz zu erhöhen beziehungsweise die vorgenommenen werterhöhenden Aufwendungen vertraglich anerkennen zu lassen.

Bei der Betrachtung des Umgangs mit dem Flüchtlingsvermögen wurde deutlich, dass in den ersten Jahren tatsächlich noch der »Schutz« des Vermögens Priorität hatte und dass die Mitarbeiter der zuständigen Abteilungen zu einer ordnungsgemäßen Verwahrung angehalten waren. Vor dem Hintergrund des Mauerbaus änderte sich die Vorgehensweise jedoch ganz entscheidend und kam einer schleichenden Enteignungspolitik gleich. Die systematische Liquidierung von Flüchtlingsvermögen wurde nicht

170 BArch, DN 1/122511, Überlassungsverträge 1961–1967 [Hervorh.im Original].

von Anfang an betrieben. Bis Anfang der 1960er-Jahre hatte zunächst die »Kurzfristigkeit der Zwangsmaßnahmen«[171] Priorität. Erst mit der Verwalterverordnung aus dem Jahr 1968 begann eine Politik, die einer systematischen Einverleibung des Vermögens gleichkam. Auch wenn Gunnar Schnabel und Monika Tatzkow in ihrer Publikation über die »Kalte Enteignung« von Grundstücken nach der Verordnung von 1968 feststellten, dass es bei der Liquidierung von Flüchtlingsvermögen regelmäßig nicht mit rechten Dingen zuging, zeigten die betrachteten Beispiele vor Ort, dass die staatlichen Organe gerade in der Anfangszeit um eine genaue Einhaltung der Verwaltungsgrundsätze bemüht waren. Dennoch war auch zu Beginn die Genauigkeit bei der Erfassung und Verwertung stark abhängig von den jeweiligen Mitarbeitern.

Durch das Instrument der systematischen Überschuldung sollten die zwangsverwalteten Immobilien in Volkseigentum überführt und damit für Bürger der DDR dauerhaft nutzbar gemacht werden. Je länger die deutsche Teilung anhielt und sich die außen- und innenpolitische Situation der DDR veränderte, umso dringender erschien es der Staatsführung, vollendete Tatsachen zu schaffen. Gelöst werden sollte damit nicht nur das drängende Wohnungsproblem. Dahinter stand vor allem auch die Hoffnung, die Fragen um die Nutzung der Grundstücke werde sich im Rahmen von zwischenstaatlichen Verhandlungen lösen lassen, ohne dass die Interessen der DDR-Nutzer davon berührt werden würden. Die Verwaltung der zurückgelassenen Vermögenswerte stellte zeitweise eine enorme Herausforderung für die staatlichen Organe dar. Gerade in kleineren Orten fielen die zahlreichen ungenutzten und oftmals verwahrlosten Grundstücke besonders auf und es verstärkte sich der Wunsch der Anwohner, die dafür wenig Verständnis hatten, nach einer Nutzungsmöglichkeit, der bei den staatlichen Stellen zum Teil mit Nachdruck vorgetragen wurde. Für die Erhaltung und die Verwaltung der Grundstücke war ein großer materieller und finanzieller Aufwand notwendig, der vielfach den Wert des zurückgelassenen Vermögens überstieg.

Aufgrund der komplizierten Regelungen zum Umgang mit Flüchtlingsvermögen, die zum Teil noch von geheimen Durchführungsbestimmungen begleitet wurden, war es zu Beginn der Vermögensverhandlungen im Jahr 1990 schwierig und auch für die DDR-Seite beinahe unmöglich, exakte Zahlen zu benennen. Alleine im Zuge der Bodenreform wurden etwa 3,3 Millionen Hektar Grundbesitz in den Bodenfonds überführt. Hinzu kamen 10.000 Industrieunternehmen und Betriebe, Banken, Sparkassen, Versicherungen, Bergwerke sowie das gesamte Vermögen von »Kriegsverbrechern und Naziaktivisten«, darunter etwa 20.000 Grundstücke. Im Rahmen der entschädigungslosen Enteignung von Flüchtlingsvermögen bis zum 17. Juli 1953 wurden über 30.000 Grundstücke in Volkseigentum überführt. Von der §6-Verwaltung der »Westgrundstücke« waren außerdem weit über 100.000 Grundstücke betroffen. Zur staatlichen

[171] Tatzkow, M,/Schnabel, G. (1994), S. 25.

Verwaltung der Flüchtlingsvermögen sowie der anschließenden Verwertung im Rahmen der Verwalterverordnung gibt es kaum gesicherte Angaben. Allgemein wird von etwa 80.000 Grundstücken ausgegangen. Hinzu kamen weitere 68.000 Grundstücke, die nach dem 11. Juni 1953 von Bürgern der Bundesrepublik und von West-Berlinern durch Erbfälle erworben wurden.[172] Zahlreiche Enteignungen nach dem Bauland- oder dem Aufbaugesetz, die zwar nach rechtsstaatlichen Maßstäben erfolgten, jedoch die Überführung der Grundstücke in Volkseigentum zum Ziel hatten, erschwerten außerdem die Klärung der Vermögensfragen.

172 BArch, DC 20/6003, Gesprächskonzeption zum Thema offene Vermögensfragen.

Schwierige Entscheidungsfindung – Die Verhandlungen zwischen BRD und DDR

Da es nach den Verhandlungen zum Grundlagenvertrag im Dezember 1972 zu keiner Einigung zwischen der DDR und der BRD bezüglich der Eigentumsfragen gekommen war, blieben die strittigen Fragen zwischen beiden Staaten ungeklärt. Um zu vermeiden, dass die DDR aus der Aufnahme diplomatischer Beziehungen gleichzeitig auch eine Anerkennung ihrer Maßnahmen gegen private Vermögenswerte ableitete, bestand die Bundesrepublik auf einen entsprechenden Vermerk im Protokoll, womit der Begriff der »offenen Vermögensfragen« entstand.[173] »Wegen der unterschiedlichen Rechtspositionen zu Vermögensfragen konnten diese durch den Vertrag nicht geregelt werden.«[174]

Im Zuge ihrer Bemühungen um die diplomatische Anerkennung nahm die DDR in den 1970er-Jahren Verhandlungen über vermögensrechtliche Fragen mit den USA, Kanada und anderen westeuropäischen Staaten auf. Da die DDR grundsätzlich jedoch nicht bereit war, Enteignungen rückgängig zu machen oder staatliche Verwaltungen aufzuheben, konzentrierten sich die Verhandlungen auf eine vertragliche Entschädigungsleistung. Nach mehrjährigen Verhandlungen kam es zu vier Globalentschädigungsabkommen zwischen 1983 und 1987 mit Finnland, Schweden, Österreich und Dänemark.[175] Obwohl es seitens der Bundesrepublik immer wieder Versuche gegeben hat, für geflüchtete DDR-Bürger, die Vermögenswerte zurücklassen mussten, Verbesserungen zu bewirken, gab es bis 1989 kaum Annäherungen auf diesem Gebiet. Erst der Besuch des Bundeskanzlers Helmut Kohl im Dezember 1989 in Dresden und sein Zusammentreffen mit Hans Modrow brachten die Gelegenheit, das Thema der offenen Vermögensfragen zwischen beiden Staaten erneut zur Diskussion zu stellen. Modrow offenbarte Kohl die wirtschaftlichen Schwierigkeiten der DDR und konfrontierte ihn mit der Forderung nach einer Zahlung von 15 Milliarden DM. Modrow verstand dies als »Bringepflicht der BRD«[176], da die DDR während der Zeit der Teilung hohe Lasten zugunsten der BRD getragen und zudem die Lasten der Reparationen für die Sowjetunion übernommen habe.[177] Die Regierung Modrow, die angetreten war, die DDR

173 Vgl.: Grosser, D. (1998), S. 227.

174 Zitiert nach: Fieberg, Gerhard /Reichenbach, Harald: Zum Problem der offenen Vermögensfragen, in: Neue Juristische Wochenschrift, 6/1991, S. 321.

175 Bundesamt zur Regelung offener Vermögensfragen (Hrsg.) (2001), S. 28.

176 Modrow, Hans: Ich wollte ein neues Deutschland. München 1999, S. 391.

177 Ebd., S. 390–393.

zu reformieren und zu erhalten, stellte in dieser Phase immer wieder finanzielle Forderungen an die Bundesrepublik, die eine Stabilisierung der DDR zum Ziel hatten. Bundeskanzler Kohl wies diese Forderungen bei dem Zusammentreffen entschieden zurück und forderte hingegen Verbesserungen in wirtschaftlichen Fragen, die nur durch eine freie Verfügung von Grundeigentum und der Verkehrsfähigkeit des Bodens erreicht werden konnten. Fortschritte im Bereich der offenen Vermögensfragen sollte zunächst eine gemeinsame Expertengruppe bringen. Deren Verhandlungsauftrag lautete: »Eine Expertengruppe wird eingesetzt mit dem Auftrag, offene Vermögensfragen zu klären. In diesem Zusammenhang sind Maßnahmen abzustimmen mit dem Ziel, einschränkende Bestimmungen hinsichtlich der Verfügungsmöglichkeiten über Vermögen abzubauen.«[178]

Die Expertengespräche

Vorbereitungen im Winter 1989/1990

Die DDR-Seite brauchte nur wenige Tage, um sich auf die Gespräche vorzubereiten und begann schnell mit der Erstellung zahlreicher Konzeptionen und Direktiven. In Umsetzung des Ministerratsbeschlusses vom 21. Dezember 1989 – »Schlussfolgerungen, die sich aus dem am 19.12.1989 durchgeführten Arbeitstreffen des Vorsitzenden des Ministerrats der DDR, Hans Modrow und dem Bundeskanzler der BRD, Helmut Kohl, ergeben« – wurde zunächst die Bildung einer Expertengruppe beschlossen. Der Minister für Finanzen und Preise Walter Siegert, der Leiter des Amtes für den Rechtsschutz des Vermögens der DDR (AfR) Prof. Stephan Supranowitz und Staatsekretär Wolfgang Rauchfuß hatten dem Ministerrat bis zum 8. Januar 1990 eine Direktive für das erste Gespräch und die endgültige personelle Zusammensetzung der Expertengruppe vorzulegen.[179] Im Januar wurde im AfR mit dem Erarbeiten von »Positionspapieren für das Auftreten der DDR in den Expertengesprächen« begonnen, wozu zunächst erste Hinweise gehörten, die bei der Erstellung zukünftiger Positionspapiere zu beachten seien. »Absoluter Schwerpunkt« sollte die möglichst »gute hieb- und stichfeste Begründung der Ansprüche der DDR – sowohl der Rechtsgrundlagen als auch der Höhe der Ansprüche«[180] – sein. Dabei sollten »neueste völkerrechtliche Erkennt-

[178] Gemeinsame Mitteilung über die Gespräche zwischen dem Bundeskanzler der Bundesrepublik Deutschland, Helmut Kohl, und dem Vorsitzenden des Ministerrats der Deutschen Demokratischen Republik, Hans Modrow, in Dresden am 19. und 20. Dezember 1989.

[179] BArch, DC 20-I/3/2886: Beschluss über Maßnahmen und Schlussfolgerungen, die sich aus dem am 19. Dezember 1989 durchgeführten Arbeitstreffen des Vorsitzenden des Ministerrates Hans Modrow mit dem Bundeskanzler der BRD, Helmut Kohl, ergeben.

[180] AfR-Archiv, 300, Vermögensverhandlungen DDR-BRD, Zur Vorbereitung der Expertengespräche über vermögensrechtliche Fragen vom 4.01.1990.

nisse und Entwicklungen« mit einbezogen werden. Die Mitarbeiter des Amtes hatten außerdem die möglichen Gegenforderungen und Gegenargumentationen, mit denen die DDR in den Verhandlungen rechnen müssten, zu erarbeiten. Akribisch wurden alle weiteren notwendigen Schritte festgehalten. Bereits die allgemeine »Durchsicht der Materialien« beinhaltete zahlreiche weitere Arbeitsschritte, an die sich eine »kritische Bewertung der Materialien« anschließen sollte.[181] Am 17. Januar 1990 fand im Ministerium der Finanzen unter der Leitung von Walter Siegert eine Beratung zum Entwurf der Direktive für das erste Expertengespräch statt, bei der vorgegeben wurde, wie die DDR-Seite sich taktisch am geschicktesten verhalten sollte. Siegert legte fest, dass sich die DDR-Seite zunächst in Zurückhaltung üben und vorerst keine Ausführungen zu den Forderungen der DDR gemacht werden sollten. Das erste Gespräch sollte lediglich der Sondierung dienen, ob die BRD grundsätzlich bereit sei, sich an einem Ausgleich der in der DDR entstandenen Verluste und Schäden zu beteiligen.[182] Die DDR-Seite rechnete also zunächst damit, dass es bei dem Gespräch hauptsächlich um den Abbau von Verfügungsbeschränkungen gehen sollte. Berechtigterweise wurde befürchtet, dass die BRD den Zusammenhang zwischen »dem von ihr geforderten Abbau der Verfügungsbeschränkungen und unseren Ansprüchen nicht akzeptiert und sich nicht auf solche Verhandlungen einlässt«. Falls die Bundesrepublik auch eine Aufhebung der staatlichen Verwaltung von entzogenen Vermögenswerten fordern würde, sollte die Expertengruppe im Vorfeld durch die Sammlung von diversen Argumenten dagegen gewappnet sein. So sollten die Nachkriegsentwicklung und die fehlenden Beziehungen zwischen beiden deutschen Staaten, die Aufwendung von Mitteln für Instandhaltung und Instandsetzung der Immobilien und die hohen Kosten für deren Verwaltung angeführt werden, falls die BRD eine Aufhebung der Verwaltung forderte. Festgehalten wurde, dass Grundbesitz, der in Volkseigentum überführt worden war, in jedem Fall im Eigentum des Volkes verbleiben sollte und dafür Entschädigungsbeträge aus der staatlichen Verwaltung freigegeben werden würden.[183]

Derart realitätsferne Gesprächsvorbereitungen offenbarten, dass seitens der DDR zunächst davon ausgegangen wurde, dass die Eigentumsverhältnisse, wie sie sich 1989/90 darstellten, nicht zur Disposition stehen würden. Die Mitarbeiter des AfR produzierten damals Unmengen von sogenannten »Positionspapieren«, die in den Unterlagen des Ministeriums der Finanzen überliefert sind. Darin sind deren detaillierte Ansprüche fixiert, die die DDR gegen die BRD erheben sollte. Dazu gehörten umfangreiche Ausarbeitungen zur

181 Ebd.

182 AfR-Archiv, 300, Vermögensverhandlungen DDR-BRD, Standpunkt zur Vorbereitung des ersten Expertengesprächs zwischen der DDR und der BRD über vermögensrechtliche Fragen vom 25.01.1990.

183 Ebd.

- Wiedergutmachung von Schäden, die der DDR aus der Nichtanerkennung als Völkerrechtssubjekt durch die BRD entstanden sind;
- Wiedergutmachung für die entstandenen Maßnahmen, die seitens der BRD gegen die DDR eingeleitet wurden: Entzug von Arbeitskräften, Entzug von Waren, Währungsspekulation und Anwerbung von Grenzgängern, Störungen auf dem Gebiet der Außenwirtschaftsbeziehungen, Subversive Tätigkeit und Beschädigung von Anlagen und Gebäuden;
- Ansprüche der DDR auf Nutzungsentgelt für die seitens der BRD erfolgte Nutzung der auf dem Gebiet der DDR gelegenen Teile der Eckertalsperre, des Stausees sowie des Grund und Bodens, die unter die Bestimmungen der Bodenreform fallen;
- Anteilige Ansprüche auf die Deckungsrücklage von Versicherungsunternehmen auf dem Gebiet der BRD aufgrund der vor 1945 von diesen Unternehmen mit Bürgern auf dem Gebiet der DDR abgeschlossenen Lebensversicherungsverträgen;
- Ansprüche aus dem ehemaligen Reichs- und Preußenvermögen;
- Schadensersatzforderungen der DDR gegenüber der BRD aus der separaten Währungsreform;
- Ansprüche aus der Rechtsnachfolge ehemaliger Gebietskörperschaften auf dem Territorium der DDR auf Vermögen in der BRD und Berlin-West.[184]

Die Höhe der DDR-Forderungen sollte sich allein für den Komplex der Wiedergutmachung von Schäden, die der DDR durch die BRD entstanden sind, auf 112 Milliarden Mark belaufen. Im Zuge der Vorbereitungen wurden auch mögliche Gegenforderungen der Bundesrepublik aufgelistet. Gerechnet wurde mit der Geltendmachung folgender Ansprüche:

- Aufhebung der staatlichen Verwaltung von Vermögenswerten von Berechtigten der BRD und Berlin (West), u.a. ca. 68.000 Grundstücke und 652 Millionen Mark Guthaben verschiedener Art;
- Bedienung der Altguthaben-Ablösungs-Anleihe für Personen mit Wohnsitz außerhalb der DDR, wovon ca. 588.000 Berechtigte aus der BRD und Berlin (West) mit Guthaben über ca. 226 Millionen Mark zuzüglich ca. 68 Millionen Mark Zinsen betroffen sind;
- Erstattungsansprüche für das Eigentum von DDR-Bürgern, die die DDR illegal verlassen haben;
- Entschädigungssumme für das in der DDR auf der Grundlage des Potsdamer Abkommens enteignete Vermögen von Bürgern und juristischen Personen der BRD und Berlin (West);

[184] BArch, DN 1/23116, Verhandlungsunterlagen, Positionspapiere.

- Erstattungsanspruch für in Volkseigentum überführte Betriebe, Grundstücke und andere Vermögenswerte von in der DDR enteigneten Personen.[185]

Offenbar kam der DDR-Seite ihre eigene mühsam erstellte Forderungsliste unhaltbar vor. Der Ministerrat entschied sich am Ende dafür, dass auf die Darstellung der völlig überzogenen Forderungen verzichtet werden müsse. Zum Entwurf der Direktive erhielt Walter Siegert schriftliche Bemerkungen. Staatssekretär Wolfgang Rauchfuß forderte: »Die Erörterung eines Ausgleichs von materiellen Verlusten, die der DDR aus Übersiedlungen von DDR-Bürgern in die BRD und nach Berlin (West) in den letzten Jahren entstanden sind, ist im Rahmen dieser Expertengespräche nicht vorzusehen.«[186]

Auch Stephan Supranowitz schlug vor, »den auf Seite 3 enthaltenen Ausgleichsanspruch für materielle Verluste, die der DDR aus der Übersiedlung von BRD-Bürgern in den letzten Jahren entstanden sind, ersatzlos zu streichen«[187].

Vom Ministerrat wurden die Teilnehmer der Delegation bestätigt und damit beauftragt, im Namen der Regierung der DDR die mit der Direktive bestätigten Grundsätze innerhalb des ersten Gespräches darzulegen.

Auch in der Bundesrepublik begannen im Januar die Maßnahmen zur Vorbereitung der Gespräche. Im Bundesministerium für Innerdeutsche Beziehungen fand am 11. Januar 1990 eine erste vorbereitende Ressortbesprechung statt. Dort ging es zunächst vor allem darum, welches Ressort die Federführung für die Problematik der offenen Vermögensfragen besitze. Sowohl das Bundesministerium für Innerdeutsche Beziehungen als auch das Bundesministerium der Justiz beanspruchten die Leitung der Gespräche über die anstehende Lösung der offenen Vermögensfragen.[188] Am 24. Januar wurde dann entschieden, dass das BMJ für die Verhandlungen verantwortlich sei. Wenige Tage später fand auf Einladung des Justizministeriums eine Ressortbesprechung statt, bei der nochmals die Zuständigkeitsfragen geklärt werden mussten.[189]

Nach der Verabschiedung der Direktive liefen die Vorbereitungen in der DDR unverändert weiter. Die erarbeiteten Standpunkte blieben für die nachfolgenden Verhandlungen prägend. Festgehalten wurde, dass in der DDR vorgenommene Enteignungen in jedem Fall unangetastet bleiben sollten und keiner anderen rechtlichen Bewertung zu unterziehen seien. Eine nachträgliche Aufhebung der Enteignungen, aber auch eine Entschädigung für den entzogenen Vermögenswert sei daher ausgeschlos-

185 BArch, DC 20-I/3 2914: Beschluss zur Direktive für die ersten Expertengespräche zwischen der DDR und der BRD über vermögensrechtliche Fragen wird bestätigt.

186 BArch, DC 20-I/3 2914, Wolfgang Rauchfuß an Walter Siegert am 23.01.1990.

187 BArch, DC 20-I/3 2914, Stephan Supranowitz an Walter Siegert am 25.01.1990.

188 BMJ, Az.: 3400/2-1, Bd. 1: Betr.: Expertengespräche mit der DDR über offene Vermögensfragen, hier: Vorbereitende Ressortbesprechung im BMB am 11.01.1990.

189 BMJ, Az.: 3400/2-1, Bd. 1: Betr.: Ressortbesprechung am 31. Januar 1990 über die zu führenden Expertengespräche mit der DDR über offene Vermögensfragen.

sen: »Das durch Enteignung entstandene Eigentum bleibt in jedem Fall unangetastet. (Raum für anderweitige Verhandlungsergebnisse ist insbesondere in den Fällen nicht gegeben, in denen auf Grundstücken Investitionen realisiert oder Gebäude an Bürger verkauft wurden).«[190]

Das erste Expertengespräch Februar 1990

Während auf der DDR-Seite die Vorbereitungen auf die Gespräche noch davon geprägt waren, nach einer umfassenden Reformierung des SED-Regimes eine souveräne DDR bestehen zu lassen, wurden alle Beteiligten von der Dynamik der Ereignisse eingeholt. Als am 21. Februar 1990 das erste Expertengespräch zur Lösung der offenen Vermögensfragen stattfand, war die Wiedervereinigung beider deutscher Staaten in immer greifbarere Nähe gerückt.

Obwohl das BMJ zwar die Federführung haben sollte, wurde Ministerialdirigent Horst-Hermann Süßmilch vom Bundesministerium für Innerdeutsche Beziehungen, Leiter der BRD-Expertengruppe, der folgende Teilnehmer angehörten:

Herr Prof. Dr. Motsch	Bundesministerium für innerdeutsche Beziehungen
Herr Fieberg	BM für Justiz
Herr Holtz	BM für Finanzen
Herr Dr. Oltmann	BM für Finanzen
Herr Dr. Vogel-Claussen	BM für Wirtschaft
Herr Braunbeck	Landesvertretung Berlin
Herr Wellmann	Ständige Vertretung der BRD in der DDR[191]

Aufseiten der DDR verhandelten:
Dr. Bernhard Weichsel – Ministerium der Finanzen und Preise, Delegationsleiter
Dr. Günter Teupel – Amt für den Rechtsschutz des Vermögens der DDR, stellvertretender Delegationsleiter
Dr. Ursula Herzog – Ministerium für Auswärtige Angelegenheiten
Rolf Müller – Ministerium der Finanzen und Preise
Andreas Bock – Amt für den Rechtsschutz des Vermögens der DDR
Elke Kortüm – Ministerium der Finanzen und Preise[192]

190 BArch, DN 1 39156, Disposition für das 1. Expertengespräch zwischen der DDR und der BRD, o.D.

191 BArch, DN 1/39156, Bericht über die erste Runde der Expertengespräche zwischen der DDR und der BRD über vermögensrechtliche Fragen am 21.02.1990 in Bonn vom 26.02.1990.

192 BArch, DC/2914, Direktive für die ersten Expertengespräche zwischen der DDR und der BRD über vermögensrechtliche Fragen.

Über den Verlauf des ersten Gespräches berichtete DDR-Delegationsleiter Bernhard Weichsel ausführlich dem Ministerrat.[193] Demnach gingen beide Seiten zunächst davon aus, dass die erste Runde lediglich einer Sondierung der vielschichtigen Fragenkomplexe diente und zunächst eine Verständigung über die Rang- und Reihenfolge der zu erarbeitenden Lösungswege zu erfolgen habe. Die DDR-Delegation sprach die aus Sicht der DDR zum Gesamtkomplex der offenen vermögensrechtlichen Fragen gehörenden Ansprüche und eingeschränkten Verfügungsmöglichkeiten an. Die BRD-Delegation stellte die Freigabe der Altguthaben von in der BRD und West-Berlin lebenden Bürgern und vor allem Fragen der Eigentümer von Sach- und Geldvermögen, das in der DDR in staatliche beziehungsweise treuhänderische Verwaltung genommen wurde, in den Mittelpunkt der Gespräche. Nach dem Bericht von Weichsel konnte in einer Reihe grundsätzlicher Fragen des Herangehens Übereinstimmung erzielt werden. Er wies entschieden darauf hin, dass die DDR-Delegation darauf verwiesen habe, dass es künftig nicht mehr um die Wahrnehmung von Interessen zweier Staaten ginge, sondern darum, die Belange der Bürger, Betriebe, Einrichtungen und Organe eines einheitlichen Staates weitgehend in Übereinstimmung zu bringen und bei gegensätzlichen Interessen ausgewogene Lösungswege zu schaffen. Es sei deswegen von einer Gleichstellung der Bürger beider Staaten auszugehen. Um Diskussionen in der Öffentlichkeit und ein zu vermutendes schlagartiges Ansteigen der Anfragen von Bürgern an die DDR-Behörden zu vermeiden, hatten beide Seiten gegenseitige Vertraulichkeit über die Ergebnisse der Gespräche vereinbart. Sowohl die DDR als auch die BRD hielt eine zielgerichtete, kurzfristige Fortsetzung der Gespräche für notwendig. Wie mit den Enteignungen, die zwischen 1945 und 1949 erfolgt waren, zukünftig umgegangen werden sollte, blieb im ersten Expertengespräch ausgeklammert. Weichsel hielt dazu fest, »Ansprüche auf Vermögenswerte, die als Folge der Enteignung von Naziaktivisten, Kriegsverbrechern und Monopolkapitalisten und auf Grundlage von Volksentscheiden bzw. SMAD-Befehlen in Volkseigentum überführt wurden, sollen auf Vorschlag der BRD-Seite vorläufig nicht zum Gegenstand der Gespräche und Verhandlungen über offene Vermögensfragen gemacht werden. Das gleiche gilt für Fragen des Eigentums an Grund und Boden in der DDR, der in die Bodenreform einbezogen wurde.«[194]

Er wertete dies als ein Eingeständnis dafür, dass das auf »diese Weise entstandene Volkseigentum nicht in Frage gestellt wurde, da es auf Entscheidungen der sowjetischen Besatzungsmacht basiert«[195]. Bereits das erste Gespräch zeigte, dass die fol-

193 BArch, DN 1 39156, Bericht über die erste Runde der Expertengespräche zwischen der DDR und der BRD über vermögensrechtliche Fragen am 21.02.1990 in Bonn vom 26.02.1990, S. 2.

194 BArch, DN 1/39156, Ministerium der Finanzen und Preise, Bericht über die erste Runde der Expertengespräche zwischen der DDR und der BRD über vermögensrechtliche Fragen am 21.02.1990 in Bonn vom 26.02.1990.

195 Ebd.

genden Verhandlungen von der Frage geprägt werden sollten, auf welche Weise eine Rückgabe entzogener Vermögenswerte möglich war: »Zu den staatlich verwalteten Vermögenswerten erwartet die BRD-Seite, dass eine vollständige Freigabe auf Antrag und unter Nachweis der Berechtigung erfolgt. [...] darüber hinaus soll bei erfolgter Überführung in Volkseigentum die Möglichkeit der Reprivatisierung auf Antrag des früheren Eigentümers geschaffen werden. Die DDR-Seite wies darauf hin, dass dabei auch die Rechte der DDR-Bürger, die diese Häuser und Grundstücke nutzen, geschützt werden müssen. Insbesondere bei den in Volkseigentum überführten Grundstücken, wo DDR-Bürger Eigentumsrechte an Gebäuden erworben haben, sind die Rechte in vollem Umfang zu erhalten.«[196]

Weichsel berichtete, dass sich das künftige Hauptproblem darin zeigte, die Interessen der ehemaligen Eigentümer und der Nutzer in angemessener Weise zu berücksichtigen. Dem Bericht ist zu entnehmen, dass die Behandlung der Vermögenswerte, die sich nicht mehr unter staatlicher Verwaltung befanden, sondern bereits in Volkseigentum überführt oder verkauft worden waren, nicht thematisiert wurden.

Obwohl das erste Gespräch nur einer Sondierung der gegensätzlichen Standpunkte dienen sollte, wurden bereits eindeutige Vorschläge und Schlussfolgerungen erarbeitet, die den Gesamtkomplex der Vermögensfragen betrafen. So wurde festgehalten:

- Es ist ein Entscheidungsvorschlag zur Tilgung der Ansprüche von Bürgern aus der BRD und Berlin (West) aus der Altguthaben-Ablösungsanleihe auf Devisenausländerkonten bzw. zu ihrer Auszahlung vorzubereiten. In diesem Zusammenhang ist über eine nachträgliche Verzinsung seit 1958 und deren Höhe zu entscheiden.
- Es ist eine Vereinbarung zwischen den Finanzministern beider deutscher Staaten über den bereits zugesagten Einschuss von 160 Mio DM in den Kontentransfer durch die DDR vorzubereiten.
- Mit dem Ziel des Austausches sind Erklärungen zu erarbeiteten, mit denen eine gegenseitige weitgehende Aufhebung der Beschränkungen für Sperrkonten von DDR-Bürgern und juristischen Personen bei Geld- und Kreditinstituten der BRD für Devisenausländerkonten von Bürgern und juristischen Personen der BRD und Berlin (West) bei der Staatsbank der DDR in die Wege geleitet werden.[197]

Die im Vorfeld angefertigten Positionspapiere und die intensiven Vorbereitungen der DDR-Seite, die sich auf die Geltendmachung eigener Forderungen konzentrierte, erwiesen sich als überflüssig. Die Teilnehmer der BRD-Expertengruppe verwiesen in diesem Zusammenhang auf eigene Wiedergutmachungsleistungen gegenüber anderen

[196] Ebd.
[197] Ebd.

Ländern und sprachen sich dagegen aus, die Ansprüche beider Seiten gegeneinander aufzurechnen.

Im Amt für den Rechtsschutz des Vermögens der DDR fand am 21. Februar 1990 eine Beratung mit Vertretern des sich konstituierenden Mieterbundes statt.[198] Diese Beratung ist aufschlussreich und deswegen erwähnenswert, weil darin die Position des Amtes für den Rechtsschutz des Vermögens, das ja maßgeblich an den Verhandlungen beteiligt war, zu den Eigentumsfragen im Februar sehr deutlich wird. Auch wenn es sich dabei nur um eine Aktennotiz und nicht um ein offizielles Dokument handelt, zeigt es, dass aufseiten der DDR-Vertreter neben dem Willen zum Bestandsschutz eine realistische Einschätzung der Situation und der bevorstehenden Schwierigkeiten bei der Klärung der Vermögensfragen vorhanden war. Die Vertreter des Mieterbundes legten ihr Anliegen dar, beim Runden Tisch einen Gesetzgebungsvorschlag einzubringen, der darauf hinauslief »Eigentümer von Grundstücken von Berechtigten aus der BRD und Berlin (West) in der DDR mit Entschädigung zu enteignen«.

Die Mitarbeiter des AfR notierten dazu, dass der Vorschlag des Mieterbundes, die Eigentümer gegen eine Entschädigung zu enteignen, aufgrund der völkerrechtlichen Problematik (»Grundlagenvertrag, Protokollnotiz offene Vermögensfragen, laufende Verhandlungen mit der BRD«) nicht annehmbar sei. Die Vertreter des Mieterbundes hätten sich diesen Gesichtspunkten allerdings kaum zugänglich gezeigt. Auch Hinweise auf rechtliche Bestimmungen, wie den Mieterschutz im ZGB seien nicht akzeptiert worden, da nach »ihrer Auffassung eine sofortige Übernahme der DDR nach den Wahlen am 18.03. durch die BRD erfolgt und eine Rechtsangleichung damit gegenstandslos werde«[199].

Auf die Vorschläge des AfR, wie die Bildung von Organisationsformen zur Durchsetzung der Mieterinteressen, die Nutzung der rechtlichen Möglichkeiten etc., gingen die Vertreter nicht ein, da »sie sich vorrangig von ihnen bekannten Auffassungen der am Runden Tisch vertretenen Parteien und Gruppierungen und von ihrer eigenen spezifischen Interessenlage als Mieter und Nutzer von staatlich bzw. zivilrechtlich verwalteten Einfamilienhäusern leiten ließen, für die sie sich als ›quasi-Eigentümer‹ fühlten«[200].

[198] AfR-Archiv, 300, Vermögensverhandlungen DDR-BRD: Aktennotiz über die Beratung mit Vertretern des sich konstituierenden Mieterbundes der DDR am 21.02.1990 vom 21. Februar 1990.

[199] Ebd.

[200] AfR-Archiv, 300, Vermögensverhandlungen DDR-BRD: Aktennotiz über die Beratung mit Vertretern des sich konstituierenden Mieterbundes der DDR am 21.02.1990 vom 21. Februar 1990.

Bemühungen zur Sicherung des Volkseigentums – Die Erklärung zu den Eigentumsverhältnissen und das »Modrow-Gesetz«

Ende März des Jahres 1990 sollten die Expertengespräche in die zweite Runde gehen. In dieser Zeit begann in Ostdeutschland die tiefgreifende Angst vor dem Verlust der Immobilie und damit dem Fortbestand der derzeitigen Wohnsituation, die in vielen Fällen noch einige Jahre andauern sollte. Es gab dramatische Begegnungen am Gartenzaun zwischen den derzeitigen Nutzern und den alten Eigentümern, die vor Ort in Wort und Tat ihre Ansprüche geltend machten. Die spürbare Unruhe, die dadurch ausgelöst wurde, zeigte deutlich, dass eine Entscheidung über die Vermögensfragen notwendig war und es dringend einer politischen Regelung bedurfte. Die immer häufiger stattfindenden Auseinandersetzungen zwischen den Betroffenen, über die Medien zum Teil umfangreich berichteten, haben vor allem auf ostdeutscher Seite nachgewirkt. Im Februar 1990 beschrieb die Journalistin Marlies Menge in der ZEIT die damalige Situation folgendermaßen: »›Wohnt ihr in einem West-Haus?‹ begrüßt man sich heute in der DDR. Jeder kennt irgendwelche Schauergeschichten: Die Ostberlinerin, die abends vor der Tür ihres Einfamilienhauses ein Auto mit westlicher Nummer findet, durch den Garten sieht sie einen Mann mit Kompass und Karte laufen, hinter ihm Frau zwei Kinder. ›Wie sind Sie denn hier hereingekommen?‹ fragt sie die Eindringlinge. ›Über den Zaun gestiegen. Das ist nämlich unser Grundstück.‹ ›Aber wir haben das Haus darauf gebaut, haben Bäume und Sträucher gepflanzt.‹ ›Können Sie alles mitnehmen, interessiert uns nicht.‹ ›Man kann doch kein Haus mitnehmen und keine Bäume.‹ ›Ihr Pech. Dann müssen Sie es eben hierlassen. Aber das Grundstück gehört uns.‹«[201]

Auch die »Süddeutsche Zeitung« berichtete im März 1990 unter der Überschrift »Hiermit kündige ich Ihnen zwecks Eigenbedarf«, wie die »ersten Besucher aus dem Westen« Ansprüche auf ihr ehemaliges Eigentum erhoben. Giovanni di Lorenzo berichtete unter anderem aus Teltow und schilderte die Begegnung einer Familie mit den Eigentümern ihres Hauses, das sie seit nunmehr 18 Jahren auf Grundlage eines Überlassungsvertrages bewohnten: »Anfang Februar, die Frau hatte sich kurz zur Ruhe gelegt, hörte sie Männerstimmen im Garten. Bevor sie herausfinden konnte, wer da ums Haus strich, war der überraschende Besuch schon wieder beendet. Die Männer fuhren in einem Auto mit westdeutschem Kennzeichen davon, einer, so berichtete ihr später eine Nachbarin, habe das Anwesen fotografiert.«[202]

In jener Phase wurden vor allem die Mieter eines staatlich verwalteten Hauses mit dem Wunsch nach Eigenbedarf der Eigentümer konfrontiert. Nicht selten kam es deswegen schon in dieser Zeit zu Eigenbedarfskündigungen und zu Versuchen, die

201 Menge, Marlies: Die Angst vor dem Ausverkauf, in: DIE ZEIT vom 23.02.1990.

202 Di Lorenzo, Giovanno: Hiermit kündige ich Ihnen zwecks Eigenbedarf, in: Süddeutsche Zeitung vom 15. 031990.

Mieter mit fragwürdigen Methoden zu einem Auszug zu bewegen. Bereits im März 1990 gründete sich deswegen die »Initiative Mieterbund der DDR«, aus der später der offizielle Mieterbund entstand, der es sich zur Aufgabe machte, die Mitglieder bei der Abwehr eines Anspruchs auf Rückübertragung zu unterstützen.

Auch die Abteilung Eingaben beim DDR-Ministerrat verzeichnete in dieser Phase einen deutlichen Anstieg von Schreiben zur Problematik der »Westgrundstücke«. In einem Vermerk der Abteilung zum Tenor der Eingaben steht, was die hilfesuchenden Bürger in ihren Briefen forderten: »[...] sofortige Schaffung gesetzlicher Grundlagen für den Verkauf von volkseigenen Grundstücken und Baulichkeiten an privaten Nutzer. Insbesondere müsse der Verkauf des Bodens an Eigenheimbauer bzw. Eigenheimnutzer gesichert werden.«[203]

Das Ministerium der Finanzen hielt es bereits im Januar 1990 für dringend erforderlich, die »Richtlinie für die Behandlung von Auskunftsersuchen« zu überarbeiten, da sich die schriftlichen und mündlichen Auskunftsersuchen von Bürgern der DDR und West-Berlin als auch der DDR häufen würden. Diese seien nicht nur freundlich gehalten, bei persönlichem Auftreten wären in aggressiver Form Auskünfte verlangt worden.[204]

Nur einen Tag nach dem ersten Expertengespräch vom 21. Februar 1990 fand bei DDR-Wirtschaftsministerin Christa Luft eine Dienstberatung statt, in der eine Einschätzung der Lage vorgenommen wurde. Der »Sicherung des Volkseigentums« galt in der Beratung besondere Aufmerksamkeit. Dazu beschloss die Beratungsrunde das Einsetzen einer Arbeitsgruppe zur Sicherung des Volkseigentums. Geleitet von Wolfram Krause, dem Stellvertreter von Christa Luft, sollte sie am 23. Februar 1990 ihre Arbeit aufnehmen. Zur Mitarbeit sollten Minister Romberg, Prof. Dr. Stephan Supranowitz, Siegfried Zeißig und ein Mitarbeiter des Ministeriums der Justiz herangezogen werden. Ministerpräsident Modrow fasste für die Arbeitsgruppe folgende Aufgaben zusammen:

- »Ausarbeitung einer Regierungserklärung zum Eigentum. Dabei ist davon auszugehen, dass die Bodenreform und die Enteignung im Ergebnis des Volksentscheides unantastbar bleiben. Mit der Erklärung sollen die Bürger beruhigt werden. Zu den Häusern mit Eigentümern aus der BRD sollte ein Standpunkt fixiert werden.
- Ausarbeitung eines Briefentwurfes an das Ministerium für Auswärtige Angelegenheiten der UdSSR mit der Bitte, um Unterstützung bei der Sicherung des Volkseigentums in der DDR. Ausarbeitung eines Briefentwurfes des Ministerpräsidenten an den Bundeskanzler zum Eigentum. Minister Romberg soll in

203 BArch DC 20-I/3/2921.Ohne Titel.

204 BArch, DN 1/121974, Informationen über Probleme bei der Behandlung von Vermögenswerten, die der Treuhandverwaltung bzw. der vorläufigen staatlichen Verwaltung unterliegen vom 15.01.1990.

der gemeinsamen Expertengruppe DDR/BRD den Standpunkt der DDR einbringen.«[205]

Am 26. Februar 1990 erhielt der Ministerrat die von Wolfram Krause, Stephan Supranowitz und dem Hauptabteilungsleiter im Ministerium der Justiz, Dr. Bergemann, erarbeitete Vorlage »Erklärung der Regierung der DDR zu den Eigentumsverhältnissen und Übermittlung an M. S. Gorbatschow und H. Kohl« zur Prüfung, die am 1. März 1990 beschlossen und veröffentlicht wurde.[206] Gleichzeitig gingen Erklärungen Hans Modrows an Michael Gorbatschow und Helmut Kohl, in denen der Ministerpräsident unmissverständlich deutlich machte, dass für die DDR eine Festschreibung der Eigentums- und Besitzverhältnisse unumgänglich sei: »Sie [Die Regierung der DDR] geht davon aus, dass es im unmittelbaren Interesse aller Bürger der Deutschen Demokratischen Republik liegt, aber auch Anliegen der Regierung der Bundesrepublik Deutschland sein sollte, die Eigentumsverhältnisse in der Deutschen Demokratischen Republik, wie sie sich nach dem Zweiten Weltkrieg auf Grund völkerrechtlicher Abkommen, der Gesetze des Alliierten Kontrollrates für Deutschland und Bestimmungen in der ehemaligen sowjetischen Besatzungszone sowie der Gesetze und Rechtsvorschriften der Deutschen Demokratischen Republik herausgebildet haben, nicht in Frage stellen. [...] Gleiche Beachtung verdient der Schutz der Eigentums-, Mieter – und Nutzerrechte der Bürger der DDR an Grundstücken, Gebäuden und Wohnungen. Entsprechend den international geltenden rechtsstaatlichen Grundsätzen unterliegen Grundstücke und Gebäude, die sich auf dem Territorium eines Staats befinden ausschließlich seiner Rechtshoheit. Das bedeutet, dass alle Bürger der DDR, die auf Grundlage des in der DDR geltenden Rechts in den vergangenen vier Jahrzehnten Eigentums-Nutzungs- und Mietrechte begründet haben, einen legitimen Anspruch auf den Fortbestand und die Stabilität ihrer erworbenen Rechte haben und darauf vertrauen.«[207]

Die von Hans Modrow abgegebene Erklärung, von Dieter Grosser als »Paukenschlag«[208] bezeichnet, basierte auf einer Entscheidung der Volkskammer und war mit den Teilnehmern der DDR-Expertengruppe nicht abgesprochen. Weder das Ministerium der Finanzen noch die Mitarbeiter des Amtes für den Rechtsschutz des Vermögens der DDR, die in der Expertengruppe verhandelten, waren über die Veröffentlichung der Erklärung informiert. In den Unterlagen des Bundesjustizministeriums findet sich

[205] AfR-Archiv, 149, Änderung des Eigentumsverhältnisses vermögensrechtlicher Werte, Dienstberatung bei Prof. Dr. Luft am 22. 02 1990.

[206] BArch, DC 20/2921, Beschluss des Ministerrates zur Erklärung der Regierung der DDR zu den Eigentumsverhältnissen vom 26.02.1990.

[207] Erklärung der Regierung der Deutschen Demokratischen Republik zu den Eigentumsverhältnissen, in: Dokumente zur Deutschlandpolitik. Deutsche Einheit. Sonderedition aus den Akten des Bundeskanzleramtes 1989/90, bearbeitet von Hanns Jürgen Küsters und Daniel Hofmann. München 1998, Nr. 201A, S. 906.

[208] Grosser, D. (1998), S. 233.

ein Vermerk über einen Anruf von Dr. Günter Teupel vom AfR, den stellvertretenden Delegationsleiter, der wissen ließ, dass er keine Möglichkeit der Einflussnahme auf die Erklärung gehabt habe und bedaure, dass der Beginn der Gespräche durch eine solche Erklärung belastet werde.[209] Die Bundesrepublik verzichtete zunächst auf eine formelle Antwort, ließ die Erklärung unkommentiert und Modrows Schreiben an den Bundeskanzler unbeantwortet. Das Bundesjustizministerium wurde beauftragt, diesbezüglich eine Stellungnahme zu erarbeiten. Am 28. März 1990 stimmte der Kabinettsausschuss Deutsche Einheit der Stellungnahme zu, die als »Sprachregelung zu den offenen Vermögensfragen« zu Beginn des zweiten Gesprächs verlesen wurde und die Position der Bundesrepublik zu den von Modrow vorgetragenen Forderungen zu diesem Zeitpunkt wiedergab: »Bei den Überlegungen, wie die Probleme gelöst werden können, ist zu berücksichtigen, dass die letzten 40 Jahre in der DDR zu neuen sozialen und wirtschaftlichen Gegebenheiten geführt haben, die nicht ohne weiteres rückgängig gemacht werden können; zum Teil lassen es die entstandenen Verhältnisse nicht zu, zum Teil würde altes Unrecht durch neues ersetzt. Erforderlich sind sozial verträgliche Kompromisse, die die Interessen der Beteiligten in einsichtiger Weise berücksichtigen. So müssen Mieter auf den Bestand ihrer Mietverträge vertrauen können; die dringend erforderlichen Reformen im Bereich des Mietrechts können nur schrittweise durchgeführt werden wobei die wirtschaftlichen Notwendigkeiten und die sozialen Erfordernisse gegeneinander abgewogen werden müssen. Wer an einem enteigneten Grundstück in redlicher Weise ein Nutzungsrecht erworben hat, das ihn zum Bau eines Ein- oder Zweifamilienhauses berechtigte, kann nicht einfach schutzlos gestellt werden. [...] Die Festschreibung aller Entwicklungen in der DDR ist ebenso unrealistisch wie ihre Rückgängigmachung bis hin zum 8. Mai 1945.«[210]

Neben den Bemühungen der Modrow-Regierung, die Standpunkte über die Unantastbarkeit der Eigentumsverhältnisse in der DDR in aller Deutlichkeit darzulegen, gab es vor allem aufseiten der Bürgerbewegungen Bestrebungen, die Eigentumsverhältnisse, so wie sie sich 1989 darstellten, zu sichern, zu schützen und in letzter Sekunde vollendete Tatsachen zu schaffen. Beim zentralen Runden Tisch spielte die Eigentumsproblematik eine zunehmende Rolle. Nahezu alle Parteien und Gruppierungen forderten von der Regierung die Schaffung eines Gesetzes, das den Bürgern ermöglichen sollte, die Grundstücke, die ihnen zur Nutzung überlassen worden waren, käuflich zu erwerben. Am 19. Februar 1990 widmete sich der Runde Tisch in seiner 13. Sitzung dem Thema »Eigentum an Grund und Boden«. Innerhalb der Sitzung wurden von sämtlichen Gruppierungen Beschlussvorlagen eingereicht, bei denen es darum ging,

209 BMJ, Az.: 3400/2-1, Bd. 1: Vermerk über den Anruf von Dr. Teupel wegen der Volkskammerbeschlüsse vom Vortag vom 12.03.1990.

210 Sprachregelung zu den offenen Vermögensfragen, in: Dokumente zur Deutschlandpolitik (1998), Nr. 236A, S. 992.

die Eigentumsrechte von DDR-Bürgern zu schützen. Weiterhin erging ein eindeutiger Auftrag an die Regierung Modrow, die Eigentumsrechte von Bürgern der DDR an Grund, Boden und Gebäuden zu gewährleisten, der in der Sitzung des Ministerrates vom 22. Februar 1990 bestätigt wurde.[211]

So forderte die Gruppierung Vereinigte Linke: »Für alle Verhandlungen mit der BRD über die Währungs- und Wirtschaftsunion wird die Regierung verpflichtet, die in 40 Jahren DDR entstandenen Eigentums- und Nutzungsverhältnisse der DDR-Bürger an Grund und Boden, an Häusern und anderen Immobilien auf Dauer zu sichern, indem keinerlei Rechtsakte der BRD anerkannt werden, die die Wiederherstellung alter Eigentumsrechte aus der Zeit vor der Gründung der DDR beziehungsweise vor dem Mauerbau 1961 ermöglichen.«[212]

In ihrem Antrag zum Erhalt der Lebensbedingungen forderte die CDU unter anderem »die Eigentumsrechte von Bürgern der DDR an Grund, Boden und Gebäuden nach rechtsstaatlichen Grundsätzen zu gewährleisten«[213]. Die Bürgerbewegung Demokratie Jetzt (DJ) machte deutlich: »Viele Bürger der DDR, insbesondere im Berliner Raum und in den Grenzgebieten zur BRD, sind in großer Sorge und Angst um die Erhaltung ihrer Wohn- und Lebensgewohnheiten. Sie werden von Bürgern der BRD und Westberlin heimgesucht, die altes Eigentum einklagen wollen. [...] Der Runde Tisch fordert deshalb die Regierung und die Volkskammer der DDR auf, folgendes unverzüglich gesetzlich zu regeln:

1. Mieter und Nutzer von sogenannten Westgrundstücken erhalten das Recht, nach den zur Zeit geltenden gesetzlichen Bestimmungen, die Grundstücke sofort zu erwerben.
   [...]
3. Über Entschädigungsformen der ursprünglichen Eigentümer hat die Regierung der DDR mit der Regierung der Bundesrepublik Deutschland einvernehmliche Regelungen zu treffen.«[214]

Am 26. Februar 1990 formulierte die »Arbeitsgruppe Recht« des Runden Tisches zur Sozialcharta eine »Ergänzung zur Frage der Rechtssicherheit von Eigentümern und Nutzern volkseigener bzw. in staatlicher Verwaltung stehender Wohn-, Erholungs- und Gewerbegrundstücke sowie des Eigentums aus der Bodenreform«. An die Regierung

[211] AfR-Archiv, 300, Vermögensverhandlungen DDR-BRD, Beschluss des MR vom 22. Februar 1990 Betrifft: Beschluss und Auswertung der Ergebnisse der 13. Sitzung des Rundtischgespräches am 19. 02.1990.

[212] Vorlage 13/19, Antrag VL: Zu den Eigentums- und Nutzungsverhältnissen der DDR-Bürger, in: Thaysen, Uwe: Der Zentrale Runde Tisch der DDR. Wortprotokoll und Dokumente, Band III. Neuer Machtkampf, Wiesbaden 2000, S. 811.

[213] Vorlage 13/26, Antrag CDU: Zum Erhalt der Lebensbedingungen, in: Thayssen, U. (2000), S. 846.

[214] Vorlage 13/24, Antrag DJ: Zur Erhaltung der Wohn- und Lebensgewohnheiten, in: Thayssen, U. (2000), S. 847.

erging darin die Forderung, »kurzfristig die bestehenden gesetzlichen Bestimmungen zum Verkauf volkseigener Eigenheime, Miteigentumsanteile bzw. Gebäuden für Erholungszwecke in ihrem sachlichen Geltungsbereich dahingehend zu erweitern, dass volkseigene Grundstücke und Bodenflächen, die auf der Grundlage gesetzlicher Nutzungsrechte zur Errichtung von Eigenheimen und Gebäuden für Erholungszwecke genutzt werden, sofort durch die Eigentümer dieser Gebäude bzw. Baulichkeiten käuflich erworben werden können«[215].

Am 7. März 1990 wurde dann das Gesetz mit dem missverständlichen Titel »Gesetz zum Verkauf volkseigener Gebäude« verabschiedet. Damit war für die Bürger der DDR erstmals die Möglichkeit gegeben, volkseigenen Grund und Boden käuflich zu erwerben. Unter Einhaltung der geltenden preisrechtlichen Bestimmungen, also zu sehr niedrigen Bodenpreisen, konnte im Zusammenhang mit dem bereits erfolgten Kauf eines Gebäudes nun auch der Boden erworben werden, wovon Hunderttausende DDR-Bürger Gebrauch machten, was Notare, Liegenschafts- und Grundbuchämter vor enorme Herausforderungen stellte. Bereits sechs Wochen nach Inkrafttreten des Gesetzes lagen etwa 300.000 Kaufanträge vor. Hiervon sollen 80 bis 90 Prozent sogenannte Komplettierungsfälle gewesen sein, bei denen die Erwerber bereits Inhaber eines dinglichen Nutzungsrechts und somit in der Regel auch Eigentümer eines Eigenheimes waren.[216] Die Mehrzahl der notariellen Verträge wurden bis Mitte Juni abgeschlossen, einige Tausend aber auch noch bis Juli und August 1990. Aufgrund der begrenzten Kapazitäten bei den DDR-Behörden kam es bei der Mehrzahl der Fälle nicht mehr zu einer Eintragung ins Grundbuch.

Mit dem Versuch, vollendete Tatsachen zu schaffen, griff die DDR-Regierung massiv in die bereits laufenden Verhandlungen ein.[217] Das »Gesetz über den Verkauf volkseigener Gebäude« ist bekannter unter der Bezeichnung »Modrow-Gesetz« und sorgte auf westdeutscher Seite für großen Unmut. Käufer nach dem Modrow-Gesetz mussten sich später den Vorwurf gefallen lassen, unrechtmäßige Erwerber zu sein. So mutmaßte Dieter Grosser beispielsweise: »Die Praxis, enteignete Häuser zu günstigsten Bedingungen vor allem an Personen zu verkaufen, die den privilegierten Gruppen in der DDR angehörten, entsprach offensichtlich einem dringenden Interesse der Regierung.«[218]

Auch Constanze Paffrath bewertet die Käufe nach dem Modrow-Gesetz unter dem Gesichtspunkt der persönlichen Vorteilsnahme: »Hingegen wurde die von westdeutscher Seite vorgetragene Bitte, den noch andauernden Verkauf von enteigneten Immo-

215 BArch, DC 20-I/3 2926, Stellungnahmen/Ergänzungen/Änderungsvorschläge zur Sozialcharta der Arbeitsgruppe Recht des Runden Tisches.

216 Bundesamt zur Regelung offener Vermögensfragen (Hrsg.) (2001), S. 107.

217 Vgl.: Grosser, D. (1998), S. 237.

218 Ebd., S. 237.

bilien an Bürger der DDR sofort zu unterlassen, von den DDR-Verhandlungsführern nicht erfüllt. Dies war aus Sicht der DDR-Regierung verständlich, denn es entsprach ihrem politischen Interesse, enteignete Häuser zu günstigen Bedingungen an Personen zu verkaufen, die sich um die DDR ›verdient gemacht‹ hatten.«[219]

Grosser und auch Paffrath lassen dabei allerdings außer Acht, dass die Initiative eben nicht von den »privilegierten Gruppen« ausging, sondern von Bürgerbewegungen, die am Runden Tisch saßen. Es hat ohne Zweifel Fälle gegeben, bei denen tatsächlich »privilegierte« Gruppen oder Einzelpersonen noch im Jahr 1990 Grundstücke und Immobilien auf unrechtmäßigen Wegen erworben haben. Erwähnt seien beispielsweise die prominenten Fälle von Egon Krenz und dem letzten DDR-Innenminister, Peter-Michael Diestel.[220] Egon Krenz kaufte im Februar 1990 ein Haus in Berlin-Pankow, das zuvor als Gästehaus für Regierungsdelegationen gedient hatte. Peter-Michael Diestel erwarb zur gleichen Zeit ein Haus im Berliner Vorort Zeuthen. Doch nicht nur auf Grundlage des »Modrow-Gesetzes« wurden bestimmte Positionen ausgenutzt. Bereits im Dezember 1989 waren nach einem von Hans Modrow bestätigten Beschluss des Ministerrates Einfamilienhäuser, die sich in Rechtsträgerschaft der ehemaligen Versorgungseinrichtung des Ministerrates befanden, »an leitende Mitarbeiter aus dem Staatsapparat«[221] verkauft worden. Der Leiter des Sekretariats des Ministerrates entschied darüber, welchen Bewohnern die Häuser zum Kauf angeboten werden sollten. Vor allem das Amt des DDR-Ministerpräsidenten, das Innenministerium und die Nationale Volksarmee (NVA) hatten seit Dezember 1989 hochrangigen Mitarbeitern des Regimes zu günstigen Preisen Immobilien zugeschanzt. Die Immobilien stammten aus der »Versorgungseinrichtung des Ministerrates« (VEM), die rund 600 Gästehäuser und -wohnungen in Staatseigentum betreute.[222] In einem Abschlussbericht der zeitweiligen Untersuchungsabteilung beim Ministerrat der DDR und der Unabhängigen Untersuchungskommission, die zwischen Dezember 1989 und Februar 1990 mehr als 1.000 Hinweisen nach Amtsmissbrauch, Korruption und Selbstverordnung von Privilegien nachgingen, war nachzulesen: »Privilegierte Inanspruchnahme von Volkseigentum [...] wurde ausgehend von den Praktiken der ehemaligen leitenden Kader der Partei-

[219] Paffrath, C. (2004), S. 123.

[220] Egon Krenz kaufte im Februar 1990 in Haus in Berlin-Pankow von der Versorgungseinrichtung des Ministerrates. 2003 entschied der Bundesgerichtshof, dass er nicht der rechtmäßige Eigentümer des Hauses sei und Krenz musste das Haus räumen. Er verlor den Prozess gegen die Oberfinanzdirektion, die den Kauf des Hauses nie akzeptiert hatte.

[221] BArch, DN 1 122621, Beschluss des Ministerrats vom 14. Dezember 1989; Rechtsträgerschaft der Versorgungseinrichtung des Ministerrats der DDR, Grundstücke in Bohnsdorf 1153 und 120 qm: »Wir beabsichtigen, das auf dem volkseigenen Grundstück befindlichen volkseigene Einfamilienhaus an die Eheleute S. zu veräußern. Es handelt sich hierbei um leitende Mitarbeiter im Staatsapparat.«

[222] Wie in Nord-Palermo, in: DER SPIEGEL vom 11.03.1991, S. 41f.

und Staatsführung, von immer mehr Personen in Staat und Wirtschaft als persönliches Recht in Anspruch genommen.«[223]

Doch nicht nur in den letzten Wochen und Monaten des Umbruchs kam es dazu, dass sich hochrangige Personen unter Ausnutzung ihrer jeweiligen Position diverse Häuser und Grundstücke erschlichen. Das System der Vorteilsbeschaffung prägte das Leben in der DDR schon länger und wurde vor allem im Bereich Immobilien häufig angewendet. Selbst bei der Entscheidung über die Verleihung von Nutzungsrechten konnte privilegierten Personen das Recht zum Kauf vom Grundstück zugestanden werden – weit vor 1990.[224] Auf Grundlage des Modrow-Gesetzes kauften jedoch vor allem »normale« Bürger, die von ihnen langjährig genutzten Grundstücke. Dahinter stand die Hoffnung, in letzter Minute Rechtssicherheit zu schaffen, um vor möglichen zu erwartenden Forderungen der Eigentümer sicher zu sein und das Eigentum an Haus und Grundstück vervollständigen zu können.

Diese zwischenzeitlich eingetretenen rechtlichen Veränderungen mussten bei der Vorbereitung auf das zweite Expertengespräch von beiden Seiten berücksichtigt werden. Zwischen dem ersten Expertengespräch am 21. Februar 1990 und dem zweiten am 29./30. März 1990 lagen also Hans Modrows offizielle und deutliche Erklärung zu den Eigentumsverhältnissen in der DDR und das »Gesetz über den Verkauf volkseigener Gebäude« vom 7. März 1990. Das rigorose Eintreten der amtierenden DDR-Regierung für die Beibehaltung der Eigentumsverhältnisse und die ausdrückliche Einbeziehung der Sowjetunion in die innenpolitischen Vorgänge sowie der Beginn des Verkaufs von volkseigenen Grundstücken, die möglicherweise mit fragwürdigen Methoden in Volkseigentum übernommen worden waren, zeigten der Bundesrepublik einmal mehr, dass eine Lösung der offenen Vermögensfragen schwierig werden würde.

Weiterer Verlauf der Expertengespräche

Die dynamische Umbruchsituation auf politischem und rechtlichem Gebiet und die sich abzeichnende bevorstehende Vereinigung beider deutscher Staaten veränderten auch die Vorbereitungen auf die weiteren Expertengespräche. Kurz zuvor hatten die ersten freien Volkskammerwahlen stattgefunden, bei denen die »Allianz für Deutschland« mit 48,15 Prozent eine große Mehrheit erzielte. Damit hatte ein Großteil der

[223] BArch, DC 20-I/3/2936, Zeitweilige Untersuchungsabteilung beim Ministerrat der DDR. Abschlussbericht über die Tätigkeit und die erreichten Ergebnisse sowie Empfehlungen und Schlussfolgerungen vom 12. März 1990.

[224] BArch, DN 1/140212, Rat des Landkreises Potsdam, Abteilung Finanzen, Sachgebiet Verwaltung des staatlichen Eigentums, 06.04.1955: »Außerdem weisen wir darauf hin, dass durch den Beschluss des Kreistages auch ein Verkauf des Grundstückes an Herrn H. erfolgen kann. [...] Bei der Entscheidung muss unseres Erachtens davon ausgegangen werden, dass auf der Grundlage einer der vorstehend geäußerten Möglichkeiten das Bauvorhaben des H. durchgeführt werden kann, da es sich bei Herr H. um einen Nationalpreisträger handelt.«

DDR-Bürger den Wunsch nach Wiedervereinigung und Einführung der Marktwirtschaft nachdrücklich bekräftigt.

Beim Amt für den Rechtsschutz des Vermögens wurde in einer Disposition für die zweite Expertenberatung der bisherige Stand der Gespräche zusammengefasst. Darin ist zu lesen, dass es zu einer spürbaren Unruhe in der DDR gekommen sei, die durch »die Art und Weise des Auftretens jetziger bzw. früherer Grundstückseigentümer aus der BRD« ausgelöst worden sei und »teilweise berechtige Existenzängste«[225] bei den DDR-Bürgern hervorgerufen habe. Öffentliche Verlautbarungen auf politischer Ebene und in der Presse der Bundesrepublik, die eine Revision eigentumsrechtlichen Ordnung in Aussicht stellten, hätten außerdem beträchtliche Rechtsunsicherheit hervorgerufen. Insbesondere die nach der ersten Expertenberatung in der bundesdeutschen Öffentlichkeit angestellten Überlegungen zu den Enteignungen zwischen 1945 und 1949, hätten für erhebliche Beunruhigung gesorgt. Die DDR plante deswegen, die Bundesrepublik um eine verbindliche Bestätigung zu ersuchen, dass bezüglich der Enteignungen vor 1945 und der Bodenreform keine Korrekturen beabsichtigt sind: »Die nach Durchführung der 1. Expertenberatung in der bundesdeutschen Öffentlichkeit angestellten Überlegungen, mit denen auch die 1945 auf dem Gebiet der heutigen DDR durchgeführte Bodenreform sowie die entschädigungslose Überführung des Vermögens von Naziaktivisten und Kriegsverbrechern in das Eigentum des Volkes in Frage gestellt wurden, geben Veranlassung, die Bundesregierung um eine verbindliche Bestätigung zu ersuchen, dass diesbezüglich keinerlei Korrekturen oder Ansprüche beabsichtigt sind.«[226]

Im Rahmen der Vorbereitungen auf die weiteren Gespräche versuchten Mitarbeiter des AfR nun, detaillierte Lösungsmöglichkeiten zu entwickeln. Dies betraf hauptsächlich die Grundsätze zur Regelung von Ansprüchen aus der staatlichen beziehungsweise treuhänderischen Verwaltung von Vermögenswerten von Berechtigten aus der Bundesrepublik. Schriftlich festgehalten wurden beispielsweise die Form der rechtlichen Regelung der Vermögensfragen sowie deren Umsetzung. Im Ergebnis der zweiten Expertenberatungen sollte es bereits zu einer Vereinbarung kommen. Die DDR-Delegation beabsichtigte zudem, der Regierung vorzuschlagen, ein entsprechendes Gesetz in die Volkskammer einzubringen.[227]

Nur einen Tag vor dem Expertengespräch wurde die Bundesrepublik mit einer TASS-Meldung konfrontiert, die als Antwort der Sowjetunion auf die Bitte um Unterstützung Hans Modrows gesehen werden kann. Darin dokumentierte die Sowjetunion ihre grundsätzliche Zustimmung zur Sicherung der Eigentumsverhältnisse in der DDR:

225 AfR-Archiv, 300, Vermögensverhandlungen DDR-BRD, Disposition für 2. Expertenberatung zwischen der DDR und der BRD zu offenen Vermögensfragen.

226 Ebd.

227 Ebd.

»Unter Berücksichtigung ihrer Rechte und ihrer Verantwortung in den deutschen Angelegenheiten tritt die Sowjetunion für die Wahrung der Gesetzlichkeit der Eigentumsverhältnisse in der DDR ein und sie ist gegen die Versuche, die Vermögensverhältnisse in der DDR im Falle der Bildung einer Währungs- und Wirtschaftsunion mit der BRD sowie im Falle des Entstehens des einheitlichen Deutschlands in Frage zu stellen. Das setzt voraus, dass beide deutschen Staaten im Prozess ihrer Annäherung und Vereinigung davon ausgehen, dass die 1945 bis 1949 von der Sowjetischen Militäradministration in Deutschland verwirklichten Wirtschaftsmaßnahmen gesetzmäßig waren. Absolut unannehmbar wären eventuelle Versuche, die Rechte der gegenwärtigen Besitzer von Boden und anderen Vermögens in der DDR in Abrede zu stellen, die seinerzeit mit Einwilligung oder auf Beschluss der sowjetischen Seite, die sich dabei von der Erklärung über die Niederlage Deutschlands, vom Potsdamer Abkommen und von anderen vierseitigen Beschlüssen und Entscheidungen leiten ließ, erworben wurden.«[228]

Am 29. und 30. März 1990 fand im Ministerium der Finanzen der DDR in Berlin die zweite Runde der Gespräche statt. Der Leiter der DDR-Delegation Bernhard Weichsel verwies zunächst auf die große Verunsicherung, die in der Bevölkerung herrschte, und definierte die Ausarbeitung gemeinsamer Standpunkte als Ziel der Gespräche. Diese sollten dann von der Expertengruppe der neu zu bildenden Regierung der DDR als Vorschläge unterbreitet werden.[229] Zwischen beiden Delegationen wurde ausdrücklich vereinbart, über die Ergebnisse der Gespräche konsequent Vertraulichkeit zu bewahren und keine Informationen an die Öffentlichkeit zu geben, womit eine weitere Verunsicherung der Bevölkerung vermieden werden sollte.[230] Der Leiter der BRD-Delegation Horst-Hermann Süßmilch, erläuterte die Haltung der Bundesregierung zur Erklärung von Hans Modrow und verlas die Sprachregelung, die der DDR-Delegation als Non-Paper übergeben, aber nicht weiter besprochen wurde. Die DDR-Seite nahm die »Erklärung ohne Widerspruch und ohne besondere Überraschung zur Kenntnis«[231]. Horst-Hermann Süßmilch wies die DDR-Delegation außerdem darauf hin, dass sich die Unterstützung der Sowjetunion für die geforderte Anerkennung der Eigentumsverhältnisse laut TASS-Erklärung nur auf Maßnahmen beziehe, die zwischen 1945 und 1949 vollzogen wurden. Wie im ersten Gespräch wurden die Enteignungen zwischen 1945 und 1949 nicht thematisiert. Allerdings zeigte sich, dass eine Lösung

228 Erklärung der sowjetischen Regierung zu den Eigentumsbeschlüssen DDR. Online unter: http://www.2plus4.de/chronik.php3?date_value=27.03.90&sort=000-000 (letzter Abruf am 05.11.2015).

229 BMJ, Az.: 3400/2-1, Bd. 1a: Betr.: Offenen Vermögensfragen, hier: 2. Gesprächsrunde mit der DDR am 29. und 30. März 1990.

230 BArch, DN 1/38694, Bericht über die zweite Runde der Expertengespräche zwischen der DDR und der BRD über vermögensrechtliche Fragen am 29. und 30.03.1990 in Berlin vom 03.04.1990.

231 Kurzbericht über die zweite Sitzung der Expertengruppe Klärung offener Vermögensfragen Bonn, 29./30. März 1990, in: Dokumente zur Deutschlandpolitik (1998), S. 989.

in dieser sensiblen Frage bereits nahelag. Im Kurzbericht von Süßmilch heißt es dazu: »Die Problematik der Enteignungen vor Gründung der DDR wurde aus der weiteren Verhandlung ausgeklammert. Es bestand jedoch Übereinstimmung darüber, dass eine Rückgängigmachung der Bodenreform und der von der SU vor 1949 angeordneten Enteignungen (Großindustrie, Banken u.a.) im Hinblick auf den Zeitablauf und die entstandenen neuen Eigentums- und Nutzungsrechte in der heutigen DDR kaum möglich sein dürfte. Hier stellt sich die Frage von über Lastenausgleich hinausgehenden Entschädigungen aus dem Vermögen der DDR.«[232]

Zwar blieb die Behandlung der Frage aus der zweiten Gesprächsrunde ausgeklammert, dennoch zeigt ein Vermerk des BMJ, dass diese Frage zu diesem Zeitpunkt bereits entschieden war: »Das Amt für den Rechtsschutz des Vermögens (AfR) betonte, dass zwei Perioden zu unterscheiden seien: die Phase von 1945 – 49 und die Phase danach. Die bis 1949 geschaffenen Eigentumsverhältnisse in der DDR seien Grundlage der weiteren Entwicklung. Es sei erforderlich, dass die Bundesregierung deutlich mache, wie sie zu den Maßnahmen der Jahre 1945-49 stehe. Die bundesdeutsche Delegation hat die Frage unbeantwortet gelassen. BMB hatte zuvor darauf hingewiesen, dass die Phase 1945-49 zunächst zurückgestellt werden solle, man aber auch darüber reden müsse.

(Wie sich aus Gesprächen am Rande der Sitzung ergab, sieht die DDR-Seite offensichtlich einen Zusammenhang zwischen ihrer Bereitschaft, die Entwicklung der Jahre nach 1949 zu korrigieren, mit der bundesdeutschen Bereitschaft, die unter sowjetischer Hoheit vollzogenen Maßnahmen unberührt zu lassen. Nach der sowjetischen Erklärung vom 27. März wird die Bundesrepublik letztlich eine derartige Haltung einnehmen müssen.«[233]

Demnach signalisierte die DDR ihre grundsätzliche Bereitschaft, die Eigentumsverhältnisse nach 1949 zumindest teilweise im Sinne der BRD zu korrigieren, sofern die Bundesrepublik ihre offizielle Zustimmung zur Unantastbarkeit der Maßnahmen zwischen 1945 und 1949 geben würde.

Im Rahmen des Gespräches präsentierte das AfR zwei Varianten für die Behandlung des Vermögens, das noch immer unter staatlicher Verwaltung stand. Obwohl beide Varianten von den BMJ-Experten als »brauchbare Grundlage« gesehen wurden, favorisierten sie die Variante, die als »Rückerstattungslösung« bezeichnet wurde. Damit war die Aufhebung der staatlichen Verwaltung in verschiedenen Formen gemeint. Die »reine Entschädigungslösung« sah die DDR-Seite hingegen als unkompliziert an, da sie bereits mit anderen westlichen Staaten vereinbart worden war. Nicht zu übersehen waren die strittigen Fragen, die im Rahmen des zweiten Gesprächs deutlicher

232 Dokumente zur Deutschlandpolitik (1998), Kurzbericht über die zweite Sitzung der Expertengruppe Klärung offener Vermögensfragen Bonn, 29./30. März 1990, Dokument Nr. 236.

233 BMJ, Az.: 3400/2-1, Bd. 1a: Betr.: Offene Vermögensfragen, hier: 2. Gesprächsrunde mit der DDR am 29. und 30. März 199.

zum Vorschein kamen. Dies betraf beispielsweise die Überschuldungsfälle, bei denen Eigentümer in Folge der wirtschaftlichen Verhältnisse ihr Eigentum abgegeben hatten beziehungsweise abgeben mussten. Unklar blieb außerdem, wie mit den Vermögenswerten zu verfahren sei, die nach der Verordnung vom 17. Juni 1952 direkt und ohne eine Entschädigung in Volkseigentum überführt worden waren. Die DDR-Delegation hielt eine Rückgabe dieser Grundstücke, die aus Privathand direkt in Volkseigentum überführt worden waren, angesichts der Vielzahl der Fälle für nicht durchführbar.[234]

Die Bundesrepublik bat nachdrücklich darum, Verkäufe, die nach dem Verkaufsgesetz vom 7. März 1990 stattfanden, zu unterbinden. Süßmilch hielt dazu fest: »Die DDR-Delegation erkannte zwar die grundsätzliche Berechtigung unserer Forderung an, erklärte aber zugleich ihr völliges Unvermögen, nach Inkrafttreten des von der Volkskammer am 7.03.1990 beschlossenen Gesetzes über den Verkauf volkseigener Gebäude von sich aus die Umwandlung von Nutzungsrechten in Volkseigentum an Grund und Boden zu stoppen. Der Delegationsleiter der DDR ließ durchblicken, dass dieses Gesetz ohne Beteiligung seiner Experten erlassen worden ist. Es sei ihm deshalb nicht möglich gewesen, unserer bereits in der ersten Sitzung am 21.2.1990 erhobenen Forderung nach einen Veränderungsstopp zu entsprechen.«[235]

Im Ergebnis beschlossen beide Seiten, eine Unterarbeitsgruppe einzurichten, der jeweils zwei Vertreter beider Seiten angehörten und die die bisher vorgetragenen Lösungsmöglichkeiten zu Papier bringen sollten, um für das dritte Expertengespräch im Vorfeld Material zu erarbeiten. Die Gruppe erarbeitete bei ihrem ersten Treffen am 5. und 6. April 1990 zusammenfassende Standpunkte. Teilnehmer waren aufseiten der BRD Gerhard Fieberg und Prof. Dr. Richard Motsch vom BMJ sowie Andreas Bock vom AfR und Rolf Müller vom MdF für die DDR. Alle Punkte, die offen blieben, liefen letztlich auf die Frage hinaus, in welchem Umfang Vermögenswerte an den Eigentümer zurückgegeben werden konnten. Dies betraf immer noch die bis Mitte 1953 in Volkseigentum überführten Grundstücke. Zu den redlich erworbenen Rechten Dritter hielt die Unterarbeitsgruppe fest: »DDR hält ausschließlich Entschädigung für sachgerecht; wir bestanden darauf, dass auch vermittelnde Lösungen vorzusehen sind, wie z.B. die Umwandlung eines verliehenen Nutzungsrechts am volkseigenen Boden in ein befristetes, entgeltliches Erbbaurecht an dem ursprünglichen zurückzuübertragenden Boden. Eine solche durch Gesetz zu normierende Umwandlung wäre zurückzudatieren vor den Zeitpunkt, seitdem in der DDR volkseigener Boden den Nutzern als Eigentum überlassen wird.«[236]

234 Kurzbericht über die zweite Sitzung der Expertengruppe Klärung offener Vermögensfragen Bonn, 29./30. März 1990, Nr. 236, S. 989.

235 Ebd.

236 BMJ, Az.: 3400/2-1, Bd. 1a: Ergebnisse der Arbeitsgruppensitzung am 5./6.04.1990 in Berlin (Ost).

Während für die DDR die Rückgabe von Vermögenswerten, die an Dritte veräußert wurden, ausgeschlossen war, brachte die Bundesrepublik erstmals die Möglichkeit eines Erbbaurechts ins Spiel. Damit befürwortete sie einen Interessenausgleich und Schutz des redlichen Erwerbers durch Umwandlung des Eigentums am Grundstück oder des dinglichen Nutzungsrechts in ein auf 50 Jahre befristetes und minimal verzinsliches Erbbaurecht sowie gegenseitige Vorkaufsrechte am Grund und Boden.[237]

Das »Standpunktpapier«, das nach dem Gespräch am 6. April entstand, war für die DDR Grundlage für das dritte Expertengespräch, das am 18. und 19. April 1990 stattfinden sollte. Vor dem Gespräch legten die Mitarbeiter des AfR in einer Direktive die Grundsätze für die weiteren Verhandlungen fest. Darin erläuterten die Verhandlungsteilnehmer die »Differenzstandpunkte«, die sich aus dem Verlangen der BRD ergaben, »volkseigene Grundstücke auch dann an den früheren Eigentümer zurückzugeben, wenn an ihnen in Übereinstimmung mit der Verfassung der DDR und auf gesetzlicher Grundlage Eigentum des Volkes entstanden ist. Das soll nach Auffassung der BRD selbst Grundstücke betreffen, die zwischenzeitlich durch Bürger der DDR aus Volkseigentum gutgläubig erworben wurden.«[238]

Für die Vertreter des AfR war jedoch klar, dass eine Rückgabe dieser Vermögenswerte auszuschließen war. In den Fällen, in denen eine Aufhebung der staatlichen Verwaltung erfolgen sollte, strebten sie an, »die Konditionen so zu gestalten, dass durch die Bürger bzw. die Werktätigen geschaffenes Vermögen sowie investiertes Volkseigentum gesichert wird«[239].

Für Dieter Grosser bestand zu diesem Zeitpunkt der »Dissens im Grundsätzlichen« darin, dass die »DDR die Restitution auf ein Minimum beschränken und im Falle von Veräußerung von Vermögenswerten an Dritte ganz ausschließen wollte. Die Westseite hingegen wollte grundsätzlich die Restitution und falls diese wegen Nutzungsänderung nicht möglich war, die Entschädigung.«[240] Ganz so unterschiedlich, wie Grosser betonte, waren die Positionen der DDR und der Bundesrepublik jedoch nicht. Die Forderung, Grundstücke auch dann an den ehemaligen Eigentümer zurückzuübertragen, wenn Bürger der DDR daran Rechte erworben hatten, war unrealistisch und zeigte, wie wenig Verständnis die Bundesrepublik für die Regelungen des Bodenrechts der DDR hatte. Insbesondere an den Grundstücken, die vor 1953 in Volkseigentum überführt wurden, hatten DDR-Bürger durch Neubau oder Kauf eines Eigenheimes ihre

237 BArch, DN 1/38694, Standpunkte zur Regelung offener Vermögensfragen zwischen der DDR und der BRD. Berlin, 6. April 1990.

238 AfR-Archiv, 300, Vermögensverhandlungen DDR-BRD, Direktive für die Teilnahme von Vertretern des Amtes an Expertengesprächen zur Klärung offener Vermögensfragen zwischen der DDR und der BRD, Berlin, 17. April 1990.

239 Ebd.

240 Grosser, D. (1998), S. 238.

Rechte erworben. In der »Sprachregelung zu den offenen Vermögensfragen« vom 28. März 1990 signalisierte jedoch auch die Bundesrepublik, dass eine Rückgabe von Immobilien an den Eigentümer in vielen Fällen aufgrund der zwischenzeitlichen Änderungen der Nutzungsverhältnisse und der Rechte Dritter kaum möglich sein würde. Eine durchgängige und ausnahmslose Rückgabelösung war somit in der Praxis nicht umsetzbar. Die Forderung der DDR, die Rückgabe auf ein Minimum zu beschränken, trug dem Umstand Rechnung, dass die gewachsenen Besitz- und Eigentumsverhältnisse nur sehr schwer rückgängig gemacht werden könnten und in den meisten Fällen ohnehin nur eine Entschädigungszahlung infrage kam.

Ministerpräsident Lothar de Maizière machte in seiner Regierungserklärung vom 19. April 1990 deutlich, dass auch die neue Regierung der DDR für die Bestandskraft der Eigentums- und Besitzverhältnisse in der DDR eintrat: »In den nächsten acht bis zehn Wochen wollen wir die Grundlagen für die Wirtschafts-, Währungs- und Sozialunion legen, damit diese vor der Sommerpause in Kraft treten kann. Dabei ist 1:1 der grundlegende Kurs. Dazu gehört die Sicherung der Eigentumsrechte aus der Bodenreform und aus Eigentumsübertragungen, die nach Treu und Glauben rechtens waren und daher auch rechtens bleiben müssen.«[241]

Das dritte Gespräch, das am 18. und 19. April 1990 im Bundesministerium für Innerdeutsche Beziehungen in Bonn stattfand, brachte hinsichtlich der Frage nach dem Umfang der Restitutionslösung keine nennenswerten Fortschritte mehr. Die Grenze dessen, was innerhalb der Expertengespräche geklärt werden konnte, war erreicht.

Ebenfalls am 19. April fand in der Bundesrepublik eine Vorbesprechung zum Vertragsentwurf statt, an der neben den zuständigen Staatssekretären auch Hans-Dietrich Genscher, Wolfgang Schäuble und Norbert Blüm teilnahmen. Hans Tietmeyer, Unterhändler und Berater von Helmut Kohl in Wirtschaftsfragen, erinnert sich, dass erstmals auch die Eigentumsproblematik Thema war und dabei deutlich wurde, dass es nicht nur in der Bonner Koalition Meinungsunterschiede gab. Den Beteiligten schien klar, dass dieses Thema im weiteren Einigungsprozess eine zentrale Bedeutung erlangen würde.[242]

Einen Tag nach dem dritten Gespräch hielt die DDR-Seite den Stand der bisherigen Beratung fest: Die DDR wollte bei redlich erworbenen dinglichen Rechten Dritter keine Rückgabe, während die BRD die Lösung eines Interessenausgleiches mittels Erb-

241 Regierungserklärung des Ministerpräsidenten Lothar de Maizière, abgegeben vor der Volkskammer der DDR am 19. April 1990, zitiert nach: http://www.kas.de/wf/de/71.4432 (letzter Abruf am 06.05.2015).

242 Vgl.: Tietmeyer, Hans: Erinnerungen an die Vertragsverhandlungen, in: Waigel, Theo/Schell, Manfred: Tage, die Deutschland und die Welt veränderten. Vom Mauerfall zum Kaukasus. Die deutsche Währungsunion, München 1994, S. 71.

baurecht favorisierte.[243] Hinzu kam also nichts Neues. Dass unrechtmäßig erworbene Immobilien an die ehemaligen Eigentümer zurückgegeben werden sollten, stand fest. Strittig blieb die Frage, wie mit den Rechten der DDR-Bürger zu verfahren sei, die solche Immobilien seit vielen Jahren redlich nutzten.

Bereits zwei Tage vor dem vierten und letzten Expertengespräch, am 25. April 1990, legte das Bundesministerium für Innerdeutsche Beziehungen einen Entwurf für einen gemeinsamen Bericht der Expertengruppen über den Stand der bisherigen Beratungen vor, der mit der DDR abgestimmt werden sollte.[244] Der Entwurf des BMB wurde am 24. April 1990 mit dem Bundesjustizministerium besprochen. Dort wurde festgelegt, »auch weiterhin strikt an der bisherigen Linie festzuhalten«, was bedeutete »grundsätzlich Restitution, nur ausnahmsweise Kompensation«.[245]

In dem abschließenden gemeinsamen Bericht der Expertengruppen vom 25. April 1990 sind die unterschiedlichen Positionen beider Staaten aufgeführt. So ist unter anderem zu den »Möglichkeiten und Grenzen der Rückübertragung« festgehalten:

> »Standpunkt DDR:
> Die Rückübertragung von früheren Eigentumsrechten an Vermögenswerten, die im Rahmen der Rechtsvorschriften der Deutschen Demokratischen Republik veräußert wurden, ist ausgeschlossen. Gleiches gilt für volkseigene Grundstücke, an denen durch den Staat Nu.tzungsrechte zum Zweck der Errichtung von Gebäuden bzw. im Zusammenhang mit dem Verkauf von Gebäuden verliehen wurden.
>
> Standpunkt BRD:
> Redlich erworbene dingliche Rechte Dritter bleiben mit der Maßgabe bestehen, dass ein Ausgleich der widerstreitenden Interessen des ursprünglichen Eigentümers einerseits und des redlichen Erwerbers andererseits mittels Umwandlung des Eigentums oder des verliehenen Nutzungsrechts am Boden in ein befristetes Erbbaurecht sowie mittels Einräumung von gegenseitigen Vorkaufsrechten an Gebäuden bzw. am Boden stattfindet.«[246]

243 BArch, DN 1/38694, Merkposten für einen Bericht der Expertengruppen für offene Vermögensfragen über den Stand der bisherigen Beratungen, 20.04.1990, BMB Bonn.

244 AfR-Archiv, 300, Bericht der Expertengruppe für offene Vermögensfragen über den Stand der bisherigen Beratungen. 1. Entwurf vom 23. April 1990.

245 BMJ, Az.: 3400/2-1, Bd. 1a: Arbeitsgruppe Innerdeutsche Beziehungen, Betr.: Offene Vermögensfragen, hier: St-Besprechung im BMB a, 24. April 1990, 15 Uhr.

246 BArch, DN 1/38694, Gemeinsamer Bericht der Expertengruppe für offene Vermögensfragen über den Stand der bisherigen Beratungen. Berlin, 25. April 1990, S. 8.

Bei vielen einzelnen Punkten konnten nur entgegenstehende Positionen festgehalten werden. So sprach sich die DDR dafür aus, Mietwohngrundstücke grundsätzlich nicht zu restituieren, während die BRD auch diese Vermögenswerte mit einbezog. Auch im weiteren Verlauf der Gespräche blieb die Frage der Enteignungen zwischen 1945 und 1949 bewusst unausgesprochen und von den Verhandlungen auf dieser Ebene ausgeklammert.[247]

Für Dieter Grosser brachten die Expertengespräche zur Klärung der offenen Vermögensfragen nur wenig Fortschritte. Die Gesprächsrunden hätten seiner Meinung nach keine Annäherung gebracht und nicht nur »in konkreten Fragen, sondern auch im Grundsätzlichen blieb der Dissens unüberbrückbar«. Die BRD-Seite habe den Eindruck erweckt, als würde sie auf die von der Modrow-Regierung vorgetragenen Positionen »in erstaunlichem Maße« Rücksicht nehmen. Die DDR-Regierung habe hingegen mit »beträchtlichem Erfolg mauern und Klärungen sogar relativ einfacher Sachfragen vermeiden können«.[248] Im Verlauf der Expertengespräche konnten jedoch auch einvernehmliche Lösungen erzielt werden, so zum Beispiel in Sachen der Anteilrechte an der Altguthaben-Ablösungsanleihe, der Guthaben von Bundesbürgern auf Devisenausländerkonten und auch der Kontoguthaben von DDR-Bürgern, das Verfügungsbeschränkungen auf der Grundlage der Devisenbewirtschaftsgesetze der Militärregierungen unterlag. Auch diese Fragen gehörten zum umfangreichen Komplex der offenen Vermögensfragen. Ferner wurden im Rahmen der Expertengespräche detaillierte Umsetzungsvorschläge zu einer möglichen Aufhebung der Staatlichen Verwaltung entwickelt.

Fraglich ist, ob die Vertreter der DDR-Seite umfassend darüber informieren konnten, wie viele Vermögenswerte von einem möglichen Rückübertragungsanspruch betroffen sein würden. Die ohnehin schon komplizierten Regelungen des Bodenrechts, die verschiedenen Fallgruppen, die von einer Vermögensschädigung betroffen waren und berücksichtigt werden mussten, die unzähligen Fälle staatlicher Unordnung im Immobilienbereich sowie die streng geheimen Durchführungsbestimmungen der Verwalterverordnung machten es beinahe unmöglich zu konkreten Zahlenangaben zu gelangen. Des Weiteren waren mittels Aufbau- oder Baulandgesetz und durch gezielte Maßnahmen »Westgrundstücke« in beträchtlichem Umfang enteignet und weiterveräußert worden. Mit konkreten Zahlen über die jeweiligen Enteignungstatbestände oder über die Vermögenswerte, die nach DDR-Recht in Volkseigentum überführt worden sind, wurde sehr sparsam umgegangen. Fraglich bleibt ebenso, ob der Bundesrepublik zu diesem Zeitpunkt überhaupt bewusst war, dass in den meisten Fällen eine Rückübertragung gar nicht mehr möglich sein würde und dass die Fälle, in denen

[247] BMJ, Az.: 3400/2-1, Bd. 1a: Arbeitsgruppe Innerdeutsche Beziehungen, Betr.: Offene Vermögensfragen, hier: St-Besprechung im BMB a, 24. April 1990, 15 Uhr.

[248] Grosser, D. (1998), S. 239.

das Erbbaurecht angewendet werden müsste, Hunderttausende DDR-Bürger betreffen würde. Die Möglichkeit auf Ebene der Expertengruppen Grundsatzentscheidungen herbeizuführen, war ohnehin begrenzt. Die Vorarbeiten zum ersten Expertengespräch entstanden in einer Phase, in der die Modrow-Regierung noch um den Erhalt der DDR bemüht war und der Regierungschef Forderungen an die Bundesrepublik geltend machte, um den wirtschaftlichen Zerfall des Landes aufzuhalten. In allen vier Expertengesprächen beharrten die Vertreter der DDR-Delegation auf den Schutz ihrer Bürger, die von Rückgabeansprüchen betroffen sein würden, die aber nach DDR-Maßstäben ihre rechtliche Position redlich erworben hatten. Dies zog sich durch alle politischen Parteien, Gruppierungen und Bevölkerungsschichten und gehörte zum grundsätzlichen Konsens der untergehenden DDR. Für Robert Klüsener war diese Haltung, die in den Expertengesprächen deutlich vorgetragen wurde, vor allem durch die Teilnehmer der DDR-Seite begründet: »Es ist allenfalls naiv anzunehmen, dass DDR-Experten, die jahrelang perfide Konzepte erarbeiteten, mit welchen fremdes Vermögen überwiegend ohne Gegenleistung dem DDR-Vermögen einverleibt werden kann, nun von dieser Vorstellung innerhalb kurzer Zeit abrücken. Zumal diesen Fachleuten der unmittelbar bevorstehende Untergang des eigenen Landes vor Augen stand und ihnen die Wertigkeit von Grund und Boden im künftigen System bekannt sein durfte.«[249]

Dabei übersieht Klüsener jedoch, dass diese Teilnehmer möglicherweise als einzige in der Lage waren, die komplizierte Materie der Vermögensfragen zu erfassen, darzustellen und aufzuarbeiten. Die Mitarbeiter des AfR und des DDR-Ministeriums der Finanzen, die zweifellos in erheblichem Maße selbst an den Vermögensverschiebungen beteiligt gewesen waren, erarbeiteten grundsätzliche Lösungsvorschläge zur Aufhebung der staatlichen Verwaltung und zum Umgang mit den in Volkseigentum überführten Grundstücken. Sie zeigten allerdings auch sehr deutlich, wo die Möglichkeiten und vor allem die Grenzen einer Rückübertragungslösung lagen.

Die Tatsache, dass die Enteignungen zwischen 1945 und 1949 grundsätzlich in den Gesprächen kein Thema waren, ist für Constanze Paffrath ein Indiz dafür, dass es sich dabei lediglich um »Scheingespräche« gehandelt habe. Ihrer Meinung nach wären diese das »geeignete Gremium« gewesen, um der DDR-Führung klar zu machen, dass eine »Festschreibung der Unrechtsmaßnahmen mit der Bundesregierung nicht zu machen«[250] sei. Von Anfang an blieb diese Frage aus den Expertengesprächen ausgeklammert, obwohl zumindest die Vertreter der DDR eindeutig ihre Position dazu deutlich machten. Eine offizielle Entscheidung darüber musste jedoch auf höherer politischer Ebene getroffen werden.

249 Klüsener, R. (2011), S. 126.
250 Paffrath, C. (2004), S. 124.

Verhandlungen in der Sackgasse

Nachdem die Expertengespräche mit dem Gemeinsamen Bericht vom 25. April 1990 einen Abschluss gefunden hatten, erhielten die Verhandlungen über die offenen Vermögensfragen ein deutlich höheres politisches Gewicht. Für die Bundesrepublik war nun Staatssekretär Klaus Kinkel vom Bundesministerium für Justiz zuständig, der von Bundeskanzler Kohl beauftragt war. Aufseiten der DDR wollte der neu gewählte Ministerpräsident Lothar de Maizière für diesen Themenkomplex zunächst selbst die Verantwortung übernehmen und bat deshalb Klaus Kinkel, parallel zu den Vertragsverhandlungen über diese Themen mit ihm oder dessen Beauftragten zu sprechen.[251] Prof. Dr. Ludwig Penig stieg auf Wunsch de Maizières in die Verhandlungen ein. Penig war de Maizières ehemaliger Lehrer und Professor an der Akademie für Staats-und Rechtswissenschaften in Potsdam-Babelsberg und laut de Maizière ein ausgewiesener Experte in Verfassungs-, Staats- und Wirtschaftsrecht.[252] Prof. Dr. Stephan Supranowitz nahm, als ehemaliger Leiter des AfR, weiterhin an den Verhandlungen teil, da er aufgrund seiner früheren Position einen Überblick über die Eigentumsverhältnisse der DDR hatte.

Am 1. Mai 1990 fand im Bundesjustizministerium in Bonn ein Gespräch zwischen Klaus Kinkel und Prof. Dr. Ludwig Penig statt, bei dem auch der bisherige Leiter der DDR-Expertengruppe Bernhard Weichsel zugegen war. Im Ergebnis dieser Beratung entstand die »Arbeitsskizze zu den offenen Vermögensfragen«, die sich zwar inhaltlich kaum von dem Abschlussbericht der Expertengruppen unterschied, in der aber zumindest nicht mehr die unterschiedlichen DDR- und BRD-Standpunkte getrennt aufgeführt wurden. Für den Umgang mit den redlich erworbenen Nutzungs- und Eigentumsrechten wurde als Lösung nur noch die Möglichkeit des Erbbaurechts festgehalten.[253] Nur zwei Tage später, am 3. Mai 1990, fand im Ost-Berliner Haus des Ministerrates eine Unterredung statt, an der unter anderem Klaus Kinkel, Lothar de Maizière und Ludwig Penig teilnahmen. Der Ministerpräsident berichtete, dass sich die Sowjetunion kategorisch gegen jegliche Veränderungen ausgesprochen habe, was ihm von Außenminister Schewardnadse und Gorbatschow persönlich bestätigt worden sei. Er machte zudem deutlich, dass es auch für die DDR diesbezüglich keinen Spielraum gebe. Klaus Kinkel zeigte sich sehr kompromissbereit und verwies auf die Vorgespräche mit Ludwig Penig. Es sei denkbar, dass diese Position von der Bundesrepublik akzeptiert werde, »wenn sozusagen als Ausgleich dafür die Regelung der sonstigen Fragen befriedigend ausfalle. Je eher man hier zu Ergebnissen komme, die für die Bundesrepublik tragbar seien, desto eher ließe sich auch nach außen hin vertreten, dass man die Enteignungen nach sowjetischem Besatzungsrecht akzeptieren müsse.«[254]

251 Tietmeyer, H. (1994), S. 72.

252 Gespräch mit Lothar de Maizière in Berlin am 04.12.2012.

253 BArch, DN 1/23116, Arbeitsskizze zu offenen Vermögensfragen, Bonn 1. Mai 1990.

254 B 136/26459; 421-52602-Ve45, Kabinettreferat, Eigentums- und offene Vermögensfragen im Verhältnis zur DDR, Bonn, 4. Mai 1990.

Der Leiter des Arbeitsstabes Deutschlandpolitik auf bundesdeutscher Seite, Claus J. Duisberg, schildert in seinen Erinnerungen ebenfalls, dass bei einer kurzen Erörterung der Frage in einer Ministerbesprechung am 19. April der damalige Justizminister Hans Engelhard die Auffassung vertreten habe, man könne auch die Enteignungen aus der Zeit von 1945 bis 1949 allenfalls und erst dann abschreiben, wenn die spätere Situation befriedigend geklärt sei.[255] Obwohl Kinkels Formulierung eines »Ausgleiches« sehr fragwürdig erscheint, war klar, dass die Bundesregierung gar keine andere Möglichkeit hatte, als die Forderung der DDR-Seite hinsichtlich der Enteignungsmaßnahmen vor 1949 zu akzeptieren. Die Entscheidung darüber war zu diesem Zeitpunkt längst gefallen. Ob mit Unterstützung der Sowjetunion oder ohne, die DDR ließ keine Zweifel aufkommen, dass die Enteignungen vor 1949 nicht zu verhandeln seien und unangetastet bleiben müssten. Kinkel erläuterte erneut den Wunsch nach einer grundsätzlichen Rückgabe von Grund und Boden. Entgegenstehende Eigentums- und Nutzungsrechte Dritter könnten dadurch berücksichtigt werden, dass man den früheren Eigentümer zwar wieder in seine ursprünglichen Rechte einsetze, dem Dritten jedoch ein Erbbaurecht einräume, das minimal zu verzinsen sei. De Maizière signalisierte grundsätzlich die Bereitschaft, eine Rückgabe zu akzeptieren, machte aber deutlich, dass dies in den meisten Fällen gar nicht mehr möglich sein würde, da in den letzten Jahrzehnten Veränderungen eingetreten seien, die berücksichtigt werden müssten. Kinkel forderte Zugeständnisse von der DDR-Seite und stellte unmissverständlich klar, dass davon der Abschluss des Staatsvertrages abhängig sei:»St machte deutlich, dass die Eigentumsfrage mittlerweile in der politischen Diskussion in der Bundesrepublik eine zentrale Rolle spiele. Es gebe Stimmen, die eine befriedigende Lösung der Eigentumsfrage als Voraussetzung für den Abschluss des Staatsvertrages ansähen. Am letzten Dienstag habe hierzu ein Koalitionsgespräch stattgefunden, in dem der Vorwurf erhoben worden sei, die bisherigen Festlegungen im Staatsvertrag reichten nicht aus und müssten nachgebessert werden. Im Hinblick darauf sei ein erneutes Koalitionsgespräch für nächsten Sonntag geplant zu dem er, St, hinzugebeten worden sei. Es sei notwendig, dass er in diesem Koalitionsgespräch ebenfalls in Aussicht stellen könne, in welche Richtung die Überlegungen in der DDR gingen und welche Möglichkeiten eröffnet werden sollten.«[256]

Parallel zu den Verhandlungen zum Staatsvertrag fanden vom 9. bis 12. Mai 1990 im Bundesministerium für Justiz weitere Gespräche über die offenen Vermögensfragen statt. Ergebnisse der Gespräche waren mehrere Thesenpapiere, Grundsatzmaterial, das unter »Vorschläge zur Lösung der offenen Vermögensfragen« zusammengefasst wur-

[255] Duisberg, C. (2005), S. 201.

[256] B 136/26459; 421-52602-Ve45, Kabinettreferat, Eigentums- und offene Vermögensfragen im Verhältnis zur DDR, Bonn, 4. Mai 1990.

de, und bereits ein erster Entwurf einer Gemeinsamen Erklärung.[257] Die »Vorschläge zur Lösung der offenen Vermögensfragen« enthielten die bis dahin erarbeiteten Positionen. Sie unterschieden sich zwar kaum von den Punkten, die in der »Arbeitsskizze zu offenen Vermögensfragen« bereits aufgeführt waren, erläuterten jedoch wesentlich ausführlicher alle Einzelheiten.

Hinsichtlich der Enteignungen zwischen 1945 und 1949 war die Formulierung, die später in der Gemeinsamen Erklärung Verwendung fand, bereits gefunden: »Enteignungen auf besatzungsrechtlicher bzw. -besatzungshoheitlicher Grundlage bleiben unberührt. Die Sowjetunion und die DDR sehen keine Möglichkeit, die damals getroffenen Maßnahmen zu revidieren. Die Bundesrepublik Deutschland nimmt dies zur Kenntnis.«[258]

In Bezug auf die Maßnahmen seit Gründung der DDR erfolgte im Dokument eine Einteilung in verschiedene Fallgruppen und in jeweilige Lösungsvorschläge. Erstmals tauchen in den Dokumenten auch Zahlen zum möglichen Umfang der betroffenen Vermögenswerte auf. Allerdings wird für das Flüchtlingsvermögen aus der Zeit zwischen dem 11. Juni 1953 und dem 31. Juli 1989 festgehalten, dass es darüber keine exakten Angaben gebe. Geschätzt handele es sich dabei um eine Größenordnung von 500.000 bis 1 Million Einzelfälle. Für diese Fälle sollte die treuhänderische und staatliche Verwaltung auf Antrag des Eigentümers aufgehoben werden.

Der Gegensatz bei der Frage nach der Berücksichtigung bestehender Rechte bei der Rückübertragung blieb allerdings bestehen. Als Lösung war nach wie vor beabsichtigt, das verliehene unbefristete Nutzungsrecht am Boden in ein befristetes Erbbaurecht umzuwandeln, das »sich in seiner Verzinsung an den sozialen und ökonomischen Gegebenheiten in der Deutschen Demokratischen Republik ausrichtet«[259].

Das Erbbaurecht schien der Bundesrepublik eine gute Lösung, um sowohl die Interessen der Eigentümer als auch der Nutzer gleichermaßen zufriedenzustellen. Damit sollte die Frage, wie mit den Vermögenswerten zu verfahren sei, an denen Dritte auf verschiedene Weise Nutzungsrechte erworben hatten, beantwortet werden. Die DDR-Seite stand diesem Vorschlag nicht von Beginn an ablehnend gegenüber. Aufschlussreich sind mehrere Thesenpapiere vom Mai 1990, in denen die Möglichkeiten des Erbbaurechts intensiv geprüft wurden. Die Verfasser setzten sich damit auseinander, welche Probleme durch den Versuch, mittels des Erbbaurechts zwei grundsätzlich verschiedene Interessenlagen auszugleichen, auftreten könnten.[260] Problematisch war bereits die Länge der Laufzeiten. Die in der Bundesrepublik üblichen Laufzeiten von 75

257 BArch, DN 1/23116, Information für Herrn Minister Romberg, Berlin 15.05.1990.

258 BArch, DC 20/6003, Vorschläge zur Lösung offener Vermögensfragen, Stand: 18. Mai 1990, 14 Uhr.

259 Ebd.

260 BArch, DN 1/23116, Thesenpapier Erbbaurecht, 12. Mai 1990.

bis 99 Jahren erschienen im Interesse der Eigentümer nicht tragbar. Andererseits sollte der redliche Erwerber auch die Möglichkeit haben, das Grundstück auf Lebenszeit nutzen zu können, weswegen eine Laufzeit von 50 Jahren angedacht wurde. Überlegungen, die die Verzinsung betrafen, spielten ebenfalls eine Rolle. Für den Anfangszins sollten zunächst niedrige Werte den Ausgangspunkt bilden. Durch eine Anpassungsklausel sollten diese im Falle einer positiven wirtschaftlichen Entwicklung ausgeglichen werden. Folgendes Modell war nach Meinung des Verfassers diskussionsfähig: Im Falle einer reinen Bodennutzung sollte in Anlehnung an die gegenwärtigen Pachtpreise 2 DM pro Quadratmeter je Jahr gezahlt werden. Allerdings entspräche dieser Wert einem Vielfachen der gegenwärtigen Pachtpreise in der DDR. Justizrat Knodel vom Ministerium der Justiz der DDR und Mitglied der Expertengruppe unterzog der Variante des Erbbaurechts einer kritischen Überprüfung, festgehalten in den Bemerkungen zum Thesenpapier am 15. Mai. Knodel fasste zunächst zusammen, dass durch die Variante des Erbbaurechts jeder redliche Erwerb eines DDR-Bürgers infrage gestellt würde, da das Eigentumsrecht des Erwerbers damit auf ein zeitlich begrenztes Erbbaurecht reduziert werden sollte. Für Knodel warf das Erbbaurecht grundsätzliche Fragen zur Gewährleistung des persönlichen Eigentums der Bürger auf. Er befand, eine Laufzeit von 50 Jahren seit Erwerb des Nutzungsrechts/Eigentumsrechts sei zu kurz. Zusammenfassend stellte er fest, dass dies in den Gesprächen beider Expertengruppen in grundsätzlichen Punkten umstritten gewesen sei und mit Rücksicht auf den umfangreichen Beratungsstoff nicht im Detail erörtert werden konnte. Die vorgeschlagenen Lösungen würden sich nicht genug an der Rechtsentwicklung in der DDR orientieren und deshalb »einer fachspezifischen Durchdringung« bedürfen, ehe die »politischen Entscheidungen getroffen und veröffentlicht« werden.[261]

Die Möglichkeit, durch das Erbbaurecht einen Interessenausgleich zwischen Nutzer und Eigentümer zu schaffen, diskutierten die DDR-Experten zwar ausführlich. Dennoch waren sich alle Beteiligten einig, dass eine Entschädigungslösung die einzig annehmbare Variante sei. In einem Positionspapier vom 23. Mai 1990 zum Eigenheimbau auf unbebauten Grundstücken sind erneut Überlegungen zur Umsetzbarkeit des Erbbaurechts festgehalten.[262] Demnach gebe es aus Sicht der DDR erhebliche politische und soziale Akzeptanzprobleme, die vor allem die redlichen Erwerber beträfen. Diese fühlten sich, obwohl ihnen der Grund und Boden nur zur unbefristeten Nutzung überlassen wurde, de facto als Eigentümer. Durch den Einsatz umfangreicher Finanzmittel und mit erheblichen Eigenleistungen hätten sie Häuser errichtet. Das Nutzungsrecht habe aufgrund seiner Möglichkeit der freien Veräußerlichkeit und Vererbbarkeit

261 AfR-Archiv, 301, Bemerkungen zum Thesenpapier Erbbaurecht, Berlin 15. Mai 1990.

262 BArch, DC 20/6003, Positionspapier zum Eigenheimbau auf unbebauten Grundstücken, Stand: 23. Mai 1990.

des Eigenheims die Position des Berechtigten dem eines Volleigentümers angenähert. Zusammenfassend hieß es, dass die DDR keine Möglichkeit sehe, in den Fällen des Eigenheimbaus eine Erbbaulösung zu akzeptieren, insbesondere wegen des späteren Eigentumsverlustes am Eigenheim, der zeitlichen Beschränkung des nach DDR-Recht unbefristeten Nutzungsrechts sowie der Höhe des bisher ins Auge gefassten Erbbauzinses von 2 DM je Quadratmeter pro Jahr. Das Thesenpapier enthielt zudem mehrere Lösungsvorschläge, kommentiert mit den BRD beziehungsweise DDR-Standpunkten. Eine »modifizierte Erbbaulösung«, die so aussehen sollte, dass die Dauer des Erbbaurechts auf 99 Jahre festgelegt wurde, wobei als wirtschaftliches Äquivalent eine entsprechende Höhe des jährlich zu zahlenden Erbbauzinses vorzusehen wäre, hielt die DDR für unakzeptabel. Als weiteren Lösungsvorschlag führte das Thesenpapier das »unbefristete Nutzungsrecht« auf. Demnach sollten die unbefristeten Nutzungsrechte, die zu diesem Zeitpunkt bestanden, unverändert bleiben. Die Weiterführung der unbefristeten Nutzungsrechte würde, nach Standpunkt der BRD, eine kalte Enteignung der West-Eigentümer bedeuten. Beim »Mietkauf« sollte die Restitution des Eigentums mit einem zwingenden Ankaufsrecht des Nutzers beziehungsweise »bisherigen Eigentümers« gekoppelt werden. Dies sollte eine Verkaufsverpflichtung für den »ehemaligen Eigentümer« zur Folge haben. Für die DDR bestand der Vorteil dieses Modells darin, dass die Nutzer die Möglichkeit erhalten würden, das Eigentum am genutzten Boden zu erwerben. Als gegenteiliger Standpunkt der Bundesrepublik wurde festgehalten, dass die »West-Eigentümer« damit zum Verkauf gezwungen wären. Des Weiteren sei diese Lösung nur annehmbar, wenn der Nutzer den zu erwartenden Wertzuwachs des Grundstücks realisieren könnte. Eine weitere Variante war die reine »Entschädigungslösung«, die von der DDR favorisiert wurde. Für die BRD-Seite bestanden erhebliche Bedenken, da mit diesem Modell in einem weiteren Teilbereich der Grundsatz der Restitution aufgegeben werden würde. Zwar würde dieser Sachverhalt formal der Fallgruppe des Siedlungsbaus ähneln, doch wäre die Restitution in der Mehrzahl der Fälle vom Tatsächlichen her möglich. Vor allem aber würde dieses Modell die Rechtfertigung der Restitutions- und Erbbaurechtslösung in den übrigen Fallgruppen (insbesondere beim redlichen Erwerb bebauter Grundstücke) nicht unerheblich erschweren.[263]

Unklar ist, ob sich die Kommentare zu den verschiedenen Standpunkten aus den Gesprächen zwischen der DDR und der BRD ergeben hatten oder ob die DDR lediglich mögliche Gegenargumente der BRD in ihrem Thesenpapier aufführen wollte.

Am 18. Mai 1990 unterzeichneten die Finanzminister beider Länder den Staatsvertrag über die Schaffung einer Währungs-, Wirtschafts- und Sozialunion. Der Vertrag trat am 1. Juli 1990 in Kraft und war der erste wichtige Schritt auf dem Weg zur

[263] BArch, DC 20/6003, Positionspapier zum Eigenheimbau auf unbebauten Grundstücken, Stand: 23. Mai 1990.

Wiedervereinigung. Damit übernahm die DDR das Wirtschafts- und Sozialsystem der Bundesrepublik. Die Einführung der D-Mark als offizielles Zahlungsmittel in der DDR bedeutete faktisch schon das Ende der deutschen Teilung. Die brisanten Eigentumsfragen waren zu diesem Zeitpunkt allerdings noch immer nicht geklärt.

Für den weiteren Verlauf der Verhandlungen sind einige Dokumente des Ministeriums der Finanzen der DDR und des DDR-Ministerrates besonders aufschlussreich. Die Einordnung dieser Dokumente ist nicht immer ganz einfach, da der Initiator und auch der Verfasser zumeist ungenannt bleiben. Unter dem identischen Titel »Information zur Regelung der offenen Vermögensfragen zwischen der Deutschen Demokratischen Republik und der Bundesrepublik Deutschland und erforderliche Maßnahmen« gibt es im Bestand des Ministerrates und des Ministeriums der Finanzen zwei Dokumente unterschiedlichen Inhalts, datiert auf den 23. beziehungsweise den 25. Mai 1990.[264] Hinsichtlich der Gliederung der angesprochenen Punkte sind beide Dokumente identisch, allerdings enthalten sie hinsichtlich einiger Fragen verschiedene Formulierungen. Der erste angesprochene Standpunkt bezieht sich auf die Enteignungen zwischen 1945 und 1949. Im Dokument des DDR-Ministerrates heißt es dazu, dass diese nach Auffassung der DDR unberührt bleiben sollen. Seitens der BRD sei diese Position zur Kenntnis genommen worden, woraus der unbekannte Verfasser schließt, dass es diesbezüglich in der BRD keinen einheitlichen Standpunkt gebe. Als Problem notiert er, dass eine bloße »Zur Kenntnisnahme« durch die Bundesrepublik keine juristische Garantie bieten würde, dass die Eigentumsverhältnisse auch nach der Wiedervereinigung gewahrt blieben, weswegen eine ausdrückliche Regelung im Beitrittsvertrag erforderlich sei. Offensichtlich rechneten die Vertreter der DDR zu diesem Zeitpunkt bereits mit Klagen gegen einen Ausschluss der Rückgabe.[265] Im Dokument des Ministeriums der Finanzen vom 23. Mai 1990 waren die Ausführungen detaillierter. Festgehalten ist zunächst ebenfalls, dass die Bundesrepublik den Standpunkt der DDR zur Kenntnis nahm und die Bodenreform und die Enteignungen im Bereich der Wirtschaft unberührt blieben. Weiterhin sei »intern bekannt, dass seitens der Vertreter der Bundesrepublik nicht beabsichtigt ist, die daraus entstandenen Rechtsverhältnisse zu revidieren«[266]. Gegenüber den Berechtigten seien zwar Entschädigungen erwogen

[264] BArch, DN 1/38694, Informationen zur Regelung der offenen Vermögensfragen zwischen der Deutschen Demokratischen Republik und der Bundesrepublik Deutschland und erforderliche Maßnahmen, Berlin 23. Mai 1990/BArch, DC 20/19362, Informationen zur Regelung der offenen Vermögensfragen zwischen der Deutschen Demokratischen Republik und der Bundesrepublik Deutschland und erforderliche Maßnahmen, Berlin, 25. Mai 1990.

[265] BArch, DC 20/19362, Informationen zur Regelung der offenen Vermögensfragen zwischen der Deutschen Demokratischen Republik und der Bundesrepublik Deutschland und erforderliche Maßnahmen, Berlin, 25. Mai 1990.

[266] BArch, DN 1/38694, Informationen zur Regelung der offenen Vermögensfragen zwischen der Deutschen Demokratischen Republik und der Bundesrepublik Deutschland und erforderliche

worden, jedoch würde dies unter »Berücksichtigung der ähnlich gelagerten Enteignungen in anderen sozialistischen Ländern«[267] einen schwer abzuschätzenden finanziellen Aufwand erfordern. Die Bundesrepublik sollte die Erklärung, dass sie den Standpunkt der DDR bezüglich der Enteignungen zur Kenntnis nahm, auf möglichst hoher politischer Ebene abgeben. Damit sollten juristische Tatsachen geschaffen werden, die nach der Vereinigung beider deutscher Staaten »faktisch nicht zu revidieren sind«[268]. Bezüglich der Eigentums- und Vermögensverhältnisse, die nach Gründung der DDR entstanden waren, war zusammenfassend festgehalten, dass enteignetes Vermögen grundsätzlich an den früheren Eigentümer zurückgegeben werden sollte. Weiterhin wurde für die Fälle des redlichen Erwerbs durch Dritte die Lösung mittels 50-jährigem Erbbaurecht beschrieben, gefolgt von einer Erörterung der Nachteile dieser Lösung. Demnach bedeutete die Begründung von Erbbaurechten zugunsten der DDR-Bürger eine »teilweise Enteignung«. Diese Maßnahme sei mit Artikel 16 der Verfassung der DDR nicht in Übereinstimmung zu bringen. Weiterhin stehe es auch nicht im Einklang mit der Erklärung der DDR-Regierungskoalition. Die Forderung der Bundesrepublik, vom Staat erworbene Rechte an Grundstücken teilweise wieder zu entziehen, sei in der Bevölkerung noch nicht bekannt. Sollte dies in der Öffentlichkeit diskutiert werden, sei mit »erheblichen innenpolitischen Unruhen und Widerständen«[269] zu rechnen. Aus diesem Grund sollten die Verhandlungen zur den Grundstücken, die von der DDR an Bürger veräußert wurden, nochmals aufgenommen werden. Ziel sollte es sein, eine generelle Entschädigungslösung zu erreichen.

Letzte Anstrengungen – Das Ringen um die Entschädigungslösung

Bereits Mitte Mai entstanden die ersten Entwürfe einer Gemeinsamen Erklärung beider Regierungen. Die Frage, ob das Erbbaurecht in den Fällen, in denen keine Rückgabe aufgrund zwischenzeitlich eingetretener Nutzungsrechte erfolgen konnte, zur Anwendung kommen sollte, war aber noch immer nicht beantwortet. Die Bundesrepublik favorisierte nach wie vor das Erbbaurecht, während die DDR eine reine Entschädigungslösung bevorzugte. Obwohl die Frage der Enteignungen zwischen 1945 und 1949 entschieden war, blieb auch hier eine eindeutige Formulierung strittig.

Ein erster Entwurf der Gemeinsamen Erklärung, überliefert in den Unterlagen des AfR, ist datiert und terminiert auf den 12. Mai 1990, 12 Uhr. Die Formulierung be-

Maßnahmen, Berlin 23. Mai 1990.

267 Ebd.

268 Ebd.

269 BArch, DN 1/38694, Informationen zur Regelung der offenen Vermögensfragen zwischen der Deutschen Demokratischen Republik und der Bundesrepublik Deutschland und erforderliche Maßnahmen, Berlin, 23. Mai 1990.

züglich der Enteignungen zwischen 1945 und 1949 lautet darin: »Enteignungen unter Hoheit der Siegermächte (1945-1949) bleiben unberührt, weil die betreffenden Maßnahmen der Vier Mächte und deren hierzu bestehenden Rechtspositionen nur im Einvernehmen mit der jeweiligen Besatzungsmacht Gegenstand von Vereinbarungen der beiden deutschen Staaten sein könnten. Das erforderliche Einvernehmen ist mit der Sowjetunion [gegenwärtig] nicht herzustellen.«[270]

In einem weiteren Entwurf, ebenfalls datiert auf den 12. Mai 1990, und auf 17 Uhr terminiert, wird hingegen eine andere Formulierung vorgeschlagen: »Enteignungen auf besatzungsrechtlicher bzw. hoheitlicher Grundlage (1945-1949) bleiben unberührt. Die Regierungen der Sowjetunion und der Deutschen Demokratischen Republik sehen keine Möglichkeit, die damals getroffenen Maßnahmen zu revidieren. Die Regierung der Bundesrepublik Deutschland nimmt dies zur Kenntnis.«[271]

Damit war die endgültige Formulierung der Gemeinsamen Erklärung bereits gefunden, die später ergänzt wurde um den Zusatz: »Sie ist der Auffassung, dass einem künftigen gesamtdeutschen Parlament eine abschließende Entscheidung über etwaige staatliche Ausgleichsleistungen vorbehalten bleiben muss.«

Ferner nahm die Bundesrepublik dies »im Hinblick auf die historische Entwicklung zur Kenntnis«. Im Hinblick auf die Wahl der Formulierung ist ein Brief von Klaus Kinkel an Günther Krause vom 13. Juni 1990 aufschlussreich. Kinkel machte darin deutlich, dass die Bundesrepublik auf die »mit Sicherheit zu erwartenden Rechtsstreitigkeiten vor dem Bundesverfassungsgericht Rücksicht nehmen müsse«[272]. Deswegen sollte klar zum Ausdruck kommen, dass die Regierungen der DDR und der Sowjetunion keine Möglichkeit sahen, die damals getroffenen Maßnahmen zu revidieren. Zudem erschien ihm eine »Öffnungsklausel« notwendig, dass einem »künftigen gesamtdeutschen Parlament eine abschließende Entscheidung über etwaige Ausgleichsleistungen vorbehalten« ist.

In den beiden überlieferten Entwürfen der Gemeinsamen Erklärung war noch die Schaffung einer Erbbaurechtsregelung vorgesehen: »Sofern Bürger der Deutschen Demokratischen Republik an solchen Immobilien Eigentum oder dingliche Nutzungsrechte in redlicher Weise erworben haben, ist ein sozial verträglicher Ausgleich durch Schaffung einer Erbbaurechtsregelung herzustellen. Dem ehemaligen Eigentümer wird

270 AfR-Archiv, 148, Entwurf einer Gemeinsamen Erklärung der Regierungen der beiden deutschen Staaten zu den offenen Vermögensfragen, Stand: 12. Mai 1990, 12.00 Uhr.

271 Entwurf einer Gemeinsamen Erklärung der Regierungen der Bundesrepublik Deutschland und der Deutschen Demokratischen Republik zu den offenen Vermögensfragen, in: Dokumente zur Deutschlandpolitik, Nr. 276c, S. 1112–1114.

272 BArch, DC 20/6003a, Klaus Kinkel an Dr. Günther Krause, Brief vom 13. Juni 1990, Betr.: Offene Vermögensfragen, Entwurf einer Gemeinsamen Erklärung der Regierung der Bundesrepublik Deutschland und der Deutschen Demokratischen Republik zur Regelung offener Vermögensfragen.

in diesen Fällen sein Eigentum wieder eingeräumt, das aber zugunsten der derzeitigen Nutzungsberechtigten in der Deutschen Demokratischen Republik mit einem Erbbaurecht belastet wird. Die Ausgestaltung des Erbbaurechts insbesondere hinsichtlich seiner Laufzeit, der Höhe des Entgelts und seiner Anpassung an die allgemeine wirtschaftliche Entwicklung wird zwischen den beiden Regierungen ausgehandelt und von der Deutschen Demokratischen Republik gesetzlich geregelt.«[273]

Die Klärung der bis zuletzt strittigen Frage, in welchem Umfang Vermögenswerte zu restituieren waren, blieb dann Günther Krause, der als Parlamentarischer Staatssekretär beim Ministerpräsidenten der DDR die Verhandlungen in diesem Bereich übernahm, und Klaus Kinkel vorbehalten. In einem Gespräch am 5. Juni 1990 machte Krause deutlich, dass die DDR eine Erbbaulösung nicht akzeptieren würde. Kinkel informierte einen Tag später Otto Graf Lambsdorff, Rudolf Seiters, Wolfgang Schäuble, Hans Tietmeyer und Dr. Ludewig über den Fortgang des Gespräches: »Hier hat die DDR ihre bisherige Haltung geändert und strebt nun offensichtlich andere Lösungen an.«[274]

Ferner zeigte sich, dass nach wie vor erheblicher Klärungsbedarf bezüglich der rechtlichen Lage von Erholungsgrundstücken in der DDR bestand. Die Frage nach den »Datschen« war bislang weder in den Expertengesprächen noch in den weiteren Verhandlungen ausführlich thematisiert worden, obwohl gerade dies bei den Bürgern erhebliche Verunsicherung auslöste. Krause machte deutlich, dass die DDR eine Lösung anstrebte, die die schuldrechtliche Nutzungsmöglichkeit der Grundstücke in eigentumsähnlicher Form festschreiben sollte. Für Klaus Kinkel bestand allerdings ein wesentlicher Unterschied zu den dinglichen Rechten an Grundstücken, die die Eigenheime betrafen. Er verlangte außerdem, dass »Einvernehmen über die Rückabwicklung derjenigen dinglichen Rechtserwerbe hergestellt werde, die in den letzten Monaten während der laufenden Verhandlungen vorgenommen worden sind bzw. noch vorgenommen werden«.

Kinkel hielt es für die beste Lösung, mit einem Stichtag zu arbeiten, »wobei der 1. Januar, 1. Februar oder 1. März 1990 in Betracht zu ziehen wäre«. So fasste er zusammen: »Es wird für die DDR ein besonders schwieriger Brocken sein, dieses Gesetz praktisch rückgängig zu machen. Dennoch sollte die bundesdeutsche Seite hierauf

[273] AfR-Archiv, 148, Erarbeitung einer Gemeinsamen Erklärung der Regierungen der BRD und der DDR zur Regelung offener Vermögensfragen: Entwurf einer Gemeinsamen Erklärung der Regierungen der beiden deutschen Staaten zu den offenen Vermögensfragen, Stand: 12. Mai 1990, 12.00 Uhr.

[274] B 136/264569; 421-52602-Ve45, Klaus Kinkel an Lambsdorff, Seiters, Tietmeyer, Schäuble und Ludewig, Betr.: Gespräch am Freitag den 8. Juni 1990 im Gebäude des Ministerrats in Sachen offene Vermögensfragen, Bonn, 6. Juni 1990.

bestehen. Die manipulativen Grundstückserwerbe, die derzeit vorgenommen werden, sind in keiner Weise schützenswert.«[275]

Am 8. Juni 1990 fand erneut ein Gespräch mit Lothar de Maizière im Haus des Ministerrates statt, bei dem die Vertreter DDR einmal mehr deutlich machten, dass eine Erbbaurechtsregelung nicht infrage komme. Claus J. Duisberg, Leiter des Arbeitsstabes Deutschlandpolitik auf bundesdeutscher Seite, schildert in seinen Erinnerungen, dass de Maizière »erregt« und »beinahe grimmig« gewirkt habe, als er dies vorbrachte. Er verhehlte auch nicht, dass es auf BRD-Seite an Sensibilität für die soziale und politische Dimension des Problems mangele. Das Gespräch begann damit, dass für ihn der Schutz der bestehenden Besitzverhältnisse an erster Stelle stehe und nicht der Schutz des Eigentums. Ansatzpunkt der Problembehandlung sei der Rechtsfrieden.[276] In einer Zusammenfassung der Ergebnisse durch die Arbeitsgruppe Innerdeutsche Beziehungen im BMJ wurde festgestellt: »Die DDR machte deutlich, dass Rechtsfrieden, Rechtssicherheit und Bestandsschutz für sie Vorrang vor dem Restitutionsgrundsatz habe.«[277]

Inhaltlich sei die DDR in wesentlichen Punkten von dem bisherigen Entwurf einer Gemeinsamen Erklärung (Stand: 24. Mai) zurückgegangen. Sie verlange ausschließlich eine Entschädigung – und keine Erbbaurechtsregelung – für Ein-bzw. Zweifamilienhäuser, inklusive »Datschen«, an denen DDR-Bürger Eigentum oder dingliche oder sonstige Nutzungsrechte an bebautem Grund und Boden in redlicher Weise erworben hätten.[278] Die DDR-Regierung überreichte daraufhin einen neuen Entwurf einer Gemeinsamen Erklärung sowie ein Dokument mit dem Titel »Gesprächskonzeptionen zum Thema offene Vermögensfragen«[279].

Im vorlegten Entwurf der Gemeinsamen Erklärung lautete der Wortlaut bezüglich einer am Erbbaurecht orientieren Lösung: »Enteignetes Vermögen wird grundsätzlich an den ehemaligen Eigentümer oder dessen Erben zurückgegeben. Bisher ist nicht geklärt, ob die (Geltendmachung) des Eigentumsrechts der ehemaligen Eigentümer über eine Entschädigung oder über eine am Erbbaurecht orientierte Regelung erfolgt. Für beide Lösungen ist ein Interessenausgleich zu sichern.«[280]

275 Ebd. [Hervorhebungen im Original].

276 Duisberg, Claus J.: Das deutsche Jahr. Einblicke in die Wiedervereinigung 1989/90. Berlin 2005, S, 202.

277 BMJ, Az.: 3400/2-1, Bd. 2: Betr.: Offene Vermögensfragen im Verhältnis zur DDR. Anlg.: Zusammenfassung der wesentliche Ergebnisse der Besprechung zwischen MP de Maizière u.a. und BM Seiters u.a. am 8. Juni 1990 in Berlin (Ost), Bonn 11. Juni 1990.

278 Vorlage des Regierungsdirektors Vogel an Ministerialdirektor Wagner, Bonn, 11. Juni 1990, in: Dokumente zur Deutschlandpolitik (1998), Nr. 308, S. 1201.

279 BArch, DC20/6003, Gesprächskonzeption zum Thema offene Vermögensfragen.

280 Entwurf einer gemeinsamen Erklärung der Regierungen der Bundesrepublik Deutschland und der Deutschen Demokratischen Republik zur Regelung von Vermögensfragen, in: Dokumente zur Deutschlandpolitik (1998), Nr. 308A, S. 1203.

Günther Krause verlangte eine schnelle Stellungnahme der BRD zum neuen Entwurf der Erklärung. Kinkel musste allerdings ein Koalitionsgespräch abwarten, um für Krause eine Antwort zu formulieren. In einer Information an Lambsdorff, Seiters, Tietmeyer, Schäuble und Ludwig über das Gespräch erläuterte er, dass die DDR-Seite im Grunde auf eine reine Entschädigungslösung hinarbeitete. Er verwies auf die Aussagen de Maizières, der meinte, dass die betroffenen DDR-Bürger davon ausgehen konnten und mussten, dass sie Eigentum beziehungsweise eigentumgleiche Rechte erworben hatten. Kinkel fasste zusammen: »Vom Ergebnis her bin ich der Meinung, dass die DDR-Seite die Erbbaulösung letztlich ablehnen wird und muss; es bedarf also der politischen Entscheidung, ob wir zunächst noch auf der Erbbaulösung beharren oder sofort auf einen Lösungsweg hinsteuern, der dort – wo möglich – die Zurverfügungstellung eines Ersatzgrundstückes vorsieht, sonst aber Entschädigung.«[281]

Auch bei der Datschen-Frage zeigte sich, dass noch immer keine übereinstimmende Position gefunden werden konnte und dass die DDR nach wie vor darum bemüht war, ihre Vorstellungen durchzusetzen. Kinkel stellte fest: »Es hatte bei dem Gespräch am 8. Juni den Anschein, als ob die DDR auch hier von der grundsätzlichen Rückgabe an die Eigentümer abweichen will und evtl. auf eine Erbbaulösung oder einen anderen Lösungsansatz zusteuert. M.E. können und müssen wir mindestens zunächst in dieser Frage ganz hart bleiben, weil erhebliche sachliche und rechtliche Unterschiede zu der »Häuslebauer-Problematik« bestehen.«[282]

Experten des BMJ kritisierten in einer Bewertung der sogenannten »Gesprächskonzeption«, dass die Vorschläge der DDR »praktisch eine 100%ige Lösung zugunsten ihrer Bürger« beinhalteten. Zusammenfassend stellten sie fest: »Die Regierung der DDR verlangt in allen Fällen, die eigentlich einen Interessenausgleich zwischen Westeigentümern und Bürgern der DDR erfordern würden, einen umfassenden Bestandsschutz für die Rechte ihrer Bürger. [...] Sie sieht allein die psychologische Situation ihrer Bürger und will notwendige Kompromisse verweigern. Ihr Lösungsansatz ist weder sozial verträglich noch geeignet, einen dauerhaften Rechtsfrieden in einer gesamtdeutschen Gesellschaft zu sichern. Konsequenterweise will die Regierung der DDR auch nicht die anrüchigen Rechtserwerbe in letzter Sekunde stoppen.«[283]

Angeführt wird, dass die Betroffenen in der Bundesrepublik in erster Linie die Rückgabe des entzogenen Eigentums wünschen und, dass diese eine Entschädigungs-

[281] BMJ, Az.: 3400/2-1, Bd. 2: Klaus Kinkel an Lambsdorff, Schäuble, Tietmeyer, Seiters, Ludewig. Betr.: Offene Vermögensfragen; evtl. Koalitionsbesprechung am Mittwoch, 13. Juni 1990, hier: Entwurf einer Gemeinsamen Erklärung der Regierungen der BRD und der DDR zur Regelung offener Vermögensfragen, Bonn 12. Juni 1990.

[282] Ebd.

[283] BMJ, Az.: 3400/2-1, Bd. 2: Dokument ohne Datum und Titel.

regelung nicht akzeptieren würden: »Berechtigter Unmut (und Zorn) bei den Betroffenen auf der bundesdeutschen Seite werden nicht ausbleiben.«

Zudem wurde bemängelt, dass für die Entschädigungsleistungen »vor allem die westdeutschen Steuerzahler«[284] aufkommen sollten. Das Fazit der Bewertung lautete: »Wenn es der Bundesregierung nicht gelingt, vor Ratifizierung des (ersten) Staatsvertrages konsensfähige und sozial verträgliche Eckwerte durchzusetzen (statt sie – wie es die DDR will – im jetzigen Zeitpunkt ungeklärt zu lassen) wird es zu einer letztlich nicht akzeptablen reinen Entschädigungslösung kommen.«[285]

Auf einer Sitzung von BMJ-Experten am 11. Juni 1990 wurde ein neuer Entwurf der Gemeinsamen Erklärung beraten, der in der zwei Tage später stattfindenden Koalitionsrunde besprochen werden sollte. Vorgeschlagen wurde, neben der Erbbaurechtsregelung gleichrangig eine Entschädigungsregelung festzulegen.[286] Am 13. Juni 1990 schickte Klaus Kinkel den von der Koalitionsrunde gebilligten Entwurf an Günther Krause und erläuterte darin die überarbeiteten Passagen. Der in Ziffer 3b der Gemeinsamen Erklärung angesprochene, sozial verträgliche Ausgleich durch Schaffung einer am Erbbaurecht orientierten Lösung war nach Aussage Kinkels für beide Seiten der schwierigste Punkt. Die BRD habe sich aber »schweren Herzens« entschlossen, für diese Fälle auf das Erbbaurecht zu verzichten und »nun den Weg des Austauschs von Grundstücken mit vergleichbarem Wert (dort wo möglich) oder der Entschädigung mitzugehen«.[287] Die DDR hatte sich in diesem Punkt durchgesetzt – das Erbbaurecht war damit endgültig vom Tisch. Es blieb aber dabei, wo möglich, sollte Grund und Boden an den Eigentümer zurückgegeben werden. Es galt nun, dafür eine eindeutige Formulierung zu finden.

Für Günther Krause stand der von der Bundesrepublik vorgeschlagene Absatz (»Enteignetes Vermögen wird grundsätzlich zurückgegeben«) im Widerspruch zu den Abschnitten 3a und 3b. Er wollte eigentlich eine Formulierung, die lautete: »Mit enteignetem Grundvermögen wird wie folgt verfahren.«[288]

Die in der Gemeinsamen Erklärung gefundene Formulierung stammte einer Bemerkung Klaus Kinkels zufolge von der DDR-Seite. In einer Information vermerkte er:

284 Ebd.

285 Ebd.

286 Vorlage des Regierungsdirektors Vogel an Ministerialdirektor Wagner, Bonn 11. Juni 1990. Betr.: Entwurf gemeinsamer Erklärung zu offenen Vermögensfragen, hier: Expertensitzung im BMJ am 11. Juni 1990, in: Dokumente zur Deutschlandpolitik (1998), Dok. Nr. 308.

287 B 136/26459, 421-526-Ve45, Klaus Kinkel an Günther Krause am 13. Juni 1990. Betr.: Offene Vermögensfragen, hier: Entwurf einer Gemeinsamen Erklärung der Regierung der BRD und der DDR zur Regelung offener Vermögensfragen.

288 BArch, DC 20/6003, Dokument ohne Titel und Datum; Verfasser wahrscheinlich Günther Krause als Reaktion auf Entwurf der Gemeinsamen Erklärung von Klaus Kinkel. Nach dem 13. Juni entstanden.

»Die Formulierung »unter Berücksichtigung der unter a) und b) genannten Fallgruppen« weist auf Wunsch der DDR-Seite darauf hin, dass Satz 1 der Ziffer 3 die Grundregelung ist, die unter a) und b) genannten Fallgruppen aber Ausnahmen bilden.«[289]

Unklar bleibt, warum ausgerechnet der 18. Oktober 1989, der Tag, an dem Erich Honecker zurücktrat, als Stichtag gewählt wurde. Vieles spricht dafür, dass die DDR-Seite dieses Datum ins Spiel brachte. So vermerkte Klaus Kinkel am 14. Juni 1990: »Die von der DDR geforderte neue Formulierung ist eine verbessernde Darstellung auch in unserem Sinne; die Einfügung des Datums 18. Oktober 1989 geschah von der DDR-Seite im Hinblick auf den Rücktritt Honeckers.«[290]

Auf Nachfrage erklärte Günther Krause dazu: »Zweifelsohne war der Rücktritt Honeckers der Beginn des ›offiziellen‹ Wandels in der DDR, aber auch der SED.«[291]

Nach den Beratungen der Expertengruppen, die sich über mehrere Monate hinzogen, und einzelnen Gespräche zwischen Klaus Kinkel und Günther Krause wurde am 15. Juni 1990 die »Gemeinsame Erklärung der Regierungen der Bundesrepublik Deutschland und der Deutschen Demokratischen Republik zur Regelung offener Vermögensfragen« verabschiedet, die endgültig die Behandlung der Eigentumsfragen in den neuen Bundesländern festschrieb und später Bestandteil des Einigungsvertrages werden sollte.

Dem Entwurf der Gemeinsamen Erklärung, über den sich Klaus Kinkel und Günther Krause in letzter Minute verständigt hatten, wurde in der 12. Sitzung des Ministerrates am 14. Juni 1990 bei zwei Enthaltungen (Minister der Finanzen, Minister der Justiz) zugestimmt.[292]

Verfassungsrechtliche Vorgaben? – Das Ergebnis und seine Gründe

Mit der Veröffentlichung der »Gemeinsamen Erklärung der Regierungen der Bundesrepublik Deutschland und der Deutschen Demokratischen Republik zur Regelung offener Vermögensfragen«[293] vom 15. Juni 1990 waren die langwierigen Verhandlungen zunächst beendet und die Frage, wie mit den Vermögensschädigungen durch Enteignungen und Zwangsverwaltungen, von denen Hunderttausende DDR- und Bundes-

289 B 136/26459, 421-526-Ve45, Klaus Kinkel an Lambsdorff, Seiters, Tietmeyer, Schäuble und Ludewig vom 14. Juni 1990. Betr.: Offene Vermögensfragen, hier: gestriges Gespräch mit Herrn PSt Dr. Krause in Ost-Berlin; Koalitionsgespräch am Freitag, 15. Juni 1990, 13.30 Uhr im Bundeskanzleramt.

290 Ebd.

291 E-Mail von Günther Krause vom 04.11.2012.

292 BArch, DC 20-I/3 2992, Protokoll der 12. Sitzung des Ministerrates am 14. Juni 1990.

293 Gemeinsame Erklärung der Regierungen der Bundesrepublik Deutschland und der Deutschen Demokratischen Republik zur Regelung offener Vermögensfragen vom 15. Juni 1990. Bundesgesetzblatt 1990 II, S. 1237f.

bürger betroffen waren, umgegangen werden sollte, beantwortet. Damit war gleichzeitig auch die plakative Formel »Rückgabe vor Entschädigung« geboren, die jedoch nur unzureichend das Verhandlungsergebnis und den Inhalt der Erklärung wiedergibt. Denn tatsächlich gab es bereits in der Erklärung zahlreiche Ausnahmen und Einschränkungen des Rückgabegrundsatzes.

Die wesentlichen Grundsätze, über die sich beide Regierungen verständigten, lauteten:

- Die Enteignungen auf besatzungsrechtlicher Grundlage (1945 und 1949) sollten nicht mehr rückgängig gemacht werden.
- Treuhandverwaltungen und sonstige staatliche Verwaltungen waren aufzuheben.
- Enteignetes Vermögen sollte grundsätzlich zurückgegeben werden, es sei denn, dass
- die Rückgabe faktisch nicht mehr möglich war oder
- Bürger der DDR Eigentum oder dingliche Nutzungsrechte in redlicher Weise erworben haben.
- Waren Vermögenswerte – einschließlich Nutzungsrechte – auf Grund unlauterer Machenschaften erlangt worden, so war der Rechtserwerb nicht schutzwürdig und deswegen rückgängig zu machen.
- Veräußerungen von Grundstücken und Gebäuden, an denen frühere Eigentumsrechte ungeklärt waren und die dennoch nach dem 18.Oktober 1989 erfolgt sind, sollten überprüft werden.

Eine Rückübertragung der Vermögenswerte war ausgeschlossen,

- wenn dies von der Natur der Sache her nicht mehr möglich war;
- wenn die Immobilie in ihrer Nutzungsart oder Zweckbestimmung verändert wurde oder öffentliches Interesse bestand (zum Beispiel Umbau eines Hauses zu einer Schule);
- wenn dem Gemeingebrauch oder dem komplexen Wohnungs- oder Siedlungsbau gewidmet wurden (Errichtung von Wohnblöcken);
- wenn der gewerblichen Nutzung zugeführt oder in eine Unternehmenseinheit einbezogen wurde.

Wichtigste Ausnahme, bei der eine Rückübertragung eines Grundstücks ausgeschlossen war, wurde der redliche Erwerb. So war eine Rückübertragung der Vermögenswerte ausgeschlossen, wenn natürliche Personen, Religionsgemeinschaften oder gemeinnützige Stiftungen in redlicher Weise an dem Vermögenswert Eigentum oder dingliche Nutzungsrechte erworben haben.

Vor dem Ausschuss Deutsche Einheit des Deutschen Bundestages wurde die Erklärung am 15. Juni 1990 mit dem Hinweis verteilt, dass zehn Minuten später, zeitgleich die Öffentlichkeit informiert wird. Dieser Ausschuss konstituierte sich aus Mitgliedern des Deutschen Bundestages und koordinierte bis zum 19. September 1990 die Beratung der verschiedenen Ausschüsse über die Ratifizierung des Staatsvertrages und des Einigungsvertrages. Bundesminister Rudolf Seiters verlas den Wortlaut der Gemeinsamen Erklärung und informierte damit die Mitglieder des Ausschusses über die Inhalte der Vereinbarung, bevor Klaus Kinkel zu verschiedenen Fragen Stellung nehmen konnte. Unklarheit herrschte zunächst über die rechtliche Qualität der Erklärung. Kinkel klärte auf, dass es sich dabei zunächst nur um eine Absichtserklärung handelte, die keinen rechtsverbindlichen Charakter besaß, an die sich beide Regierungen aber halten wollten. Das Verlesen im Ausschuss sollte ausschließlich der Information über die Inhalte der Vereinbarung dienen. Die Mitglieder des Ausschusses reagierten auf die Verlesung der Gemeinsamen Erklärung sehr kritisch. Bereits zur entscheidenden Frage der Größenordnung konnte Klaus Kinkel keine Informationen geben: »Ich kann natürlich zur Dimension der betroffenen Fälle in den einzelnen Fallgruppen etwas sagen und ihnen das eine Viertelstunde lang vortragen. [...] Ich gehe davon aus, dass ich hier im Ausschuss nicht die Dimension der Fälle im einzelnen vortragen soll, weil ich dann beginnen müsste mit dem Zeitraum 1945 bis 1949 – mit den drei Fallgruppen – und darauf eingehen müsste, wie viele Fälle das sind; enden müsste es mit dem Flüchtlingsvermögen, den Altguthaben usw. Das dauert 20 Minuten. Wenn Sie es wollen, mache ich es selbstverständlich gern. Aber ich nehme nicht an, dass das im Augenblick gefragt ist.«[294]

Diese Antwort befriedigte das Interesse des fragenden Ausschussmitgliedes, der Grünen- Abgeordnete Gerald Häfner, jedoch nicht: »Ich muss einfach feststellen, dass die Frage, die ich vorhin gestellt hatte und die mir von entscheidender Bedeutung zu sein scheint, nicht beantwortet worden ist. Herr Kinkel, ich habe, wenn ich Ihnen Fragen stelle, selten Anlass, mich über mangelnde Antworten zu beklagen. Aber diesmal ist es so. Das werden Sie verstehen. Sie sagten, sie bräuchten zwanzig Minuten für eine sinnvolle Antwort. Das kann ich nicht beurteilen; aber ich kenne Sie so gut, dass ich denke, Sie können das auch kürzer. Aber beantworten müssen Sie die Frage nach den Größenordnungen schon; denn ich kann mir schlechterdings nicht vorstellen, dass die Bundesregierung mit der DDR verhandelt und auf beiden Seiten überhaupt keine Vorstellung darüber existiert, was das finanziell und real bedeutet. Ich wüsste zumindest gerne, von welchen geschätzten Größenordnungen Sie dabei ausgehen. Ob die sich bewahrheiten, wird sich dann ja zeigen. Aber von irgendetwas müssen Sie doch ausgehen.«[295]

294 Parlamentsarchiv, Deutscher Bundestag, Ausschuss Deutscher Einheit, Stenographischer Bericht 7. Sitzung vom 15. Juni 1990, S. 256.

295 Ebd., S. 259.

Kinkel entgegnete darauf: »Herr Abgeordneter Häfner, ich glaube, ich habe eine klare Auskunft zur Frage nach der Dimension gegeben. Ich wiederhole: Ich kann Ihnen zur finanziellen Dimension keine Auskunft geben, weil ich selbst dann, wenn ich 40 oder 50 Mann hätte, die mir so etwas zuarbeiten würden, das Problem mangels Zahlen nicht aufarbeiten kann. Wenn Sie bitte ein wenig Einsicht hätten in die Verhandlungen, dann würden Sie mir auch abnehmen, dass dies wirklich nicht möglich ist. Was anderes kann ich Ihnen nicht sagen. Wir haben uns sehr bemüht. Was die Dimension der Fälle anbelangt, so sage ich noch einmal, kann ich sie Ihnen in 20 Minuten vortragen. Ich fürchte nur, aus der Reaktion der anderen Abgeordnete bemerkt zu haben, dass sie jetzt von mir keine Vortrag darüber hören wollen, wie viele Betriebe es waren, wie viele Menschen betroffen waren, wie die Dinge der Enteignung vor sich gegangen sind usw. Aber können wir es nicht dadurch erleichtern, dass ich Ihnen zusage, ein Papier zu den Dimensionen zuzuschicken, soweit ich es sagen kann, ist das ein Vorschlag?«[296]

Es muss unklar bleiben, warum Klaus Kinkel an dieser Stelle keine zufriedenstellende Antwort formulieren konnte. Möglicherweise wollte die Bundesregierung nicht, dass die wahre Dimension und Tragweite des Problems öffentlich bekannt und diskutiert wurde, oder aber sie hatte keinerlei Vorstellung und keine Anhaltspunkte, wie viele Forderungen nach Rückübertragungen von Vermögenswerten sich zukünftig stellen würden. In seinen Ausführungen vor dem Ausschuss wertete es Kinkel als erheblichen Fortschritt, dass grundsätzlich Grundstücksrückgabe erreicht wurde, da die DDR eine reine Entschädigungslösung bevorzugt hatte. Dies habe daran gelegen, dass »sich drüben in 40 Jahren natürlich die Auffassungen zu diesen Fragenkreisen von unseren derartig wegentwickelt haben«[297]. Die unterschiedlichen Auffassungen beider Regierungen basierten demnach auf den ideologischen Differenzen, die sich in der Zeit der Teilung gefestigt hätten. Gänzlich unbeachtet bei dieser Erfolgsmeldung blieb jedoch der Umstand, dass die DDR-Seite nicht etwa aus ideologischen Gründen auf eine Entschädigungslösung bestanden hatte, sondern aus rein pragmatischen Erwägungen im Hinblick auf die Vielzahl der Fälle, bei denen ohnehin eine Rückgabe nicht mehr möglich sein würde. Dass mit der Gemeinsamen Erklärung nicht eine generelle Rückgängigmachung jeder Enteignung in der DDR beschlossen wurde und die Rechte von Dritten, die ihre Nutzungsrechte redlich erworben hatten auch geschützt bleiben sollten, schien jedoch auch den Mitgliedern des Ausschusses Deutsche Einheit nicht eindeutig klar. So bemerkte der Abgeordnete Häfner: »Ich meine, dass das was hier ausgehandelt worden ist, wirklich zu katastrophalen Folgen für die DDR führen wird und dass es zu einem tatsächlichen Ausverkauf des dortigen Vermögens führt. Wie auch immer man zu den dortigen Enteignungen steht: Inzwischen wurden neue Besitzrechte sozusagen

296 Ebd.

297 Ebd., S. 258.

de facto erworben, leben und arbeiten andere Menschen dort, deren Rechte mindestens ebenso schwer wiegen müssten wie die der ehemaligen Eigentümer.«[298]

Die Berichterstattung einiger westdeutscher Tageszeitungen über die Einigung beider Regierungen erweckte ebenfalls den Eindruck, dass damit sämtliche Eigentumsverhältnisse in der DDR, wie sich bis 1990 entwickelt hatten, zur Disposition stünden. Unter der Überschrift »Durchbruch in der Eigentumsfrage. DDR macht Enteignungen rückgängig«[299] berichtete der Tagesspiegel, dass die DDR alle nach 1949 vorgenommenen Enteignungen auf Antrag rückgängig machen oder die Betroffenen entschädigen würde. Die Berliner Morgenpost vermeldete: »Ost-Berliner Regierung macht alle Enteignungen nach 1949 rückgängig«[300] und die BZ am Abend: »Deutsche Regierungen einigten sich: Enteignetes retour an die Eigentümer«[301].

Der Kampf um Häuser und Grundstücke, der zu diesem Zeitpunkt bereits in vollem Gange war, erhielt durch die mühsam gefundene politische Kompromisslösung noch mehr Zündstoff. Die Bestimmungen der Gemeinsamen Erklärung ließen jedoch in erster Linie viele Fragen unbeantwortet, schufen Unsicherheit und beunruhigten die möglichen Betroffenen in hohem Maße. Obwohl sich beide Regierungen darum bemüht hatten, so viele Fragen wie möglich anzusprechen, waren die veröffentlichten Inhalte kaum dazu geeignet, die Lösung der komplizierten Sachverhalte ausreichend darzustellen und die ostdeutschen Nutzer, die ein enteignetes oder staatlich verwaltetes Grundstücke bewohnten, zu beruhigen. Bereits zu diesem Zeitpunkt schien klar, dass der mühsam gefundene Kompromiss weder die eine noch die andere Seite zufriedenstellen konnte. Aufseiten der Eigentümer entstand schnell die Erwartung, dass nun grundsätzlich alle Enteignungen der DDR rückgängig gemacht würden und bei den Nutzern die Befürchtung, ihre Häuser, Wohnungen oder Grundstücke bereits verloren zu haben.

Der Lösung, über die sich beide Regierungen verständig hatten, waren langwierige und mühevolle Verhandlungen vorausgegangen. Für die Entscheidung, die am Ende getroffen wurde, gab es nicht nur ein bestimmendes Motiv, sondern mehrere durchaus nachvollziehbare Überlegungen. Die Betrachtung der gesamten Verhandlungen seit Beginn unter der Modrow-Regierung zeigte, dass recht schnell feststand, dass eine Festschreibung der Eigentumsverhältnisse nicht infrage kam und entzogene und unter staatlicher Verwaltung stehende Vermögenswerte an den rechtmäßigen Eigentümer zurückgegeben würden. Unklar blieb, wie mit jenen Immobilien zu verfahren war, an denen DDR-Bürger Rechte erworben hatten. Deutlich wurde, dass diese Frage vor al-

298 Parlamentsarchiv, Deutscher Bundestag, Ausschuss Deutscher Einheit, Stenographischer Bericht 7. Sitzung vom 15. Juni 1990, S. 255.

299 Tagesspiegel vom 16. Juni 1990.

300 Berliner Morgenpost vom 16. Juni 1990.

301 BZ am Abend vom 16. Juni 1990.

lem an den Umgang mit den Enteignungen zwischen 1945 und 1949 gekoppelt war. Beide Verhandlungsgruppen koppelten ihre grundsätzliche Bereitschaft zur Restitution beziehungsweise zur Beibehaltung der Eigentumsverhältnisse von deren Behandlung. Die DDR machte klar, dass eine grundsätzliche Bereitschaft zur Restitution nach 1949 nur möglich war, wenn die Enteignungen zwischen 1945 und 1949 in Zukunft unangetastet bleiben würden. Auf der Gegenseite war für die Bundesrepublik die Festschreibung jener Enteignungen nur denkbar, sofern die Möglichkeit zur Rückgabe der Vermögenswerte nach 1949 offen blieb.

Claus J. Duisberg und Hans Tietmeyer, beide unmittelbar an den Verhandlungen zur Wirtschafts-Währungs- und Sozialunion beteiligt, sahen die Restitutionslösung vor allem darin begründet, dass vom Justizministerium und von Klaus Kinkel selbst verfassungsrechtliche Gründe angeführt wurden. So beschreibt Duisberg, dass im Verlauf der Verhandlungen immer wieder geltend gemacht wurde, dass die »Bundesregierung durch das Grundgesetz gehindert sei, Verstöße gegen das Grundrecht auf Eigentum gewissermaßen nachträglich zu sanktionieren«[302]. Tietmeyer zweifelte, ob der »von Herrn Kinkel sicher mit guten verfassungsrechtlichen Argumenten vertretene Grundsatz ›Rückgabe statt Kompensation‹ den wirtschaftlichen Erfordernissen genügend Rechnung tragen könne.«[303]

Klaus Kinkel begründete das Rückgabeprinzip vor dem Ausschuss Deutsche Einheit im August 1990 folgendermaßen: »Dieser Grundsatz der Restitution kommt, wie ich meine, unserer grundrechtlichen Wertordnung am nächsten. [...] Im Übrigen wird natürlich die Ausstrahlungswirkung unseres Grundgesetzes und unserer Wertordnung immer größer, je mehr wir den faktischen Einfluss der Bundesrepublik auf die zukünftige Rechtsordnung der DDR bekommen. Das gilt im Übrigen auch für Art. 14. [...] Jeder muss wissen, was er mit einer Abkehr vom Grundsatz der Naturalrestitution anrichtet, auch in Bezug auf Entschädigungsleistungen unterschiedlichster Art, die in Milliardenbeträge gehen werden. Im Übrigen würde ein grundsätzlicher Verzicht auf Restitution dazu führen, dass den Gemeinden und sonstigen Rechtsträgern auf breiter Front und in der Substanz auf Dauer Vermögenswerte zufielen, während die hierdurch entsprechend erhöhten Ausgleichsleistungen auf anderen Ebenen zu tragen wären.«[304]

Deutlich wird, dass neben den angeführten verfassungsrechtlichen Argumenten auch die Unklarheit über die zu erwartende Höhe der Entschädigungszahlungen dazu beigetragen hat, sich gegen eine generelle Entschädigungslösung zu entscheiden. Die Frage, ob ein rechtliches Gebot bestand, der Restitution gegenüber einer reinen Entschädigungslösung den Vorzug zu geben, war Gegenstand vieler juristischer Analy-

302 Duisberg, C. (2005), S. 201.
303 Tietmeyer, H. (1994), S. 82.
304 Parlamentsarchiv, Ausschuss Deutsche Einheit. Stenographischer Bericht der 16. Sitzung. 22. August 1990, S. 512f.

sen, mit dem Ergebnis, dass eine verfassungsrechtliche Pflicht dazu nicht bestand.[305] Die Bundesrepublik hatte keine rechtliche Verantwortung für die Enteignungsakte der DDR. Die Bestimmungen des Grundgesetzes zur Eigentumsgarantie galten dort nicht. Mit dem Untergang der DDR und der gegen sie gerichteten Ansprüche bestand rein formal keine eigentumsrechtliche Rechtsposition der Eigentümer mehr. Da bis zum Beitritt der DDR beide Staaten unabhängig voneinander bestanden, hatten Rechtsakte der BRD und damit auch das Grundgesetz für die DDR keine Bindungswirkung. Artikel 14 des Grundgesetzes, die Eigentumsgarantie[306], galt somit erst ab der Wiedervereinigung und besaß auch rückwirkend keine Geltung auf die Eigentumsposition.[307] Ein Ausschluss der Rückgabe wäre daher auch ohne den Verstoß gegen Artikel 14 GG möglich gewesen. Allerdings standen die Art und der Umfang der Wiedergutmachung des DDR-Unrechts zur alleinigen Disposition des Gesetzgebers, die wiederum nach den Vorgaben des Grundgesetzes zu beurteilen waren. Rechtswissenschaftler Lorenz Claussen sieht hingegen die richtige verfassungsrechtliche Einordnung des Restitutionsgrundsatzes darin begründet, dass es sich um eine nachträgliche Korrektur von Ergebnissen einer fremden Rechtsordnung handelt. Diese sei bei der Überleitung einer fremden Verfassungsrechtsordnung in die bestehende notwendig, da ein Rechtsstaat vor evidenten Rechtsverletzungen des alten Regimes nicht die Augen verschließen konnte. Aus dem Rechts- und Sozialstaatsprinzip ergab sich, dass der Rechtsstaat eben nicht alle Urteile, Verwaltungsakte und Enteignungen als gegeben hinnehmen konnte, selbst wenn diese nach der alten Rechtsordnung formal nicht zu beanstanden waren. Claussen stellte fest: »Für den Bereich des Eigentums gilt daher, dass es zur Wahrung der grundlegenden Prinzipien von Recht und Gerechtigkeit ausgeschlossen ist, eine

[305] Vgl.: u.a.: Eickmann, Dieter: Das Jahrzehnt des Sachenrechts. Sachenrechtsprobleme aus Anlass der deutschen Vereinigung. Ein Widerstreit zwischen Systemveränderung und Kontinuität, Restitution und Bestandsschutz, in: Fachhochschule für Verwaltung und Rechtspflege. Nr. 34. Berlin 1995, S. 6; Welker, Ann Marie: Privatisierung und Restitution. Zivilrechtliche Probleme bei der Rückübereignung in den Neuen Bundesländern. Frankfurt am Main 1999, S. 40; Mielke, Kai: Der vermögensrechtliche Restitutionsgrundsatz, in: Kritische Justiz, Vol. 27 Nr. 2/1994, S. 200–213.

[306] (1) Das Eigentum und das Erbrecht werden gewährleistet. Inhalt und Schranken werden durch die Gesetze bestimmt. (2) Eigentum verpflichtet. Sein Gebrauch soll zugleich dem Wohle der Allgemeinheit dienen. (3) Eine Enteignung ist nur zum Wohle der Allgemeinheit zulässig. Sie darf nur durch Gesetz oder auf Grund eines Gesetzes erfolgen, das Art und Ausmaß der Entschädigung regelt. Die Entschädigung ist unter gerechter Abwägung der Interessen der Allgemeinheit und der Beteiligten zu bestimmen. Wegen der Höhe der Entschädigung steht im Streitfalle der Rechtsweg vor den ordentlichen Gerichten offen.

[307] Vgl.: So argumentiert zum Beispiel: Welker, Ann Marie: Privatisierung und Restitution. Zivilrechtliche Probleme bei der Rückübereignung in den Neuen Bundesländern. Frankfurt am Main 1999, S. 39.

Eigentumsordnung ohne weiteres in das geltende Recht zu übernehmen, die auf Maßnahmen von teilweise unerträglichem Unrechtsgehalt aufbaut.«[308]

Der Vorrang der Rückgabe von enteignetem Vermögens sei daher nicht mit Artikel 14 GG in Verbindung zu bringen, sondern vielmehr mit Artikel 17 bis 19 des Einigungsvertrages und der Bewältigung von begangenem Unrecht. Eine Interpretation, die lediglich auf das Eigentum bezogen sei, könne nicht begründen, warum gerade die Rückgabe statt einer Ausgleichsleistung gewählt wurde. Laut Claussen habe es also durchaus eine verfassungsrechtliche Grundlage für den Grundsatz »Rückgabe vor Entschädigung« gegeben, wobei er einschränkend anmerkt, dass es auch genügt hätte, die Rückgabe nur in Ausnahmefällen vorzusehen. In der Wiedergutmachung der Enteignungsmaßnahmen resultierte zudem eine Besserstellung gegenüber anderen Opfergruppen, die von Unrechtsmaßnahmen der SED-Diktatur betroffen waren. Im Interesse des Rechtsfriedens und des hohen allgemeinen Interesses hätte die Rückgabe also auch nur auf Härtefälle beschränkt werden können, so Claussen.[309]

Kai Mielke führt in seinen Ausführungen hauptsächlich politische Gründe an, die für das Restitutionsprinzip sprachen. Die Vorgabe zur Naturalrestitution sei zwar grundrechtlich nicht zwingend geboten gewesen, aber wäre die Entscheidung zugunsten einer lediglich finanziell zu leistenden Entschädigung getroffen worden, hätten sämtliche bloß staatlich verwaltete Vermögenswerte trotzdem zurückgegeben werden müssen, da nie eine formelle Enteignung vorgenommen worden war. Da die staatliche Verwaltung aber oftmals einer Enteignung gleichgekommen sei und es faktisch keine Rolle gespielt habe, ob de facto oder de iure enteignet worden war, sei es nicht zu rechtfertigen gewesen, an den in der Praxis unbedeutenden Unterschied zwischen Inverwaltungnahme und Überführung in Volkseigentum verschiedene Rechtsfolgen zu knüpfen. Mielke führt ein weiteres Argument für die Entscheidung zur Naturalrestitution an: Die Wiedergutmachung nationalsozialistischen Unrechts, die in der DDR ausgeblieben war. Nach dem Fall der Mauer sei es selbstverständlich gewesen, die bundesrepublikanischen Regelungen auch auf die neuen Bundesländer zu übertragen. Es wäre nicht nachvollziehbar gewesen, wenn den unter den Nationalsozialisten enteigneten Personen Naturalrestitution gewährt worden wäre, den vom kommunistischen System Geschädigten hingegen nicht.[310]

Die ideologischen Gründe, die bei der Entscheidung zugunsten des Rückübertragungsprinzips eine Rolle gespielt haben, dürfen nicht unterschätzt werden. Nach Lothar de Maizière wurde das Prinzip »Rückgabe vor Entschädigung« von westlicher

308 Claussen, Lorenz: Der Grundsatz »Rückgabe vor Entschädigung«. Eine bewertende Rückschau, in: Neue Justiz 7/1992, S. 297–299.

309 Ebd.

310 Mielke, Kai: Der vermögensrechtliche Restitutionsgrundsatz, in: Kritische Justiz, Vol. 27 Nr. 2/1994, S. 204.

Seite stark ideologisch gesehen: »Sie konnten sich nicht vorstellen, dass etwas anderes vernünftig wäre als die Wiederherstellung der alten Eigentumsordnung.«[311]

Zudem sei die Bundesrepublik der Meinung gewesen, dass alles was in der DDR geschehen war, sowieso Unrecht gewesen sei und deswegen rückgängig gemacht werden müsse.

In einer rückblickenden Darstellung beschreibt Kanzler Helmut Kohl eine moralische Dimension der Entscheidung: »Ich versuchte mich damals in die Situation derer zu versetzen, die vor zehn, fünfzehn Jahren in Leipzig, Magdeburg oder Dresden ein Haus erworben hatten, das im Laufe der Jahre nun zu ihrem Zuhause geworden war. Natürlich würde es für sie bitter sein, wenn sie nach einer Übergangsfrist von mehreren Jahren ausziehen müssten. Aber wir mussten auch an all diejenigen denken, denen oftmals die Elternhäuser durch SED-Willkür abgenommen worden waren. Wie bitter musste es erst für diese Menschen gewesen sein! Sie hatten nicht nur den moralischen Anspruch, ihr Eigentum zurückzuerlangen, sondern sie hatten auch das Grundgesetz auf ihrer Seite, in dem der Schutz des Eigentums verankert ist. Nach sorgfältigem Abwägen aller Faktoren hatten wir uns daher entschlossen, Rückgabe vor Entschädigung zu stellen.«[312]

Über wahlkampftaktische Gründe, die bei der Entscheidung eine Rolle gespielt haben mögen, kann nur spekuliert werden. Die Entscheidung der Regierungskoalition für eine prinzipielle Rückgabe von Grundstücken entsprach überwiegend den Vorstellungen der Bürger in den alten Bundesländern, wohingegen infolge der Wiedervereinigungseuphorie auf ostdeutscher Seite wohl kaum Stimmenverluste zu befürchten waren.[313] Eine konservativ-liberale Regierung konnte außerdem die Interessen der Eigentümer nicht ignorieren, deren Wiedergutmachungsinteresse durch eine reine Entschädigungslösung wohl kaum befriedigt worden wären. Ferner sollten wenigstens jene Betroffenen, die nach 1949 geschädigt worden waren, ihren Vermögenswert zurückerhalten, wenn schon die zwischen 1945 und 1949 Enteigneten leer ausgingen. Auch Claus J. Duisberg vermutete hinter der Entscheidung »beträchtliche wirtschaftliche Interessen von Alteigentümern ebenso wie von Investoren, die einem von der FDP geführten Ministerium nicht gleichgültig sein konnten«[314].

Innerhalb der Verhandlungen wurde vor allem deutlich, dass die Bundesrepublik keine umfangreichen Kenntnisse über die verschiedenen Enteignungstatbestände oder über die Rechtspraxis der DDR besaß. Unklar ist, ob die Vertreter der DDR in vollem

311 De Maizière, L. (1996), S. 102.
312 Kohl, H. (1996), S. 461.
313 So die Argumentation von Alexandra du Sold, in: Restitution vor Entschädigung. Wiedervereinigung zu welchem Preis. Analyse und Wertung nach rechtlichen, wirtschaftlichen und politischen Gesichtspunkten. Baden Baden 1993, S. 160.
314 Duisberg, C. (2005), S. 201.

Umfang darüber berichteten, dass auch staatlich verwaltetes Vermögen seit 1968 gezielt in Volkseigentum überführt worden war und in Tausenden Fällen DDR-Bürger daran Rechte erworben hatten. Selbst den DDR-Verhandlungsteilnehmern war das ganze Ausmaß der Vermögensverschiebungen in der DDR unbekannt. Es entstand der Eindruck, dass die BRD auch deswegen auf das Prinzip Rückübertragung beharrte, weil sie sich der Tragweite der Problematik nicht bewusst war und nicht ahnte, in wie vielen Fällen die zwischenzeitliche Nutzungsänderung eine Rückgabe so kompliziert machen würde. Die DDR gab wohl auch deswegen ihr Einverständnis, weil sie hoffte, dass die Ausnahmen und Einschränkungen des Rückgabeprinzips zum Tragen kommen und eine Rückgabe aufgrund des redlichen Erwerbs vieler Ostdeutscher ohnehin nicht mehr möglich sein würde. In den Verhandlungen war jedoch nicht abzusehen, welche Folgen die unterschiedlichen Verwaltungspraktiken zur Enteignungsgesetzgebung der DDR und die Unmöglichkeit einer ordnungsgemäßen Verwaltung der Vermögenswerte gehabt hatten. Zwischen Theorie und Praxis der Grundsätze zur staatlichen Verwaltung klafften enorme Unterschiede. Bereits die Durchführung der Enteignungen war nicht einheitlich abgelaufen und die Verwaltungsgrundlagen handhabte jeder Bezirk unterschiedlich. Soweit überhaupt Zahlen vorlagen, waren diese wegen der gezielten Veräußerung aus staatlicher Verwaltung an private Nutzer und wegen einer Überführung ins Volkseigentum nur wenig aussagekräftig. Lothar de Maizière bestätigte, dass aufseiten der Bundesrepublik kaum Kenntnisse über die Handhabung der Enteignungsgesetzgebung oder der komplizierten Bestimmungen des Bodenrechts vorhanden waren.[315] Günther Krause äußerte ebenfalls, dass alle Fragen, die Vermögen, Eigentum und Grundbuchakten betrafen, aufgrund der jahrelangen Verschleierung der DDR nicht bekannt waren.[316] Sowohl die Bundesrepublik als auch die DDR wollten eine schnelle Wiedervereinigung, was auch die vorherige Klärung der offenen Vermögensfragen beinhaltete. Ohne eine Lösung dieser Frage wäre auch das Zustandekommen des Einigungsvertrages gefährdet gewesen. Damit fehlte jedoch die Zeit, sich ein wirklich genaues Bild über das mögliche Ausmaß und die Folgen der Restitutionslösung zu machen.

Die DDR-Regierung war durchaus ein gleichberechtigter Verhandlungspartner und setzte mit der Beibehaltung der Ergebnisse der Bodenreform eine Maximalforderung durch. Sowohl die Modrow-Regierung als auch die Regierung de Maizière äußerten mit Nachdruck, dass die Maßnahmen zwischen 1945 und 1949 nicht verhandelbar seien und es diesbezüglich keinen Spielraum gebe. Die DDR setzte sich außerdem bei der Frage durch, wie mit den Vermögenswerten zu verfahren sei, an denen DDR-Bürger auf redliche Weise Rechte erworben hatten. Im Hinblick auf einen sozialverträglichen

[315] Gespräch mit Lothar de Maizière am 04.12.2012.
[316] E-Mail von Günther Krause vom 09.10.2012.

Ausgleich sah die Bundesrepublik das Erbbaurecht als beste Möglichkeit, die Konflikte zu lösen. Vor allem Lothar de Maizière und Günther Krause machten deutlich, dass nur eine Entschädigungslösung infrage komme, sodass Klaus Kinkel letztlich darauf verzichtete, weiter auf das Erbbaurecht zu beharren. Die DDR erreichte nicht, dass der gesamte Besitzstand unangetastet blieb, erzielte aber Einschränkungen des Rückübertragungsprinzips. Die Bundesrepublik musste sich damit abfinden, dass die Enteignungen zwischen 1945 und 1949 nicht mehr rückgängig gemacht werden würden. Es gelang ihr jedoch, dort, wo es möglich war, die Rückübertragung von Vermögenswerten durchzusetzen.

Auch den DDR-Experten war klar, dass der Gesetzgeber im künftigen wiedervereinigten Deutschland nicht umhin kommen würde, zu Unrecht enteignete Grundstücke an den rechtmäßigen Eigentümer oder deren Erben zurückzugeben. So äußerte Lothar de Maizière im Gespräch, dass es Enteignungen gegeben habe, bei denen der Unrechtsgehalt so hoch war, dass die DDR auf keinen Fall an einem Festhalten der Besitzstände bestehen konnte. Wäre die Entscheidung also zugunsten einer generellen Entschädigungslösung für alle jemals entzogenen Vermögenswerte gefallen, so hätten auch hierbei Ausnahmen definiert werden müssen. Der Verwaltungsaufwand wäre ähnlich hoch gewesen, da alle Anträge ebenfalls hätten überprüft werden müssen. Zweifellos wäre es außerordentlich schwierig gewesen, diese Ausnahmen zu definieren. Ein Großteil der später gestellten Rückgabeforderungen bezog sich außerdem auf nur verwaltete und nicht enteignete Grundstücke. Ein weitreichender Bestandsschutz für die Grundstücke, die unter staatlicher Verwaltung standen, hätte eine Enteignung der Eigentümer zur Folge gehabt, die nicht zu vertreten gewesen wäre.

Auch wenn der Transformationsprozess der DDR durch eine »überwiegend exogene Akteurstruktur«[317] gekennzeichnet war, kann der Einschätzung, dass die »politischen Akteure des alten Regimes kaum an der Ausarbeitung der Restitutionsregelung«[318] beteiligt waren, nicht gefolgt werden. Vielmehr waren von Beginn der Vermögensverhandlungen vor allem die Mitarbeiter des AfR und des DDR-Ministeriums der Finanzen intensiv an der Ausarbeitung der Lösungsmöglichkeiten beteiligt.

317 Wiesenthal, Helmut: Die Transformation Ostdeutschlands. Ein (nicht ausschließlich) Privilegierter Sonderfall der Bewältigung von Transformationsproblemen, in: Wollmann, Hellmut/Wiesenthal, Helmut (Hrsg.): Transformation sozialistischer Gesellschaften. Am Ende des Anfangs (Leviathan Sonderheft). Opladen 1995, S. 147.

318 Häußermann, Hartmut/Glock, Birgit/Keller, Carsten: Die sozialen Konsequenzen der Restitution von Grundeigentum in Deutschland und Polen. in: Berliner Journal für Soziologie, 2001, H. 4, S. 537.

Ein Prinzip und seine Realität – Restitution in der Praxis

Die Entscheidung, rechtswidrig entzogene Vermögenswerte an den Eigentümer oder deren Erben zurückzugeben, bedeutete nicht, das grundsätzlich jedes enteignete Grundstück in der DDR zurückzugeben war. Vielmehr fanden bereits in die Gemeinsame Erklärung zahlreiche Ausnahmen und Einschränkungen Eingang, die dem Umstand Rechnung trugen, dass es in der Zeit des Bestehens der DDR umfangreiche Nutzungsänderungen gegeben hatte. Vieles, was sich im Rechtsalltag der DDR herausgebildet hatte und für das Bodenrecht prägend gewesen war, erfassten weder die Gemeinsame Erklärung noch die Ursprungsfassung des Vermögensgesetzes, oder allenfalls unzureichend. Angesichts der für die Entwicklung des Gesetzes zur Verfügung stehenden Zeit wäre das auch nicht möglich gewesen. Der Einigungsvertrag enthielt daher nur vorläufige Regelungen, die lediglich die Erhaltung von Besitzständen zum Ziel hatten. In einer weiteren Stufe sollten dann die Eigentumsverhältnisse der DDR in BGB-konforme Eigentumsstrukturen überführt werden.[319] Dies konnte erst im Jahr 1994 durch die Bereinigung des Sachenrechts und des Schuldrechtsanpassungsgesetzes erreicht werden, was allerdings die vorherige gründliche Aufarbeitung der tatsächlichen Verhältnisse erforderte. Die Umsetzung des Vermögensgesetzes und der daran anschließenden Gesetze zur Neuregelung der Eigentumsordnung in den neuen Bundesländern erforderte zudem die Schaffung eines leistungsfähigen Verwaltungsapparates. Dies war ein enormer Kraftakt, der vor allem in der Anfangszeit durch diverse Probleme gekennzeichnet war. Zahlreiche Nachbesserungen an den ursprünglichen gesetzlichen Bestimmungen offenbarten die Schwierigkeiten, die mit der Aufarbeitung der eigentumsrechtlichen Fragen im Vereinigungsprozess verbunden waren.

Der Weg zum Vermögensgesetz

Nach der Verabschiedung der Gemeinsamen Erklärung hatten die deutsch-deutschen Unterhändler in Sachen Eigentumsfragen, Klaus Kinkel und Günther Krause, vereinbart, im Frühsommer ihre Experten in Bonn verhandeln zu lassen. Am 20. und 21. Juni 1990 fanden dort erste Gespräche statt, die auf eine schnelle Realisierung der in

[319] Bohrisch, D. (1996), S.178.

der Gemeinsamen Erklärung formulierten Bestimmungen gerichtet waren.[320] Daran anknüpfend wurde in einem Expertengespräch vom 5. bis 7. Juli 1990 die weitere Vorgehensweise besprochen. Auf bundesdeutscher Seite waren alle beteiligten Ressorts (BMB, BML, BMF, BMI, BMWi, BMBau, BK)[321] und die Landesjustizverwaltung Berlin vertreten. Geplant war zunächst die Schaffung von drei Gesetzen zur Klärung der offenen Vermögensfragen. Die DDR-Seite legte den Entwurf eines »Gesetzes zur Rückgabe von volkseigenen Vermögenswerten« (Stand: 4. Juli) vor, woraus dann der Entwurf eines »Gesetzes zur Regelung entzogener Vermögenswerte« entstand. Darin sollte die Umsetzung der Ziffern 3 bis 8 der Gemeinsamen Erklärung erfolgen. Der Umgang mit enteignetem jüdischen Vermögen war bereits Bestandteil des Gesetzentwurfes. Bei der Auswertung der Gespräche hielt die BRD-Seite fest, dass von der DDR ein erster Versuch unternommen worden sei, den Begriff »unredlicher Erwerb« zu definieren. Der Entwurf sei noch nicht vollständig ausgearbeitet und bedurfte einer weiteren gründlichen Überarbeitung, vor allem hinsichtlich der Höhe der Entschädigungen, zum Wertausgleich und der Regelungen zum juristischen Verfahren. Hinsichtlich des Umgangs mit staatlich verwalteten Vermögenswerten existierte zunächst ein separater Gesetzentwurf (»Gesetz zur Regelung der Rechtsverhältnisse an staatlich verwalteten Vermögenswerten«), der die Umsetzung von Ziffer 2 der Gemeinsamen Erklärung enthielt. Zum dritten der angekündigten Gesetze (»Gesetz zur Errichtung eines Entschädigungsfonds«) sah sich die DDR-Seite zeitlich und sachlich außerstande, einen ausformulierten Entwurf vorzulegen und übergab nur ein grobes Konzept zur Schaffung des Entschädigungsfonds. Die Gespräche sollten auf Grundlage der von der DDR überarbeiteten Entwürfe Anfang August fortgesetzt werden. Die DDR-Unterhändler waren aufgefordert, die behandelten Entwürfe unbedingt mit ausführlichen Begründungen zu versehen. Bereits zu diesem Zeitpunkt war klar, dass ein Gesetz, das die Höhe der Entschädigungen regeln sollte, noch in weiter Ferne lag: »Die gesetzestechnische Umsetzung der konzeptionellen Überlegungen zum Entschädigungsfonds wird wegen der extremen Kompliziertheit der Materie demgegenüber noch ganz erhebliche Zeit (möglicherweise noch Jahre) in Anspruch nehmen. Hier wird kein schnelles Gesetz möglich sein.«[322]

320 BArch, DN 1/23116, Verhandlungsunterlagen, Information für Herrn Minister Romberg von Bernhard Weichsel vom 22.06.1990.

321 Bundesministerium für Innerdeutsche Beziehungen, Bundesministerium für Ernährung, Landwirtschaft und Forsten, Bundesministerium für Finanzen, Bundesministerium des Innern, Bundesministerium für Wirtschaft und Energie, Bundesministerium für Raumordnung, Bauwesen und Städtebau und Bundeskanzleramt.

322 BMJ, Az.: 3400/2-1, Bd. 5: Arbeitsgruppe offene Vermögensfragen, Betr.: Offene Vermögensfragen, hier: Expertengespräch mit Vertretern der DDR vom 05. bis 07. Juli 1990 im BMJ, S. 7f.

Für August war vorgesehen, einen ersten Gesetzentwurf mit Vertretern der BRD auf Expertenebene und danach mit Staatssekretären der zuständigen Ministerien der DDR letztmalig zu beraten, bevor er dem DDR-Ministerrat zur Bestätigung eingereicht werden sollte.[323] Das Ministerium der Finanzen der DDR war an der Konzeption zur rechtlichen Regelung der offenen Vermögensfragen, die sich aus der Gemeinsamen Erklärung ergaben, weiterhin aktiv beteiligt. Anfang Juli wurde der bisherige Stand zur Erfüllung der Erklärung festgehalten. Aufschlussreich ist die Einschätzung des Ministeriums der Finanzen der DDR hinsichtlich der Größenordnung und des Stellenwerts der offenen Vermögensfragen. Ihr zufolge rechneten die DDR-Experten im Juni 1990 mit 3,5 bis 4 Millionen Berechtigten, die vermögensrechtliche Ansprüche geltend machen würden. Für die Abwicklung eines Vermögensanspruchs wurde im Durchschnitt mit einem Tag pro Mitarbeiter gerechnet, sodass bei einer durchschnittlichen Besetzung von 15 bis 20 Beschäftigten pro Kreis für die Abwicklung aller Vermögensansprüche rund drei Jahre benötigt werden würden.[324] Eine Einschätzung, die sich sehr bald als illusorisch herausstellen sollte.

In der Gemeinsamen Erklärung verpflichtete sich die DDR, bekannt zu geben, wo und innerhalb welcher Frist Betroffene ihre Ansprüche geltend machen konnten. In der Verordnung zur Anmeldung vermögensrechtlicher Ansprüche vom 11. Juli 1990 wurde festgelegt, dass die Anmeldung ab dem 15. Juli 1990 bis zum 31. Dezember 1990 einzureichen sei.[325] Die Frist wurde durch die Zweite Anmeldeverordnung dahingehend geändert, dass die Anmeldung nur noch bis zum 13. Oktober 1990 galt. Damit sollte die Zahl der Anmeldungen entscheidend begrenzt werden.[326]

Nachdem die Weichen für eine schnelle Umsetzung der Bestimmungen gestellt waren, mussten vor Zustandekommen des Einigungsvertrages noch zahlreiche Fragen beantwortet werden. Vor der dritten Verhandlungsrunde zum Einigungsvertrag am 20. August 1990 verlangten die SPD-geführten Länder Änderungen an den bisherigen Entwürfen, die auch die Eigentumsfragen betrafen. Dazu gehörten Verbesserungen für Investitionen, aber vor allem die Tatsache, dass Entschädigungen grundsätzlich Vorrang vor einer Rückgabe haben sollten. Bei einem Spitzengespräch im Bundeskanzleramt am 26. August wiederholte Hans-Jochen Vogel noch einmal diesen Standpunkt. Klaus Kinkel betonte allerdings, dass das Prinzip Entschädigung der Eigentumsgaran-

323 BArch, DN 1/23132, Stand der Arbeiten zur Regelung offener Vermögensfragen, 10.08.1990.

324 BArch, DN 1/130073, Ministerium der Finanzen Abteilung V, Konzeption zur Beratung der Vorschläge zur rechtlichen Regelung offener Vermögensfragen mit den Staatssekretären ausgewählter Ministerien am 30.07.1990.

325 Verordnung über die Anmeldung vermögensrechtlicher Ansprüche vom 11. Juli 1990 (GBl I Nr. 44, S. 718).

326 Zweite Verordnung über die Anmeldung vermögensrechtlicher Ansprüche vom 21. August 1990 (GBl I Nr. 56, S. 1260).

tie des Artikels 14 des Grundgesetzes widerspreche. Nach mehreren Verhandlungen wurde eine Kompromisslösung gefunden: Im Einigungsvertrag wurden Bestimmungen aufgenommen, die Investitionen ermöglichen sollten. Im Gegenzug hielt die SPD ihre Änderungswünsche beziehungsweise eine Umkehrung des Prinzips nicht weiter aufrecht.[327]

Als Anfang Juli des Jahres 1990 die Gespräche über den Inhalt des Einigungsvertrages begannen, wollte Lothar de Maizière die in der Gemeinsamen Erklärung formulierte Einigung über die Eigentumsfragen festschreiben und mit in den Einigungsvertrag aufnehmen.[328] Die Erklärung, die anfangs als reine politische Absichtserklärung konzipiert worden war, wurde dann als Artikel 41 Bestandteil des Einigungsvertrages. Damit war zugleich ausdrücklich verfassungsrechtlich abgesichert, dass die Bundesrepublik Deutschland auch nach dem Beitritt der DDR keine rechtlichen Regelungen erlassen durfte, die dem Inhalt der Gemeinsamen Erklärung widersprachen.[329] Am 23. September 1990 trat das Gesetz zur Regelung offener Vermögensfragen (VermG) noch als Recht der DDR in Kraft und gilt seitdem als Bundesrecht. Die Absichtsbekundungen der Gemeinsamen Erklärung fanden somit ihre rechtliche Verwirklichung.

Die detaillierten Regelungen des Vermögensgesetzes basierten auf den Vorarbeiten einer gemeinsamen deutsch-deutschen Arbeitsgruppe unter eindeutiger Federführung des Bundesministeriums der Justiz.[330] Laut Prof. Dr. Richard Motsch, der auf bundesdeutscher Seite an den Expertengesprächen beteiligt war, wurde das Vermögensgesetz zusammen mit dem Einigungsvertrag im »Huckepackverfahren« parlamentarisch beraten und von beiden deutschen Gesetzgebern sanktioniert.[331] Der Vorwurf, dass durch das abrupte Staatsende der DDR die »Akteure des alten Regimes« kaum an der Gesetzgebung zum Restitutionsverfahren beteiligt waren, ist nicht zutreffend.[332] Vielmehr waren zahlreiche Vertreter der DDR, die bereits an den Verhandlungen zur Gemeinsamen Erklärung teilgenommen hatten, an den Beratungen zum Gesetzentwurf des Rückgabeprinzips involviert. Unterhändler aufseiten der DDR waren eben jene Experten, die als Funktionsträger sämtliche Eigentumsfragen jahrzehntelang willfährig allein

327 Vgl.: Wolfgang Jäger: Die Überwindung der Teilung. Der innerdeutsche Prozess der Vereinigung 1989/90, Bd. 3 der Geschichte der deutschen Einheit. Stuttgart 1998, S. 512; Klüsener, R. (2011), S. 156.

328 Vgl.: Klüsener, R. (2011), S. 146.

329 Artikel 41 Abs.1 EV (3): »Im Übrigen wird die Bundesrepublik Deutschland keine Rechtsvorschriften erlassen, die der in Absatz 1 genannten Gemeinsamen Erklärung widersprechen.«

330 Vgl.: Rodenbach, Hermann-Josef: Rückblick auf 20 Jahre offene Vermögensfragen, in: ZOV 6/2010, S. 264.

331 Motsch, Richard: Einführung in die offenen Vermögensfragen, in: Zeitschrift für offene Vermögensfragen 1/1991, S. 4.

332 So zum Beispiel: Glock, B. /Keller, C.: Die sozialen Konsequenzen der Restitution von Grundeigentum in Deutschland und Polen. in: Berliner Journal für Soziologie, 2001, H. 4., S. 533–550.

»im sozialistischen Sinne« zum Wohle des SED-Staates behandelt hatten und die nun irgendwie zu retten versuchten, was zu retten war.

Das Vermögensgesetz – Theorie und Umsetzung

Das umfangreiche Gesetz zur Regelung offener Vermögensfragen gliedert sich in sechs Abschnitte. **Abschnitt I** (§§ 1 und 2 VermG) definiert den Geltungsbereich und wichtige Begriffe des Gesetzes. **Abschnitt II** (§§ 3 bis 10 VermG) regelt die Rückübertragung von Vermögenswerten, die in Volkseigentum überführt oder an Dritte veräußert worden sind. Die Aufhebung der staatlichen Zwangsverwaltung behandelt **Abschnitt III** (§§ 11 bis 15 VermG). Die für die **Abschnitte II und III** geltenden Vorschriften zur Fortgeltung von Rechten Dritter und zur Übernahme von Grundstücksbelastungen enthält **Abschnitt IV** (§§ 16 bis 21 VermG). Fragen der Organisation werden in **Abschnitt V** (§§ 22 bis 29 VermG) und Fragen des Verfahrens in **Abschnitt VI** (§§ 30 bis 38 VermG) behandelt.[333] Das Vermögensgesetz folgt den Grundsätzen, auf die sich beide Regierungen in der Gemeinsamen Erklärung verständigten und regelt, unter welchen Voraussetzungen rechtsstaatswidrige Enteignungen wieder aufgehoben werden und wer einen Anspruch auf Rückübertragung eines Grundstückes geltend machte. Das Vermögensgesetz regelt außerdem die Restitution für die Opfer des Nationalsozialismus, deren im NS-Staat enteignetes Vermögen der SED-Staat einbehielt. Der Gesetzgeber trug damit dem Umstand Rechnung, dass eine Wiedergutmachung für Vermögensverluste durch NS-Unrecht auf dem Gebiet der SBZ und späteren DDR praktisch nicht stattgefunden hatte. Unter §1 Absatz 6 wurden diese vermögensrechtlichen Ansprüche aufgeführt, die noch nicht Bestandteil der Gemeinsamen Erklärung waren: »Dieses Gesetz ist entsprechend auf vermögensrechtliche Ansprüche von Bürgern und Vereinigungen anzuwenden, die in der Zeit vom 30. Januar 1933 bis zum 8. Mai 1945 aus rassischen, politischen, religiösen und weltanschaulichen Gründen verfolgt wurden und deshalb ihr Vermögen infolge von Zwangsverkäufen, Enteignungen und auf andere Weise verloren haben. Zugunsten des Berechtigten wird verfolgungsbedingter Vermögensverlust vermutet.«[334]

Bei erbenlosem Vermögen wurde als Rechtsnachfolger die Conference on Jewish Material Claims against Germany (JCC) eingesetzt. Einer der größten und kompliziertesten Ansprüche auf Rückübertragung in Brandenburg lastete auf dem Teltower Ortsteil Seehof, über den auch in überregionalen Medien häufig berichtet wurde. Die Erbengemeinschaft des Kaufmannes Max Sabersky stellte einen Rückgabeanspruch für

[333] Fieberg, Gerhard /Reichenbach, Harald: Zum Problem der offenen Vermögensfragen, in: Neue Juristische Wochenschrift, 6/1991, S. 321–329.

[334] Gesetz zur Regelung offener Vermögensfragen, §1 Geltungsbereich, Absatz 6.

etwa 850 der 1.000 Grundstücke der Gemeinde. Es ging dabei um einen geschätzten Wert von 500 Millionen Mark. Gutachter und Gerichte waren jahrelang mit der Frage beschäftigt, ob der Verfolgungsdruck auf die jüdische Familie schon bei der Machtergreifung der Nationalsozialisten eingesetzt hatte oder erst nach 1935. Zu klären war die Frage, ob die Saberskys, die vor dem Terror der Nationalsozialisten nach Amerika flohen, das Land zwischen 1933 und 1939 freiwillig verkauften oder unter Zwang verkaufen mussten. Mehr als 20 Jahre kämpften die jüdischen Nachfahren um das Erbe der von den Nationalsozialisten verfolgten Familie. Für die Bewohner der Siedlung hatte der Rechtsstreit fatale Folgen. Wegen des bestehenden Rückgabeanspruchs durften sie ihre Häuser nicht verkaufen und konnten – etwa für notwendige Reparaturen – keine Kredite aufnehmen, die diese belastet hätten. In einigen Fällen kam es deswegen zu einer friedlichen Einigung. Gegen die Zahlung der Hälfte des Verkehrswertes des Grundstückes verzichtete die Erbengemeinschaft auf das Restitutionsverfahren.[335]

Ein Rückübertragungsanspruch jüdischer Nachfahren, der eine ähnliche Tragweite hatte und zu dauerhaften Konflikten zwischen der Gemeinde, den Bewohnern und den Erben führte, war der 15 Jahre dauernde Rechtsstreit über die sogenannten Jolowicz-Grundstücke im Neuenhagener Ortsteil Bollensdorf (Märkisch Oder-Land). Friedrich Jolowicz erwarb 1932 das Gut Bollensdorf und veräußerte nach dessen Parzellierung bis Ende 1943 etwa 800 Grundstücke. Seine Erben gingen davon aus, dass er die Grundstücke in den 1930er-Jahren unter Zwang hatte verkaufen müssen, weil er jüdischer Herkunft war, und stellten einen Rückübertragungsanspruch, der etwa 2.000 Grundstücke umfasste. Zu klären war, ob der ehemalige Grundstückseigentümer dem Kreis der kollektiv Verfolgten angehörte. Die Großeltern mütterlicherseits waren keine Juden. Der Großvater väterlicherseits war »Volljude« und die Religionszugehörigkeit der Großmutter väterlicherseits blieb vor 1945 ungeklärt. Bereits 1997 hatte das zuständige Landesamt zur Regelung offener Vermögensfragen die vermögensrechtlichen Ansprüche der Jolowicz-Erben und der JCC abgelehnt, weil Friedrich-Jolowicz nicht als »rassisch Verfolgter« galt. Ein Nachweis, dass Jolowicz »Mischling ersten Grades« gewesen sei, konnte nicht erbracht werden. Nach Unterlagen aus der NS-Zeit habe er selbst geglaubt, »Mischling zweiten Grades« zu sein. Des Weiteren sei er von den Behörden oder der NSDAP nicht als Kollektivverfolgter behandelt oder relevanten Verfolgungsmaßnahmen ausgesetzt gewesen.[336] Klagen vor dem Verwaltungsgericht und dem Bundesverwaltungsgericht verzögerten eine endgültige Entscheidung im Fall der

335 Vgl.: Steyer, Claus-Dieter: Wem gehört Teltow-Seehof? Der Fall eines ehemaligen Gutshofes beschäftigt jetzt die Gutachter, in: Der Tagesspiegel vom 14.09.2000; Emcke, Carolin: Opfer gegen Opfer, in: DER SPIEGEL, 50/1998 vom 07.12.1998; Schümann, Tim: Wem gehört in Seehof Nachbars Garten?, in: DIE WELT vom 17.02.1997; Winter, Steffen: Die Schande von Teltow, in: DER SPIEGEL 51/2013 vom 16.12.2013.

336 Urteil des Bundesverfassungsgerichts vom 18.08.2010 - 1 BvR 3268/07.

Jolowicz-Grundstücke über mehrere Jahre, sodass Betroffene in dieser Zeit das Grundstück nicht vererben, verkaufen, verschenken oder mit einem Kredit belasten konnten.[337]

Die §6-Fälle und der Wunsch des Gesetzgebers, Wiedergutmachung für NS-Unrecht zu leisten, hatte in vielen Fällen eine besonders große Brisanz. Die Rückerstattungsansprüche betrafen oftmals eine besonders große Zahl von Grundstücken und eine Klärung zog sich in den meisten Fällen jahrelang hin.

Paragraf 1 des Vermögensgesetzes regelte die Ansprüche an Vermögenswerten, die entschädigungslos enteignet und in Volkseigentum überführt oder gegen eine geringere Entschädigung enteignet worden waren, als sie Bürgern der früheren Demokratischen Republik zugestanden hätte. Gemeint waren damit nicht alle Enteignungen, die jemals in der DDR vollzogen worden waren, sondern solche, die ganz gezielt bestimmte Personengruppen diskriminierten. Dies betraf in erster Linie Flüchtlinge, deren Vermögen nach §1 der Verordnung zur Sicherung von Vermögenswerten vom 17. Juli 1952 entschädigungslos in Volkseigentum überführt worden war. Ein Anspruch auf Rückübertragung hatte zudem Erfolg, wenn die Entschädigungssumme ungewöhnlich niedrig war. Dies war der Fall, wenn es auf der Grundlage geheimer Preisbeschlüsse bei der Berechnung einer Entschädigung für die Entziehung von Mietgrundstücken zur Anwendung unterschiedlicher Berechnungsmodalitäten gekommen war. Dabei spielte es eine Rolle, ob der Eigentümer ein DDR-Bürger oder ein Bewohner der Bundesrepublik war. Das Vermögensgesetz gewährte in diesen Fällen jedoch nicht nur einen Anspruch auf die ursprünglich reguläre Entschädigungszahlung, sondern die Rückübertragung des betreffenden Vermögenswertes.

Mit dem Vermögensgesetz war vom Gesetzgeber keineswegs beabsichtigt, sämtliche Enteignungen zu revidieren und die in den meisten Fällen ideologisch bedingten Eingriffe gegen das Privatvermögen wieder aufzuheben. Im Kern ging es darum, sogenanntes Teilungsunrecht wiedergutzumachen:[338] »Zweck des Gesetzes ist es also grundsätzlich nicht, jedwede Form von Enteignung in der Deutschen Demokratischen Republik zu erfassen. Vielmehr geht es im Wesentlichen nur darum, die spezifischen Nachteile auszugleichen, die Bundesbürger und Ausländer aufgrund der Tatsache hinnehmen mussten, dass die über Eigentum – sei es, weil sie das Gebiet der Deutschen Demokratischen Republik legal oder illegal verlassen haben, sei es, weil sie dort nie einen Wohnsitz hatten – bislang nicht oder nicht mehr selbst verfügen konnten. Enteignungen, von denen Bürger der DDR, Bundesbürger und Ausländer gleichermaßen betroffen waren (z.B. Enteignungen aufgrund der Bestimmungen des Verteidigungs-

337 Dörschel, Michael: Familie Steinicke hat ihren Elan verloren. In Neuenhagen-Bollensdorf sind 1 100 Grundstücke von Restitutionsansprüchen betroffen, in: Berliner Zeitung vom 05.06.2000.

338 Vgl.: Fieberg, G./Reichenbach, H. (1991), S. 323; Rodenbach, Hermann-Josef: Rückblick auf 20 Jahre offene Vermögensfragen, in: ZOV 6/2010, S. 265.

gesetzes der Deutschen Demokratischen Republik), sind grundsätzlich nicht Teil des Gesetzes.«[339]

Im Laufe der Beratungen wurden jedoch vier weitere Fallgruppen mit einbezogen, die zwar keinen unmittelbaren Bezug zur Teilung hatten, aber dennoch als restitutionswürdig angesehen wurden. Dies betraf die Rückübertragung von Immobilien, die aufgrund ökonomischen Zwangs abgegeben worden waren und danach zum Volkseigentum gehört hatten. Hier beabsichtigte der Gesetzgeber »die Korrektur des Ergebnisses einer verfehlten Wohnungs- und Mietpolitik, die die Eigentümer im Osten, wie im Westen gleichermaßen traf«[340]. Hinzu kamen Enteignungen durch Unternehmensprivatisierung auf Grundlage der Beschlüsse von 1972, Enteignungen durch unlautere Machenschaften – wenn beispielsweise eine Ausreisegenehmigung von einer zuvor erfolgten Veräußerung der Immobilien abhängig war – sowie Enteignungen im Zusammenhang mit rechtsstaatswidrigen Strafverfahren.[341] Dies ging weit über das hinaus, was als »Teilungsunrecht« bezeichnet werden konnte. Enteignungen, die rechtsstaatlichen Mindestanforderungen entsprachen, hatten grundsätzlich Bestand und wurden vom Vermögensgesetz nicht erfasst. Eine Enteignung, die im öffentlichen Interesse, aufgrund eines formellen Gesetzes oder gegen eine angemessene Entschädigung durchgeführt worden war, konnte also nicht rückgängig gemacht werden, was bedeutet, dass auch die Enteignungen nach dem Aufbau- oder Baulandgesetz weiterhin Bestand hatten.[342]

Obgleich mit dem Vermögensgesetz vor allem das »Teilungsunrecht« erfasst werden sollte, blieben zwei Tatbestände unberücksichtigt, deren Unrechtsgehalt zweifellos besonders hoch war. Dies betraf das Schicksal der Zwangsaussiedlungen an der innerdeutschen Grenze und die Inanspruchnahme von Grundstücken für den Bau der Berliner Mauer. Gerade jene DDR-Bürger, die von den Zwangsaussiedlungen betroffen waren, hatten nach der Wiedervereinigung auf eine schnelle und unbürokratische Wiedergutmachung gehofft. Doch die Hoffnungen der Opfergruppe wurden schnell enttäuscht. Während Zwangsausgesiedelte, die in die Bundesrepublik geflüchtet und daraufhin in der DDR enteignet worden waren, ihr Eigentum direkt nach den Bestimmungen des Vermögensgesetzes zurückbekommen konnten, mussten jene, die in der DDR geblieben waren, mindestens bis 1994 auf die Rückgabe ihrer Grundstücke

339 Deutscher Bundestag, 11.Wahlperiode, Drucksache 11/7831: Unterrichtung durch die Bundesregierung Er-läuterung zu den Anlagen zum Vertrag zwischen der Bundesrepublik Deutschland und der Deutschen Demokratischen Republik über die Herstellung der Einheit Deutschlands vom 31. August 1990. hier: Zu Anlage II Kapitel III Sachgebiet B Abschnitt I Nummern 1 und 2 (»Gesetz zur Regelung offener Vermögensfragen"), S. 2.

340 Ebd., S. 2.

341 Fieberg, G./Reichenbach, H. (1991), S. 323.

342 Vgl.: Lochen, H.-H. (1992), S. 234.

warten. Erst das 2. SED-Unrechtsbereinigungsgesetz sollte den Vermögensverlust und das Verwaltungsunrecht abschließend regeln. Bis 1997 wurden jedoch nur diejenigen Zwangsausgesiedelten rehabilitiert, die Ansprüche auf Folgeleistungen für Eingriffe in Vermögenswerte, gesundheitliche Beeinträchtigung und berufliche Nachteile geltend machen konnten.[343]

Auch jene, die ihren Vermögenswert auf Grundlage des DDR-Verteidigungsgesetzes verloren hatten, bekamen diesen nach 1990 nicht mehr zurückerstattet, wie folgendes Fallbeispiel veranschaulicht.

Fallbeispiel: Entschädigungslose Enteignung

Frau B. stellte einen Antrag auf Rückübertragung für ein mit einem Einfamilienhaus bebautes Grundstück in Berlin-Pankow. Das Grundstück befand sich in unmittelbarer Nähe zur damaligen Sektorengrenze. Die Familie verließ kurz nach dem Bau der Mauer die DDR. Auf Grundlage des Verteidigungsgesetzes der DDR wurde das Grundstück 1962 gegen Zahlung einer Entschädigung enteignet und an einen Oberleutnant der Volkspolizei vermietet. Die Antragsteller blieben erfolglos, da der Tatbestand der entschädigungslosen Enteignung nicht erfüllt worden war. Für die Entscheidung des Bundesverwaltungsgerichts war maßgeblich ausschlaggebend, dass das Grundstück gegen die Zahlung der im Verteidigungsgesetz vorgesehenen Entschädigung enteignet worden war. Nach dem Verteidigungsgesetz der DDR waren Enteignungen, die im Interesse der »Verteidigung der Republik« dienten, grundsätzlich möglich und wurden damit im Zuge des Vermögensgesetzes nicht wieder rückgängig gemacht.[344]

Genauso wie die Opfer von Zwangsaussiedlungen an der innerdeutschen Grenze hatten die Betroffenen, die durch Enteignungen an der Berliner Sektorengrenze geschädigt worden waren, große Schwierigkeiten, ihre Ansprüche nach den Bestimmungen des Vermögensgesetzes geltend zu machen. Um zu verhindern, dass die Bewohner flüchteten, wurden die Häuser, die unmittelbar an der Grenze zu West-Berlin lagen, geräumt und auf Grundlage des DDR-Verteidigungsgesetzes enteignet. Insgesamt wurden an der ehemaligen Grenze 8.473 Grundstücke enteignet. Für den Bau der Sperranlagen wurden allein in Berlin 1.876 Grundstücke in Anspruch genommen. Diese Mauergrundstücke fielen jedoch nicht unter den Anwendungsbereich des Vermögensgesetzes und die Betroffenen hatten keine Möglichkeit, diese Grundstücke durch Restitution zurückzubekommen, da sie nicht anders behandelt wurden als Grundstücke,

[343] Vgl.: Bennewitz, Inge/Potratz, Rainer: Zwangsaussiedlungen an der innerdeutschen Grenze. Analysen und Dokumente. Berlin 1994, S. 244ff.

[344] Urteil des Bundesverwaltungsgerichts vom 21.11.1994, zitiert nach: Bardenhewer, Franz: Das Gesetz zur Regelung offener Vermögensfragen. Überblick und Bilanz, in: Vermessung Brandenburg, 2/1997, http://www.geobasis-bb.de/GeoPortal1/produkte/verm_bb/pdf/297s03.pdf (letzter Abruf am 17.09.2015), S.11f.

die für sonstige öffentliche Zwecke enteignet worden waren. Auf Initiative des Landes Berlin und nach schwierigen Verhandlungen auf parlamentarischer Ebene kam es am 11. Juli 1996 zur Verabschiedung des »Gesetzes über den Verkauf von Mauer- und Grenzgrundstücken an die früheren Eigentümer und zur Änderung anderer Vorschriften«[345]. Das Mauergesetz gewährte den Eigentümern jedoch keine Wiedergutmachung durch Restitution, sondern eine privilegierte Ankaufsmöglichkeit. Es räumte den Berechtigten das Recht zum Ankauf ihres Grundstücks gegen eine Zahlung von 25 Prozent des aktuellen Verkehrswertes ein, sofern der Bund das Grundstück nicht für dringende öffentliche Zwecke benötigte. In diesem Fall erhielt ein Antragsteller einen Abfindungsbetrag in Höhe von 75 Prozent des Verkehrswertes. Begründet wurde diese Regelung mit dem besonders verwerflichen Zweck, der diesen Enteignungen zugrunde lag, und dem besonderen Symbolcharakter von Mauern und Sperranlagen.[346] Die politische Kompromisslösung zugunsten der Eigentümer sorgte jedoch für erheblichen Unmut unter den Betroffenen, die keineswegs mit der Möglichkeit eines Ankaufs ihres Eigentums zufrieden waren. Mit dem Ziel, die enteigneten Grundstücke in den Anwendungsbereich des Vermögensgesetzes einzubeziehen, erhoben sie Verfassungsbeschwerde beim Bundesverfassungsgericht, die jedoch nicht zur Entscheidung angenommen wurde. Unter Juristen blieb die Möglichkeit des Ankaufs der Grundstücke umstritten.[347] Wedding Fricke und Klaus Märker warfen die Frage auf, ob der Gesetzgeber mit dem Mauergesetz nicht eine »gleichheitswidrige Bevorzugung [...] gegenüber denjenigen vorgenommen hat, die ihr Vermögen unter vergleichbaren Umständen verloren haben«[348]. Obwohl der Unrechtsrechtscharakter der Maßnahmen nicht bezweifelt werden konnte, stand das Gesetz über den Verkauf von Mauer- und Grenzgrundstücken im Widerspruch zu den Bestimmungen des Vermögensgesetzes, wonach nicht alle erfolgten Enteignungen rückgängig gemacht werden sollen. Für Robert Klüsener bedeutete dies eine klare »Prinzipiendurchbrechung«[349] der ursprünglichen Eckwerte der Restitutionslösung. Er kritisierte ebenfalls, dass das Mauergesetz eine gleichheitswidrige Bevorzugung gegenüber den Betroffenen vornahm, die ihr Vermögen unter ähnlichen Umständen verloren hatten. Auch Richard Schröder stellt in seinem Gutachten aus dem Jahr 2011 dazu fest, dass diese Ausnahmen für die »Mauerenteigneten einen klaren Bruch im Restitutionssystem des Vermögensgesetzes darstellt(en)«. Seiner Meinung nach handelte es sich dabei »erst um eine wirkliche Ungleichbehandlung«

345 Mauergrundstücksgesetz vom 15. 07 1996 (BGBl. I S. 980).
346 Vgl.: Rodenbach, H.-J. (2010), S. 268.
347 Vgl.: Bardenhewer, F. (1997), S. 12, Fricke, W./Märker, K. (2002), S. 464–467.
348 Fricke, W./Märker, K. (2002), S. 467.
349 Klüsener, R. (2011), S. 171.

gegenüber den Enteignungen, in denen die Restitutionsgrundsätze nicht durchbrochen wurden.[350]

Schwierig gestaltete sich die Behandlung der Fallgruppe, die vor 1989 ihr Immobiliarvermögen aufgrund ökonomischen Zwangs verloren hatte. Durch das Vermögensgesetz wurde die Rückübertragung von bebauten Grundstücken und Gebäuden, die durch nicht kostendeckende Mieten und infolgedessen eingetretener oder unmittelbar bevorstehender Überschuldung durch Enteignung, durch Eigentumsverzicht, Schenkung oder Erbausschlagung in Volkseigentum übernommen worden waren, geregelt. Dies betraf fast ausschließlich DDR-Bürger und hatte nichts mit dem sogenannten »Teilungsunrecht« zu tun, sondern zielte darauf ab, auch an den Opfern der DDR-Mietpreispolitik Wiedergutmachung zu leisten. Für die Beantwortung der Frage, ob eine derartige Überschuldung eingetreten war, waren alleine der Zustand der Immobilie und deren Wert zum Zeitpunkt des Eigentumsverlustes wesentlich. Als Maßstab für eine tatsächlich eingetretene oder unmittelbar bevorstehende Überschuldung dienten unter anderem die Unterlagen der staatlichen Bank der DDR und teilweise auch vorhandene Hypothekenbriefe. Allerdings waren diese Dokumente nicht immer verfügbar, sodass sich die Sachverhaltsaufklärung mitunter sehr problematisch gestaltete. Die Schwierigkeit bestand vor allem darin, den Bauzustand eines Gebäudes nach erheblichem zeitlichen Abstand festzustellen und zu bewerten. Einfacher gestaltete sich die Beweisführung jedoch dann, wenn ein Antragsteller aus Westdeutschland nach einer erfolgreichen Flucht in die Bundesrepublik enteignet worden war. Karl Martin Born, der im Rahmen seiner Dissertation im Bereich Geografie die Daten der Restitutionsverfahren im Amt Löcknitz (Mecklenburg-Vorpommern) auswerten konnte, kommt zu dem Schluss, dass die recht unterschiedlichen Erfolgsquoten im Restitutionsprozess im Kern von »einer Rezeptions- beziehungsweise Interpretations- und einer Beweisbeschaffungsproblematik«[351] herrühren. Born wertete aus, dass im Amt Löcknitz insgesamt 394 Restitutionsanträge gestellt wurden. 54,3 Prozent der Antragsteller stammten aus Westdeutschland, 43,1 Prozent aus Ostdeutschland. Er ermittelte, dass Antragsteller aus Westdeutschland mit einer Erfolgsquote von 39,7 Prozent bessere Chancen auf Restitution hatten als Antragsteller aus Ostdeutschland mit nur 12,9 Prozent. Nur 20 Prozent aller Anträge auf Restitution nach Eigentumsverzicht führten zur Restitution, während 67,5 Prozent aller Anträge, denen eine Flucht aus der DDR zugrunde lag, erfolgreich waren. Der individuelle Misserfolg für ostdeutsche Antragsteller führte oftmals zu Frustrationen bei denen, die, obwohl sie mitunter jahrelang klagten, am Ende trotzdem leer ausgingen.[352] Die Einbeziehung der Überschuldungsfälle in das Vermö-

[350] Schröder, R. (2011), S. 109.
[351] Born, K. (2007), S. 277.
[352] Ebd., S. 274–277.

gensgesetz kann durchaus als positiv bewertet werden. Möglicherweise wäre es aber sinnvoller gewesen, dafür ein gesondertes Gesetz zu schaffen, um der komplizierten Thematik gerecht zu werden.

Insgesamt waren alle Fallgruppen, die durch das Vermögensgesetz erfasst wurden, sehr ungleich. Das Verhältnis der einzelnen Fälle, nach denen ein Anspruch geltend gemacht werden konnte, war unausgewogen und der Unrechtsgehalt dieser Fälle sehr unterschiedlich. So konnte jemand Haus und Grundstück, die er nach der Flucht in den Westen verloren hatte, nach 1990 per Antrag ebenso zurückbekommen, wie jemand, der dafür eine – wenn auch vergleichsweise geringe – Entschädigung erhalten hatte. Gleichzeitig bekamen massiv Geschädigte, wie die Zwangsausgesiedelten und jene, die ihr Vermögen durch die Errichtung der Mauer- und Sperranlagen verloren hatten, ihr einstiges Eigentum nur sehr schwer oder über viele Umwege zurück. Hinzu kam das Problem, dass zu DDR-Zeiten vor allem staatlich verwaltete Grundstücke unter dem Deckmantel geltender DDR-Gesetze, wie dem Aufbau- oder das Baulandgesetz, enteignet und in Volkseigentum überführt worden waren. In diesen Fällen hatten die Betroffenen nach 1990 keine Möglichkeit, ihr Eigentum zurückzubekommen, sofern es nach rechtsstaatlichen Grundsätzen nichts zu beanstanden gab.

Auch wenn die Voraussetzungen für die Anwendbarkeit des Vermögensgesetzes gegeben waren, bedeutete dies nicht, dass es auch tatsächlich zu einer Rückübertragung kam. Bereits in der Gemeinsamen Erklärung waren die Ausschlussgründe für die Restitution definiert, nach denen der Berechtigte dann nur noch eine Entschädigung erhalten konnte. Alexander von Falkenhausen erläutert die diversen Ausschlussgründe, nach denen eine Rückübertragung ausgeschlossen war, wie folgt:

- Eine Rückübertragung war ausgeschlossen, wenn dies von der Natur der Sache her nicht mehr möglich war. Wenn zum Beispiel ein enteignetes Grundstück von einer Talsperre überflutet wurde.
- Ferner war die Rückgabe ausgeschlossen, wenn die Immobilie
  a) mit erheblichem baulichen Aufwand in ihrer Nutzungsart oder Zweckbestimmung verändert wurde und ein öffentliches Interesse an dieser Nutzung bestand. Dies konnte bei einem Umbau eines Hauses zu einer Schule der Fall sein. Allerdings mussten die maßgeblichen tatsächlichen Umstände (z.B. Weiterbetrieb der Schule) am 29. September 1990 (Zeitpunkt des Inkrafttretens des Vermögensgesetzes) noch vorgelegen haben müssen.
  b) noch dem Gemeingebrauch gewidmet wurde (Beispiel: Straßenbau auf einem enteigneten Grundstück)
  c) im komplexen Wohnungs- oder Siedlungsbau verwendet wurde (Beispiel: Errichtung von Wohnblöcken, in der Regel nach dem Aufbaugesetz oder dem Baulandgesetz durch Zusammenlegung mehrerer Grundstücke zu einem Gesamtkomplex)

d) der gewerblichen Nutzung zugeführt oder in eine Unternehmenseinheit einbezogen wurde und nicht ohne erhebliche Beeinträchtigung des Unternehmens zurückgegeben werden kann. Auch hierbei galt, dass die maßgeblichen tatsächlichen Umstände am 29. September 1990 vorgelegen haben müssen.[353]

Als wohl wichtigstes und gleichzeitig strittigstes Ausnahmeprinzip ist der redliche Erwerb von Dritten zu bezeichnen, womit der Grundkonflikt zwischen den Interessen der Eigentümer und der Nutzer gelöst werden sollte. Bereits in der Gemeinsamen Erklärung war festgelegt, wie dann zu verfahren war: »Sofern Bürger der Deutschen Demokratischen Republik an zurückzuübereignenden Immobilien Eigentum oder dingliche Nutzungsrechte in redlicher Weise erworben haben, ist ein sozial verträglicher Ausgleich an die ehemaligen Eigentümer durch Austausch von Grundstücken mit vergleichbarem Wert oder durch Entschädigung herzustellen.«[354]

Der Begriff »Redlichkeit« wurde hier in bewusster Abgrenzung zur »Gutgläubigkeit« des BGB eingeführt. Die Vorschriften über den gutgläubigen Erwerb im BGB schützen den guten Glauben an die Verfügungsbefugnis des Veräußerers. In der DDR war aber weitgehend bekannt, dass beispielsweise das Vermögen von Ausreisenden oder Flüchtlingen oftmals zwangsweise durch den früheren Eigentümer selbst veräußert oder erst in Volkseigentum überführt und dann veräußert wurde. Diese Kenntnis hätte in den Fällen eines Kaufs vom staatlichen Verwalter den guten Glauben an dessen Verfügungsbefugnis ausschließen müssen, obwohl der Erwerb dieser Objekte nach DDR-Recht möglich war. Wenn aber nach DDR-Gesetzen beim Erwerb alles mit rechten Dingen zugegangen war, so war der redliche Erwerb als solcher schützenswert. Durch die Unterscheidung der Begrifflichkeiten sollte verdeutlicht werden, dass gemessen an den Maßstäben des BGB eine Gutgläubigkeit vielleicht nicht vorgelegen haben mochte, dass aber mit dem Begriff der »Redlichkeit« den damaligen Umständen Rechnung getragen worden war.[355] Der Begriff »redlich« war im Gesetz nicht definiert. Beschrieben wurde vielmehr, was als unredlich anzusehen war. Als unredlich war der Erwerb dann anzusehen, wenn er

- nicht im Einklang mit dem zum Zeitpunkt des Erwerbs in der DDR geltenden allgemeinen Rechtsvorschriften, Verfahrensgrundsätzen und einer ordnungsgemäßen Verwaltungspraxis stand und der Erwerber dies wusste oder hätte wissen müssen;

[353] Falkenhausen, Alexander von: Das Vermögensgesetz oder wer bekommt was? In: Brouër, D./ Trimbach, H. (u.a.): Offene Vermögensfragen. Ein Ratgeber. S. 63f.

[354] Gemeinsame Erklärung, Ziffer 3b.

[355] Vgl.: Schröder, R. (2011), S. 78; Rodenbach, H.-J. (2010), S. 265; Wilske, Stefan: Aus der Praxis der Vermögensämter. Der Ausschluss der Rückübertragung von privaten Vermögenswerten aufgrund redlichen Erwerbs gemäß § 4 Abs. 2 VermG, in ZOV, 5/1992, S. 242ff.

- darauf beruhte, dass der Erwerber durch Korruption oder Ausnutzung einer persönlichen Machtstellung auf den Zeitpunkt oder die Bedingungen des Erwerbs oder auf die Auswahl des Erwerbsgegenstandes eingewirkt hatte, oder
- davon beeinflusst war, dass sich der Erwerber eine von ihm selbst oder von dritter Seite herbeigeführte Zwangslage oder Täuschung des ehemaligen Eigentümers zunutze gemacht hatte.[356]

Das Bundesverwaltungsgericht hat zur Frage der Korruption und Ausnutzung einer persönlichen Machtstellung eine grundlegende Entscheidung getroffen. Allein die Eigenschaft eines Erwerbers als Funktionsträger des SED-Regimes begründete demnach noch nicht dessen Unredlichkeit, sodass sich daraus keine Rückschlüsse auf das Vorliegen von Korruption oder die Ausnutzung einer Machtstellung herstellen lassen. Auch die Ausübung eines Mangelberufs, wie zum Beispiel der eines Arztes oder ein Universitätsprofessors, begründete noch lange keine persönliche Machtstellung. Vielmehr kam es auf die Einflussmöglichkeiten innerhalb des Systems an. Die persönliche Machtstellung musste zum Zweck des Erwerbs ausgenutzt worden sein, was voraussetzt, dass der Erwerber davon einen besonderen Vorteil hatte.[357] In der Praxis gestaltete sich der Nachweis eines unredlichen Erwerbs als besonders streitanfällig. Mitunter wurde seitens der Eigentümer die Mitgliedschaft in einer der vielen Massenorganisationen oder die berufliche Tätigkeit als Indiz für einen vermeintlichen unredlichen Erwerb angeführt. Andererseits überprüften Vermögensämter die formellen Voraussetzungen des Erwerbsvorgangs und schlossen, sofern es dabei nichts zu beanstanden gab, daraus auf die Redlichkeit des Erwerbers. Fraglich ist, in wie vielen Fällen tatsächlich ein unredlicher Erwerb, der durch Ausnutzung einer persönlichen Machtstellung, durch Korruption oder durch Herbeiführung einer Zwangslage entstand, nachgewiesen werden konnte und in wie vielen Fällen dies tatsächlich der Grund für eine Rückübertragung des Vermögenswertes war.

Fallbeispiel: Ausschluss der Rückübertragung wegen redlichen Erwerbs

Die Kläger waren Eigentümer eines Einfamilienhauses, das sie mit staatlicher Genehmigung auf einem volkseigenen Grundstück errichtet hatten. Nach ihrer Flucht aus der DDR wurden ihnen das Nutzungsrecht und das Eigentum am Haus entzogen. Wenig später verkaufte der Bürgermeister das Haus an einen im Ort tätigen Arzt, dem daraufhin ein Nutzungsrecht verliehen wurde und der als Eigentümer des Hauses ins Grundbuch eingetragen wurde. Zwar war der Tatbestand der entschädigungslosen Enteignung erfüllt, doch der Arzt hatte das Haus seinerzeit redlich erworben, da keine Anhaltspunkte für einen unredlichen Erwerb vorlagen. Die Beklagten hatten weder

[356] Vermögensgesetz, §4 Ausschluss der Rückübertragung, Abs. 3 a–c.
[357] Vgl.: Fricke, W./Märker, K. (2002), S. 323–327.

eine einflussreiche Stellung noch waren sie in irgendeiner Weise Funktionsträger von Staat und Partei. Die berufliche Tätigkeit als Arzt, die zwar maßgeblichen Einfluss auf die Verkaufsentscheidung seitens der DDR-Behörden hatte, begründete zudem keine Ausübung einer persönlichen Machtstellung. Der Restitutionsantrag der Kläger blieb in allen Instanzen ohne Erfolg.[358]

Fallbeispiel: Rückübertragung wegen unredlichen Erwerbs

Die Kläger waren Erben von Herrn K., der das Grundstück im Jahr 1939 erwarb. Er verließ 1952 legal die DDR, woraufhin das Grundstück unter vorläufige Verwaltung durch den Rat der Gemeinde gestellt wurde. 1961 mieteten die Beklagten das auf dem Grundstück befindliche Einfamilienhaus, bevor sie 1970 mit dem VEB Kommunale Wohnungsverwaltung einen Überlassungsvertrag abschlossen. Als der Eigentümer im Jahr 1982 starb, beantragte die Inhaberin des Überlassungsvertrages die Übernahme des Grundstücks in Volkseigentum. Mit gleichem Schreiben wurden Baumaßnahmen angeführt, die in den letzten Jahren durchgeführt worden seien. Dazu gehörte der Anbau eines Zimmers (ca. 50.000 Mark), die Errichtung eines Schwimmbeckens (ca. 10.000 Mark), die Erneuerung des Heizkessels (ca. 1.000 Mark) und die Erneuerung der Elektroanlage, der Be- und Entwässerung sowie der Badeinrichtung (ca. 5.000 Mark). Im Juli 1984 erließ der Rat des Kreises gegenüber dem Eigentümer die Inanspruchnahme des Grundstückes nach dem Aufbaugesetz, woraufhin es im September 1984 Eigentum des Volkes wurde. Mit Feststellungsbescheid vom 1. November 1984 wurde die Entschädigung in Höhe von 19.721 Mark festgesetzt. Im Juni 1985 verkaufte der Rat der Gemeinde das Haus an die Nutzerin. Wenig später wurde ihr für das Grundstück ein dingliches Nutzungsrecht verliehen.

Im Juli 1990 beantragte der Eigentümer die Rückgabe seines Anwesens. Nach seinem Tod wurde dieser Anspruch von einer Erbengemeinschaft fortgeführt. Das Amt zur Regelung offener Vermögensfragen lehnte den Antrag ab. Der Erbengemeinschaft stand zwar ein Anspruch auf Entschädigung zu, eine Rückgabe sei jedoch ausgeschlossen, da den Nutzern ein dingliches Nutzungsrecht verliehen worden sei und Eigentum am Gebäude entstand. Unredlichkeit beim Erwerb konnte nicht festgestellt werden. Mit Widerspruchsbescheid wurde auch der Widerspruch der Kläger im Jahr 1998 abgewiesen.

Das Landgericht Potsdam beurteilte den Fall jedoch anders und verpflichtete die Nutzer das Grundstück an die Erbengemeinschaft zurückzuübertragen. Die Restitution sei nicht wegen redlichen Erwerbs ausgeschlossen. Vielmehr erkannte das Gericht den Tatbestand einer unlauteren Machenschaft. Es war davon überzeugt, das Grundstück sei nicht aufgrund eines durch das Aufbaugesetz gedeckten Zwecks in Volkseigentum

[358] Urteil des Bundesverwaltungsgerichts vom 21.11.1994, zitiert nach: Bardenhewer, F. (1997), S. 13.

überführt worden, sondern zur Sicherung der bereits getätigten Nutzerinvestitionen. Ein Schreiben der Nutzerin an den staatlichen Verwalter vom Mai 1983 habe den Anstoß zur Durchführung des Enteignungsverfahrens gegeben: »Es sei offensichtlich so gestaltet worden, um nach außen den Anschein einer legalen Enteignung herbeizuführen. Die im Schreiben angegeben Summen seien offensichtlich überhöht. Die Beigeladene zu 1 habe einer weiteren Absicherung nicht bedurft. Sie habe mit dem Abschluss des Überlassungsvertrages eine Quasi-Eigentümerstellung erworben. Während der Laufzeit des Vertrages sei sie vor Kündigung geschützt gewesen. [...] Es habe für die Beigeladene zu 1 klar sein müssen, dass sie ein nach wie vor fremdes Grundstück nach ihren Vorstellungen nutzen könne. Es bestehe ein enger zeitlicher und kausaler Zusammenhang zwischen dem Schreiben der Beigeladene zu 1, der unlauteren Überführung des Grundstücks in Volkseigentum und dem Verkauf des Gebäudes an die Beigeladene zu 1, so dass dadurch eine Anstößigkeit des Erwerbes indiziert werde. Angesicht der Gesamtumstände und des Geschehensablaufes hätte sich der Beigeladenen zu 1 zumindest aufdrängen müssen, das hier bei der Enteignung unlautere Machenschaften im Spiel seien, um das Gebäude entsprechend ihrem Antrag veräußern zu können.« Auch eine Revision hatte keinen Erfolg. Das Bundesverwaltungsgericht bestätigte das Urteil und stellte fest, dass der »Zugriff auf das Grundstück des Rechtsvorgängers der Kläger nicht nur rechtswidrig, sondern auch manipulativ erfolgt war und damit diskriminierende Züge aufgewiesen hat«[359].

Fallbeispiel: Rückübertragung wegen unredlichen Erwerbs

Ein Grundstück befand sich unter staatlicher Verwaltung. Durch Erbschaft ihrer verstorbenen Mutter erwarb es die Eigentümerin, die bereits 1952 aus der DDR ausgereist war. Zum Verwalter wurde der VEB Kommunale Wohnungsverwaltung (KWV). Laut Grundbucheintrag im Jahr 1978 wurde das Grundstück durch Kaufvertrag in Volkseigentum überführt. Durch notariellen Kaufvertrag veräußerte die KWV das Grundstück an die seinerzeitigen Nutzer, die das Objekt seit 1957/60 als Mieter bewohnten. Der Kaufpreis entsprach einem Wertermittlungsgutachten. 1979 wurden die Nutzer als Eigentümer ins Grundbuch eingetragen. Ein Antrag auf Rückübertragung des Grundstücks der ehemaligen Eigentümer wurde wegen redlichen Erwerbs der Nutzer abgelehnt. Der Widerspruch gegen die Ablehnung blieb erfolglos. Das Verwaltungsgericht wies die Klage ebenfalls ab, weil das Eigentum am Grundstück redlich erworben worden sei. Zwar habe der Verkauf gegen die Unveräußerlichkeit des Volkseigentums verstoßen, es fehlte aber an den erforderlichen manipulativen Elementen und eine Einwirkung der langjährigen Mieter auf den Erwerbsvorgang sei nicht ersichtlich.

359 BVerwG, Urteil vom 31.05.2006 – 8 C 1.05, Online unter: http://www.bverwg.de/310506U8C1.05.0 (letzter Abruf am 24.11.2015).

Aus dem notariellen Kaufvertrag sei zudem nicht hervorgegangen, dass es sich um ein volkseigenes Grundstück handelte, da die KWV als Verkäufer auftrat. Gegen dieses Urteil richtete sich die Revision der Klägerin. Zur Begründung trug sie vor, das Verwaltungsgericht habe die Anforderungen an eine Unredlichkeit des Erwerbs verkannt. Die Revision hatte mit dem Ergebnis Erfolg, dass das Urteil aufgehoben und zur weiteren Verhandlung an das Verwaltungsgericht zurückverwiesen wurde. Die Annahme eines manipulativen Erwerbs würde sich schon deswegen aufdrängen, weil der Veräußerung des Grundstücks in Volkseigentum nur fünf Monate später der Erwerb durch die Nutzer erfolgte. Zwar stellte das Verwaltungsgericht fest, dass es an greifbaren Anhaltspunkten fehle, die die Manipulation der Käufer belegen, dennoch konnte das Urteil nach Meinung des Gerichtes nicht aufrechterhalten werden. Es musste deshalb unter Ausschöpfung der zur Verfügung stehenden Beweismittel erneut prüfen, ob die Beigeladenen von der Veräußerung des volkseigenen Grundstücks begleitenden Manipulationen Kenntnis hatten oder bei Beachtung der erforderlichen Sorgfalt hätten haben müssen. Dabei sollte auch geklärt werden, ob sie wussten oder wissen mussten, dass sie ein volkseigenes Grundstück erwarben.[360]

Vor allem der letzte Beispielfall zeigt, dass eine eindeutige Definition, in welchen Fällen ein unredlicher Erwerb vorlag, und die Unterscheidung zum Begriff »Gutgläubigkeit« seitens der Rechtsprechung nicht immer problemlos vorgenommen werden konnte.

Im geschilderten Fall war vor allem auch die Dauer des Verfahrens für die Nutzer sehr problematisch. Noch zwölf Jahre nach dem Bezug der Immobilie waren sie im Unklaren darüber, ob der Erwerb ihres Grundstücks im Jahr 1979 als unredlich eingestuft werden würde und sie demnach mit dem Verlust der Immobilie rechnen mussten. Für besonderen Unmut in Ostdeutschland sorgte die im Vermögensgesetzt in Bezug auf den redlichen Erwerb enthaltende Stichtagsregelung. Während laut der Gemeinsamen Erklärung alle Verkäufe nach dem 18. Oktober 1989 überprüft werden sollten, galt hier nach dem Vermögensgesetz eine Totalausnahme. Zwar war laut §4 Abs. 2 Satz 2 des Vermögensgesetzes eine Rückübertragung ausgeschlossen, sofern »natürliche Personen, Religionsgemeinschaften oder gemeinnützige Stiftungen nach dem 8. Mai 1945 in redlicher Weise an dem Vermögenswert Eigentum oder dingliche Nutzungsrechte erworben haben«. Dies galt bei Grundstücken und Gebäuden aber nicht mehr, »sofern das dem Erwerb zugrundeliegende Rechtsgeschäft nach dem 18. Oktober 1989 ohne Zustimmung des Berechtigten geschlossen wurde«.[361] Begründet wurde die Wahl des Stichtages damit, dass am 18. Oktober 1989, dem Datum des Rücktritts Erich Hone-

360 BVerwG 7 C 15.01 Bundesverwaltungsgericht im Namen des Volkes. Urteil verkündet am 17.01.2002, online unter: http://lexetius.com/2002,2120, (letzter Abruf am 24.11.2015).

361 Vermögensgesetz §4 Abs. 2 Satz 2.

ckers, die grundlegenden Umwälzungen in der Wirtschafts- und Eigentumspolitik bereits voraussehbar gewesen seien, obwohl die ersten demokratischen Wahlen und eine mögliche Wiedervereinigung noch in weiter Ferne lagen. Bürger der DDR hatten erst nach dem umstrittenen »Modrow-Gesetz« vom März 1990 die Möglichkeit, volkseigenen Grund und Boden käuflich zu erwerben. Die Bundesrepublik wollte jedoch vermeiden, dass Grundstücke in letzter Minute den Besitzer wechselten. Die Einführung eines Stichtages erfolgte unter der Annahme, dass diese Erwerbe als unrechtmäßig anzusehen seien. Sie ging davon aus, dass in jener Phase vor allem Funktionäre oder dem Regime nahestehende Personen nach dem Rücktritt Honeckers Immobilien erwarben. Diese Einschätzung erwies sich jedoch als falsch. Tatsächlich hatten vorrangig »normale« Bürger die Chance genutzt, das Eigentum an Grundstück und Gebäude zu vervollständigen. Durch die Stichtagsregelung sahen sich die DDR-Erwerber pauschal einem Vorwurf des unredlichen Erwerbs ausgesetzt. Sie war vor allem auf politischer Ebene stark umstritten. Der Gesetzgeber reagierte zwar 1992 mit der Einfügung zusätzlicher Ausnahmetatbestände, auf die an anderer Stelle noch ausführlicher Bezug genommen wird, konnte sich aber nie dazu durchringen, diese gänzlich streichen zu lassen.

Verfahren und Aufbau des Verwaltungsapparates

Verfahren

Die Anmeldung eines Anspruchs auf einen Vermögenswert markierte den Beginn eines Rückübertragungsverfahrens. Er musste dort geltend gemacht werden, wo die Immobilie belegen war. Um das Verfahren in Gang zu bringen, genügte zunächst ein formloser Antrag. Erst im Verlauf des Verfahrens war der Antragsteller verpflichtet, Dokumente zur Klärung der Sachfragen vorzulegen. Das zuständige Amt zur Regelung offener Vermögensfragen hatte dann die Aufgabe, die entscheidenden Dokumente zusammentragen. Dazu gehörten beispielsweise Kaufverträge, Grundbuchauszüge oder auch Belege, die eine Enteignung durch DDR-Behörden nachweisen konnten. Als besonders hinderlich erwies sich dabei vor allem die zu DDR-Zeiten gängige unzulängliche Grundstücksdokumentation. Die Sanierung der Grundbücher, die im Oktober 1990 bei einem Rückstand von ca. 500.000 unerledigten Anträgen und täglich über 7.000 Neueingängen in Angriff genommen wurde, kostete zwangsläufig erheblich Zeit.[362]

An einem Rückübertragungsverfahren waren folgende Akteure beteiligt:

- Der **Alteigentümer**, der durch die Anmeldung seines Anspruchs ein Rückübertragungsverfahren eingeleitet hat. Sein Ziel bestand in der Wiederherstellung des früheren Rechtszustandes.

[362] Lochen, H.-H. (1992), S. 230.

- Der **Nutzer** beziehungsweise **(bzw. der gegenwärtige Eigentümer)**, dessen Ziel in der Beibehaltung des Rechtszustandes bestand und der seine Verfügungsberechtigung über das Grundstück nicht verlieren wollte.
- Ein **Investor** als möglicher Beteiligter, dessen Investitionsinteresse sich nur verwirklichen ließ, wenn er das Eigentum oder ein Nutzungsrecht am Grundstück erwerben konnte.
- Die zur Entscheidung berufene Behörde oder – im weiteren Verfahrensverlauf – das Verwaltungsgericht.[363]

Der Begriff »Alteigentümer« hat sich, obwohl es dafür keine juristische Definition gibt, im allgemeinen Sprachgebrauch eingebürgert. Patt und Theissen verstehen als Alteigentümer denjenigen, der einen Rückübertragungsanspruch auf einen in der ehemaligen DDR entzogenen Vermögenswert geltend machte. Bis zum Stichtag konnten jedoch nicht nur die unmittelbar von einer Enteignungsmaßnahme betroffenen Ansprüche stellen, sondern auch deren Rechtsnachfolger, also ihre Erben. Anspruchsberechtigt waren außerdem nicht nur Privatpersonen, sondern auch juristische Personen, wie Vereine oder Aktiengesellschaften, und Personenhandelsgemeinschaften wie Kommanditgesellschaften. In der Praxis kam es häufig vor, dass mehrere Personen Ansprüche auf dasselbe Grundstück geltend machten, sodass an dem Rückübertragungsverfahren mehrere Alteigentümer beteiligt sein konnten. Bei diesem Interessenkonflikt galt derjenige Eigentümer als Berechtigter, der zeitlich zuerst von einer Enteignungsmaßnahme betroffen war.

Während des Verfahrens hatte das zuständige Vermögensamt in jedem Stadium auf eine gütliche Einigung hinzuwirken. Bevor dieses eine endgültige Entscheidung traf, hatte es dem Antragsteller die beabsichtigte Entscheidung schriftlich mitzuteilen und ihm Gelegenheit zu einer Stellungnahme binnen zwei Wochen zu geben. Nach Prüfung wurde ein Restitutionsbescheid erstellt oder eine Ablehnung des Anspruchs erteilt. Entscheidungen des Amtes zur Regelung offener Vermögensfragen waren Verwaltungsakte. Diese konnten mit dem Rechtsbehelf des Widerspruchs angefochten werden. Bei einem negativen Bescheid blieb eine Frist von vier Wochen, um Widerspruch einzulegen. Der Widerspruch wurde, sofern er zulässig und begründet war, dem Widerspruchsausschuss beim Landesamt zur Regelung offener Vermögensfragen vorgelegt. Nach Erlass des Widerspruchsbescheides stand als weiteres Rechtsmittel die Klage offen. Sie richtete sich gegen den Ausgangsbescheid und den Widerspruchsbescheid. Damit wurde der Verwaltungsgerichtsweg eröffnet. Gegen die Entscheidung des Verwaltungsgerichts gab es grundsätzlich kein weiteres Rechtsmittel. Das Verwaltungsgericht entschied in erster und letzter Instanz. Nur dann, wenn das Verwaltungs-

[363] Patt, Hans-Georg/Theissen, Rolf: Streit um Grundstücke. Die Abwehr von Alteigentümeransprüchen im Rückübertragungs- und Investitionsvorrangverfahren. Freiburg 1994, S. 10–13.

gericht im Einzelfall eine Revision zuließ, konnte das Urteil vom Bundesverwaltungsgericht im Rahmen eines Revisionsverfahrens nachgeprüft werden. War eine Revision nicht zugelassen, konnte dagegen die Nichtzulassungsbeschwerde eingelegt werden. Wurde der Beschwerde stattgegeben, wurde das Verfahren als Revisionsverfahren fortgeführt, anderenfalls war das Urteil rechtskräftig und der Rechtsweg erschöpft.[364]

Grundstücke wurden mit Bestandskraft des Rückübertragungsbescheides zurückübereignet. Waren Grundstücke in Volkseigentum überführt worden, löschten die DDR-Ämter im Grundbuch sämtliche Belastungen. Wenn volkseigene Grundstücke nun wieder an den Eigentümer zurückgegeben wurden, lebten diese Belastungen wieder auf. Anstelle des Wiederauflebens der Belastungen wurde dann ein Ablösebetrag festgesetzt. In Fällen, in denen Grundstücke modernisiert und instandgesetzt worden waren, ohne dass dies zu einer Grundstücksbelastungen geführt hatte, musste der Berechtigte einen Wertausgleich zahlen, da er durch die Rückübertragung nicht besser gestellt werden sollte, als er ohne Wegnahme dagestanden hätte. Er hatte dann grundsätzlich die Kosten zu tragen, die für Bebauung, Modernisierung und Instandsetzung entstanden und die vom Verfügungsberechtigten bis zum 2. Oktober 1990 getragen worden waren.[365] Für Grundstücke, die nicht enteignet worden waren, sondern sich noch immer unter staatlicher Verwaltung befanden, sah das Vermögensgesetz die Aufhebung der staatlichen Verwaltung nach Antrag des Eigentümers vor.

Aufbau eines Verwaltungsapparates

Die Durchführung der Bestimmungen des Vermögensgesetzes machte zunächst die Schaffung eines eigenen Verwaltungsapparates notwendig, der nach der Wiedervereinigung neu installiert werden musste. Die Länder errichteten die Ämter und Landesämter zur Regelung offener Vermögensfragen. Für jeden Landkreis, jede kreisfreie Stadt und Berlin wurde jeweils ein Amt eingerichtet. Nach Inkrafttreten des Vermögensgesetzes gab es insgesamt 216 Ämter zur Regelung offener Vermögensfragen, die sich im Geschäftsanfall und in der Qualifikation, der Besoldung des Personals und der räumlichen Unterbringung erheblich voneinander unterschieden. Die 216 Vermögensämter unterstanden insgesamt sechs Landesämtern, die sich in Berlin, Greifswald, Halle/Saale, Erfurt, Potsdam und Dresden befanden. Die Aufgabenverteilung sah anfangs für die Rückgabe von Unternehmen eine ausschließliche Zuständigkeit der Landesämter vor. Nach dem Zweiten Vermögensrechtsänderungsgesetz im Jahr 1992 wurde dies jedoch

[364] Vgl.: Fricke, W./Märker, K. (2002), S. 389–391; Theissen H.G./Patt, R. (1994), S. 34–46.

[365] Reimann, Restitution. Verfahren, Umfang und Folgen des vermögensrechtlichen Grundsatzes für die Stadtentwicklung und Wohnungsversorgung in Ostdeutschland, in: Schäfer, Uta (Hrsg.): Städtische Strukturen im Wandel. Beiträge zu den Berichten der Kommission für die Erforschung des Sozialen und Politischen Wandels in den Neuen Bundesländern e.V. (KSPW). Opladen 1997, S. 45f.

auf Wunsch der Länder flexibler geregelt. Dann hatten die Landesämter im Interesse einer Koordinierung und Kontrolle der Restitutionspraxis die Möglichkeit, bei den unteren Landesbehörden anhängige Verfahren an sich zu ziehen.[366]

Auf Bundesebene bestand mit dem Bundesamt zur Regelung offener Vermögensfragen zudem eine selbstständige Bundesbehörde. Aufgabe des Bundesamtes war die Unterstützung einer einheitlichen Durchführung des Vermögensgesetzes.

Nach Inkrafttreten des Vermögensgesetzes gab es beim Neuaufbau der Ämter, die mit einer wahren Flut von Anträgen konfrontiert waren, erhebliche Schwierigkeiten. Jeder einzelne Antrag erforderte eine sehr sorgfältige und umfangreiche Überprüfung. Sachverhalte, die für eine Entscheidung notwendig waren, galt es erst in mühevoller Arbeit zu ermitteln. Die mitunter sehr wechselvolle Geschichte einzelner Grundstücke musste unter Umständen bis ins Jahr 1933 zurückverfolgt werden, was gelegentlich einer detektivischen Tätigkeit gleichkam. Des Weiteren musste beispielsweise geklärt werden, ob der jeweilige Rechtsträger vor 1989 in erheblichem Maße in die Immobilie investiert hatte, sodass Werterhöhungen oder auch Wertminderungen für das Grundstück berechnet werden mussten.[367]

Die Tatsache, dass es vor allem in der Anfangszeit an Kommunikationsmitteln und Büroausstattung wie Telefone und Kopierer sowie an qualifizierten Mitarbeitern fehlte, die mit der neuen Rechtsmaterie Erfahrungen hatten, erschwerte die Arbeit in besonderem Maße und trug wesentlich dazu bei, dass die Abarbeitung der gestellten Anträge sehr schleppend verlief.

Die überregionale Presse thematisierte in ihrer Berichterstattung über die Arbeit der Vermögensämter vor allem diese vorhandenen Defizite. So beschrieb die ZEIT die Tätigkeit der Behörde: »Bis Mai 1991 haben die Sachbearbeiter nichts anderes getan, als die wäschekörbeweise eingegangenen Anträge in fünf Posteingangsbüchern zu erfassen. 2.000 pro Buch.«[368]

Gleiches vermittelte DER SPIEGEL unter der Überschrift »Die Lage ist trostlos«. In einer Ost-Berliner Finanzbehörde in der Klosterstraße seien die Mitarbeiter noch nicht einmal in der Lage, die schriftlichen Anfragen zu beantworten und offene Fragen zu klären. Alleine die Ausstellung einer Bestätigung, dass der Antrag fristgerecht gestellt wurde, dauerte sechs bis acht Wochen.[369]

Ende des Jahres 1990 gab die Wüstenrot-Stiftung Deutscher Eigenheimverein e.V. eine Studie in Auftrag, die sich mit den Folgen früherer Enteignungen von Grundbesitz in der ehemaligen DDR beschäftigte und empirische Erhebungen zur Anmel-

366 Vgl.: Bundesamt zur Regelung offener Vermögensfragen (Hrsg.) (2001), S. 65ff.
367 Herbert, Sibylle: Warten, Warten, Warten, in: DIE ZEIT vom 26.06.1992.
368 Ebd.
369 Die Lage ist trostlos, in: DER SPIEGEL 41/1990 vom 08.10.1990, S. 53.

dung von Restitutionsansprüchen veröffentlichte.[370] Die Studie zeigt anschaulich, wie gravierend die Schwierigkeiten der Ämter vor allem in der Anfangszeit waren. Am Beispiel des Landkreises Luckenwalde wurden Probleme herausgearbeitet, die in dieser oder ähnlicher Form in allen untersuchten Ämtern auftraten. Im Amt des untersuchten Landkreises gab es einen Leiter, einen Stellvertreter des Leiters, drei Sachbearbeiter und eine Sekretärin. Keiner der Mitarbeiter war zuvor in der Abteilung »Staatliches Eigentum der DDR« tätig gewesen, sodass kaum Kenntnisse über die verschiedenen Enteignungstatbestände und die Verwaltungspraxis mit staatlich verwalteten Vermögenswerten in der DDR vorhanden waren. Eine Übergabe der Akten des »Referates Staatliches Eigentum der DDR« fand nicht statt, weshalb zahlreiche wichtige Unterlagen nicht mehr auffindbar waren und bei der Bearbeitung eines Antrages fehlten. Im Amt waren zunächst zwei Computer vorhanden. Seit dem Frühjahr 1991 erfolgte landesweit eine verstärkte Ausstattung mit Computern. Bis März 1991 erfolgte aber weder eine Unterweisung des Leiters noch wurden den Mitarbeitern die Grundkenntnisse zur Bearbeitung der Anträge vermittelt. Erst im April 1991 wurden Weiterbildungsseminare von Rechtsanwälten durchgeführt.

Die Anträge zur Rückübertragung waren in vielen Fällen unvollständig, d.h. die Grundstücksbezeichnungen waren ungenau, es fehlten Vollmachten oder Erbnachweise oder es wurde Bezug genommen auf Unterlagen, die weder im Amt noch beim Antragsteller auffindbar waren. Zunächst bearbeiteten die Ämter die Anträge nach Dringlichkeit. Vorgänge, deren schnelle Bearbeitung die Schaffung von Gewerberaum oder das Gründen von Betrieben versprach, erhielten den Vorzug. Generell gab es die Vorgabe, die Anträge nach dem Datum der Antragstellung zu bearbeiten.

Ein weiteres Problem ergab sich aus der personellen Unterbesetzung des Liegenschaftsdienstes und der Grundbuchämter, sodass eine Prüfung der Grundbuchakten nur stockend erfolgen konnte. Hinzu kam, dass die Namen der Eigentümer oftmals geschwärzt und die Akten geschlossen waren sowie Bestandsblätter fehlten. Zusammenfassend wurde von den Verfassern der Studie festgestellt: »Das Fehlen gesetzlicher und einheitlicher Handlungsvorschriften, der unzulängliche Verwaltungsaufbau auf der unteren und mittleren Ebene sowie der nachträglich durch das Ministerium der Justiz vorgegebenen Auswertungsmodalitäten im Zusammenhang mit dem Software-Paket haben zu Verzögerungen der Antragsbearbeitung beigetragen.«[371]

Am 16. Juli 1991 wurde unter Federführung des Bundesministeriums der Finanzen eine Arbeitsgruppe eingesetzt, die in einer Bestandsaufnahme die Situation der Vermögensämter und die Probleme bei der Durchführung des Vermögensgesetzes zusam-

370 Vgl.: Jenkis, Helmut: Die Folgen früherer Enteignungen von Grundbesitz in der ehemaligen DDR. Eine empirische Erhebung. Stuttgart 1993.

371 Ebd., S. 61.

menfassten. Nach mündlichen Berichten beschlossen die Teilnehmer, das Thema in einer Besprechung mit den Chefs der Staatskanzleien der neuen Länder zu behandeln. Im Zuge der Vorbereitungen entstand Material, aus dem ersichtlich war, wo die Hauptschwierigkeiten lagen und welche Schritte seitens des BMF und BMJ zur Lösung der Probleme unternommen werden sollten. Massive Schwierigkeiten bereitete zunächst vor allem der Personalmangel. Mit Stand vom 2. August 1991 standen von den insgesamt vorgesehenen 2.346 Bearbeitern erst 1.860 zur Verfügung. Beim Bundesamt waren von 111 Planstellen erst 37 besetzt.[372] Festgestellt wurde allerdings, dass die Ämter stellenmäßig bereits gut aufgestellt seien. Das größere Problem liege aber darin, dass angesichts der Zahl der Anmeldungen die vorgesehene Personalausstattung objektiv zu gering sei, um kurzfristige Erfolge erzielen zu können. Als Hindernisse bei der Umsetzung stellte das BMJ weiterhin fest:

- Mangel an Juristen in den Ämtern,
- Unsicherheit und Entscheidungsangst bei den Mitarbeitern,
- unzureichende administrative Unterstützung seitens der Landesämter,
- unzureichende Rechts- und Fachaufsicht durch die Landesbehörden und
- geringe administrative Unterstützung durch das Bundesamt[373]

Ferner spielte nach Meinung der BMJ-Experten das Akzeptanzdefizit des Vermögensgesetzes in den neuen Bundesländern eine erhebliche Rolle. Demnach werde das Gesetz als »Wessi-Gesetz« betrachtet, das gegenwärtige Besitzverhältnisse zum Nachteil der Bewohner Ostdeutschlands regele. Dies habe zur Folge, dass die Landräte an einer beschleunigten Erledigung der Anträge nicht interessiert seien.[374] Als wichtige Aufgabe erschien deswegen der »Abbau der inneren Widerstände«. Die Überzeugungsarbeit der Landesregierung sollte sich nicht darauf richten, die Inhalte der Gesetze zu diskutieren. Vielmehr sollten die Landräte und Mitarbeiter vor Ort davon überzeugt werden, dass die Entscheidung »Rückgabe vor Entschädigung« nicht mehr zur Diskussion stünde und dass die schnellstmögliche Klärung der Vermögensverhältnisse für den wirtschaftlichen Aufstieg von besonderer Bedeutung sei.[375]

In einem Bericht zur Arbeitssituation der Vermögensämter des BMF wurde hervorgehoben, dass die Belastung der Ämter durch Recherche- und Ausforschungsarbeiten außerordentlich hoch war. Zumeist verfügen die Antragsteller nur über veraltete

372 B 136/26458, 42-52602-Ve4, Situation der Ämter zur Regelung offener Vermögensfragen in den neuen Bundesländern.

373 B 136/26458, 42-52602-Ve4, Vgl.: Telefax Bundesminister der Justiz an Bundeskanzleramt vom 14. August 1990. Betr.: Defizite beim Vollzug des Vermögensgesetzes.

374 B 136/26458, 42-52602-Ve4, Betr.: Situation der Ämter zur Regelung offener Vermögensfragen in den neuen Bundesländern. 2. August 1991.

375 B 136/26458, 42-52602-Ve4, Die Arbeitssituation der Vermögensämter und Möglichkeiten zur Verbesserung der Effizienz. Zur Besprechung von BM Seiters mit den Chefs der Staatskanzleien der neuen Länder am 19. August 1991. Rohentwurf. Fax BMF an BK vom 13. August 1991.

oder über gar keine Unterlagen. Als schwierig erwiesen sich außerdem die zahlreichen Änderungen von Flurbezeichnungen oder Straßennahmen. Die Frage, ob ein Grundstück durch redlichen oder unredlichen Erwerb erworben worden war, konnte zum Teil nur durch erhebliche Nachforschungen beantwortet werden. Insbesondere war zu klären, unter welchen Bedingungen ein Kaufvertrag zwischen 1933 und 1945 zustande gekommen war oder ob bei weiteren Grundstücksverkäufen unlautere Machenschaften vorlagen. Als besonders hinderlich erwies sich dabei der Umstand, dass die Grundbuchämter in der DDR eine untergeordnete Rolle gespielt hatten und kaum ordentlich geführt worden waren. Auch in der Folgezeit herrschte ein räumlicher, personeller und technischer Mangel in der Ausstattung der Grundbuchämter. Vor allem in der Anfangszeit war der Mangel so ausgeprägt, dass selbst einfachste Arbeitsmittel wie Kopierer nicht vorhanden waren. Im Oktober 1990 gab es insgesamt etwa 500.000 rückständige Anträge bei täglichen Neueingängen von 7.000 bis 8.000 Anfragen.[376]

Laut Bericht des BMF waren die Ämter zudem in »hohem Maße überfordert durch eine in ihrer Komplexität kaum mehr beherrschbare Rechtsmaterie«[377]. Problematisch sei weiterhin, dass bei der Anwendung des Gesetzes Grundlagenwissen im Erbbaurecht, im Sachenrecht und im allgemeinen Verwaltungsrecht erforderlich sei, das aber bei den Mitarbeiter, die zuvor nicht in den Abteilungen »Staatliches Eigentum« eingesetzt waren, in aller Regel nicht vorhanden war. Bis August 1991 wurden folgende Maßnahmen durchgeführt, die eine schnellere Umsetzung des Vermögensgesetzes und eine Verbesserung der Situation der Vermögensämter zum Ziel hatten:

- Schulung von Mitarbeitern: Mitarbeiter des BMJ haben seit November 1990 für das Personal der Vermögensämter Schulungen durchgeführt.
- EDV-Projekt: Im Herbst 1990 hat der Bund die Entwicklung eines eigenen EDV-Programms in Auftrag gegeben. Seit Juni 1991 wurde den Ämtern Hard- und Softwaren im Wert von 12 Millionen DM zur Verfügung gestellt.[378]
- Anwalts-Projekt: Insgesamt 50 Anwälte, die vom BMJ geschult wurden, nahmen seit Juni 1991 ihre Tätigkeit bei den Vermögensämtern auf. Da das Projekt den Gemeinden keine Kosten verursachen sollte, wurde es vom BMI finanziert. Die Anwälte erhielten aus den Geldern des BMI eine pauschale steuerfreie Aufwandsentschädigung von DM 2.500 sowie Reisekosten und Trennungsgeld. Zusätzlich erhielten alle Teilnehmer des Projekts vom deut-

[376] Leutheusser-Schnarrenberger, Sabine: Schriftliche Fragen mit den in der Woche vom 28. Oktober 1991 eingegangenen Antworten der Bundesregierung vom 31.10.1991, Drucksache 12/1448, S. 13.

[377] B 136/26458, 42-52602-Ve4, Die Arbeitssituation der Vermögensämter und Möglichkeiten zur Verbesserung der Effizienz. Zur Besprechung von BM Seiters mit den Chefs der Staatskanzleien der neuen Länder am 19. August 1991. Rohentwurf. Fax BMF an BK vom 13. August 1991.

[378] Lochen, H.-H. (1992), S. 232.

schen Anwaltsverein pro Monat 3.000 DM, der das Projekt insgesamt mit 900.000 DM unterstützte.[379]

Die eingesetzten Anwälte aus den alten Bundesländern erstatteten Bericht über die konkrete Situation vor Ort. Zwar handelte es sich dabei lediglich um die Erfahrung in 50 von 250 Vermögensämtern, allerdings wurden diese Erkenntnisse durchaus als repräsentativ bezeichnet. Aus der Berichterstattung der Anwälte war beispielsweise zu erfahren, dass die Unterbringung am Arbeitsplatz sehr schlecht sei und wichtige Arbeitsmaterialien fehlen würden. Einem Vermögensamt sei von einem Antragsteller ein Locher geschenkt worden, die Anwälte würden ihre eigenen Diktiergeräte mitbringen und zum Teil alles mit der Hand schreiben. Ferner würden wesentliche Hemmnisse für eine schnelle Bearbeitung in der mangelnden politischen Unterstützung liegen. Die Rechtsanwälte hätten die Erfahrung gemacht, dass die politischen Kräfte in den Kreisen die Brisanz der offenen Vermögensfragen unterschätzen. Das zögerliche Verhalten der Landräte wurde auf politische Motive zurückgeführt, die sich aus der Interessenlage der gegenwärtigen Mieter und Nutzer der Vermögenswerte ergab. Der Einsatz der Anwälte in den Vermögensämtern sei zwar ein wichtiger Schritt, dabei würde es sich aber auch nur um einen »Tropfen auf den heißen Stein« handeln: »Die insgesamt positiven Wirkungen können nicht darüber hinwegtäuschen, dass nach wie vor die Bearbeitung der weit über eine Million Vermögensansprüche nicht richtig in Gang gekommen ist. Mit der gegenwärtigen organisatorischen und personellen Besetzung und mit der beschriebenen Einstellung zur Durchsetzung des Vermögensgesetzes ist der immens hohe Arbeitsanfall in den Vermögensämtern in absehbarer Zeit nicht zu bewältigen. Es muss mit erheblichen politischen Dissonanzen wie auch mit einer Flut von Untätigkeitsklagen gerechnet werden.«[380]

Neben der Bearbeitung der Ansprüche, die ohnehin kaum auf schnellem Wege zu bewältigen war, blockierten mehrere Tausend Beschwerden und Petitionen, die erhebliche Rückstaueffekte auslösten, die Arbeit der Vermögensämter. Insbesondere die Dienstaufsichtsbeschwerden und Eingaben an Landräte, Ministerien und Petitionsausschüssen erforderten dienstliche Stellungsnahmen, die zusätzliche Bearbeitungszeit in Anspruch nahmen.

In einem 9-Punkte-Katalog, den im April 1992 der Bundeskanzler und die Ministerpräsidenten der neuen Bundesländer verabschiedeten, stand die Verbesserung der Arbeitsbedingungen in den Vermögensämtern im Vordergrund. Die Umsetzung oblag

379 B 136/26458, 42-52602-Ve4, Die Arbeitssituation der Vermögensämter und Möglichkeiten zur Verbesserung der Effizienz. Zur Besprechung von BM Seiters mit den Chefs der Staatskanzleien der neuen Länder am 19. August 1991. Rohentwurf. Fax BMF an BK vom 13. August 1991.

380 B 136/26458, 42-52602-Ve4, Beitrag des Bundesministeriums der Justiz zu dem von der Seiters-Runde am 17. Juli 1991 in Auftrag gegebenen Bericht über die Situation bei den Ämtern für offene Vermögensfragen (Vermögensämter) in den neuen Bundesländern.

einer interministeriellen Arbeitsgruppe unter der Federführung des BMI. Beschlossen wurde beispielsweise die personelle Aufstockung der sogenannten Task-Force des Bundesamtes zur Regelung offener Vermögensfragen, einem Expertenteam, das bei einzelnen Vermögensämtern eingesetzt wurde.[381] Zielvorstellung war eine Verdopplung des Personals von im Frühjahr 1992 2.000 Mitarbeitern auf insgesamt 4.000 Kräfte. Weiterhin sollten in jedem Vermögensamt bis zu vier Rechtsanwälte aus den alten Bundesländern auf Honorarbasis beratend tätig sein. Geplant war, etwa 300 Anwälte für ein Jahr einzusetzen. Für die Kosten, die durch diese Personalverstärkungen entstanden kam zu 90 Prozent der Bund auf.[382] Im Ergebnis dieser Maßnahmen waren am 30. Juni 1992 in den 216 Vermögensämtern 2.804 Mitarbeiter tätig. Ein halbes Jahr später, am 30. Dezember 1992 war die Zahl der Mitarbeiter bereits auf 3.345 angewachsen.[383]

Die Arbeit und der Erfolg der Vermögensämter mussten sich stets an den Erledigungsquoten messen lassen, die halbjährlich veröffentlicht wurden. Bis zum 30. Juni 2014 hatten die Brandenburger Ämter zur Regelung offener Vermögensfragen über rund 636.600 der dort angemeldeten Rückübertragungsansprüche entschieden. Der Bearbeitungsstand auf dem Gebiet der Einzelrestitution lag damit bei 99,84 Prozent.

Die Aufgaben des Landesamtes zur Regelung offener Vermögensfragen konnten bis zum Ende des Jahres 2015 im Wesentlichen erledigt werden. Das Ministerium der Finanzen hat mit Wirkung vom 1. Januar 2016 die Restaufgaben des Landesamtes übernommen. Die letzte Stelle zur Abwicklung der offenen Vermögensfragen in Brandenburg befindet sich in Beeskow.

Gesetzliche Nachbesserungen

Durch das Vermögensgesetz konnten nicht alle Probleme, die sich aus dem DDR-Bodenrecht ergaben, geklärt werden. Wichtige Fragen blieben also zunächst unbeantwortet. Über folgende Tatbestände herrschte auch nach Inkrafttreten des Gesetzes weiterhin Unklarheit:

- Was passierte mit einer Bebauung, die aufgrund eines Überlassungsvertrages auf staatlich verwalteten Grundstücken erfolgt war?
- Was passierte mit sonstigen Bebauungen auf fremden Grundstücken, ohne dass ein dingliches Nutzungsrecht vorlag?
- Wie ist mit dinglichen Nutzungsrechten und selbstständigem Gebäudeeigentum auf LPG-Flächen oder auf volkseigenen Grundstücken zu verfahren, wenn das Grundstück nicht dazu gekauft worden war?

381 Lochen, H.-H. (1992), S. 232.
382 Vgl.: Lochen, H.-H. (1992), S. 233.
383 Bundesamt zur Regelung offener Vermögensfragen. Statistische Übersicht. Stand: 31.12.1992, S. 14.

- Wie sind Wohnhäuser auf Erholungsgrundstücken zu behandeln?
- Was passiert mit Verträgen über Erholungsgrundstücke? [384]

Hinsichtlich der Nutzung von Erholungsgrundstücken enthielt der Einigungsvertrag zunächst nur vorläufige Regelungen, wonach die errichteten Baulichkeiten im Eigentum der Nutzer verblieben. Dingliche und vertragliche Nutzungsrechte blieben vorübergehend weiter bestehen. Für die Überlassungsverträge fehlten ausdrückliche Regelungen jedoch gänzlich.

Sowohl die Vereinbarungen der Gemeinsamen Erklärung als auch das Gesetz zur Regelung der Vermögensfragen entstanden unter erheblichem Zeitdruck, was die Ungenauigkeiten erklärt. Für Richard Motsch, Teilnehmer der Expertengespräche und Spezialist in Sachen offener Vermögensfragen, ein »schlimmer gesetzgeberischer Sündenfall, der nur mit der ungewöhnlichen Entstehungsgeschichte zu erklären ist«[385]. Bereits nach einem halben Jahr war eine erste Änderung notwendig. Ein kurzer Überblick über die vermögensrechtliche Gesetzgebung zeigt, wie sich die in der Gemeinsamen Erklärung formulierten Grundsätze in den Folgezeit entwickelten und welche weiteren Gesetze notwendig waren, um die Eigentumsfragen einer endgültigen Klärung zuführen zu können. Neben der Restitutionsregelung des Vermögensgesetzes kam dem Sachenrechtsbereinigungsgesetz und dem Schuldrechtsanpassungsgesetz eine besondere Bedeutung bei der Neuordnung des Eigentumsrechts in Ostdeutschland zu. Aufgrund der Komplexität der Gesetze kann und soll hier notwendigerweise kein umfassender Überblick über jede Novellierung des Vermögensgesetzes erfolgen. Die Ausführungen über die weiteren gesetzlichen Bestimmungen beschränken sich außerdem auf die wesentlichen Inhalte und werden stark verkürzt wiedergegeben. Ein allgemeiner Überblick über die einzelnen Änderungen soll zeigen, an welchen Stellen dringender Nachbesserungsbedarf bestand.

Vorfahrt für Investitionen – »Investitionen vor Rückgabe vor Entschädigung«

Die investitionshemmende Wirkung der Restitutionsregelung, bei der neben juristischen auch wirtschaftliche und verwaltungstechnische Aspekte berücksichtigt werden mussten, war zum Teil Gegenstand heftiger Kontroversen. Während einige konstatierten, dass die Lösung der Vermögensfragen zu einer wirtschaftlichen Lähmung in den neuen Bundesländern führte, sahen andere darin kein wesentliches Hindernis für den wirtschaftlichen Aufschwung.[386] Mehrmals mussten die Bestimmungen des Vermögensgesetzes zugunsten der Investitionstätigkeit in den neuen Bundesländern ergänzt werden. Bereits die ersten Änderungen der gesetzlichen Bestimmungen zum Restitu-

384 Reimann, B. (1997), S. 26.

385 Motsch, Richard: Einführung in die Regelung offener Vermögensfragen, in: ZOV 1/1991, S. 4.

386 Vgl.: Ballhausen, W. (1994), S. 214; Mielke, K. (1994), S. 200.

tionsprinzip ergaben sich aus der Notwendigkeit, schneller und unkomplizierter Investitionen in den neuen Bundesländern zuzulassen. Frühzeitig war die Diskussionen um Restitution oder Entschädigung von Befürchtungen über ein Ausbleiben der Investitionstätigkeit in den neuen Bundesländern begleitet, was den wirtschaftlichen Aufschwung negativ beeinflussen würde. Bereits Ende des Jahres 1990 zeigte sich, dass bei der Privatisierung der ehemals volkseigenen Betriebe in den neuen Bundesländern erhebliche Schwierigkeiten bestanden. Als besonders schwerwiegend für die schleppende Kapitalanlage erwies sich die in §3 Abs. 3 des Vermögensgesetzes gesetzlich geregelte sogenannte Verfügungssperre. Ein Rückübertragungsanspruch hatte für den derzeitigen Verfügungsberechtigten eine schwerwiegende Folge. Er war verpflichtet, den Abschluss dinglicher Rechtsgeschäfte, wie Veräußerung, grundbuchliche Belastungen oder das Eingehen langfristiger vertraglicher Verpflichtungen ohne Zustimmung des berechtigten Eigentümers zu unterlassen. Dies bedeutete faktisch eine Blockade der Verwertbarkeit des Objektes und die Unmöglichkeit größerer Aus- oder Umbauten für die Dauer des Verfahrens, das sich oftmals sehr lange hinzog. Die Verfügungssperren über belastete Grundstücke machten den Verkauf von Immobilien zum Zweck von Investitionsvorhaben somit unmöglich.

Noch kurz vor Abschluss des Einigungsvertrages wurde unter großem Zeitdruck das Gesetz über besondere Investitionen[387] ausgearbeitet, das als Anlage II ebenfalls Bestandteil des Einigungsvertrages wurde und zudem in Artikel 41 Abs. 2 verfassungsrechtlich abgesichert war. Diese »Vorfahrtsregelung« für Investitionen bewirkte, dass ein Verfügungsberechtigter zu bestimmten investiven Zwecken eine Investitionsbescheinigung beantragen konnte. Bei einer positiven Erteilung war dann die Möglichkeit einer Rückübertragung ausgeschlossen. Die Regelung war auf volkseigene Grundstücke und Gebäude beschränkt. Sie kam zudem nur in Betracht, wenn ein besonderer Investitionszweck vorlag, wie bei der Schaffung von Arbeitsplätzen oder für die Deckung des Wohnbedarfs. Erst dann wurde einem Investor der Vorrang vor einem rückgabeberechtigten Alteigentümer gewährt.[388] In der Praxis griff dieses Instrument jedoch nur ungenügend, sodass in der Folgezeit weitere Nachbesserungen notwendig waren. Die Bestimmungen zur Klärung der Eigentumsfragen blieben weiterhin geprägt vom Spannungsverhältnis zwischen Reprivatisierung zugunsten der Eigentümer und Privatisierung zugunsten interessierter Investoren.[389]

Mit dem Gesetz zur Beseitigung von Hemmnissen bei der Privatisierung von Unternehmen und zur Förderung von Investitionen vom 22. März 1991 sollte dieses Spannungsverhältnis zugunsten eines möglichst zügigen wirtschaftlichen Aufbaus gelöst

387 Artikel 41 Abs. 2 EV.

388 Rodenbach, H.-J. (2010), S.266.

389 Ebd., S. 265.

werden. Im Hemmnisbeseitigungsgesetz waren die Vorfahrtsregelungen für Investitionen, die bereits seit dem Investitionsgesetz vorhanden waren, erweitert und verbessert worden.[390] Paragraf 3a stellte geringere Anforderungen an den Investitionszweck und erlaubte auch die Verpachtung und Vermietung eines Objektes. Des Weiteren hatten Widersprüche und Klagen von Rückgabeberechtigten keine aufschiebende Wirkung mehr. Das Hemmnisbeseitigungsgesetz war das erste von vielen Reparaturgesetzen zur vermögensrechtlichen Problematik. Es entstand in ungewöhnlich kurzer Zeit – zwischen der ersten und der dritten Lesung lagen nur drei Wochen – und, wie in der Beratung zum Entwurf hervorgehoben wurde, in konstruktiver Zusammenarbeit zwischen Regierung und Opposition, die es möglich machte, dass auch über die Parteigrenzen hinweg ein Konsens gefunden werden konnte. Vor allem der SPD war daran gelegen, deutlich zu machen, dass sie das Gesetz zwar mittrug, gleichzeitig aber bemängelte, dass notwendige Grundsatzkorrekturen nicht erfolgt waren. Vor dem Hintergrund der Investitionsproblematik forderte die SPD im März 1991 nachdrücklich die Umkehr des Prinzips »Rückgabe vor Entschädigung« zugunsten einer flexiblen Entschädigungslösung.[391] So verlangte die spätere Justizministerin Hertha Däubler-Gmelin, »ein Gesetz zu erarbeiten, das den Weg ›Entschädigung vor Rückgabe‹ beschreitet«[392]. Und auch Otto Schily machte deutlich, dass die SPD von Anfang an die Auffassung vertreten habe, nur die Befolgung des Grundsatzes »Entschädigung vor Rückgabe«[393] würde die notwendige Rechtsklarheit bringen. Neben der Beibehaltung des Restitutionsprinzips kritisierten Vertreter der Opposition vor allem, dass es sich beim Hemmnisbeseitigungsgesetz ebenfalls um ein »unübersichtliches und kompliziertes Paragraphenwerk handelt«[394], mit dessen Auslegung die im Aufbau befindlichen Verwaltungen überfordert seien. Für Justizminister Klaus Kinkel war damit jedoch der Zielkonflikt zwischen Rückgabeverpflichtung und Investitionsförderung so gut wie möglich gelöst worden. Gleichzeitig führte er aus, dass die Entscheidung für das Prinzip »Rückgabe vor Entschädigung« eine Frage der Moral, der Rechtsstaatlichkeit und der wirtschaftlichen Vernunft gewesen sei. Er argumentierte, dass in der Rückgabe der Grundstücke auch ein wirtschaftlicher Sinn liege: »Menschen, die emotional mit ›ihrem‹ Unternehmen, ›ihrem‹ Haus verbunden sind, lassen sich nicht so sehr von rechnerischen Überlegungen leiten. Auch so werden, wie ich meine, Investitionen gefördert.«[395]

[390] Vgl.: Köhler-Apel, Stefan/Bodenstab, Reinhard: Fünf Jahre Vermögensgesetz. Überblick über die Gesetzes- und Rechtsprechungsentwicklung, in: OV-Spezial, 19/1995, S. 310–319.

[391] Däubler, Gmelin, Herta: 16/12, S. 1006.

[392] Ebd, S. 1008.

[393] Schily, Otto: 16/12, S. 1018.

[394] Ebd.

[395] Kinkel, Klaus: 16/12, S. 1021.

Vor dem Hintergrund einer breiten politischen Debatte über eine mögliche Abkehr vom Restitutionsprinzip sammelte die Arbeitsgruppe Innerdeutsche Beziehungen im Bundesjustizministerium im März 1991 politische und fachliche Argumente für die Auseinandersetzung um das Restitutionsprinzip, die gegen einen Systemwechsel und damit gegen eine Umkehrung des Prinzips sprachen. Der Vorwurf, das Restitutionsprinzip sei der Grund für die Verzögerungen von investiven Vorhaben in den neuen Bundesländern, wurde einleitend als falsch bezeichnet. Die Arbeitsgruppe hielt fest, dass es sich dabei um ein multikausales Problem handele. Die Bedeutung der offenen Vermögensfragen würde in der »allgemeinen Diskussion« überschätzt. Ein Systemwechsel würde für die 1972 enteigneten Betriebe eine vom Grundsatz her ungünstigere Regelung treffen, als von der Regierung Modrow im März 1990 vorgenommen worden war. Diejenigen Alteigentümer, die in der Zwischenzeit Restitutionsansprüche angemeldet hatten, würden außerdem einen Bestandsschutz ihres Antrags beanspruchen. Die zwischenzeitlich erfolgten Rückgaben von Vermögenswerten müssten zudem bei einem Wechsel zur Entschädigungslösung Bestand haben, was wiederum eine Ungleichbehandlung nach sich ziehen würde. Den Experten des BMJ erschien deswegen ein Wechsel zu einer generellen Entschädigungslösung nicht mehr angebracht.[396]

Obwohl das Gesetz zur Beseitigung von Hemmnissen bei der Privatisierung von Unternehmen und zur Förderung von Investitionen in kurzer Zeit auf den Weg gebracht wurde, waren die darin festgelegten Möglichkeiten einer Vorfahrtsregelung noch immer nicht ausreichend. Zudem zeigte sich, dass auch gravierende Umsetzungsprobleme des Vermögensgesetzes eine umfassende Änderung des Ursprungsgesetzes notwendig machten. In einem Entschließungsantrag begründete die SPD einen weiteren Gesetzentwurf damit, dass die Erwartungen, die mit dem Hemnisbeseitigungsgesetz verbunden waren, nicht erfüllt worden seien. Investitionsvorrangbescheide seien in kaum bemerkbarem Umfang verteilt worden. Zudem würden Ferienheime und Hotels wegen ungeklärter Eigentumsverhältnisse ungenutzt und ungeöffnet und über 100.000 Wohnungen unvermietet leer stehen.[397] Auch Brandenburgs Justizminister Hans-Otto Bräutigam kritisierte, dass die durch das Hemmnisbeseitigungsgesetz möglichen Vorfahrtsregelungen für Investitionen keinerlei Wirkung gezeigt hätten und dass in vielen Gemeinden ein Zustand des Investitionsstillstandes herrsche.[398]

[396] BMJ, Az.: 3400/2-1, Bd. 17: Arbeitsgruppe Innerdeutsche Beziehungen, Betr.: Offene Vermögensfragen, hier: Argumente in der Auseinandersetzung um das Restitutionsprinzip. Bonn 8. März 1991.

[397] Deutscher Bundestag, 12. Wahlperiode, Drucksache 12/2955: Entschließungsantrag der Fraktion der SPD. Entwurf eines Gesetzes zur Änderung des Vermögensgesetzes und anderer Vorschriften.

[398] Bräutigam, Hans-Otto: Bundesrat, 645. Sitzung der 12. Wahlperiode (10. Juli 1992), S. 378.

Erneut mussten die Bestimmungen zu den Investitionen gesetzlich neu geregelt werden. Im Zweiten Vermögensrechtsänderungsgesetz, das am 14. Juli 1992 in Kraft trat, wurden die Investitionsmaßnahmen in Artikel 6 des Vermögensgesetzes als Investitionsvorranggesetz zusammengefasst und erneut erweitert. Mit dessen Einführung wurden nun die Investitionszwecke erheblich ausgedehnt, so dass der Rückgabegrundsatz zugunsten von Investitionsmöglichkeiten eine weitere Einschränkung erfuhr. Kritiker bemängelten diese zunehmende Einschränkung und sahen darin eine Umkehrung in »Investition vor Rückübertragung vor Entschädigung«[399].

Eine im Jahr 1991 durchgeführte Befragung von Unternehmern ergab, dass die ungeklärten Eigentumsfragen als Ursachen für die Schwierigkeiten hinter anderen Faktoren zurückstanden und »vielfach ungerechtfertigt fetischisiert«[400] worden seien. Das Rückübertragungsprinzip sei nicht der einzige Grund für auftretende Investitionshemmnisse in den neuen Bundesländern gewesen, die sich als multikausales Problem darstellten. Experten sahen die Schwierigkeiten unter anderem in:

- den personellen und technischen Problemen in den Verwaltungen nach der Umstellung auf ein komplett anderes System,
- dem Fehlen eines funktionierenden Grundstücksmarktes,
- Umweltbelastungen,
- Kommunikations- und Verkehrsproblemen,
- dem Gefälle des Lebensstandards zwischen West und Ost,
- den Fragen bei der Zuteilung des volkseigenen Vermögens u. v. m.[401]

In der Praxis stellte die Anwendung der Vorfahrtsregelungen für Investitionen und die Verfügungssperre bei mit einem Rückübertragungsanspruch belasteten Grundstück oftmals trotzdem ein Problem dar. In einem Interview warf Leipzigs Oberbürgermeister und bekennender Kritiker der Eigentumsregelungen, Heinrich Lehmann-Grube, dem amtierenden Justizminister Klaus Kinkel 1992 vor, das Gesetz sei der »Hauptbremsklotz« und alles scheitere an der Eigentumsfrage. Der Anspruch eines Alteigentümers blockiere seiner Erfahrung nach die gesamte wirtschaftliche Entwicklung. Auch die gesetzlich eingeführten Vorfahrtsregelungen reichten nicht aus, um die Probleme zu lösen.[402]

Für den damaligen Bürgermeister Hohen-Neuendorfs, einer nördlich von Berlin gelegenen Stadt, die stark von Restitutionsansprüchen betroffen war, war die Umset-

399 U.a. Fricke, W./Märker, K. (2002), S. 48.

400 Treuhandanstalt (Hrsg.) Dokumentation 1990–1997, Bd. 7. Berlin 1994, S. 43, zitiert nach Klüsener R. (2011), S. 173.

401 Fieberg, Gerhard, Offene Vermögensfragen und Investitionen in den neuen Bundesländern, NJW 44 (1991), S. 321.

402 Das dauert eine Ewigkeit. Justizminister Kinkel und Leipzigs Oberbürgermeister Lehmann-Grube über Eigentum in Ostdeutschland, in: DER SPIEGEL 8/1992 vom 17.02.1992, S. 34.

zung der Vorfahrtsregelungen für Investitionen ein wesentlicher Schwerpunkt seiner beruflichen Tätigkeit. Vor allem die Überprüfung der Frage, wann denn tatsächlich ein besonderer Investitionszweck vorlag, gestaltete sich äußerst schwierig und wurde zum Teil mit massiven Forderungen involvierter Rechtsanwälte vorgetragen. So berichtete Günter Siebert von »phantasievollen Schwindlern, die einzeln oder als Gruppe« vollmundig Wohnungsbau, Arbeitsplätze schaffende Industrien oder prosperierende Dienstleistungseinrichtungen versprachen. Weil ein abgewiesener Investor nach einem abschlägigen Bescheid Beschwerde einlegte, musste der Bürgermeister seine Entscheidung vor fünf verschiedenen Ministerien begründen. Einen wesentlichen Vorteil sah er darin, dass mit dem Investitionsvorranggesetz vor allem vielen existenzgründenden und ortsansässigen Handwerkern geholfen werden konnte.[403]

Das Zweite Vermögensrechtsänderungsgesetz – Verbesserungen für ostdeutsche Nutzer

Um die Schwierigkeiten bei der Umsetzung der Restitutionsregelung zu beseitigen und Investitionshemmnisse zu überwinden, wurde am 14. Juli 1992 das Zweite Vermögensrechtsänderungsgesetz[404] (2.VermRÄndG) erlassen. Den Gesetzentwurf hatten die Fraktionen von CDU/CSU und FDP in den Bundestag eingebracht. Nach der Stellungnahme des Bundesrats nahm der Bundestag das Gesetz am 16. Juni 1991 an. Der Bundesrat stimmte am 10. Juli 1992 zu.

Obgleich mit dem Einigungsvertrag die Entscheidung für das Prinzip »Rückgabe vor Entschädigung« gefallen war, blieben nachfolgende Debatten auf politischer Ebene stets gekennzeichnet von Forderungen nach einer Umkehr des Prinzips. Vor allem die SPD versuchte ihr Votum für den Einigungsvertrag und damit auch für das Restitutionsprinzip zu revidieren. Bei den Beratungen des Gesetzentwurfs stellte sie das Restitutionsprinzip massiv infrage. Die Regierung musste sich den Vorwurf gefallen lassen, dass auch das zu beratende Zweite Vermögensrechtsänderungsgesetz zu wenig Instrumente für eine schnelle Klärung biete und dass es sich dabei vor allem nur um »halbherzige Reparaturen« handele. Das Ausbleiben einer gesetzlichen Regelung hinsichtlich der zu zahlenden Entschädigungen war einer der wichtigsten Kritikpunkte der SPD. Die CDU berief sich hingegen darauf, dass die Gemeinsame Erklärung Bestandteil des Einigungsvertrages sei und die Bundesrepublik keine Rechtsvorschriften erlassen dürfe, die diesen Bestimmungen widersprechen. Zu den Argumenten für eine Beibehaltung des Prinzips vonseiten der FDP und CDU/CSU gehörte, dass damit schon Tatbestände geschaffen worden seien, die nun nicht mehr rückgängig gemacht werden könnten. Ferner wurden immer wieder verfassungsrechtliche Gründe ange-

[403] Gespräch mit Günter Siebert am 24.07.2012.
[404] Gesetz zur Änderung des Vermögensgesetzes und anderer Vorschriften, BGBl. I, S. 1257–1286.

führt, die eine Umkehr des Prinzips nicht erlauben würden.[405] In der ersten Beratung des eingebrachten Gesetzentwurfes argumentierte der CDU-Abgeordnete Norbert Geis damit, dass die Volkskammer, die das Vermögensgesetz verabschiedet habe, dies vor allem mit Blick auf die Rechtsordnung des Grundgesetzes getan habe. Es sei ihr Wille gewesen, die rechtlosen Enteignungen aufzuheben, das Eigentum als ein tragendes Prinzip bei der Abwicklung der Revolution zu machen und das Unrecht der SED nicht nachträglich durch ein frei gewähltes Parlament zu sanktionieren. Letztlich sei die Volkskammer der Urheber des Restitutionsprinzips gewesen.[406] Eine Einschätzung, die, bei Kenntnis der Entstehungsgeschichte des Restitutionsprinzips als schlichtweg falsch anzusehen ist und die den Willen der DDR-Seite bei den Verhandlungen nicht angemessen darstellte. Klaus Kinkel rechtfertigte die Entscheidung für das Restitutionsprinzip erneut mit einer ideologisch-idealtypischen Argumentation zur Bedeutung des Eigentums: »Der Streit um das Privateigentum ist in den letzten 150 Jahren mit besonderer Erbitterung geführt worden. Dem Frühkapitalismus diente das uneingeschränkte Eigentum als Legitimation für Unterdrückung und auch Ausbeutung. Der Marxismus-Leninismus glaubte dagegen, den Menschen durch Beseitigung des Privateigentums von Armut und Knechtschaft befreien zu können. Beides war falsch. [...] Begriff und Funktion des Eigentums wurden dabei wesentlich verändert. Das Privateigentum wurde rechtsstaatlich eingebunden und über das Grundgesetz mit den Interessen des Gemeinwohls zum Einklang gebracht. Das Privateigentum wurde dann zum Motor von Freiheit, Sicherheit und Wohlstand. [...] Eigentum ist nicht nur wirtschaftliches Gut, Eigentum garantiert nicht nur marktwirtschaftliche Bewegungsfreiheit, ist nicht nur Basis weiteren wirtschaftlichen Wachstums, Eigentum ist vor allem auch Unabhängigkeit, also individuelle Freiheit der Lebensgestaltung. Diese Zielrichtung gegen den Staat ist in der freiheitlichen Demokratie besonders wichtig, denn der Bürger braucht mit dem Privateigentum ein Gegengewicht gegen die immer drohendere Allmacht des Staates. [...] Eigentum bedeutet Stolz. Die Menschen empfinden Eigentum als Ergebnis und Ausweis von Leistung [...].«[407]

Doch nicht nur die ideologische Bedeutung des Eigentums sei Motiv für das Prinzip Restitution gewesen. Kinkel begründete die Entscheidung zudem mit einer möglichen »Akzeptanzkrise bei den Alteigentümern« und machte damit deutlich, dass wahlkampftaktische Gründe bei der Entscheidung durchaus eine nicht unerhebliche Rolle gespielt hatten. Kinkels Nachfolgerin im Amt, Sabine Leutheusser-Schnarrenberger, bekräftigte nachdrücklich, dass eine Umkehr des Prinzips zu diesem Zeitpunkt nicht mehr möglich sei. Zum einen würde dies zum Stillstand in den Entscheidungen und zum Chaos in den

405 Geis, Norbert: Plenarprotokoll 88/12, S. 7226.
406 Ebd., S. 7226.
407 Kinkel, Klaus: Plenarprotokoll 88/12, S. 7229f.

Behörden führen, zum anderen seien bereits die Weichen gestellt worden, um die Grundlagen für eine Neuordnung der Eigentumsverhältnisse zu schaffen.

Durch das Zweite Vermögensrechtsänderungsgesetz wurde das Vermögensgesetz an mehreren Punkten zugunsten der ostdeutschen Nutzer geändert und damit dem Umstand Rechnung getragen, dass sich die Bestimmungen in der Praxis nicht umsetzen ließen, ohne dabei neues Unrecht entstehen zu lassen. Einer der kontroversesten Punkte der Vermögensproblematik war die Einfügung eines Stichtages, dem 18.Oktober 1989, nach dem die Überprüfung des redlichen Erwerbs unerheblich war. Die sogenannte Stichtagsregelung in § 4 Abs. 2 Satz 2 VermG war nicht nur bei den Betroffenen, sondern auch auf politischer Ebene stark umstritten. Bei der Einfügung des Stichtages ging es in der Hauptsache darum, die zahlreichen Käufe von Grundstücken, die während der laufenden Verhandlungen auf Basis des sogenannten Modrow-Gesetzes getätigt wurden, rückgängig zu machen oder zumindest zu überprüfen. Da sich die DDR-Verhandlungsteilnehmer nicht in der Lage sahen, diese Verkäufe zu stoppen, wurde die Einführung eines Stichtages entschieden. Obwohl in den Verhandlungsunterlagen verschiedene Stichtage genannt wurden, fiel die Entscheidung mit einer zweifelhaften Begründung auf den 18. Oktober 1989. Die wenig plausible Erklärung, mit dem Rücktritt Erich Honeckers seien der grundlegende Wandel der Eigentumsordnung bereits erkennbar gewesen und die Erwerber daher nicht schutzwürdig, war vor allem in den neuen Bundesländern auf breite Empörung gestoßen.

Obwohl die Stichtagsregelung auf politischer Ebene quer durch alle Parteien diskutiert wurde, kam es nicht zu einer Streichung, sondern nur zum Einfügen einiger Ausnahmetatbestände. Die Rückgabe von Immobilien war damit auch dann ausgeschlossen, wenn:

- der Erwerb vor dem 19.10.1989 schriftlich beantragt oder sonst aktenkundig angebahnt worden war;
- der Erwerb auf Grundlage des §1 des Verkaufsgesetzes vom 7.3.1990 erfolgte;
- der Erwerber bereits vor dem 19.10.1990 in einem wesentlichen Umfang werterhöhende oder substanzerhaltende Investitionen an der Immobilie vorgenommen hatte.

Zum Nachweis für den ersten Ausnahmetatbestand genügte ein aktenkundiger Nachweis der Anbahnung. Im Idealfall befand sich in den Akten des zuständigen Rechtsträgers oder beim Rat der Stadt oder Rat des Kreises ein Aktenvermerk, der das Erwerbsinteresse des Nutzers bekundete. Ein Interesse am Kauf eines Objekts, das beispielsweise in einem Brief gegenüber einem Dritten mitgeteilt wurde, reichte hingegen nicht aus. Für die Rechtsanwälte Fricke und Märker war gerade diese Ausnahme der Stichtagsregelung eine »Einladung zur Manipulation«[408], da sich ihren Erfahrungen nach solche

[408] Fricke W./Märker, K. (2002), S. 303: »Der gesetzgeberische Hinweis auf einen vorhandenen Ak-

Vermerke plötzlich in den Akten befanden. Grund und Boden, der sich in Volkseigentum befand, war jedoch unveräußerlich. Fraglich ist deswegen, wie viele Nutzer überhaupt den Wunsch nach einem Erwerb schriftlich mitgeteilt und somit »aktenkundig angebahnt« hatten. Folgendes Fallbeispiel zeigt, dass auch der Sachverhalt einer Kaufanbahnung streitanfällig sein konnte.

Fallbeispiel: Kaufanbahnung

»Tatbestand:

Die Parteien streiten sich über Ansprüche nach dem Sachenrechtsbereinigungsgesetz. Die Klägerin ist Eigentümerin des Grundstücks [...], welches mit einem Einfamilienhaus bebaut ist. [...] Die Beklagte nutzt seit 1976 das streitgegenständliche Grundstück auf Grund eines Mietvertrages mit dem ehemaligen VEB Gebäudewirtschaft Falkensee. Unter dem 19.06.1990 schloss die Beklagte mit der Stadt Falkensee einen notariellen Kaufvertrag über das Hausgrundstück. In dem Kaufvertrag ist als Verkäufer Frau Birgit P. mit Vollmacht des Bürgermeisters vom 01.06.1990, handelnd für den Rat der Stadt Falkensee, benannt. Wegen des angemeldeten Rückübertragungsanspruchs kam es nicht zu einem Vollzug des Kaufvertrages. Es wurde lediglich ein Vorkaufsrecht für das Hausgrundstück zugunsten der Beklagten im Grundbuch von Falkensee eingetragen. Mit Beschluss vom 11.06.1997 beschloss die Stadtverordnetenversammlung der Stadt Falkensee einstimmig, dass der in den nach dem 17.05.1990 abgeschlossenen Grundstückskaufverträgen als Verkäufer genannte Rat der Stadt Falkensee identisch ist mit der amtsfreien Gemeinde Falkensee und berechtigt war, die Erklärung mit Wirkung für die Kommune abzugeben. Die Klägerin ist der Ansicht, der Beklagten stünden Ansprüche nach dem Sachenrechtsbereinigungsgesetz nicht zu, da ein wirksamer Kaufvertrag nicht vorliege. Die Klägerin beantragt, festzustellen, dass der Beklagten gegenüber der Klägerin nicht das Recht gem. §121 Sachenrechtsbereinigungsgesetz zum Ankauf des Grundstücks [...] zusteht.

Die Beklagte beantragt, die Klage abzuweisen.

Die Beklagte behauptet, sie habe im August 1989 bei dem ehemaligen VEB Gebäudewirtschaft Falkensee einen schriftlichen Antrag zum Kauf des streitgegenständlichen Grundstücks gestellt. Dieser Antrag sei wieder aus den Akten der Gebäudewirtschaft entfernt worden.

Das Gericht hat Beweis erhoben durch Vernehmung der Zeugin Monika S.

Entscheidungsgründe:

tenvermerk ist nachgerade eine Einladung zur Manipulation. Betroffene Alteigentümer stellen mitunter mit Erstaunen fest, wie viele Aktenvermerke sich plötzlich in den Altakten befinden.«

Die zulässige Klage ist nicht begründet. Die Klägerin hat keinen Anspruch auf negative Feststellung gem. §108 SachenRBerG.

Der Beklagten steht ein Anspruch auf sachenrechtliche Bereinigung zu, denn die Voraussetzungen gem. §121 Abs. 1 Satz 2 a) SachenRBerG liegen vor.

Zwar hat die Beklagte erst am 19.06.1990, also erst nach dem Stichtag 19.10.1989, einen notariellen Kaufvertrag über das streitgegenständliche Hausgrundstück geschlossen. Der Kaufvertrag wurde jedoch bereits vor dem 19.10.1989 schriftlich von ihr bei dem damaligen staatlichen Verwalter beantragt. Zu dieser Überzeugung gelangte die Kammer durch die glaubhafte und nachvollziehbare Aussage der Zeugin Monika S. Die Zeugin S. hat angegeben, dass sich die Beklagte nach einer allgemeinen Anfrage durch den damaligen VEB Gebäudewirtschaft schriftlich beworben habe, dass Hausgrundstück käuflich zu erwerben. Diesen Antrag habe die Zeugin dann der damaligen Amtsleiterin übergeben. Die Vorlage eines schriftlichen Kaufvertrages sei überdies für den damaligen VEB Gebäudewirtschaft die Voraussetzung gewesen, im Zusammenhang mit der Veräußerung der Hausgrundstücke tätig zu werden. Es waren keine Anhaltspunkte dafür ersichtlich, die Angaben der Zeugin in Zweifel zu ziehen. Ein Eigeninteresse der Zeugin am Ausgang des Verfahrens war nicht ersichtlich, darüber hinaus war ihre Aussage in sich stimmig und nachvollziehbar.«[409]

Die Anwendung des zweiten Ausnahmetabestandes von der Stichtagsregelung war hingegen weitgehend unproblematisch. Sie betraf Gebäude, die nach dem Verkaufsgesetz vom 07. März 1990 an Handwerker oder Gewerbetreibende verkauft wurden. Das Gebäude musste jedoch zum Zweck der Ausübung eines Handwerkerberufes oder der Gewerbetätigkeit gekauft worden sein. Weitaus komplizierter war der dritte Ausnahmetatbestand, der jene Erwerber schützen sollte, die vor dem Stichtag in erheblichem Maße in die Immobilie investiert hatten. Davon betroffen waren in der Regel Mieter, die das Haus und oft auch das Grundstück erst nach dem Stichtag gekauft hatten. In den meisten Fällen hatten sie das Haus schon jahrelang bewohnt und instandgehalten. Zwar waren die Mieten relativ gering, dafür hatten die Verfügungsberechtigten, in der Regel die Kommunalen Wohnungsverwaltungen (KWV), kaum etwas zum Erhalt der Gebäude beigetragen oder beitragen können. Die Aufwendungen der Mieter sollten nun, abgesehen von einem gewissen Mindestumfang, geschützt werden. Allerdings entbrannten die Streitfragen über den erforderlichen Mindestumfang der werterhöhenden und substanzerhaltenden Investitionen sowie um die zu erbringenden Nachweise darüber. Kritiker bezeichneten die Regelung als »konturenlos«, da sich kaum Kriterien für eine »vernünftige und sachgerechte Eingrenzung«[410] finden ließen.

409 Unterlagen SVHN: 8 O 696/96 Landgericht Potsdam. Urteil vom 01.07.1998.

410 Fricke, W./Märker, K. (2002), S. 305.

Ein Nachweis über eine schriftliche Kaufanbahnung sowie über die Höhe der getätigten Investitionen zu erbringen, stellte viele Nutzer vor große Herausforderungen. In der Praxis waren die Neuregelungen extrem streitanfällig und führten zu unzähligen Rechtsmittelverfahren, die eine schnelle Klärung der Eigentumsfragen weiterhin erheblich verzögerten.[411] In seinem Urteil gegen die Klage des Landes Brandenburg, den Stichtag aus dem Vermögensgesetz streichen zu lassen, führte das Bundesverfassungsgericht aus, dass alle drei nachträglich geschaffenen Ausnahmetatbestände in der praktischen Umsetzung keine große Bedeutung erlangt haben. Denn ein Erwerb im Sinne des § 4 Abs. 2 VermG lag nach der Rechtsprechung des Bundesverwaltungsgerichts nur vor, wenn der Käufer bis zum Inkrafttreten des Vermögensgesetzes in das Grundbuch eingetragen worden war.[412] Dazu kam es in der Mehrzahl der Erwerbsvorgänge, in denen der Kaufvertrag nach dem 18. Oktober 1989 abgeschlossen worden war, nicht mehr. Noch relativ häufig wurden diejenigen, die den Kaufvertrag vor dem 19. Oktober 1989 angebahnt hatten, vor dem Inkrafttreten des Vermögensgesetzes in das Grundbuch eingetragen. Den Erwerbern, die Gebäude gewerblich genutzt oder erhebliche Investitionen vorgenommen hatten, gelang dies jedoch nur selten. Die Interessen dieser Käufer, bei denen eine Grundbucheintragung vor dem Inkrafttreten des Vermögensgesetzes nicht mehr erfolgte, habe der Gesetzgeber später im Rahmen des Sachenrechtsbereinigungsgesetzes (SachenRBerG) berücksichtigt, argumentierte das Gericht.[413]

Von vornherein von der Stichtagsregelung ausgeschlossen waren die sogenannten Komplettierungskäufe. Fälle, bei denen vor dem Stichtag nachweislich ein dingliches Nutzungsrecht redlich erworben und erst danach das Grundstück gekauft worden war. Problematisch waren hingegen die Fälle, in denen auch das dingliche Nutzungsrecht erst nach dem Stichtag erworben worden war. Dies betraf zum Beispiel die sogenannten »hängenden Fälle«, die nach dem Stichtag das Haus erworben hatten, jedoch nicht mehr im Gebäudegrundbuchblatt eingetragen worden waren. In einigen Fällen wurden auch das Haus und das Grundstück nach dem Stichtag erworben, aber ebenfalls ohne es ins Grundbuch geschafft zu haben. Diese Fälle konnten erst im Rahmen des Sachenrechtsbereinigungsgesetzes geklärt werden.

In Gesetzgebungsverfahren zum Zweiten Vermögensrechtsänderungsgesetz wurde kaum die Aufweichung der Stichtagsregelung, sondern deren generelle Streichung diskutiert. In zahlreichen Debatten verschiedener Ausschüsse sowie in den Beratungen im Bundestag wurde deutlich, dass kaum jemand mit der Stichtagsregelung zufrieden war. Quer durch alle Parteien gab es erhebliche Diskussion darüber, die umstritte-

411 Rodenbach, H.-J. (1992), S. 266.
412 vgl. BVerwG, NJW 1994, S. 470.
413 Vgl.: Urteil des Bundesverfassungsgerichts vom 23. November 1999 – 1 BvF 1/94.

ne Regelung streichen zu lassen. Die Gegner der Regelung argumentierten, diese sei willkürlich und rechtsstaatswidrig festgesetzt worden und verletze das Empfinden der Ostdeutschen, die sich dem pauschalen Vorwurf der Unredlichkeit ausgesetzt sahen. Zudem sei die Markierung nicht dafür geeignet, Grundstückskäufe von Personen, die unredlich erworben haben, festzustellen und rückgängig zu machen. Ferner wurde, wie in der Gemeinsamen Erklärung vorgesehen, eine Einzelfallüberprüfung bevorzugt. Befürworter der Stichtagsregelung argumentierten hingegen, dass eine Abschaffung des Stichtags die Einschränkung des Restitutionsgrundsatzes zur Folge hätte, was wiederum aus verfassungsrechtlichen Gründen nicht möglich sei und die Alteigentümer möglicherweise vor das Bundesverfassungsgericht treiben würde. Argumentiert wurde damit, dass ja über 90 Prozent der Fälle, als Komplettierungsfälle, nicht von der Regelung betroffen waren. Nicht nur aufseiten der Betroffenen, sondern auch bei den Parlamentariern zeigten sich erhebliche Unsicherheiten über Inhalt und Zweck der Stichtagsregelung. Vielfach basierten die Argumente auf Unwissenheit über die Entstehung des Verkaufsgesetzes und über rechtliche Gegebenheiten in der DDR. So antwortete beispielsweise Bundestagesabgeordneter Johannes Nitsch (CDU/CSU) auf die Frage, ob auch nach dem 18. Oktober 1989 redlicher Erwerb möglich gewesen sei: »Es ist sicher nicht gleich am 19. Oktober begonnen worden. Aber nicht viel später kam es zu Vorkommnissen, die vor allem, die zu diesem Zeitpunkt an den Schalthebeln der Macht Sitzenden ausgenutzt haben.«[414]

Ähnlich argumentierte der Abgeordnete Joachim Gres (CDU/CSU), der davon ausging, dass »erhebliche Gerechtigkeitsbedenken zu berücksichtigen« seien, weil am »Ende natürlich, ohne dass die SPD es will, eine Reihe von SPD-nahen Erwerbern von Liegenschaften, die sie in der Umbruchzeit zu unverhältnismäßig günstigen Preisen gekauft haben, von der Aufhebung des Stichtages profitieren würden«[415].

Zwar wurde mit der Einfügung der Ausnahmeregelungen den Umständen in der DDR Rechnung getragen, dennoch wäre die Streichung der Stichtagsregelung nicht nur im Interesse der ostdeutschen Nutzer gewesen, sondern hätte auch eine Vielzahl juristischer Streitigkeiten erspart. Die Diskussion um die Stichtagsregelung kam nie zur Ruhe und sorgte auch in den folgenden Jahren immer wieder für Konflikte. Die brandenburgische Landesregierung hatte im Jahr 1994 eine Normenkontrollklage auf den Weg gebracht. Am 23. November 1999 wies das Bundesverfassungsgericht den Normenkontrollantrag ab und erklärte den Stichtag für verfassungsgemäß. So blieben letztlich alle Bemühungen, den 18. Oktober 1989 als Stichtag streichen zu lassen, erfolglos.

[414] Nitsch, Johannes: Plenarprotokoll 88/12, S. 7235.
[415] Gres, Joachim: Plenarprotokoll 88/12, S. 8535.

Es gibt keine statistische Erfassung darüber, wie viele Personen oder Grundstücke von der Stichtagsregelung betroffen waren oder von den eingeführten Ausnahmetatbeständen erfasst worden sind. Wäre es tatsächlich zu einer Streichung der Regelung gekommen und wäre der redliche Erwerb zeitlich unbegrenzt geschützt gewesen, hätte dies zu einer weiteren Einschränkung des Restitutionsprinzips geführt und der durch die Gemeinsame Erklärung proklamierte Grundsatz »Rückgabe vor Entschädigung« wäre in der Realität noch weniger zur Anwendung gekommen. Auch das Bundesverfassungsgericht stellte in seiner Begründung fest: »Würde man den redlichen Erwerb zeitlich unbegrenzt schützen, führte dies zu einer Aushöhlung des Restitutionsgrundsatzes.«[416]

Für die ostdeutschen Bürger hatte die Stichtagsregelung, auch wenn sie davon nicht direkt betroffen waren, vor allem psychologische Folgen, da sie sich pauschal als unredlich abgeurteilt fühlen.

Fallbeispiel: Stichtagsregelung

Ein Grundstück in Kleinmachnow wurde an den Erben der ehemaligen Eigentümerin zurückübertragen. Seit 1952 befand es sich nach §6 der Vermögensicherungsverordnung unter staatlicher Verwaltung und wurde seit 1963 vom VEB Kommunale Wohnungsverwaltung Kleinmachnow verwaltet. Im Jahr 1968 wurde es zu Wohnzwecken an die Verfügungsberechtigte vermietet, die in dem bestehenden Gebäude seit 1981 eine Kosmetikpraxis betrieb. Mehrmals belastete der staatliche Verwalter das Grundstück in den Jahren 1976, 1981 und 1987 mit Aufbauhypotheken, da die baulichen Maßnahmen zur Instandhaltung und Modernisierung aus den laufenden Erträgen nicht mehr finanzierbar waren. Den jährlichen geringen Mieteinnahmen standen enorme Verwaltungs-, Bewirtschaftungs- und Instandhaltungskosten gegenüber. 1987 stellte die Verfügungsberechtigte beim Rat der Gemeinde einen Kaufantrag über das von ihr bewohnte Gebäude. Anfang des Jahres 1989 versuchte der staatliche Verwalter erneut einen Aufbaukredit für das Objekt aufzunehmen. Mangels Kreditsicherung lehnte die Sparkasse jedoch ab. Am 19.10.1989 stellte der Rat der Gemeinde Kleinmachnow beim Rat des Kreises Potsdam einen Antrag, das Eigentumsrecht am Grundstück zu entziehen, da mangels Kreditfähigkeit des Objektes nur auf diesem Weg der Wohnraumbestand gesichert werden könne. Im November wurde per Gutachten festgestellt, dass der Zeitwert des Grundstücks nebst Wohnhaus, Außenanlagen und Aufwuchs 21.800 Mark betrug. Die volkseigenen Forderungen beliefen sich zu diesem Zeitpunkt auf 35.060 Mark, sodass im Februar 1990 der Rat des Kreises Potsdam beschloss, dem Eigentümer das Eigentum am Grundstück zu entziehen. Als neuer Rechtsträger

[416] Urteil des Bundesverfassungsgerichts vom 23. November 1999 – 1 BvF 1/94.

des nunmehr volkseigenen Grundstücks wurde der VEB KWV Industriegebiet Teltow, Kleinmachnow, Stahnsdorf eingesetzt. Am 16. März 1990 beantragte die Verfügungsberechtigte erneut das Grundstück zu kaufen. Mit Kaufvertrag vom 26. April 1990 veräußerte der Rat der Gemeinde Kleinmachnow das Grundstück an die Verfügungsberechtigte. Wenige Monate später, am 1. Oktober1990 stellten die Eigentümer einen Anspruch auf Rückübertragung des Grundstücks, dem vom Landesamt für offene Vermögensfragen stattgegeben wurde. Die Verfügungsberechtige versuchte per Widerspruch gegen die Rückübertragung vorzugehen. Sie begründete, zwar sei der Eigentumserwerb erst nach dem Stichtag am 18.10.1989 erfolgt, der Kaufantrag jedoch bereits 1987 gestellt worden und berief sich damit auf die Ausnahmen der Stichtagsregelung, die durch das Zweite Vermögensrechtsänderungsgesetz eingeführt wurden. Weiterhin führte sie an, bereits vor dem 19.10.1989 in wesentlichem Umfang werterhöhende und substanzerhaltende Maßnahmen vorgenommen zu haben und berief sich damit ebenfalls auf die Ausnahmeregelungen der Stichtagsregelungen. Zum Nachweis reichte sie das Gutachten eines Sachverständigen ein, der den Umfang aller aufgelisteten Baumaßnahmen auf 95.663 Mark bezifferte. Der Antrag auf Rückübertragung blieb jedoch zulässig und begründet. Die Berechtigung für die Antragsteller ergab sich daraus, dass die Überführung des Grundstückes in Volkseigentum erfolgte, weil an dem bebauten Grundstück infolge der nicht kostendeckenden Mieten eine Überschuldung eingetreten war. Zudem hätte die Verfügungsberechtigte den Kaufvertrag erst nach dem 18.10.1990 geschlossen. Zwar sei bereits 1987 ein Kaufantrag gestellt worden, aber »kann von einer rechtserheblichen Anbahnung erst dann die Rede sein, wenn sie einen Vermögensgegenstand betraf, der dem rechtsgeschäftlichen Erwerb unmittelbar zugänglich, also rechtlich erwerbsfähig war«[417]. Im Jahr 1987 stand das Grundstück aber lediglich unter staatlicher Verwaltung und somit unverändert im Eigentum des Eigentümers bzw. deren Erben. Eine Ermächtigung zum Verkauf hatte der staatliche Verwalter nicht. Begründet wurde weiterhin, dass sie sich nicht auf werterhöhende oder substanzerhaltende Maßnahmen berufen könnte. Nach Auffassung des Amtes wies das Gutachten erhebliche Mängel auf, da einige der aufgeführten Maßnahmen nicht berücksichtigungsfähig seien. Die Einrichtung der Kosmetikpraxis diente beispielsweise nicht der Modernisierung und Instandhaltung, sondern den persönlichen Bedürfnissen und zum Aufbau einer beruflichen Existenz. Damit erzielte die Verfügungsberechtigte keinen verbessernden Einfluss auf die Wohnnutzung des Gebäudes. Des Weiteren wurden Aufwendungen zur Gartenpflege und zur Neuanlage nicht berücksichtigt, da diese Maßnahmen »allein

[417] Unterlagen SHVN: Bescheid des Amtes zur Regelung offener Vermögensfragen. Landkreis Potsdam-Mittelmark.

dem ästhetischen und persönlichen Empfinden«, dienten, aber keine Maßnahme der Modernisierung gewesen seine. Aufwendungen im Küchenbereich wie das Erneuern der Wandfliesen, der Austausch des Gas- gegen einen Elektroherd war entweder eine Schönheitsreparatur, oder war ebenfalls »lediglich eine dem ästhetischen Interesse der Verfügungsberechtigten folgende Maßnahme«. Berücksichtigung fanden das Erneuern der Frisch- und Abwasserleitung sowie die Erneuerung des Fußbodens. Die im Gutachten bewertete Garage fand ebenfalls keine Berücksichtigung, denn sie stellte keine Modernisierungsmaßnahme am Wohngebäude dar. Die Verbleibende Summe der getätigten Investitionen belief sich damit nur noch auf 4,5 Prozent des Wertes. »Der Verkehrswert des Grundstückes im Entscheidungszeitpunkt ist dem Amt zwar nicht bekannt, jedoch kann hier der für die Gemarkung Kleinmachnow derzeit gültige Bodenrichtwert als Orientierungsgröße dienen. Dieser beläuft sich nach Kenntnis des Amtes auf 450 DM pro qm, so dass für das 1225 qm große Grundstück von einem Wert in Höhe von 550.000 DM auszugehen wäre.«[418]

Auch dieses Beispiel zeigt, wie schwierig sich die Rechtsprechung tat, die Rechts- und Nutzungsverhältnisse, wie sie sich zu DDR-Zeiten gestalteten, genügend zu berücksichtigen. Ein Kaufantrag, der bereits 1987 gestellt wurde, nachdem die Nutzer Grundstück und Gebäude fast zwanzig Jahre bewohnten, wurde als Nachweis nicht anerkannt, da sich das Grundstück zu diesem Zeitpunkt noch unter staatlicher Verwaltung befand. Fraglich ist, ob den ostdeutschen Nutzern, diese Unterscheidung bewusst gewesen ist und Kenntnisse hinsichtlich der Verwaltungspraxis zum Flüchtlingsvermögen bestanden. Auch die Investitionen die vorgenommen wurden fanden keine Berücksichtigung, da es sich dabei nach Ansicht des Gerichtes lediglich um Schönheitsreparaturen gehandelt habe. Offenkundig bestand seitens der entscheidenden Instanz die Erwartungshaltung, die Nutzer hätten das Gebäude unter den Bedingungen der Mangelwirtschaft umfangreicher modernisieren und sanieren müssen.

Grundstücke von Flüchtlingen, die die DDR nach 1958 verließen, wurden nicht enteignet, sondern unter staatlicher Zwangsverwaltung gestellt. An den Eigentumsverhältnissen änderte sich damit faktisch nichts. Die Eigentümer standen in der Regel auch zum Zeitpunkt der Wiedervereinigung noch im Grundbuch. Durch das Zweite Vermögensrechtsänderungsgesetz wurde die staatliche Verwaltung per Stichtag zum 31. Dezember 1992 beendet und die Ämter zur Regelung offener Vermögensfragen aus der Verantwortung entlassen. Mit Beginn des Jahres 1993 konnten die Eigentümer wieder frei über ihren Besitz verfügen, ohne dass dazu ein Bescheid der Vermögensämter notwendig war. Bis dahin war die Staatliche Verwaltung nur auf Antrag des Be-

418 Ebd.

rechtigten, also des Eigentümers, zu beenden. Die Aufhebung der Verwaltung ab dem genannten Stichtag wurde zur Entlastung der Vermögensämter eingeführt, die somit einen erheblichen Teil ihrer zu bearbeitenden Fälle auf einen Schlag lösen konnten. Sollten über die verwaltete Immobilie zwischenzeitlich Nutzungs- oder Mietverträge abgeschlossen worden sein, so galten die Verträge auch weiterhin, wobei der Eigentümer auf der Vermieterseite den Vertrag übernahm. Vor allem der Mieterbund sah in der generellen Aufhebung der Verwaltung ein erhebliches gesellschaftliches und soziales Konfliktpotenzial, da Eigentümer beziehungsweise deren Erben ohne die »Pufferwirkung« der Vermögensämter nun auf Mieter und Nutzer prallten.[419] Auch Hartmut Pelz, damals Leiter des Landesamtes in Brandenburg, stand der Aufhebung der Verwaltung kritisch gegenüber. Zum Vorteil des Rechtsfriedens wäre die Beibehaltung eines staatlich kontrollierten Aufhebungsverfahrens von Vorteil. Des Weiteren beklagte auch er, dass die soziale Abfederung zugunsten einer, wenn überhaupt, nur minimalen Arbeitsentlastung der Ämter, entfiele. Als Konsequenz befürchtete er eine Verlagerung der Folgeprobleme auf die Zivilgerichtsbarkeit.[420]

Tatsächlich war die Aufhebung der staatlichen Verwaltung in der Praxis mit großen Problemen für Gemeinden und Wohnungsbaugesellschaften verbunden, die vielfach die Verwaltung übernehmen mussten. Die Realität sah weitaus komplizierter aus, als vom Gesetzgeber gedacht. Nach einem Aufhebungsverfahren übernahm der Eigentümer wieder die Verwaltung seiner Immobilien. Dieser Prozess spielte sich nicht mehr unter Mitwirkung der Gemeinde ab. Die Übergabe vorhandener Unterlagen war ein reiner Verwaltungsvorgang, sodass keine Kenntnisse seitens der Gemeinde oder der Vermögensämter darüber bestanden, wie sich das Verhältnis zwischen Eigentümer und Nutzer in der Folgezeit nach Übernahme der Eigentümerbefugnisse weiter entwickelte. Komplikationen traten auf, wenn sich kein Eigentümer meldete und dieser auch nach aufwendiger Suche nicht ausfindig gemacht werden konnte. In diesen Fällen wurde ein gesetzlicher Auftraggeber benannt, der dann im Sinne des Eigentümers handeln sollte, die Mieteinnahmen kontrollierte und die nötigsten Instandhaltungsmaßnahmen vornahm. Mieter oder Nutzer hatten oftmals keinen Ansprechpartner, sodass Wohnungsbaugesellschaften in einer Art Notgeschäftsführung eine ordnungsgemäße Bewirtschaftung aufrechterhalten mussten. Noch schwieriger wurde es allerdings, wenn kein Mieter das Haus und das Grundstück nutzte, sodass diese verwahrlosten und ohne

[419] Parlamentsarchiv XII/102 A3, Anlage zum Protokoll der 41. Sitzung vom 21. Mai 1992. Öffentliche Anhörung des Rechtsausschusses zu den verschiedenen Gesetzentwürfen im Zusammenhang mit dem Entwurf eines Zweiten Vermögensrechtsänderungsgesetzes. Stellungnahme zum Entwurf eines Gesetzes zur Änderung des Vermögensgesetzes und anderer Rechtsvorschriften. Deutscher Mieterbund. Potsdam 12.05.1992, S. 168–173.

[420] Ebd., Stellungnahme von Hartmut Pelz, Potsdam, S. 74–83.

größere Investitionen alsbald keine Nutzung mehr möglich war.[421] Auch heute noch stehen einige Gemeinden vor dem Problem, dass es dort Grundstücke gibt, für die kein Eigentümer gefunden werden konnte und die sich in einem desolaten Zustand befinden. Im Gesetzgebungsverfahren kam jedoch die angesprochene Kritik von Experten an der Regelung kaum zur Sprache, sodass hauptsächlich die Arbeitserleichterung für die Ämter und damit die Beschleunigung der Bearbeitung hervorgehoben wurde.

Weitgehend unstrittig war die Einführung eines Moratoriums für diejenigen, die bei unsicheren Rechtsverhältnissen an Grund und Boden mit staatlicher Billigung und/oder Genehmigung gebaut hatten. Dies betraf unter anderem die vor allem in Randberlin zahlreich abgeschlossenen Überlassungsverträge. Die Inhaber der Verträge blieben zunächst bis zum 31. Dezember 1994 vor einer Kündigung geschützt. Danach sollte eine endgültige Bereinigung dieser Fälle erfolgen. Auch wenn damit durchaus anerkannt wurde, dass die Art der Verträge einer besonderen Regelung bedurften, war dies für die Nutzer eine Zeit der quälenden Unsicherheit, in der sie dauerhaft einer hohen psychischen Belastung ausgesetzt waren.

Bevor im September 1994 mit dem Sachenrechtsänderungsgesetz das letzte große Gesetzesvorhaben zur Regelung der Eigentumsfragen auf den Weg gebracht wurde, gab es eine Reihe kleinerer Novellierungen. Im Dezember 1993 erfolgte mit dem Gesetz zur Vereinfachung und Beschleunigung registerrechtlicher und anderer Verfahren (Registerverfahrenbeschleunigungsgesetz) eine Entlastung im Bereich Grundbuch, Vermessung und Vermögenszuordnung. Des Weiteren erlangten auch verschiedene Änderungen des Vermögensgesetzes Gesetzeskraft, durch die zum einen, rechtliche Unsicherheiten ausgeräumt werden sollten und zum anderen, verfahrensrechtliche Bestimmungen eingefügt wurden. Dazu gehörte beispielsweise die Beseitigung von Unsicherheiten bei Erbengemeinschaften als Berechtigte oder die Vereinfachung des Widerspruchsverfahrens.[422]

Letzte Möglichkeit zur Schlichtung – Das Sachenrechtsbereinigungsgesetz

Inhalt und Verfahren

Das Gesetz zur Sachenrechtsbereinigung (SachenRBerG) wurde am 21. September 1994 verabschiedet. Damit sollten die Rechtsverhältnisse über die bauliche Nutzung von Grundstücken im Gebiet der ehemaligen DDR an das Recht des BGB angepasst und ein Interessenausgleich zwischen Eigentümern und Nutzern herbeigeführt werden. Letzte Besonderheiten, die sich aus dem Bodenrecht der DDR ergaben, entfielen damit. Insbesondere das Auseinanderfallen des Eigentums an Grundstücken und Ge-

[421] Gespräch mit Carsten Fischer am 14.07.2014.
[422] Vgl. Köhler-Apel. S./Bodenstab, R. (1995), S. 312.

bäuden, das weder im Einigungsvertrag noch im Vermögensgesetz geregelt war, sollte somit einer endgültigen Klärung zugeführt werden. Es ging dabei insbesondere um folgende problematische Fälle:

- wenn ein Nutzungsrecht bis zum 2. Oktober 1990 von den staatlichen Stellen verliehen oder bis zum 30. Juni 1990 von den Vorständen einer LPG zugewiesen worden war;
- wenn selbstständiges Eigentum an Gebäuden oder bauliche Anlagen nach den Rechtsvorschriften der DDR entstanden ist;
- wenn die Bebauung fremder Grundstücke mit Billigung staatlicher Stellen erfolgte und mit dem Bau bis zum 2. Oktober 1990 begonnen worden war;
- wenn die Gebäudekaufverträge zwar zu selbstständigem Gebäudeeigentum hätten führen müssen, die staatlichen Stellen aber die dazu nötigen rechtlichen Schritte unterlassen hatten (sogenannte »hängende Kaufverträge«);
- wenn Überlassungsverträge zur Bebauung staatlich verwalteter Grundstücke mit Eigenheimen oder zur Nutzung bereits aufstehender Gebäude geschlossen wurden und im letzteren Fall erhebliche Investitionen von den Nutzern an den Gebäuden vorgenommen worden sind;
- wenn ein zu Erholungszwecken genutztes Wochenendhaus mit Billigung staatlicher Stellen zu einem Wohnhaus umgebaut wurde (sogenannte »unechte Datsche«) oder
- wenn ein notarieller Kaufvertrag zum Kauf eines Eigenheims nach dem 18. Oktober 1989 geschlossen wurde, die Eintragung im Grundbuch aber nicht erfolgen konnte, weil das Grundstück zurückübertragen worden ist oder wird.[423]

Nicht in die Sachenrechtsbereinigung einbezogen waren Grundstücke, die

- zur Erholung, Freizeitgestaltung oder kleingärtnerischen Bewirtschaftung genutzt wurden;
- allein als Standort von Garagen oder ähnlichen, nicht zu Wohnzwecken dienenden Gebäuden genutzt wurden oder
- aufgrund eines Miet-, Pacht- oder sonstigen Nutzungsvertrages zu sonstigen Zwecken bebaut wurden.[424]

Diese Fälle sollten ausschließlich mit dem Schuldrechtsänderungsgesetz[425] geregelt werden. Dieses Gesetz war anwendbar auf Nutzungsverträge zur Erholung, auf deren Grundlage ein Nutzer auf fremden Grundstücken eine Baulichkeit, wie eine Datsche oder eine Garage hatte errichten dürfen.

423 Michael F./Trimbach H. (1995), S.124.
424 Ebd., 125.
425 Gesetz zur Anpassung schuldrechtlicher Nutzungsverhältnisse an Grundstücken im Beitrittsgebiet (BGBL S. 2538).

Das Sachenrechtsbereinigungsgesetz erfasste unter bestimmten Voraussetzungen außerdem Mieterkäufe, die nach dem Stichtag, also dem 18. Oktober 1989, erfolgt waren. Wer ein Eigenheim auf Grundlage eines Miet-, Pacht- oder sonstigen Nutzungsvertrages am 18. Oktober 1989 nutzte und bis zum 14. Juni 1990 einen wirksamen beurkundeten Kaufvertrag mit den staatlichen Stellen der DDR nachweisen konnte und das Eigenheim am 1. Oktober 1994 bewohnte, fiel unter die Regelungen des Sachenrechtsbereinigungsgesetzes. Wer diese Bedingungen nicht erfüllte, konnte dennoch Ansprüche geltend machen, wenn er eine schriftliche Beantragung oder sonstige Anbahnung des Kaufvertrages vor dem 19. Oktober 1989 nachweisen konnte, einen Vertrag auf der Grundlage des §1 des Verkaufsgesetzes (Kauf durch Gewerbetreibende) oder werterhöhende oder substanzerhaltende Investitionen in wesentlichem Umfang vor dem 19. Oktober 1989 getätigt hatte. Folgende kurze Beispiele veranschaulichen, unter welchen Bedingungen das Sachenrechtsbereinigungsgesetz griff.

Fallbeispiel: Bebauung mit Billigung staatlicher Stellen[426]

Herr Meier nutzte ein der Stadt gehörendes Erholungsgrundstück und baute dort mit Genehmigung einen Bungalow. Als innerhalb der Familie dringend Wohnraum benötigt wurde, besprach er sich mit dem Bürgermeister und erhielt die Genehmigung, seinen Bungalow zu einem ständigen Wohnsitz auszubauen. Nachdem die Bauarbeiten beendet waren, zog er 1983 in sein neues Eigenheim. Da Herr Meier eine amtliche Baugenehmigung vorweisen konnte und seit mehr als zehn Jahren das Haus bewohnte, standen ihm Ansprüche nach dem Sachenrechtsbereinigungsgesetz zu.

Fallbeispiel: Kaufanbahnung

Ein Ehepaar bewohnte ein unter staatlicher Verwaltung stehendes Hausgrundstück zur Miete. Seit 1986 bemühten sich beide aktenkundig darum, das Haus und das Grundstück zu kaufen. Diese Möglichkeit eröffnete sich allerdings erst nach dem Verkaufsgesetz vom 7. März 1990. Im Juni 1990 wurde der notarielle Kaufvertrag geschlossen. Die Eintragung ins Grundbuch wurde nicht mehr vollzogen. Im September 1990 stellten die Eigentümer einen Antrag auf Rückübertragung. Das Ehepaar hatte jedoch berechtigte Ansprüche nach dem Sachenrechtsbereinigungsgesetz, da es sich seit 1986 nachweislich um den Kauf des Hauses bemüht hatte.

[426] Folgende Fallbeispiele sind aus Freier, Michael/Trimbach Herbert: Das Sachenrechtsbereinigungsgesetz oder Eigentum auf fremdem Grund, in: Brouër, Dirk/Trimbach, Herbert (u.a.): Offene Vermögensfragen. Ein Ratgeber. Hamburg 1995, S. 117–121 entnommen.

Fallbeispiel: Überlassungsvertrag

Ein Grundstück unterlag der staatlichen Verwaltung. Da sich die Erhaltung der Bausubstanz als sehr kostenintensiv erwies, war die Kommunale Wohnungsverwaltung froh, mit Familie Schmidt neue Bewohner gefunden zu haben. Mit ihnen wurde 1972 ein Überlassungsvertrag abgeschlossen. Die Familie hatte alle öffentlichen Lasten zu tragen und musste den Gebäudeschätzwert von 13.000 Mark auf ein Hinterlegungskonto einzahlen. In den nächsten Jahren steckten sie viel Zeit und Geld in den Erhalt und in die Erweiterung des Wohnhauses. Zum Ende des Jahres 1992 war die staatliche Verwaltung jedoch per Gesetz beendet und die Alteigentümer nun wieder voll verfügungsberechtigt. Da die Familie Schmidt jedoch problemlos die Höhe ihrer getätigten Investitionen nachweisen konnte, war ihr Fall ebenfalls dem Sachenrechtsbereinigungsgesetz zuzuordnen.

Fallbeispiel: Mietkauf nach dem 18. Oktober 1989

Weil der Eigentümer verstorben war und keine Erben ermittelt werden konnten, wurde ein Haus in Volkseigentum überführt und von der Kommunalen Wohnungsverwaltung vermietet. Im Februar 1990 zog der neue Mieter Herr Müller mit seiner Familie ein. Da ihm das Haus so gut gefiel, fragte er beim Rat der Stadt nach, ob er es kaufen könne. Am 13. Juni 1990 wurde der notarielle Kaufvertrag unterschrieben. Nur wenig später stellten die Erben der Alteigentümer einen Antrag auf Rückübertragung. Für Herrn Müller bestand keine Anspruchsberechtigung. Er hat sich für das Grundstück erst nach dem Stichtag, dem 18. Oktober 1989, interessiert und es auch vorher nicht genutzt. Sein Fall unterlag damit dem Schuldrechtsanpassungsgesetz.

Lag ein Fall des Sachenrechtsbereinigungsgesetzes vor, gewährte dies den Nutzern einen Anspruch auf Ankauf des Grundstücks zum halben Verkehrswert oder auf die Bestellung eines Erbbaurechts mit stark reduziertem Erbbauzins, sodass damit das Eigentum an Haus und Grundstück vervollständigt werden konnte. Das Erbbaurecht sollte denjenigen Nutzern den Besitz des Grundstücks erhalten, die sich einen Ankauf finanziell nicht leisten konnten. Die Höhe des Erbbauzinses betrug bei einer Nutzung zu Wohnzwecken jährlich zwei Prozent des Bodenwertes. Nutzer konnten sich auch bei Abschluss eines Erbbaurechtsvertrages eine Ankaufoption für die ersten zwölf Jahre nach Bestellung des Erbbaurechtes vorbehalten. Dem Nutzer stand das Recht zu, zwischen der Bestellung des Erbbaurechts und dem Ankauf des Grundstücks zu wählen. Dem Grundstückseigentümer stand in bestimmten Fällen eine Einrede gegen den Anspruch des Nutzers zu, so zum Beispiel, wenn das Gebäude nicht mehr genutzt wurde. Der Nutzer konnte den Abschluss des Kaufvertrags verlangen, wenn er ein den gesetzlichen Bestimmungen entsprechendes Angebot unterbreitete. Er musste dem Eigentümer des Grundstücks schriftlich seine Wahl mitteilen. Falls der Nutzer sich nicht äußerte, hatte der Eigentümer das Recht, nach einer 5-Monatsfrist eine Entscheidung zu treffen. Die Höhe des Erbbauzinses richtete sich nach dem Bodenwert. Die Berechnung von Kaufpreis und Erbbauzins erfolgte nach einem Teilungsmodell. Der Kaufpreis betrug die Hälfte des Verkehrswertes, wofür die Berechnung gesetzlich festgelegt war (§§ 19,20 SachenRBerG). Bei der Bestellung des Erbbaurechts sollte ebenfalls die Hälfte der marktüblichen Zinsen entrichtet werden.[427]

Der Abschluss von Verträgen nach dem Sachenrechtsbereinigungsgesetz war auf Antrag durch einen Notar zu vermitteln. Zuständig war jeder Notar, dessen Amtsbezirk sich in dem Bundesland befand, in dem das zu belastende oder zu veräußernde Grundstück und Gebäude ganz oder zum größten Teil belegen war. Ziel des Vermittlungsverfahrens war die Formulierung eines den Vorgaben des Gesetzes entsprechenden Vermittlungsvorschlags in Form eines Vertragsentwurfs. Bei übereinstimmendem Parteiwillen konnte der Notar den Vertrag sogleich beurkunden. Das Verfahren war außerdem Zulässigkeitsvoraussetzung für eine Klage auf Feststellung über den Inhalt eines Erbbaurechts oder eines Ankaufsrechts. Der Kläger hatte dem Gericht den notariellen Vermittlungsvorschlag und das Abschlussprotokoll vorzulegen, andernfalls wäre die Klage von vornherein als unzulässig abgewiesen worden.

Die Bestimmungen des Sachenrechtsbereinigungsgesetzes stellten zwar einen ausgewogenen Lösungsansatz dar, um die gegensätzlichen Nutzer- und Eigentümerinteressen zu berücksichtigen, dennoch musste in vielen Fällen die Anspruchsberechtigung der Nutzer erst vor Gericht geklärt werden. Hauptstreitpunkt war, ob überhaupt ein berechtigter Anspruch vorlag. Dies betraf in den meisten Fällen die Inhaber der Überlassungsverträge, die ein bereits bestehendes Gebäude übernahmen. Dort bestanden die Ansprüche nach dem Gesetz nur, wenn die Nutzer die Wohn- und Nutzfläche des überlassenen Gebäudes um mehr als 50 Prozent vergrößert oder bauliche Investitionen getätigt hatten, die den Sachwert des Gebäudes um die Hälfte überstiegen.

Schwieriger Beschluss – Das Gesetzgebungsverfahren

Nach langer Vorbereitung wurde der erste Entwurf des Sachenrechtsbereinigungsgesetzes im Bundestag beraten. Justizministerin Sabine Leutheusser-Schnarrenberger begründete die lange Dauer der Ausarbeitung des Gesetzentwurfes damit, dass ein sehr kompliziertes und komplexes Geflecht aus rechtlichen Regelungen und Verwaltungsanordnungen sowie faktische Verhältnisse in der DDR erst ermittelt, festgestellt und niedergeschrieben werden mussten.[428]

427 Vgl: Michael F./Trimbach H. (1995), S. 124; Unterlagen SHVN: Wissenschaftliche Dienste des Deutschen Bundestages. Thema: Vermögens- und Grundstücksrecht für die neuen Bundesländer. 285/95.

428 Leutheusser- Schnarrenberger, Sabine: Plenarprotokoll, 190/12, S. 16429.

Bei den Beratungen im Verlauf des Gesetzgebungsverfahrens zeigte sich, dass sich auch vier Jahre nach Inkrafttreten des Vermögensgesetzes kein politischer Konsens über das Rückgabeprinzip bestand. Vor allem die SPD distanzierte sich einmal mehr sehr deutlich davon und bestritt, den gesetzlichen Regelungen in dieser Form überhaupt zugestimmt zu haben. So warf die Abgeordnete Ingrid Matthäus-Maier der FDP »Eigentumsfetischismus« vor, der schon »bei der unseligen Regelung Rückgabe vor Entschädigung im Osten Böses angerichtet habe«.[429] Zudem sei die SPD nie mit dem Grundsatz einverstanden gewesen und habe schon in den Debatten zum ersten Staatsvertrag deutlich gemacht, dass das Prinzip ein massives Investitionshindernis sein würde.[430] Vor allem die PDS und namentlich ihr Abgeordneter Jens-Uwe Heuer warfen der Regierung vor, die geplante Rechtsangleichung durch das Sachenrechtsbereinigungsgesetz sei nur ein Vorwand und ein Schritt zur »weiteren Enteignung der Ostdeutschen«[431]. Dagegen bewertete Dr. Wolfgang Ullmann von Bündnis 90/Die Grünen den Entwurf als einen guten Kompromiss zwischen den Interessen der Nutzer und der Eigentümer und verteidigte vor allem in Richtung PDS und dem Mieterbund des Landes Brandenburg die Entscheidung, Erholungsgrundstücke nicht in das Sachenrechtsbereinigungsgesetz mit einzubeziehen.[432] Gleiches war von der CDU zu vernehmen, die in den Vorschlägen der Kritiker des Gesetzes »üble Stimmungsmache« und »billigsten Wahlkampf« sah. Mit dem Gesetzentwurf sei es möglich, den Eigenheimbesitzern Sicherheit zu geben, das Grundstück kaufen zu können. Zur Minderung finanzieller Härten sei zudem das Erbbaurecht wählbar. Die im Rahmen des Gesetzgebungsverfahrens angehörten Nutzerschutzverbände übten deutliche Kritik am Entwurf, warnten im Vorfeld vor »katastrophalen Folgen« und beschworen die »massenhafte Vertreibung ostdeutscher Familien« herauf. Die Höhe des Kaufpreises beziehungsweise des Erbbauzinses stieß bei jenen, denen es vornehmlich um die Interessen der Nutzer ging, auf massiven Widerspruch.[433] So wurden Befürchtungen artikuliert, dass in Gebieten wie Kleinmachnow oder Potsdam die Bodenrichtwerte so hoch seien, dass ein Ankauf für die Nutzer finanziell nicht möglich sei. In Stellungnahmen zu dem Gesetz machten vor allem die Nutzerverbände und Interessengemeinschaften deutlich, dass ihrer Meinung nach dadurch kein Interessenausgleich erreicht werden könne. Konkret ging es unter anderem darum, dass die Möglichkeit des Ankaufs für Inhaber von Überlassungsverträgen nicht von einer Vergrößerung der Wohn- oder Nutzfläche oder einer baulichen Investition abhängig sein sollte. Des Weiteren wurde die Begrenzung der Grundstücksgröße auf 500 Quadratmeter kritisiert, die der Eigen-

429 Matthäus-Maier, Ingrid: Plenarprotokoll, 225/12, S. 19448.
430 Ebd., S. 19456.
431 Heuer, Jens-Uwe: Plenarprotokoll 225/12, S. 19452.
432 Ullmann, Wolfgang: Plenarprotokoll 225/12, S. 19454.
433 Heuer, Jens-Uwe: Plenarprotokoll 225/12, S. 19454.

heimverordnung aus dem Jahr 1978 entsprach. Die Frage nach der Festschreibung auf jene 500 Quadratmeter sei willkürlich, da in der Praxis die Grundstücke nicht in dieser Größe parzelliert worden seien, sondern in den meisten Fällen viel größer waren. Die im Rechtsausschuss als Experten befragten Juristen, prüften den Entwurf unter dem Gesichtspunkt der Verfassungsmäßigkeit und kamen zu dem Schluss, dass die Vereinbarkeit des Entwurfs mit den Eigentumsrechten der Nutzer, der Grundstückseigentümer und den allgemeinen Gleichheitsgrundsatz gegeben war. Sie kritisierten allerdings ebenfalls die Behandlung der Überlassungsverträge.[434] Die »Interessengemeinschaft Überlassungsverträge Lehnitz« appellierte an die Bundesregierung, dass das Gesetz den Grundstückseigentümern unberechtigte finanzielle Vorteile bringe, für die sie keinen Beitrag geleistet hätten, während es für die Nutzer finanzielle Nachteile bedeute, die sie bei der vorhandenen Vermögenslage nicht überwinden könnten. Dem Nutzer, der darauf vertraut hatte, das Grundstück bis ans Lebensende zu nutzen, sei es nur schwer verständlich, warum nun ein Entgelt dafür zu bezahlen sei.[435]

Bewertung

Wie viele Fälle mit dem Sachenrechtsbereinigungsgesetz einer rechtlich sauberen Lösung zugeführt werden konnten, wie viele Nutzer die Möglichkeit des Ankaufs oder der Erbbaurechtsregelung wählten, wie viele Fälle im notariellen Vermittlungsverfahren und ohne gerichtliche Auseinandersetzung gelöst wurden, darüber gibt es keine statistischen Angaben. Weder das Bundesjustizministerium noch die Notarkammer verfügen über Daten zur Umsetzung des Gesetzes. Auch in Kommunen und bei Liegenschaftsämtern liegen keine Informationen darüber vor, wie viele Fälle dadurch einer endgültigen Klärung zugeführt werden konnten.[436]

Die Bewertung der Lösung aus rechtswissenschaftlicher Sicht fiel zum Teil sehr unterschiedlich aus. So urteilte der Jurist Rolf Stürmer in seiner Schrift über die zivilrechtlichen Folgeprobleme der deutschen Einheit: »Das neue Sachenrechtsänderungsgesetz wählt insoweit zutreffende Maßstäbe, während das Vermögensgesetz ursprünglich falsche Differenzierungen gepflogen hat. Seine Lösung ist die bessere Weisheit geläuterter Erfahrungen bei der Bewältigung von Unrechtsfolgen.«[437]

[434] Unterlagen SHVN: Protokoll der 109. Sitzung des Rechtsausschusses vom 29. Januar 1994.

[435] Parlamentsarchiv A3 436, Interessengemeinschaft Überlassungsverträge Lehnitz, Stellungnahme zum Sachenrechtsänderungsgesetz vom 17.01.1994.

[436] Schriftliche Anfrage an das Bundesministerium der Justiz vom 04.02.2013 und Anfrage an die Notarkammer Brandenburg vom 05.02.2013.

[437] Rolf Stürmer: Zivilrechtliche Folgeprobleme der Einheit und das Regelungswerk zu ihrer Bewältigung, S. 7-24, in: Jauernig, Othmar/Hommelhoff, Peter (Hrsg.):Teilungsfolgen und Rechtsfriede. Beiträge und Diskussionen des Symposiums am 23./24. Juni 1995 in Heidelberg. Heidelberg 1996, S. 19.

Auch Georg Brunner, der sich mit der Verwaltungstätigkeit in der DDR und ihre Bewertung bei der Bewältigung der Teilungsfolgen auseinandersetzte befand: »Anders als das Vermögensgesetz hat das Sachenrechtsbereinigungsgesetz eine realistische Bewertung der Verwaltungspraxis der DDR vorgenommen, was grundsätzlich zu begrüßen ist.«[438]

Für Michael Freier und Herbert Trimbach, beide Mitarbeiter im Justizministerium des Landes Brandenburg, ist das Sachenrechtsbereinigungsgesetz ein »vernünftiger und ausgewogener Lösungsansatz für einen komplizierten Teilbereich deutsch-deutschen Zusammenwachsens«. Obwohl es zwar keine »echten Verlierer« gegeben habe, wird bezweifelt, dass die Betroffenen die Regelungen als gerecht empfinden.[439] In seiner abschließenden Beurteilung über den Gesetzentwurf konstatiert Prof. Dr. Wilhelm Strobel, dass das Sachenrechtsbereinigungsgesetz für viele eine »stille Enteignung« bedeute. Das Gesetz diene dem Schutz Schwächerer, was vor allem im Wahljahr 1994 für die Betroffenen des Beitrittsgebietes von großer Bedeutung sei.[440] Guido Harder, der sich intensiv mit der Entwicklung der Nutzungsrechte in der DDR beschäftigt hat, kam zu dem Schluss, dass Gesetz sei ein »Kompromiss, der nicht nur verfassungsrechtlich bedenklich erscheint, sondern letztlich weder für die eine noch die andere Partei nachvollziehbar ist. Warum soll ein Nutzungsberechtigter, der darauf vertrauen durfte, das ihm vom Staat übergebene Grundstück bis an sein Lebensende unentgeltlich nutzen zu können, nunmehr ein Entgelt bezahlen? Auf der anderen Seite stellt der Grundstückseigentümer zu Recht die Frage, warum er – nachdem er u.U. viele Jahre auf die Nutzung seines Grundstückes entschädigungslos verzichten musste – nunmehr nur den halben Verkehrswert seines Grundstücks bzw. nur den halben marktüblichen Erbbauzins erhalten soll, der bisherige Nutzungsberechtigte nach einem Ankauf des Grundstücks aber sofort den vollen Wert auf dem Grundstücksmarkt realisieren kann.«[441]

Ähnlich bewertet es der Rechtswissenschaftler Hans Reinhold Horst: »Die besprochenen Regelungen der Sachenrechtsbereinigung werden ihrem Zweck nicht gerecht. Das Gesetz schafft keinen Interessenausgleich zwischen den Beteiligten. Erst recht kann von einem ausgewogenen – sozialverträglichen – Interessenausgleich keine Rede sein. Der zwischen Nutzer und Grundeigentümer bestehende Konflikt um die Nutzung des Grundstücks wird nicht gelöst. Vielmehr entscheidet der Gesetzgeber fast stets ein-

438 Georg Brunner: Verwaltungstätigkeit in der DDR und ihre Bewertung bei der Bewältigung der Teilungsfolgen, in: Jauernig, Othmar/Hommelhoff, Peter (Hrsg.): Teilungsfolgen und Rechtsfriede. Beiträge und Diskussionen des Symposiums am 23./24. Juni 1995 in Heidelberg. Heidelberg 1996, S. 135.

439 Freier, M./Trimbach, H. (1995), S.171f.

440 Strobel, Wilhelm: Der Regierungsentwurf zum Sachenrechtsänderungsgesetz für das Beitrittsgebiet, in: NJW, Heft 39, 1993, S. 2490.

441 Harder, G. (1998), S. 205.

seitig zu Gunsten des Nutzers. Der Eigentümer des nutzungsbelasteten Grundstücks wird dagegen so gut wie rechtlos gestellt. Dies ist bei der Absicht des Gesetzgebers, eine sozial- und wohnungspolitisch notwendige Sicherung der baulichen Investitionen zu erreichen, weder notwendig noch überhaupt zu rechtfertigen. Selbst in regierungsnahen Kreisen geht man davon aus, dass das Sachenrechtsänderungsgesetz dem Bundesverfassungsgericht zur Überprüfung vorgelegt werden wird. Man darf gespannt sein, ob das höchste deutsche Gericht das Ruder wenigstens etwas zu Gunsten des Grundeigentümers und damit den gebotenen Kurs in Richtung der Eigentumsgarantie des Art. 44 GG wieder aufnimmt.«[442]

Für die Vertreter der Eigentümer schien es nur schwer verständlich, warum deren Rechte eingeschränkt werden sollten. So werteten die Rechtsanwälte Weddig Fricke und Klaus Märker: »Im Übrigen wird die Problematik im Sachenrechtsbereinigungsgesetz – und zwar wiederum mit einem Übergewicht zugunsten des Erwerbers geregelt.«[443] Dirk Bohrisch kommt in seiner juristischen Dissertation zu einer ähnlichen Bewertung: »Vergleicht man die dem Grundeigentümer und dem Nutzer durch das SachenRBerG eingeräumte Rechtsstellung, so fällt auf, dass der Nutzer deutlich privilegiert ist. Ihm wird das grundsätzliche Wahlrecht zwischen Kauf und Erbbaurechtsbestellung eingeräumt. Er erhält ohne je Eigentümer des Bodens gewesen zu sein, 50 % des Bodenwertes.«[444]

Trotz der geäußerten Kritik am Sachenrechtsbereinigungsgesetz überwiegt in der juristischen Fachliteratur eine positive Einschätzung der gesetzlichen Regelungen. In Gesprächen mit Mitarbeitern von Liegenschaftsämtern und auch mit Bürgermeistern wurden die Möglichkeiten des Ankaufs für die langjährigen Nutzer in der Mehrzahl positiv bewertet. Auch wenn keine konkreten Zahlenangaben darüber vorliegen, nahmen erfahrungsgemäß viele der Betroffenen die Möglichkeiten wahr und kauften den Boden, um so Eigentum an Haus und Grundstück zu vervollständigen.

Überlassungsverträge

Im Oktober 1991 begann das Bundesministerium der Justiz mit einer Fragebogenaktion, um einen Überblick über die tatsächlichen Eigentumsarten in der DDR zu bekommen. Befragt wurden 15 ausgewählte Kommunen und drei Bezirke des Landes Berlin. Zur Auswahl der Städte waren die Landesjustizverwaltungen gebeten worden. Als Ergebnis der Aktion stellte sich unter anderem heraus, dass für die Überlassungsverträge dringende Regelungen erforderlich waren. In Kleinmachnow, das stellvertretend für das Berliner Umland stand, war die Zahl der abgeschlossenen Überlassungsverträge

442 Horst, Reinhold: Eigentum contra Nutzungsrecht an Grundstücken in den neuen Ländern. Konfliktbewältigung und Rechtsanpassung. Teil 1. Sachenrechtsänderung, in: ZOV 5/1994, S. 361.

443 Fricke, M./Märker, K. (2002), S. 277.

444 Bohrisch, D. (1996), S. 183.

besonders hoch. Während diese Verträge in anderen Kommunen fast ausschließlich für Erholungsgrundstücke abgeschlossen wurden, lag der Anteil der Überlassungsverträge für bebaute Grundstücke in Kleinmachnow bei 90 Prozent.[445]

Bestimmte Tatbestände, die zur gängigen Praxis des DDR-Bodenrechts gehörten, wurden von den Bestimmungen der Gemeinsamen Erklärung und vom Vermögensgesetz nur unzureichend oder gar nicht erfasst. Eine Klärung dieser Fälle war somit zunächst nicht möglich. Die Betroffenen fühlten sich dadurch zum einen pauschal als unredlich verurteilt und waren zum anderen einer anhaltenden Unsicherheit ausgesetzt, ob sie die von ihnen bewohnte Immobilie weiterhin nutzen können. Diese Phase der Unsicherheit war in den meisten Fällen begleitet von massiven Auseinandersetzungen in unterschiedlichster Ausprägung mit den Eigentümern der Grundstücke. Die Bundesregierung trug diesem Umstand Rechnung, indem sie durch das im 1992 verabschiedeten Zweiten Vermögensrechtsänderungsgesetz enthaltene Moratorium einen zeitlich befristeten Aufschub gab, durch den die Nutzer zunächst vor Räumungen und Kündigungen geschützt werden sollten. Der Gesetzgeber hat, nachdem die Rechtsprechung die Wirksamkeit der Verträge teilweise in Zweifel gezogen hatte, mit dem Registerverfahrensbeschleunigungsgesetz vom 20. Dezember 1993 in Artikel 232 § 1 a EGBGB den vorläufigen Fortbestand dieser Verträge anerkannt. Für die Nutzer bedeutete dies aber weiterhin jahrelange Unklarheit über den Fortbestand ihrer Nutzungsrechte. Zudem sahen sich die Betroffenen einem ständigen psychologischen Druck ausgesetzt, dem nicht wenige nachgaben, die Immobilie freiwillig aufgaben und den Wohnort verließen. Die besondere Form der Verträge, ihre rechtliche Ausgestaltung und die Situation der Nutzer wurden in den Expertengesprächen sowie in den gesamten Vermögensverhandlungen zwischen der DDR und BRD nicht explizit thematisiert. Eine dauerhafte Regelung haben diese Verträge erst mit dem Sachenrechtsbereinigungsgesetz erfahren, welches das Ziel verfolgte, einen dauerhaften Bestandsschutz zu gewährleisten, aber gleichzeitig auch den Interessen der Eigentümer gerecht zu werden. Damit blieben fast alle baulichen Investitionen, die die Nutzer von Grundstücken zu Wohnzwecken vorgenommen haben, dauerhaft geschützt. Während die Inhaber von Überlassungsverträgen, die zu DDR-Zeiten ein Grundstück zur Bebauung erhielten, ihre gesetzlichen Ansprüche nahezu problemlos geltend machen konnten, galt dies für jene Nutzer, die ein bereits bestehendes Gebäude übernahmen laut § 12 des Sachenrechtsbereinigungsgesetzes nur dann, wenn sie die Wohn- und Nutzfläche des Gebäudes um mehr als 50 Prozent vergrößerten oder bauliche Investitionen vorgenommen haben, die den Sachwert des Gebäudes um die Hälfte übersteigen.

445 BMJ, Az.: 3440/4-6, Bd. 4: Nutzungsrecht und Eigentum an Grund und Boden in den neuen Ländern und im Osten Berlins. Bericht über die Ergebnisse der Fragebogenuntersuchung des Bundesministeriums der Justiz in der Zeit vom 14.–23. Oktober 1991.

Alle Überlassungsverträge über Erholungsgrundstücke und Grundstücke, an denen durch den Nutzer keine besonderen Investitionen vorgenommen wurden, fielen hingegen unter das Schuldrechtsanpassungsgesetz. Begründet wurde dies damit, dass der Nutzer, der diese Investitionen nicht vornahm, das Grundstück wie ein Mieter oder Pächter genutzt hatte, weswegen auch kein sachlicher Grund bestand »ihm abweichend vom Vertrag Ansprüche auf den Kauf des Grundstücks oder zur Bestellung eines Erbbaurechts«[446] zu gewähren.

Über die Anzahl der abgeschlossenen Überlassungsverträge gibt es keine sicheren Angaben. Aufgrund von Erfahrungswerten schätzte das Bundesamt für offene Vermögensfragen, dass es sich um ca. 15.000 Fälle handelte, wovon die meisten in Berlin und den Randgemeinden abgeschlossen wurden.[447]

Die Inhaber der Überlassungsverträge hatten zu DDR-Zeiten eine eigentümerähnliche Position. Sie zahlten nach Abschluss des Vertrages den Wert des überlassenen Grundstücks auf ein Hinterlegungskonto des staatlichen Verwalters. Vor allem wenn die Überlassungsverträge zu Wohnzwecken abgeschlossen worden waren, betrachteten sich Nutzer bis zum Ende der DDR praktisch als Eigentümer, zumal es in der Verwaltungspraxis der DDR weitgehend vom Zufall beziehungsweise nicht vom Willen des Nutzers abhing, ob ein Bauwilliger ein volkseigenes Grundstück mit Nutzungsrecht zugewiesen bekam oder ob mit ihm ein Überlassungsvertrag über ein sogenanntes »Westgrundstück« abgeschlossen wurde. Die Überlassungsvertragsinhaber hatten nicht nur eine besondere emotionale Bindung, sondern in den meisten Fällen auch erheblich materiell und ideell in Haus und Grundstück investiert. Die materiellen Investitionen waren vom Umfang weitaus größer als die Reparaturen, die ein Mieter üblicherweise vornimmt. Der Vergleich mit einem Wohnungsmieter, der in der juristischen Fachliteratur mitunter angestellt wurde, entsprach nicht den tatsächlichen Verhältnissen, denn die Inhaber eines Überlassungsvertrages waren eben keine Mieter. So hatten sie beispielsweise in Fällen von Sturmschäden, Havarien oder ähnlichem keinen Vermieter, an die sie sich wenden konnten.[448] Die besondere Stellung des Überlassungsnehmers hat den Gesetzgeber dazu veranlasst, diesem Nutzer unter bestimmten Voraussetzungen eine Anspruchsberechtigung nach dem SachenRBerG zuzubilligen und ihn damit mit solchen Nutzern gleichzustellen, die schon zu DDR-Zeiten durch selbstständiges Gebäudeeigentum oder verliehene Nutzungsrechte eine Rechtsposition erworben hatten. Obwohl das Sachenrechtsbereinigungsgesetz

446 Czub, Hans-Joachim: Sachenrechtsbereinigungsgesetz. SachenRBerG. Regelungen zur Sachenrechtsbereinigung in den neuen Bundesländern mit den Änderungen des EGBGB und der ErbbauVO. Bonn 1994. S. 44.

447 Bundesamt zur Regelung offener Vermögensfragen (Hrsg.): Offene Vermögensfragen Versuch einer Bilanz. Berlin 2001, S. 83.

448 Vgl.: Zank, H./Simon, H. (1999), S. 59.

endgültig für Rechtsklarheit sorgen sollte, zeigte sich, dass die Bestimmungen über die Höhe der getätigten Investitionen an bereits bestehenden Gebäuden sehr streitanfällig waren. Die Inhaber dieser Verträge, die ein bestehendes Gebäude nutzten und bewohnten, mussten oftmals jahrelang gerichtlich darum kämpfen, um überhaupt unter das Sachenrechtsbereinigungsgesetz zu fallen. Denn die Anspruchsberechtigung des Nutzers hing davon ab, ob seine Aufwendungen für bauliche Investitionen wertmäßig die Hälfte des Sachwertes des Gebäudes überstiegen. In diesen Fällen war das Konfliktpotenzial außerordentlich hoch. Außergerichtliche Übereinkünfte zwischen Nutzern und Eigentümern, auch im Rahmen des notariellen Vermittlungsverfahrens, waren selten und scheiterten daran, dass sich beide Parteien nicht über den Wert der Nutzerinvestition einigen konnten. Streitig waren außerdem der Zustand des Gebäudes zum Zeitpunkt der Übernahme, die Gutachten der Sachverständigen und die Einzelheiten der komplizierten Bewertungsmethoden. Das Wertermittlungsgutachten, das bei Übernahme des Überlassungsvertrages erstellt worden war und in dem die Höhe des Hinterlegungsbetrages stand, stellte für die Berechnung der nach §12 Abs. 2 Nr. 2 SachenRBerG vorzunehmenden Wertermittlung eine wichtige Quelle dar und war in vielen Fällen das einzige verfügbare Dokument, das über den Zustand des Gebäudes bei Abschluss des Vertrages Auskunft geben konnte. Als letzter Ausweg blieb oftmals nur das Anrufen eines Gerichts. Im Gegensatz zu den anderen in das Sachenrechtsbereinigungsgesetz einbezogenen Fallgruppen stellten die Überlassungsverträge mit bebauten Grundstücken auch für die Rechtsprechung eine besondere Herausforderung dar. Ohne die Einschaltung eines kompetenten Sachverständigen war die Bewertung bebauter Grundstücke kaum möglich. So konnte beim Landesgericht Potsdam in keinem Verfahren eine Entscheidung ohne Inanspruchnahme sachverständiger Hilfe getroffen werden.[449]

Die Höhe der getätigten finanziellen Aufwendungen war zu DDR-Zeiten stets abhängig von den familiären Bedürfnissen des Nutzers, den handwerklichen Fähigkeiten, den finanziellen Möglichkeiten, dem Zugang zu Baumaterial oder auch dringend benötigten Handwerkskapazitäten. Der Nachweis einer 50-prozentigen Vergrößerung war oftmals schwierig, denn in den meisten Fällen handelte es sich bei der Übernahme bereits um massive, unterkellerte Wohnhäuser, oft mit zwei Geschossen, sodass selbst durch umfangreiche Erweiterungsbauten nur selten eine 50-prozentige Flächenerweiterung erreicht werden konnte. Als weiteres gravierendes Problem zeigte sich, dass bauliche Investitionen zu DDR-Zeiten kostenmäßig anders zu bewerten waren als nach westlichen Maßstäben. Vielerorts herrschte Unkenntnis über das DDR-Preisniveau. Bereits im außergerichtlichen Bereich wurden häufig Parteigutachten in Auftrag gegeben, die nicht selten das Ergebnis hatten, dass der vom Nut-

449 Vgl.: Zank, H./Simon, H. (1999), S. 57.

zer beauftragte Gutachter zu einer Bejahung eines Kaufanspruchs kam, während der Eigentümer-Gutachter das Nichtvorliegen der Anspruchsberechtigung begründete. Dies musste nicht immer Voreingenommenheit bedeuten, sondern lag zum Teil auch an den unzureichenden gesetzlichen Vorgaben. Mitunter war bereits der rückwirkende Nachweis von baulichen Investitionen schwierig. Nachweispflichtig war in jedem Fall der Nutzer. Aus dem Gedächtnis und unter Benutzung aller ihm zur Verfügung stehenden Hilfsmittel musste er eine detaillierte Auflistung sämtlicher von ihm vorgenommenen und veranlassten Arbeiten am Wohnhaus und Grundstück fertigen und zeitlich einordnen. Im besten Falle konnte er alte Rechnungen und Kaufbelege vorweisen.[450]

Konfliktpunkte bei der Beurteilung der Höhe der vorgenommenen Investitionen waren beispielsweise die wertmäßige Erfassung von baulichen Investitionen des Nutzers, die keine Veränderung an der Bausubstanz bewirkt hatten und somit von Gutachtern und Sachverständigen schwerer zu bewerten waren. Streitanfällig war außerdem die Frage, welche Maßnahmen des Nutzers zwischen dem 03.Oktober 1990 und dem 20.Juli 1993 als »notwendige Verwendungen« gelten können. Die Anwendung des § 12 des SachenRBerG blieb auch nach Klärung einiger rechtlicher Zweifelsfragen außerordentlich schwierig. Folgendes Beispiel zeigt, dass die Rechtsprechung unter Berücksichtigung der DDR-Verhältnisse auch Entscheidungen zugunsten der ostdeutschen Nutzer traf, bei der ausdrücklich hervorgehoben wurde, dass die Überlassungsverträge einer besonderen Behandlung bedurften.

Fallbeispiel: Vergrößerung der Wohn- und Nutzfläche um 50 Prozent:
Die Beklagten waren Eigentümer eines mit einem Einfamilienhaus bebauten Grundstücks. Die Kläger begehrten die Feststellung eines Anspruchs nach dem Sachenrechtsbereinigungsgesetz. Seit 1963 bewohnten sie das Haus zunächst auf Grundlage eines Mietvertrages, den sie mit dem seinerzeitigen Verwalter des »Westgrundstücks«, dem Rat der Gemeinde, abgeschlossen hatten. Im Jahr 1971 wurde das Grundstück von einem Sachverständigen bewertet. Der Gutachter hielt fest, dass das nichtunterkellerte Einfamilienhaus im Erdgeschoß über zwei Zimmer, Küche, Flur und Toilette mit einer Größe von 47,52 Quadratmetern verfügte, sowie über ein ebenso großes, nicht ausgebautes Dachgeschoß. Im Jahr 1972 schlossen die Nutzer mit dem staatlichen Verwalter einen Überlassungsvertrag ab. Die Vertragslaufzeit war zunächst auf 30 Jahre festgelegt. Im Juni 1973 wurde der Vertrag dahingehend geändert, dass er auf Lebenszeit der Nutzer gelte und unkündbar sei. Im gleichen Jahr wurde ihnen die Zustimmung für den Um- und Ausbau des

450 Ebd., S. 57–67 sowie Matthiessen, Holger: Überlassungsverträge über Grundstücke mit aufstehenden Wohngebäuden in der Sachenrechtsbereinigung, in: VIZ, 9/2001, S. 461–466.

Wohnhauses erteilt. Nach Erhalt eines Kredites in Höhe von 28.714,00 Mark unterkellerten sie das Haus teilweise und erweiterten es, in dem sie Toilette und Bad ausbauten, ein Wohnzimmer anbauten und einen Windfang errichteten. Die bebaute Fläche betrug danach 100,25 Quadratmeter.

Die Beklagten vertraten die Auffassung, das Sachenrechtsbereinigungsgesetz verstoße gegen Artikel 14 Abs. 1 GG, da der Eigentümer sein Eigentum als Folge einer Handlung des Nutzers verliere. Das Landgericht stellte jedoch fest, dass die Klage zulässig und der Anspruch nach dem Sachenrechtsbereinigungsgesetz berechtigt war. Den Klägern stehe ein Ankaufsrecht zu, da sie die Wohn- und Nutzfläche um mehr als 50 Prozent vergrößert hatten. In seiner Begründung führte das Gericht aus: »Aus Artikel 14 Abs. 1 GG könne kein Anspruch darauf hergeleitet werden, dass im Westen lebende Eigentümer staatlich verwalteter Grundstücke das Eigentum an Grund und Boden auch für die Zukunft verbleiben müsse. […] Dem Vertrauen der Bürger der Bundesrepublik Deutschland auf den Fortbestand ihres wiedererlangten Rechts habe dabei nicht das alles überragende Gewicht beigemessen werden müssen. Denn bei der Abwägung der auszugleichenden Interessen könne nicht außer acht gelassen werden, dass ihr Eigentum zu DDR-Zeiten praktisch ausgehöhlt gewesen sei. Bis zum Jahr 1988 habe kaum Hoffnung bestanden, dass sich dies jemals ändern werde. Hierfür seien sie regelmäßig im Westen entschädigt worden, hätten dort neue Grundstücke erworben und sich eine neue Existenz aufgebaut. Umgekehrt hätten DDR-Bürger darauf vertraut, dass die ihnen überlassenen Grundstücke ihnen und ihren Erben für immer zur Nutzung zur Verfügung stehen würden, so lange sie sie nutzen wollten und nicht etwaige Pflichten aus dem Überlassungsvertrag erheblich verletzten und dass sie sie schließlich auch hätten kaufen können. Hätten die Nutzer im Vertrauen hierauf erhebliche Geldmittel auf vorhandene Bauten verwendet und sei dies mit staatlicher Genehmigung geschehen, so sprächen gewichtige Gründe hierfür, dem Vertrauen dieser Bürger auf ihre Rechtsposition erhebliches Gewicht beizumessen. Die Bevölkerung der DDR hätte es als eine Art Enteignung empfunden, wenn dieser Rechtswirklichkeit im Beitrittsgebiet in keiner Weise Rechnung getragen worden wäre und in jedem Fall der Westeigentümer das Eigentum an seinem Ostgrundstück hätte behalten können. Das Vertrauen der Überlassungsnehmer sei umso schutzwürdiger, je höher der Wert ihrer Investitionen im Verhältnis zum Grundstückswert im Zeitpunkt der Überlassung gewesen sei. […] Es gehe nicht an, allein die Vorteile der Wiedervereinigung beanspruchen zu wollen, die ohne weiteres Zutun die Grundstückspreise gegenüber DDR-Zeiten in die Höhe getrieben habe, andererseits aber die Lasten der Grundstücke aus den DDR-Zeiten nicht mitübernehmen zu wollen, die darin lägen, dass die Bürger der ehemaligen DDR die Grundstücke zu ihrem Lebensmittelpunkt gemacht, erhebliches Vermögen investiert, langjährige, teil lebenslänglich unkündbare Nutzungsrechte erworben hätten und als ehemalige Angehörige der DDR zumeist kaum in der Lage seien, den vollen Verkehrswert zu zahlen.«[451]

Fallbeispiel: Höhe der getätigten Investitionen

Die Kläger waren Eigentümer eines Grundstücks, das nach §6 der Vermögenssicherungsverordnung unter staatliche Verwaltung gestellt worden war. Die Beklagten nutzten das Wohngebäude zunächst als Mieter. Im Jahr 1973 schlossen sie mit dem staatlichen Verwalter einen Überlassungsvertrag ab. In der Wertermittlung bewertete der damalige Sachverständige den Wert des Gebäudes mit 7.615,74 Mark. Die Beklagten verpflichteten sich zur Hinterlegung eines Betrages in Höhe des Gegenwertes von Haus und Grundstück sowie zur Übernahme sämtlicher öffentlicher Lasten. In der Folgezeit nahmen sie verschiedene Investitionen vor, deren Umfang und Wert zwischen den Parteien streitig war. Die Beklagten führten an, sie hätten zwischen 1973 und 1990 unter anderem das Dach saniert, ein Bad eingebaut und eine Auffanggrube angelegt. Das Landesgericht hat durch Einholung eines schriftlichen Gutachtens den Umfang und Wert der Investitionen erhoben und die Klage abgewiesen, da die Voraussetzungen gegeben seien. Im Ergebnis des Gutachtens sei zum Wertermittlungsstichtag 31. Dezember 1980 ein Wert der baulichen Investitionen von 57,48 Prozent des Gebäudewertes gegeben.

Hinsichtlich der einzelnen Investitionen wurden mehrfach Zeugen angehört. So stand nach Aussage einer Zeugin fest, dass der Badeinbau erst nach dem Abschluss des Überlassungsvertrages erfolgte. Sie begründete dies damit, dass mit dem Einbau erst nach dem Versterben einer weiteren Hausbewohnerin begonnen werden konnte und belegte dies mit einer Sterbeurkunde. Eine weitere Zeugin bestätigte, dass auch die Dacharbeiten und das Anlegen einer Abwassersammelgrube erst im Jahr 1974 begonnen wurden, sodass sich aus der Zugrundelegung der Wertermittlung durch den Sachverständigen ein Wert der Investitionen zum Stichtag 31. Dezember 1980 von 41.780 DM ergab, der den hälftigen Gebäuderestwert von 33.820 DM überstieg.[452]

Aus dem Urteil des Landgerichts Potsdam zu dem Fall: »Die Beklagte und ihr Ehemann nutzten zunächst das streitgegenständliche Wohnhaus als Mieter. Unter dem 23.08.1973 schlossen mit dem damaligen staatlichen Verwalter einen Überlassungsvertrag über das oben genannte Grundstück ab. [...]

[451] 5 U 214/97 Brandenburgisches Oberlandesgericht, 10 O 38/97 Landgericht Potsdam. Urteil im Namen des Volkes. Verkündet am 14.05.1998, online unter: http://www.brandenburg.de/sixcms/media.php/4250/Microsoft%20Word%20-%205%20U%20214-97.d.pdf (letzter Abruf am 24.09.2015).

[452] 5 U 215/99 Brandenburgisches Oberlandesgericht, Urteil im Namen des Volkes. Verkündet am 01.03.2001, abgedruckt in VIZ 2001, S. 509.

Die Kläger sind der Ansicht, der Beklagten stehe kein Anspruch auf sachenrechtliche Bereinigung zu. Insbesondere sei eine Abwassersammelgrube bereits vor dem Abschluss des Überlassungsvertrages vorhanden gewesen. Dass der Einbau des Bades erst nach dem 23. August 1973 erfolgt sei, sei nicht nachgewiesen worden, außerdem sei der mit dem Wohnhaus verbundene Anbau wegen fehlender Baugenehmigung zumindest nicht in voller Höhe zu berücksichtigen, und die Bauten entsprächen nicht den Regeln der Technik. Außerdem habe bei der Bewertung des Einbaus der neuen Heizung die vorhandene Heizanlage berücksichtigt werden müssen. Die Wertminderung durch die im Gutachten Gröbler aufgeführten Instandsetzungen sei zu hoch angesetzt worden.

[...]

Die Beklagte hat einen Anspruch auf Ankauf des streitgegenständlichen Grundstücks beziehungsweise Einräumung eines Erbbaurechts gemäß §§ 2 Abs. 1 Ziffer 2a, 5 Abs. 1 Ziffer 3c i.V. m. § 12 Abs. 2 Ziffer 2 SachenRBerG.

Die Beklagte hat Aufwendungen für bauliche Investitionen getätigt, deren Wert die Hälfte des Sachwertes des Gebäudes ohne Berücksichtigung der baulichen Investitionen der Beklagten zum Zeitpunkt der Vornahme der Aufnahme überstieg.

Ausweislich des nachvollziehbaren Gutachtens des Sachverständigen Vogel betrug zum Wertermittlungsstichtag 31. Dezember 1980 der Anteil der investiven Maßnahmen ohne Berücksichtigung der Investitionen des Jahres 1973 im Verhältnis zum Gebäudewert ohne Neubauteile 48,79 %.

Der Gutachter hat hierbei korrekterweise auch die Errichtung der Abwassersammelgrube, den nunmehr mit dem Wohnhaus durch einen Anbau verbundenen Schuppen, den Einbau der Warmluftheizung und die Erneuerung des Gasherdes berücksichtigt. Nach Überzeugung des Gerichts steht fest, dass vor dem Abschluss des Überlassungsvertrages noch keine Abwassersammelgrube bestand. Dies folgt zum einen aus dem Wertermittlungsgutachten des Sachverständigen Gröbler, in welchem unter Ziffer 2 ausdrücklich aufgeführt ist, dass eine Entwässerungsleitung und eine Fäkaliengrube nicht vorhanden sind. Zum anderen war ausweislich dieses Gutachtens ein Trockenklosett vorhanden und der Sachverständige Vogel hat in der mündlichen Verhandlung am 9.12.1998 nachvollziehbar dargelegt, dass es sich bei der Grube, die in der nunmehr vorgelegten alten Bauzeichnung eingezeichnet ist, um diejenige des Trockenklosetts handeln kann. Weiterhin war auch der Schuppen nach Verbindung mit dem Wohnhaus in die Bewertung mit einzubeziehen. Dass keine Baugenehmigung vorgelegt wurde, berührt die Einbeziehung dieser baulichen Investitionen nicht, da die Einrichtungen bereits seit 1976/1977 unwidersprochen stehen und damit zumindest Bestandschutz genießen. Dass es sich um zwar einfache aber übliche Bauwerke handelt, wurde von den Sachverständigen dargelegt und berücksichtigt. Auch die Einbeziehung der neuen Heizungsanlage ohne zumindest

Teile der bereits vorher vorhandenen Anlage dabei zu berücksichtigen, musste so aufgrund nicht miteinander vereinbarter Heizanlagen erfolgen. Des weiteren musste auch die Neuanschaffung eines Gasherdes berücksichtigt werden, da es auch in der ehemaligen DDR üblich war, dass eine Kochgelegenheit vermieterseitig gestellt wurde. Die von dem Sachverständigen Vogel als Reparaturrückstau ermittelten 8 % auf der Grundlage der Ausführungen im Wertgutachten des Sachverständigen Gröber sind nicht zu beanstanden. Es liegen keinerlei Anhaltspunkte dafür vor, dass das 1973 abgefasste Wertermittlungsgutachten nicht ordnungsgemäß erfolgt ist oder diese 8 % nicht dem darin aufgeführten Reparaturrückstau entsprechen. Bei dem Wertermittlungstichtag 31.12.1980 ist der 1973 erfolgte Badeinbau als investive Maßnahme des Beklagten zu berücksichtigen. Dies ergibt sich zweifelsfrei aus dem Wertermittlungsgutachten des Sachverständigen Gröbler. Dieses Gutachten beinhaltet eine detaillierte Baubeschreibung mit einer genauen Aufzählung der vorhandenen Räumlichkeiten. In dieser Beschreibung sind weder ein Badezimmer noch sonstige Anhaltspunkte aufgeführt, woraus geschlossen werden könnte, dass das Badezimmer bereits bei Abschluss des Übergabevertrages vorhanden gewesen ist. Unter Berücksichtigung der sich aus der Tabelle 2 des Gutachtens des Sachverständigen Vogel für die Installation/Investition des Bades ergebenden 6,41% kommt man in Tabelle 6 zu einer Summe investiver Maßnahmen zum Wertstichtag 31.12.1980 von 15,99 % und in Tabelle 8 dieses Gutachtens zu einem Anteil an investiven Maßnahmen im Verhältnis zum Gebäudewert (ohne Neubauteile) in Höhe von 57,48 % (=38.877,88 DM). Somit übersteigt der Wert der Investitionen und Verwendungen den hälftigen Gebäuderestwert zu diesem Zeitpunkt um 7,48 %.«[453]

Dieses kurze Fallbeispiel veranschaulicht, wie schwierig der Nachweis über die Höhe der getätigten Investitionen mitunter war und vor welchen Herausforderungen die Rechtsprechung stand, um zu einer Entscheidung zu gelangen, die beiden Streitparteien gerecht wurde.

»Die Datschen bleiben sicher«[454] – Das Schuldrechtsanpassungsgesetz

Beengte Wohnungen in monotonen Plattenbausiedlungen, fehlende Reise- und Urlaubsmöglichkeiten, eine allgemein schlechte Versorgungslage – mangels Alternative wurde »die Laube« zum Lebensmittelpunkt vieler Ostdeutscher und zu einem gehegten und gepflegten Idyll. Das war jedoch keine Erfindung der DDR. Bereits zur

453 Unterlagen SHVN: 8 O 433/98, Landgericht Potsdam. Urteil im Namen des Volkes verkündet am 20.01.1999.

454 Thüringische Landeszeitung vom 18.11.1999.

Jahrhundertwende gab es im Berliner Umland Tausende von Kleingärten, die bei der Selbstversorgung und Erholung der Bevölkerung eine enorme Rolle spielten. Nach dem Zweiten Weltkrieg und vor allem nach Gründung der DDR blieben zahlreiche Laubengrundstücke ungenutzt. In vielen Fällen kehrten die Eigentümer nicht mehr in die DDR zurück oder eine Nutzung der Grundstücke blieb ihnen verwehrt. Durch den jahrelangen Leerstand waren die Grundstücke verwaist und verwildert. Die Verwaltung dieser Grundstücke verursachte nicht nur enorme Kosten, die brachliegenden und überwucherten Flächen stießen auch bei den DDR-Bürgern, die auf der Suche nach einem Erholungsgrundstück waren, auf immer größeres Unverständnis. Auf Grundlage eines Pacht- oder eines Überlassungsvertrages bekamen DDR-Bürger die Areale zur langjährigen Nutzung übertragen. In vielen Fällen fanden die neuen Nutzer zunächst Brachland vor, das sie mit viel Kraftaufwand und in Eigenregie wieder urbar machten. Teilweise wurde eine bereits bestehende Baulichkeit übernommen oder eine sogenannte Datsche errichtet, die für zahlreiche Familien fortan den Lebensmittelpunkt bildete und in allen Jahreszeiten ausgiebig genutzt wurde. Für viele entwickelte sich die Laube zu einem zweiten Zuhause und niemand störte sich daran, dass diese durch Aus- und Umbauten oftmals schon die Form eines dauerhaft genutzten Eigenheimes annahm. Beispielhaft sei der Fall eines Ehepaares geschildert, das in den 1970er-Jahre zu einer »Datsche« kam: »1976 übernahmen wir ein völlig verwahrlostes Grundstück (802qm). An Hand des unmittelbaren Wildwuchses auf dem Grundstück, der sich bis zum Straßenrand ausdehnte, war zu erkennen, dass mindestens 20 Jahre und mehr keine pflegerischen Arbeiten durchgeführt wurden. Die eigentliche Grundstücksgröße war nur durch verrottete Zaunpfosten feststellbar. Darüber hinaus fehlte die Grundstückseinzäunung zu mehr als 90 %, so dass kreuz und quer verlaufende Trampelpfade als Abkürzung existierten. So wurde als erstes das Grundstück mit einem 1,5m hohen Maschendrahtzaun von etwa 100m Länge neu eingefriedet. Bei genauer Besichtigung war festzustellen, dass auf dem Grundstück mehrere etwa 1m tief ausgehobene Gruben gefüllt mit erheblichen Mengen an Hausunrat, Glasbruch, Glasflaschen, Bauschutt, Dachpappe und Abfällen vorhanden waren. Hier haben offenbar Anwohner sich schnell und problemlos ihrer Abfälle entledigt. Darüber hinaus befanden sich mehr als 8m3 altes verfaultes Holz, alte zerschlagene Möbel auf dem Grundstück. […] Unerlässlich war die Beseitigung und Abfuhr dieser vorgefundenen Mengen an Unrat, Müll, Bauschutt, Alt- und Baumholz sowie des auf dem Grundstück vorhandenen meterhohen Wildwuchses. Dies erforderte einen hohen zeitlichen und finanziellen Aufwand. Allein für die Beräumung des Grundstücks waren 23 LKW-Ladungen für den Abtransport erforderlich und 4 LKW-Ladungen mit Mutterboden zum Auffüllen und Ausgleichen der Grundstücksfläche mussten herangefahren werden. Nach Säuberung und Beräumung des Grundstücks wurde 1977 mit der Bebauung begonnen. In Vorbereitung dazu wurde die Baugenehmigung eingeholt. Die notwendigen Medien wie Stromversorgung und Stadtwasseranschluss wurden an das Grundstück herangeführt und installiert. Nach Fertigstellung des Klinkersockelfundaments und der Bodenplatte erfolgte 1978 die Aufstellung des Fertigteilbungalows Typ Party, der mit einer ausreichenden Dach- und Außenwärmedämmung der Fassade versehen wurde. Anschließend wurden die Terrasse, die Wasseruhrgrube, die abflusslosen Abwassersammelgruben und die Pflasterung des Zufahrtsweges gebaut und ein baufälliger Schuppen mit herausgebrochener Ziegelrückwand und halbeingefallenem Dach rekonstruiert. Die gärtnerische Gestaltung wie Anlegung eines kleines Gemüsegartens, Pflanzung von Obst- und Ziergehölzen, Hecken, Koniferen und Rhododendron erfolgte in Etappen.«[455]

Die Verträge über die Nutzung der Grundstücke waren nahezu unkündbar und die DDR-Bürger konnten auf den Fortbestand »ihrer« Erholungsgrundstücke vertrauen. Da diese sich aber in vielen Fällen lediglich unter staatlicher Verwaltung befanden, verblieben sie zumeist im Eigentum der Grundstücksbesitzer. Nach der Wiedervereinigung galt es auch für diese Art der Nutzungsverhältnisse Lösungen zu finden, die sowohl die Interessen der langjährigen Nutzer und Eigentümer der Baulichkeiten als auch die der Bodeneigentümer berücksichtigen mussten.

Im August 1990 berichtete die Tageszeitung »Neues Deutschland« über den Fall der Nutzerin eines sogenannten »Westgrundstücks«, die vom Anwalt des Eigentümers eine fristlose Kündigung erhalten hatte. Der Artikel zitierte aus dem Schreiben des Juristen mit folgendem Wortlaut: »Meine Mandanten haben daraufhin am 17.05.1990 bei mir einen notarielle Vollmacht beurkundet, in der sie ihre Nichte Frau Margaretha Klein bevollmächtigt haben, das Grundstück in Besitz zu nehmen und die Räumung von den derzeitigen widerrechtlichen Nutzern, Pächtern oder Mietern, oder für was Sie sich auch selbst immer halten wollen, zu fordern. Namens und in Vollmacht meiner Mandanten kündige ich Ihnen hiermit das Nutzungsverhältnis fristlos und habe Sie unter Fristsetzung bis zum 26.06.1990 aufzufordern, das Grundstück zu räumen und es an Frau Margarethe Klein herauszugeben. Für den Fall der nicht rechtzeitigen und ordnungsgemäßen Räumung des Grundstücks erheben wir Klage. Bei pünktlicher und rechtzeitiger Räumung würden meine Mandanten davon absehen, von Ihnen für die vergangenen Jahre eine angemessene Nutzungsentschädigung für die Nutzung des Grundstücks zu fordern.«[456]

Fristlose Kündigungen und die Aufforderung zur sofortigen Räumung von Grundstücken waren in dieser Zeit kein Einzelfall. Überall in Ostdeutschland erreichten die

[455] Unterlagen SHVN: Verband der Kleingärtner, Siedler und Grundstücksnutzer e.V.: Denkschrift zum Rohentwurf eines ersten Gesetzes zur Änderung des Schuldrechtsanpassungsgesetzes der Bundesrepublik Deutschland und seine Auswirkungen auf die Nutzung von Erholungs- und Freizeitgrundstücken in den neuen Bundesländern vom 6. März 2001.

[456] Drohung und Denunziation gegen Nutzerin eines Westgrundstücks in Schildow. Nutzungsverhältnis wurde fristlos gekündigt, in: Neues Deutschland vom 06.08.1990.

Nutzer der Erholungsgrundstücke Aufforderungen zur Räumung. Die Phase zwischen 1990 und 1994 war geprägt von direkten Auseinandersetzungen zwischen Eigentümern und Nutzern, in der die Nutzer auf unterschiedlichste Weise mit den Forderungen der alten und neuen Eigentümer konfrontiert wurden. Nach der Wiedervereinigung war den Eigentümern zwar ihr Eigentum zurückübertragen worden, an den bestehenden Miet- und Pachtverhältnissen änderte sich bis zum Erlass des Schuldrechtsanpassungsgesetzes, das die Rechtsverhältnisse zwischen den Eigentümern von Grundstücken und den jeweiligen Nutzern endgültig regelte, jedoch zunächst nichts. Fälle, in denen die Eigentümer versuchten, eine sofortige Räumung herbeizuführen, oder willkürlich die Pacht erhöhten, waren nicht selten. Nicht wenige Nutzer räumten verschreckt und verängstigt das von ihnen genutzte Grundstück, obwohl sie es der Gesetzeslage nach nicht mussten. Die Rechtslage, dass die bestehenden Miet- und Pachtverträge vom Eigentümerwechsel unberührt blieben, war vielen Nutzern unbekannt oder sie hielten dem Druck der Eigentümer nicht stand. Die Nutzer der Grundstücke waren zwar per Gesetz geschützt, mussten sich oftmals aber auf kräftezehrende juristische Auseinandersetzungen einstellen. Die Fälle von Zwangsräumungen und Kündigungen der Datschennutzer wurden in den Medien zum Teil ausführlich dargestellt und trugen somit dazu bei, die bestehenden Unsicherheiten hinsichtlich der Gesetzeslage weiter zu verschärfen. So berichtete das ehemalige Zentralorgan der SED »Neues Deutschland« im September 1991 über eine Veranstaltung in Rahnsdorf zu ungeklärten Eigentumsverhältnissen an Haus und Grundstück: »Doch gleich zu Beginn wurden die Anwesenden mit Praktiken vertraut gemacht, die ahnen lassen, was erst einmal ausbrechen wird, wenn nicht rechtzeitig durch den Gesetzgeber den Mafiamethoden von Herrenmenschen ein Ende gesetzt wird. Da nistet sich ein vermeintlicher Besitzer auf dem Grundstück einer 79jährigen ein, deponiert dort seinen Krempel, bringt Gäste mit. Für das Häuschen mit Elektro- und Wasseranschluss will er ihr großzügig 3.000 Mark zahlen. Ein anderer Neubesitzer kündigt den Alteingesessenen zum 1. Oktober 1991 und droht mit Schadenersatzklage, falls dem nicht nachgegeben wird. Ein anderer wiederum will gleich mit dem Bagger anrücken, um die Arbeit eines Bürgers von Jahrzehnten zunichte zu machen. Die Spitze des Eisberges, und der Ehre halber sei gesagt, es gibt auch Altbundesbürger, die mit Recht und Anstand einen Ausgleich suchen. Aber gerade unterhalb dieser kriminellen Praktiken läuft alles nach Recht und Gesetz ab, wird der Griff auf das fremde Eigentum staatlich sanktioniert.«[457]

Diese Phase der großen Unsicherheit in Sachen Laubengrundstücke fand 1994 mit dem Schuldrechtsanpassungsgesetz ihr Ende. Das sogenannte »Datschengesetz« leitete die Miet- und Pachtverhältnisse aus DDR-Zeiten in das Pacht- und Mietrecht des Bürgerlichen Gesetzbuches über. Den größten Anteil der Verträge, die von diesem

457 Drohendes Gewitter, in: Neues Deutschland vom 09.09.1991.

Gesetz erfasst werden sollten, waren Nutzungsverträge zum Zweck der kleingärtnerischen Nutzung, zur Erholung und zur Freizeitgestaltung. Darunter fielen auch die Überlassungsverträge, die nur zum Zweck der Erholung abgeschlossen worden waren. Das Gesetz bezog sich allerdings nur auf den Grund und Boden, denn die errichteten Baulichkeiten, wie Bungalows, Lauben oder Garagen befanden sich weiterhin im Eigentum des Nutzers.

Der Gesetzgeber löste den bestehenden Interessenkonflikt mit einem weitgehenden Kündigungsschutz, einer Begrenzung der Nutzungsentgelte sowie einer differenzierten Regelung im Falle einer Beendigung der Pachtverträge. Bereits seit dem 1. August 1993 galt die Nutzungsentgeltverordnung, nach der das Nutzungsentgelt für die Erholungsgrundstücke nur schrittweise und in engen Grenzen angehoben werden konnte. Diese sah eine Anpassung der bisherigen Nutzungsentgelte an den ortsüblichen Pachtzins vor. Die Verordnung ließ beginnend mit dem Jahr 1993 jährliche Erhöhungsschritte zu. In den ersten drei Stufen konnte der Eigentümer das Nutzungsentgelt jeweils verdoppeln. Nach einem einjährigen Erhöhungsstopp 1996 war dann eine weitere jährliche Erhöhung um 50 Prozent des sich nach der dritten Verdopplung ergebenden Entgeltes fällig.

Das Schuldrechtsanpassungsgesetz enthielt Bestimmungen, deren positive Wirkungen aus Sicht der Nutzer überwogen, da ihnen per Gesetz ein großzügiger Bestandsschutz zugebilligt wurde. Ihre Rechtsstellung verbesserte sich im Vergleich zu den Regelungen des Bürgerlichen Gesetzbuches. Am wichtigsten war hierbei vor allem der weitreichende Kündigungsschutz zugunsten der langjährigen Nutzer, was einen faktischen Bestandsschutz bis zum Jahr 2015 bedeutete. Nutzer, die am 3. Oktober 1990 bereits das 60. Lebensjahr erreicht hatten, genossen lebenslangen Kündigungsschutz. Bis zum 1. Januar 2000 war eine ordentliche Kündigung durch den Grundstückseigentümer nicht möglich. Erst nach diesem Datum konnte eine Kündigung erfolgen, sofern der Eigentümer ein Wohnhaus auf dem Grundstück errichten wollte oder wenn es im Bebauungsplan einer anderen Nutzung zugeführt werden sollte. Ab dem Jahr 2005 konnte der Eigentümer außerdem kündigen, wenn er selbst einen eigenen Erholungsbedarf nachweisen konnte. Erst ab Oktober 2015 gelten die allgemeinen Bestimmungen des BGB und das Pachtverhältnis kann uneingeschränkt gekündigt werden.[458]

Bei Aussprachen im Bundestag und in den Beratungen über die Gesetzentwürfe wurde deutlich, dass den »Datschen« in der DDR eine erhebliche soziale Bedeutung beigemessen wurde. So gab es immer wieder den Verweis darauf, dass ihnen in der DDR eine besondere Rolle in der »Nischengesellschaft« zugefallen war, womit die

[458] Vgl.: Matthiessen, Holger: Das Schuldrechtsanpassungsgesetz (»Datschengesetz«) und die Nutzungsentgeltverordnung. »Vertreibung« oder »Zweite Enteignung«?, in: Brouër, Dirk/Trimbach, Herbert (u.a.): Offene Vermögensfragen. Ein Ratgeber Hamburg 1995, S. 173–207.

überaus pächterfreundlichen gesetzlichen Regelungen erklärbar sind: »Wir müssen bedenken – und hierbei wende ich mich insbesondere an die Kolleginnen und Kollegen aus den alten Ländern – die Freizeitgrundstücke zur Erholung hatten in der DDR einen anderen Stellenwert als in der alten Bundesrepublik. Sie waren ein Stück Selbstbestimmung in einem vormundschaftlichen Staat. Sie boten den Ersatz für beschränkte Reise- und Freizeitgestaltungsmöglichkeiten in der DDR. Der Aufenthalt auf den Erholungsgrundstücken war für viele Menschen der Ausgangspunkt zur Entwicklung und Pflege zwischenmenschlicher Beziehungen, deren Wert nicht in Mark und Pfennig zu messen ist. Diese sozialen Funktionen haben auch über die Wendezeit und die damit verbundenen gravierenden Veränderungen im politischen und sozialen Bereich ihre Bedeutung erhalten.«[459]

Am 30. Juni 2014 billigte der Bundesrat eine Gesetzesinitiative zur Änderung des Schuldrechtsanpassungsgesetzes. Ein entsprechender Vorschlag des Landes Brandenburg wurde als Gesetzentwurf in den Bundestag gebracht. Der Entwurf sah vor, den Kündigungsschutz um weitere drei Jahre, bis zum 3. Oktober 2018 zu verlängern.[460] Bereits in der ersten Beratung am 29. Januar 2015 wurde deutlich, dass eine nachträgliche Änderung des Schuldrechtsanpassungsgesetzes kaum Aussicht auf Erfolg haben würde. Vor allem SPD und CDU/CSU sahen keine Notwendigkeit in der neuerlichen Verlängerung des Kündigungsschutzes und argumentieren damit, dass dies nicht nur verfassungsmäßig bedenklich sei, sondern, dass sich auch die Eigentümer auf die zeitliche Befristung von 25 Jahren verlassen hätten. Zudem würde eine Verschiebung der Frist das Problem inhaltlich nicht lösen und zur Rechtsunsicherheit führen.[461] Die Wogen um das »Datschengesetz«, das neben den Bestimmungen zum Kündigungsschutz auch die Höhe der Entschädigungen für Baulichkeiten und Anpflanzungen sowie die Beseitigung von Nutzerbaulichkeiten regelte, schlugen regelmäßig besonders hoch. Das Gesetz und seine Novellierungen entfachten immer wieder Konflikte, die hauptsächlich von Vereinen und Verbänden der Nutzer von Erholungsgrundstücken, wie beispielsweise dem Verband Deutscher Grundstücksnutzer (VDGN) und dessen Präsidenten Eckhart Beleites artikuliert wurde. Neben den Fristen für den Kündigungsschutz ging es Pächtern wie Eigentümern um die besonders strittigen Punkte wie die Übernahme der Erschließungskosten für das Grundstück, Entschädigungen für vorhandene Baulichkeiten, die Beteiligung an Abrisskosten sowie um Fragen der Nutzungsentgelte. Im Jahr 2002 billigte der Bundesrat, dass die Eigentümer der Grundstücke rückwirkend seit 1990 die Pächter zur Hälfte an den Erschließungskosten wie für Straßenbau oder

459 Hans-Joachim Hacker: Plenarprotokoll 222/12, S. 19264.

460 Bundesrat, 14 Wahlperiode, Drucksache 208/14: Gesetzesantrag des Landes Brandenburg. Entwurf eines Gesetzes zur Änderung des Schuldrechtsanpassungsgesetzes vom 16.05.2014.

461 Barley, Katarina: Plenarprotokoll, 222/18, S. 7840; Steineke, Sebastian: Plenarprotokoll, 222/18, S. 7844.

Kanalisation beteiligen konnten.[462] Dem vorausgegangen war ein Urteil des Bundesverfassungsgerichts vom 14. Juli 1999, wonach der Gesetzgeber verpflichtet war, Neuregelungen bezüglich der fehlenden Beteiligung des Nutzers an laufenden und öffentlichen Lasten zu schaffen.[463] Bis dahin konnten die Eigentümer Nebenkosten wie Grunderwerbssteuer, Strom und Kanalisation nicht auf die Pächter umlegen und eine Erhöhung der Pacht war ausgeschlossen. Der Gesetzgeber war deswegen aufgefordert, für eine angemessene Beteiligung der Nutzer an den öffentlichen Lasten zu sorgen. Das Änderungsgesetz trat am 1. Juni 2002 in Kraft. Gleichzeitig stellte das Bundesverfassungsgericht mit seinem Urteil aus dem Jahr 1999 fest, dass die Regelungen des Schuldrechtsanpassungsgesetzes grundsätzlich verfassungskonform waren. Dies betraf den Kündigungsschutz, die Entschädigungspflicht des Grundstückseigentümers gegenüber dem Eigentümer der Baulichkeit und die Nutzungsentgeltverordnung. Die Presse begleitete die Novellierungen des Schuldrechtsanpassungsgesetzes regelmäßig mit besonders viel Sympathie für die Datschenbesitzer. Das Urteil des Bundesverfassungsgerichts aus dem Jahr 1999 mit der Bestätigung der Verfassungsmäßigkeit der Regelungen zum Kündigungsschutz wurde in regionalen und überregionalen Zeitungen und Zeitschriften ausdrücklich und überschwänglich begrüßt.

> »Die Datsche bleibt geschützt. Verfassungsgericht sicher Bestand der Freizeitgrundstücke im Osten. Nutzern drohen aber höhere Kosten«[464]
> »Kündigungsschutz für Datschenbesitzer bestätigt. Verfassungsgericht hält Sonderrecht der ostdeutschen Grundstücksnutzer für unbedenklich«[465]
> »Datschenbesitzer in den neuen Ländern können aufatmen«[466]
> »Die Besitzer von Datschen können nun erst mal aufatmen«[467]
> »Die Datschen bleiben sicher«[468]
> »Sieg für Datschen-Besitzer. Hoffnung für 550.000 Rentner«[469]
> »Ostdeutschen bleibt Datsche erhalten«[470]

462 Schäfer, Alexander: Ich weiß nicht, ob ich mir das leisten kann. Neues Gesetz: Datschen-Pächter im Osten fürchten Nachzahlungen, in: Berliner Zeitung vom 28.03.2002.
463 Vgl.: Bundesverfassungsgericht, Pressemitteilung Nr. 120/99 vom 17. November 1999: Schuldrechtsanpassungsgesetz ist im Wesentlichen mit dem GG vereinbar/einzelne Regelungen verstoßen gegen das GG.
464 Berliner Morgenpost vom 18.11.1999.
465 Berliner Zeitung vom 18.11.1999.
466 Freie Presse. Freiberger Zeitung vom 18.11.1999.
467 Ostthüringer Zeitung vom 18.11.1999.
468 Thüringische Landeszeitung vom 18.11.1999.
469 Leipziger Volkszeitung vom 18.11.1999.
470 Ostsee Zeitung vom 18.11.1999.

»Aufatmen bei Datschen-Besitzern«[471]
»Datschenbesitzer können noch einige Jahre die Ruhe genießen«[472]
»Ausgleich zwischen Eigentümern und Nutzern bleibt bestehen«[473]

Obwohl die Bestimmungen des Datschengesetzes für kontroverse Diskussionen sorgten, gab es hinsichtlich der tatsächlichen Verhältnisse keine verlässlichen Erkenntnisse oder Zahlenmaterial. Die Bundesregierung war deswegen aufgefordert, dem Bundestag bis zum 30. Juni 1999 Informationen über die Wirkung der Nutzungsentgeltverordnung sowie zu notwendigen Änderungen des Schuldrechtsanpassungsgesetzes vorzulegen. Im Forschungsauftrag hielt eine Arbeitsgruppe unter der Leitung des Bundesjustizministeriums fest: »Die vorhandenen eher bruchstückhaften Kenntnisse waren vor allem durch die Problemschilderungen und Forderungen der Interessenvertretungen der Grundstücksnutzer geprägt. Es fehlte eine gesicherte empirische Aufbereitung der Fakten, deren Kenntnis notwendige Grundlage für die Beurteilung der Wirkungen der vorliegenden Änderungsvorschläge und des anzustrebenden gerechten Interessenausgleichs ist.«[474]

Das Gutachten, das vom Institut für Stadtforschung und Strukturpolitik GmbH (IfS) im Auftrag des Bundesministeriums für Justiz erstellt wurde, sollte Aussagen zur Eigentümer- und Nutzerstruktur, zur Größe der betroffenen Grundstücke, zu Art, Umfang und Wert ihrer Bebauung, zur Höhe von Abrisskosten, zur Entwicklung eines Marktes hinsichtlich der betroffenen Grundstücke sowie insbesondere zu Einzelheiten der Erhöhung der Entgelte seit 1995, des Erhöhungsverfahrens und der Kündigungen aus Anlass von vorgenommenen Entgelterhöhungen treffen.[475]

Um verlässliche Angaben über die Praxis der Nutzungsentgeltverordnung und des Schuldrechtsanpassungsgesetzes zu erhalten, führte das IfS eine repräsentative telefonische Befragung von 9.000 Haushalten in den neuen Bundesländern durch, auf deren Grundlage eine vertiefende Befragung von 500 identifizierten Nutzern von Erholungsgrundstücken erfolgte. Des Weiteren wurden kommunale Eigentümer in ausgewählten Untersuchungsorten befragt. In Hochrechnung der Ergebnisse der Befragung der 9.000 Haushalte in Verbindung mit Angaben der amtlichen Statistik zur Zahl der

471 Norddeutsche Neueste Nachrichte vom 18.11.1999.

472 Frankfurter Rundschau vom 18.11.1999.

473 Mitteldeutsche Zeitung vom 18.11.1999.

474 Deutscher Bundestag. 14. Wahlperiode, Drucksache 14/3612: Berichte über die Auswirkungen der Nutzungsentgeltverordnung sowie zu notwendigen Änderungen. 09.06.2000, S. 4.

475 Veser, Sebastian/Thrun, Thomas/Jaedicke, Wolfgang: Rechtstatsächliches Gutachten zur Praxis der Nutzungsentgeltverordnung und des Schuldrechtsanpassungsgesetzes. Untersuchung zu Erholungsgrundstücken in den neuen Ländern. Berlin 2000. Unveröffentlichte Studie, erstellt im Auftrag des Bundesministeriums der Justiz. Anlage zu Drucksache 14/3612: Berichte über die Auswirkungen der Nutzungsentgeltverordnung sowie zu notwendigen Änderungen. 09.06.2000.

Haushalte stellte sich heraus, dass es in den neuen Bundesländern ca. 1,09 Millionen Haushalte gab, die Erholungsgrundstücke und Kleingärten nutzten. Die Nutzer der Erholungsgrundstücke setzten sich aus 69 Prozent Alt-Nutzern (Abschluss des Vertrages vor dem 3. Oktober 1990) und 31 Prozent Neu-Nutzern zusammen. Im Schnitt waren die Nutzer 52 Jahre alt. Bei den Alt-Nutzern war der Anteil von über 60-Jährigen mit 38 Prozent überdurchschnittlich hoch. Als Ergebnis der Befragung wurde eine durchschnittliche Grundstücksgröße von 585 Quadratmeter ermittelt. Die Grundstücke aller Nutzer befanden sich zu 50 Prozent in kommunalem Eigentum und zu 50 Prozent gehörten sie privaten Eigentümern (Privatpersonen oder Gemeinschaften, Treuhand, Unternehmen, Sonstige). Das durchschnittliche Jahresentgelt betrug Mitte 1999 860 DM. Während die Alt-Nutzer im Schnitt 673 DM zahlten, lag das Entgelt für die Neu-Nutzer bei 1.287 DM. Bezogen auf alle Nutzer unterschieden sich die Entgelte von kommunalen und privaten Eigentümern nur wenig. Bei den Alt-Nutzern hingegen lagen die Entgelte der kommunalen Eigentümer mit 1,40 DM pro Quadratmeter deutlich über den der privaten Eigentümer mit 0,98 DM pro Quadratmeter. Was die Häufigkeit der Erhöhungen anging, wurde festgestellt, dass bei den Alt-Nutzern nur ein Teil der Erhöhungen zur Durchführung kam. Die eingeräumten Möglichkeiten der Erhöhung nach der Nutzungsentgeltverordnung sind also von den Eigentümern nicht voll ausgeschöpft worden, von den privaten Eigentümer noch weniger als von den kommunalen. Lediglich bei vier Prozent der befragten Alt-Nutzer war es zu Konflikten mit dem Eigentümer über die Höhe des Entgeltes gekommen.

Ehemalige Nutzer wurden nach Gründen für die Aufgabe ihrer »Datsche« befragt. Davon gaben 49 Prozent fehlendes persönliches Interesse an einer Fortsetzung des Nutzungsverhältnisses an und 34 Prozent gaben das Erholungsgrundstück aus Altersgründen auf. Als weiteren Grund gaben die Befragten einen Arbeitsplatz- oder Wohnortwechsel (19 Prozent) an. 17 Prozent gaben an, sich das Grundstück nicht mehr leisten zu können und für acht Prozent waren Konflikte mit dem Eigentümer der Grund für eine Nutzungsaufgabe. Etwa acht Prozent der ehemaligen Alt-Nutzer gaben an, dass es zum Ende der Nutzung Konflikte mit dem Eigentümer gab. Streitigkeiten um die Entschädigung nach der Nutzungsaufgabe hatte drei Prozent der Nutzer. Relativ selten kam es dabei zu gerichtlichen Verfahren.

Gefragt wurde nach Häufigkeit und Art der Konflikte zwischen Eigentümern und Nutzern. Häufigster Streitgegenstand war die Höhe des zu zahlenden Entgelts. Weitere Streitpunkte waren die bauliche Nutzung oder die Umnutzung des Grundstücks und die Fortdauer der Vertragsverhältnisse. drei Prozent der Nutzer gaben andere Sachverhalte als Konfliktursache an. Genannt wurden: Rechtmäßigkeit des Vertrages aus DDR-Zeiten, Kostenbeteiligung für Erschließungen, Anerkennung von Aufbauleistungen des Alt-Nutzers, Wegerechte und die Infragestellung des Erholungscharakters des Grundstücks aufgrund anderer baulicher Entwicklungen. Alle Konfliktpunkte traten sowohl bei kommunalen als auch bei privaten Eigentümern auf. Bei Grundstücken mit Übernachtungsmöglichkeiten traten häufiger Konflikte auf als bei denen, die über keine Baulichkeiten verfügten und eine solche Nutzung nicht möglich war. Hinsichtlich der Frage nach der Vertragsbeendigung wurde festgestellt, dass in den meisten Fällen die Nutzung unmittelbar nach der Wiedervereinigung beendet wurde. In den Jahren 1993 und 1994 lagen die Anteile der Beendigungen am höchsten. Ein Zusammenhang zwischen dem Inkrafttreten der Nutzungsentgeltverordnung und der damit einhergehenden Erhöhung der Pachten ist naheliegend. Im Rahmen der Studie wurde festgestellt, dass persönliche Gründe für die Nutzungsaufgabe überwogen haben. Jene Nutzer, die Konflikte mit dem Eigentümer hatten, gaben als Streitpunkte die Frage nach Entschädigungen für Bauwerke und Anpflanzungen sowie Höhe des Entgelts an. Bei drei Prozent kam es im Zusammenhang mit der Vertragsbeendigung zu einem gerichtlichen Verfahren.

Die Ergebnisse des in Auftrag gegebenen Gutachtens waren unter den Nutzern und Nutzerverbänden umstritten. Vom Verband der Kleingärtner, Siedler und Grundstücksnutzer e.V. wurde im zweiten Halbjahr 2001 bis Januar 2002 eine Unterschriftenaktion als Widerspruch gegen den Bericht der Bundesregierung über die Wirkungen der Nutzungsentgeltverordnungen sowie über das Gutachten, das die Grundlage für den Bericht war, organisiert. An dieser Aktion haben sich auch Verbände und Vereine beteiligt, die nicht dem VKSG angehörten. Der Unterschriftenaktion schlossen sich 622 Nutzer an, die zudem Angaben über das von ihnen genutzte Grundstück machten. Während das Gutachten der Bundesregierung zu dem Schluss kam, dass es bei 36 Prozent der Altnutzer zu keiner Entgelterhöhung kam, waren es bei den befragten Nutzern des VKSG nur 0,5 Prozent.[476] Rechtsanwalt Gunnar Schnabel, seit 1991 mit der Umsetzung der Offenen Vermögensfragen befasst, begrüßte ausdrücklich das von der Bundesregierung in Auftrag gegebene Gutachten und kritisierte, dass die von Interessenvertretungen dargestellten Behauptungen, wonach Millionen von früheren DDR-Nutzern von den Alteigentümern vertrieben worden wären, maßgeblichen Einfluss auf die Gesetzgebungsverfahren hatten. Die Behauptungen der Nutzerschutzverbände, hauptsächlich des VDGN, seien zudem stets ungeprüft von der Presse übernommen worden und hätten das Bild gezeichnet, wonach durch Eigentümer mit den Mitteln der Erhöhung der Pachten eine systematische Vertreibung der DDR-Nutzer erfolgt sei. Das von der Bundesregierung in Auftrag gegebene Gutachten ermöglichte dagegen verlässliche Angaben und machten deutlich, dass die vermeintliche Vertreibung der Nutzer eine reine Legende sei.[477]

476 Unterlagen SHVN: Stellungnahme des Verbandes der Kleingärtner, Siedler und Grundstücksnutzer e.V. zum Rohentwurf eines »Ersten Gesetzes zur Änderung des Schuldrechtsanpassungsgesetzes« und Veränderungen der Nutzungsentgeltverordnung« vom 04.02.2001; Erste Auswertung der Unterschriftenaktion des VKSG zum Gutachten und Bericht der Bundesregierung.

477 Schnabel, Gunnar: Gutachten der Bundesregierung zu Datschengrundstücken. Die Legende von

Auch heute ist unklar, wie viele Nutzer von Datschen, Bungalows und Lauben auf fremden Grundstücken von einem Auslaufen des Kündigungsschutzes im Oktober 2015 betroffen sein werden. Eine offizielle Statistik darüber gibt es nicht. Der Verband Deutscher Grundstücksnutzer (VDGN) schätzt die Zahl der noch bestehenden Datschen auf 500.000. Eine Angabe, die in der ersten Lesung des Bundestages von Linken-Politiker Helmuth Markov ebenfalls genannt wird, allerdings sind es dort 500.000 Nutzer von Datschengrundstücken, womit die Zahl der Betroffenen genannt wird, nicht aber die tatsächliche Anzahl der auf diese Weise genutzten Datschen oder Grundstücke.[478] Auch wenn tatsächlich etwa 500.000 Datschen-Nutzer[479] vom Auslaufen des Kündigungsschutzes im Oktober 2015 betroffen sind, erwartete Holger Becker vom Verband Deutscher Grundstücksnutzer (VDGN) keine große Kündigungswelle, da sich die meisten Datschen-Grundstücke im Außenbereich befinden, auf denen ohnehin keine Bebauung mit Eigenheimen möglich ist.[480] Obwohl das Auslaufen des Kündigungsschutzes in den Medien thematisiert wurde, kam es zu keiner Kündigungswelle.

Das Schuldrechtsanpassungsgesetz hat zwar vieles eindeutig geregelt, dennoch war der Konflikt in einigen Punkten vorprogrammiert. Streitigkeiten gab es darüber, welcher Pachtzins als ortsüblich gelten konnte, ob der Nutzer bei Abschluss des Vertrages auch tatsächlich redlich oder die Anmeldung des Eigenbedarfs des Eigentümers auch dringend war. Aufgrund der unterschiedlichen Interessenlagen von Nutzern und Eigentümern war es von Anfang an ausgeschlossen, dass beide Seiten mit den gesetzlichen Bestimmungen ausnahmslos zufrieden sind. Dennoch ist das Schuldrechtsanpassungsgesetz durchaus als eine angemessene und gute Kompromisslösung zu bewerten. Trotz aller Kritik seitens der Nutzerverbände ist dem Gesetzgeber eine vernünftige Abwägung der Interessen gelungen. Obwohl die zu DDR-Zeiten abgeschlossenen Verträge den Nutzern unkompliziertes und dauerhaftes Wohnen und Erholen auf den Grundstücken gestattete, blieben sie dennoch auch bis zum Ende der DDR lediglich Verträge auf Zeit. Dass die Bundesrepublik diesen Zustand dahingehend geändert hätte, dass sie zu Eigentümern der Grundstücke werden, war kaum zu erwarten und hätte eine massive Ungleichbehandlung der Eigentümer zur Folge gehabt. Den Nutzern wurde zugesprochen, worauf sie bei Abschluss ihrer Verträge vertrauen konnten, nämlich die Möglichkeit einer langfristigen Nutzung der Grundstücke. Aus den Nutzern der Erholungsgrundstücke wurden somit Mieter oder Pächter, die vom Gesetzgeber mit be-

der Vertreibung, in: Das Grundeigentum 16/2000 vom 27.11.2000. Online unter: https://www.grundeigentum-verlag.de/?show=article&cat=01.07&id=300 (letzter Abruf am 17.09.2015).

478 Markov, Helmuth: Plenarprotokoll 82/18, S. 7841.

479 Göldner, Igor: Brandenburg will Datschen-Nutzer besser schützen, in: Märkische Allgemeine Zeitung vom 02.05.2014.

480 Lambeck, Fabian: Kündigungsschutz für Datschen in Gefahr, in: Neues Deutschland vom 30.01.2015.

sonderen Übergangsregelungen und/oder weitreichendem Bestandsschutz ausgestattet wurden. Verglichen mit normalen Wohnungsmietern waren die Datschenbesitzer in einer deutlich komfortableren Position. Für die Eigentümer blieb in den Jahren nach der Wiedervereinigung wenigstens ein finanzieller Nutzen ihrer Grundstücke durch die Pachtzahlungen der Mieter. Tatsächlich verwerten konnten sie das Grundstück jedoch nicht. Obwohl den Datschennutzern per Gesetz ein umfassender Bestandsschutz zugesichert wurde, blieb in der öffentlichen Meinung das Bild bestehen, wonach die ostdeutschen Nutzer von den Eigentümern massenhaft und mit unsauberen Methoden vorrangig über den finanziellen Hebel vertrieben worden seien. Dazu beigetragen hat der Umstand, dass die Ostdeutschen sich die von ihnen genutzten Grundstücke in den meisten Fällen erst nutzbar machen mussten und viel Zeit, Geld und Arbeit in die Grundstücke investiert hatten. Solche Beispiele erfuhren in den Medien eine besonders ausführliche Darstellung. So zum Beispiel: »Brieselang, im Westen von Berlin. Hecken und Gärten gibt es hier, eine Eisenbahnlinie und winzige Häuschen. Vor einer der Datschen parkt der Gerichtsvollzieher, Möbelträger schleppen ein Sofa durch den Garten. Daneben im Schnee warten zwei Menschen, sehen starr aneinander vorbei. Sie kämpfen gegen das Wasser in den Augen jeder für sich. Der letzte Akt einer kleinen Tragödie. Der Ostberliner Johannes Hübner hatte vor 18 Jahren von der Gemeinde 870 Quadratmeter gepachtet. Auf dem Stückchen Natur baute er eine Scheune für die Fahrräder und das Gartengerät, eine Abwassergrube und eine Datsche mit Küche und winzigen Schlafzimmern für sich, seine Frau und die zwei Söhne. Jahr für Jahr reiste die Familie aus ihrer Marzahner Plattenbauwohnung ins Grüne, verbrachte hier Wochenenden und Urlaube. Dann kam die Wende und mit ihr die Eigentümerin des Idylls, Ruth Lindauer. Ihre Eltern hatten in den 20er Jahren das Landstück gekauft, in den Nachkriegsjahren lebte dort das Kind Ruth mit Mutter und Großmutter bis die Familie Anfang der 50er Jahre das Grundstück räumen musste. Johannes Hübner fragte um Rat beim Mieterschutzbund, beim Justizministerium, beim Grundbuchamt. Er hörte einiges von Neppern und viel Widersprüchliches, sagt er. Die Jahresmiete für das Grundstück, 87 Mark, überwies er indes vorsorglich auf ein Konto des Amtsgerichts Tiergarten. ›Frau Lindauer hat sich nie als Eigentümerin ausgewiesen‹, sagt der Bauingenieur. ›Also erkenne ich sie nicht an.‹ 1993 trafen sich die zwei Familien. Mit Urkunden, Akten, Ausweisen, betont Ruth Lindauer. Doch aus dem Gespräch wurden böse Worte. Er habe die Einheit nicht gewollt, soll Johannes Hübner gesagt haben. Warum sie ihm das Grundstück nicht einfach überlassen könne? ›In der DDR gehörte das Land allen‹, sagt Ruth Lindauer, die an der Freien Universität arbeitet. ›Er wollte einfach nicht einsehen, daß es jetzt eine Besitzerin gibt.‹ Sie kündigte ihm, weil sie die Miete nicht erhielt, die erst auf 500, später auf 1.000 Mark im Jahr stieg. Der Streit kam vors Amtsgericht Nauen. Die Richter befanden, Hübner habe das Grundstück zu räumen. Der heute 49-jährige zog vor das Landgericht Potsdam und verlor. Auch das

Verfassungsgericht Brandenburg bestätigte die Urteile. Hübner kämpfte gegen Windmühlen. ›Meine Nerven liegen blank‹, sagt Ruth Lindauer. Verkaufen wolle sie ihm das Grundstück auf keinen Fall. ›Ich hänge daran. Ich bin doch da groß geworden.‹ Zwei Menschen stehen im Gras, auf dem sie sich beide zu Hause fühlen, sehen den Möbelträgern zu. Johannes Hübners Hand zittert. Seine Datsche, an der er über Jahre gebaut hat, kann der Gerichtsvollzieher nicht mitnehmen. Ruth Lindauer wird sie in den nächsten Wochen abreißen lassen.«[481]

Zwei Fälle, über die im Jahr 2000 der »Tagesspiegel« berichtete, zeigen, wie ambivalent sich die Bestimmungen des Datschengesetzes in der Realität auswirken konnten: Familie Müller hat sich zu DDR-Zeiten verwildertes Bauland urbar gemacht und sich darauf ein Wochenendhaus erbaut. Der Eigentümer des Grundstücks hatte die DDR im Jahr 1951 verlassen. 1973 übernahm die Familie das brachliegende, zugewucherte und mit Müll beladene Grundstück, um der Enge ihrer 65 Quadratmeter großen Wohnung in einem Hochhaus im Berliner Stadtteil Hellersdorf zu entfliehen. Wie in vielen anderen Fällen entstand in mühevoller Arbeit ein 36 Quadratmeter großer Bungalow, den die Eltern mit den drei Kindern jedes Wochenende nutzen. Nach der Wiedervereinigung stieß das Rentnerehepaar an seine finanziellen und körperlichen Grenzen. Die Pacht wurde vom Eigentümer nach den geltenden Regelungen erhöht, sodass für das 800 Quadratmeter große Grundstück irgendwann 1.440 Mark im Jahr fällig waren. Hinzu kamen Kosten für Abwasser, Müllabfuhr und Schornsteinfeger für die Wohnung und für das Gartengrundstück, die sich die Familie nicht mehr leisten konnte. Auch körperlich waren die Nutzer nicht mehr ohne Weiteres in der Lage, das Grundstück zu bewirtschaften. Kündigen wollte die Familie nicht, da sie in diesem Fall 50 Prozent der Abrisskosten zu tragen hätte. Also warteten sie auf die Kündigung des Eigentümers. Der jedoch wollte die Zahlung einer Entschädigung für Haus und Pflanzen nicht leisten und beschränkte sich darauf, die Familie durch stetig steigende Pachten zur Kündigung zu drängen.

Der andere Fall war der von Familie Struwe. Das Ehepaar verfügte nur über eine knappe Rente. Ihr Eigentum, eine Datsche in Rangsdorf, wollte der Nutzer nicht freigeben. Er bot den Struwes zwar 70.000 Mark an: Sie wussten jedoch von einem Anwalt, dass das Grundstück etwa 276.600 Mark wert sei. Die Eigentümer konnten dem Nutzer nur kündigen, wenn sie selbst bauen wollten. Sie wollten sich von dem Erlös jedoch nur eine Wohnung in der Nähe eines Pflegeheimes mieten. Auf die mögliche Bedürftigkeit der Eigentümer kam es jedoch nicht an. Beide waren alt, ihr Leben bestimmt von Krankheiten und Behinderungen. Nichts lag ihnen ferner, als das Erho-

[481] Natalie Rösner: Wenn es plötzlich einen Eigentümer gibt. Zwangsräumung beendete den Streit zwischen Datschenbesitzer und Alteigentümer, in: Berliner Zeitung vom 28.03.1998.

lungsgrundstück selbst zu nutzen, doch finanziell verwerten würden sie es zu ihren Lebzeiten nicht mehr können.[482]

Auch zwei in der »Berliner Zeitung« abgedruckte Leserbriefe zeigen besonders eindrücklich die Schwierigkeiten der Umsetzung des Schuldrechtsanpassungsgesetzes.

> »Dem Eigentümer bleibt nichts.
> Auch mich berührt das neue Datschen-Gesetz, wobei ich auf der anderen Seite stehe, nämlich der der Eigentümer. Geworden bin ich dieses durch das Testament meiner Tante. Klar ist, dass ich das Grundstück gern selber nutzen möchte, vielleicht auch verkaufen. Das Grundstück sollte meinen Lebensabend sichern, denn ich bin 56 Jahre alt und im dritten Jahr arbeitslos. Was habe ich jetzt als Eigentümer überhaupt noch zu sagen? Außer Pachtkassierung nichts! Helga Bartsch, Berlin Prenzlauer-Berg.«[483]
>
> »Hört denn niemand den Aufschrei der Datschenbesitzer, die durch Wucherpachten von ihren Datschen verdrängt werden sollen? Welche Partei nimmt sich dieses Themas einmal an? Es muss Schluss sein mit der Vertreibung. Warum muss man eigentlich für ein Grundstück, was man unbebaut (als Müllhalde) gepachtet, selbst gereinigt und bebaut hat, heute Pacht für ein bebautes Grundstück zahlen? Diese Ungerechtigkeiten soll mal einer den Menschen erklären, die meistens Rentner oder arbeitslos sind und die wegen dieser hohen Pachten (nur im Osten) ihr Grundstück, dass sie meist 30 Jahre und länger haben, nicht mehr halten können. Die Berliner Zeitung sollte sich dieses Themas weiter annehmen, damit etwas für diese Menschen getan wird. Irmgard Leibrandt, Berlin-Lichtenberg«[484]

»Grob ungerecht«[485] – Das Entschädigungs- und Ausgleichsleistungsgesetz (EALG)

Gesetzgebungsverfahren

Bereits in der Gemeinsamen Erklärung war festgehalten, dass diejenigen, die ihr Eigentum in der DDR verloren hatten, aber nicht zurückerhielten, weil bestimmte Gründe eine Rückübertragung ausschlossen, entschädigt werden sollten. Es dauerte jedoch vier weitere Jahre, bis über die Höhe und das Verfahren der Entschädigungsleistungen Gewissheit herrschte. Bis dahin enthielt das Vermögensgesetz lediglich die Voraus-

[482] Schönball, Ralf: Recht ohne Gerechtigkeit. Die zwei Seiten einer Medaille. Ein Nutzer und ein Eigentümer von Datschen, in: Der Tagesspiegel vom 24.06.2000.

[483] Dem Eigentümer bliebt nichts. Leserbrief, in: Berliner Zeitung vom 03.11.1994.

[484] Aufschrei der Datschenbesitzer. Leserbrief, in: Berliner Zeitung vom 01.04.1998.

[485] Grob Ungerecht, in: DER SPIEGEL 38/l993 vom 20.09.1993, S. 23.

setzungen für die Rückgabe der Vermögenswerte, die zwischen 1933 und 1945 sowie ab 1949 entzogen wurden. Weiterhin gab es keine gesetzlichen Regelungen für Ausgleichsleistungen hinsichtlich der Enteignungen aufgrund besatzungsrechtlicher oder besatzungshoheitlicher Grundlage zwischen 1945 und 1949. In der Gemeinsamen Erklärung war diesbezüglich festgehalten: »Die Enteignungen auf besatzungsrechtlicher bzw. besatzungshoheitlicher Grundlage (1945 bis 1949) sind nicht mehr rückgängig zu machen. Die Regierungen der Sowjetunion und der Deutschen Demokratischen Republik sehen keine Möglichkeit, die damals getroffenen Maßnahmen zu revidieren. Die Regierung der Bundesrepublik Deutschland nimmt dies im Hinblick auf die historische Entwicklung zur Kenntnis. Sie ist der Auffassung, dass einem künftigen gesamtdeutschen Parlament eine abschließende Entscheidung über etwaige staatliche Ausgleichsleistungen vorbehalten bleiben muss.«[486]

Nach einem äußerst schwierigen Gesetzgebungsverfahren trat am 1. Dezember 1994 das Entschädigungs- und Ausgleichsleistungsgesetz in Kraft.[487] Bereits im Frühjahr 1991 wurden erste parlamentarische Beratungen aufgenommen, um die Grundprinzipien festzulegen. Etwa ein Jahr später veröffentlichte die sogenannte Gerster-Kommission[488] Eckwerte einer möglichen zukünftigen Regelung. So sollte die Bemessungsgrundlage bei der Entschädigung bei Grundstücken beim 1,3-fachen Einheitswert liegen. Der Entwurf orientierte sich an der Höhe der nach DDR-Recht gezahlten Entschädigungen. Um eine möglichst haushaltsneutrale Finanzierung der Entschädigungen zu gewährleisten, war die Erhebung einer Vermögensabgabe vorgesehen. Diejenigen, die nach dem Vermögensgesetz einen Vermögenswert zurückerhalten hatten, sollten eine einmalige Abgabe leisten. Da diese nach dem Prinzip »Opfer entschädigen Opfer« als rechtsstaatswidrig angesehen wurde, lehnten die meisten Sachverständigen und Staatsrechtler die Vermögensabgabe ab. Die Presse begleitete das Gerangel um das längst erwartetet Entschädigungsgesetz mit großem Interesse und viel Kritik. Besonders die geplante Vermögensabgabe war Grund für negative Berichte. Vorgeworfen wurde, die Regierung verhalte sich »wie ein Bankräuber«[489]. Der Gesetzentwurf sei »teilweise unsinnig, schafft neues Unrecht im Osten und verstößt gleich mehrfach gegen das Grundgesetz«[490], so »DER SPIEGEL«.

In der ersten Beratung über den Entwurf des Entschädigungs- und Ausgleichsleistungsgesetzes verteidigte Jürgen Echternach, parlamentarischer Staatssekretär beim Bundesministerium der Finanzen, die geplante Vermögensabgabe damit, dass jene, die

486 Gemeinsame Erklärung, Nr.1.

487 Entschädigungs- und Ausgleichsleistungsgesetz vom 27. September 1994 (BGBl. I S. 2624; 1995 I S. 110).

488 Koalitionskommission unter dem Vorsitz von Johannes Gerster (CDU).

489 Wie ein Bankräuber, in: DER SPIEGEL 7/1993 vom 15.02.1993, S. 93–95.

490 Grob Ungerecht, in: DER SPIEGEL 38/l993 vom 20.09.1993, S. 23.

ihren Vermögenswert im Zuge der Wiedervereinigung zurückerhalten hatten, einen hohen Vermögenszuwachs zu verzeichnen hätten. Das daraus entstehende Ungleichgewicht zwischen Rückgabe und Entschädigung sollte durch die Vermögensabgabe abgemildert werden.[491] Der SPD-Abgeordneten Rolf Schwanitz verteidigte ebenfalls die Erhebung einer Vermögensabgabe. Dadurch sollte vor allem die Attraktivität der Restitutionslösung gemindert werden. Die Argumentation wonach Opfer andere Opfer entschädigen würden, bezeichnete er hingegen als populistisch.[492] Brandenburgs Justizminister Hans-Otto Bräutigam, erklärter Gegner des Restitutionsprinzips, kritisierte ebenfalls die Ungleichbehandlung, die durch das Gesetz entstehe, wenn jene, die keine Rückgabe beanspruchen könnten, lediglich 20 Prozent des Verkehrswertes erhielten. Zwar sei eine Entschädigung zum vollen Verkehrswert nicht zu leisten, dennoch sei die Diskrepanz zwischen Rückgabe und Entschädigung verfassungsrechtlich unhaltbar. Der Gesetzentwurf sei »kein geeigneter Weg, das leidvolle Entschädigungsproblem zu lösen. Er ist unausgewogen. Er ist verfassungsrechtlich bedenklich. Er ist sozial unverträglich. Er wird nicht zu dem Rechtsfrieden führen, den wir doch alle wollen.«[493]

Quer durch alle Parteien herrschte jedoch weitgehend Konsens darüber, dass das Gesetz einen Kompromiss zwischen der Forderung nach angemessener Entschädigung und voller Rückgabe der Vermögenswerte darstellen sollte. Die Koalitionsfraktion einigte sich schließlich am 23. November 1993 auf Eckwerte, die Grundlage der Beschlussempfehlung und des Berichts des Finanzausschusses wurden. Die Vermögensabgabe entfiel. Um die Wertschere zwischen dem Verkehrswert der restituierten Grundstücke und der Entschädigungshöhe zu schließen, wurden außerdem die vorgesehenen Entschädigungen und Ausgleichsleistungen erhöht, womit jedoch die beabsichtigte haushaltsneutrale Finanzierung nicht mehr möglich war. Der Finanzbedarf des Entschädigungsfonds wurde auf 18 Mrd. DM geschätzt. Das vom Bundestag am 20. Mai 1994 in zweiter und dritter Lesung beschlossene Gesetz fand jedoch nicht die Zustimmung des Bundesrates. Ein von der Bundesregierung initiiertes Vermittlungsverfahren endete mit einer erneuten Ablehnung des Gesetzes durch den Bundesrat, der nun seinerseits den Vermittlungsausschuss anrief. Für Sabine Leutheusser-Schnarrenberger war das Entschädigungs- und Ausgleichleistungsgesetz das wohl »schwierigste Gesetzgebungsverfahren im Zuge der deutschen Vereinigung«[494]. Nach Inkrafttreten des Gesetzes wurden die ersten Verfassungsbeschwerden erhoben, denen im Verlauf des Jahres 1995 weitere folgten. Am 22. November 2000 lehnte das Bundesverfassungsgericht die Verfassungsbeschwerden als unbegründet ab. Zur Begründung führte das Bundesverfas-

491 Echternach, Jürgen: Plenarprotokoll, 158/12, S. 13361.
492 Schwanitz, Rolf: Plenarprotokoll 229/12, S. 19909.
493 Bräutigam, Hans-Joachim: Plenarprotokoll, 229/12, S. 19919.
494 Schnarrenberger-Leutheusser, Sabine: Bewältigung der rechtlichen Probleme der Wiedervereinigung, in: DtZ Heft 9, 1994, S. 294.

sungsgericht aus, eine Pflicht der Bundesrepublik zur Wiedergutmachung von Unrecht einer nicht an das Grundgesetz gebundenen Staatsgewalt ließe sich nicht aus einzelnen Grundrechten (wie Artikel 14 GG) herleiten, sondern allein aus dem Sozialstaatsprinzip. Bei der Gestaltung der Ausgleichsansprüche habe der Gesetzgeber daher einen besonders weiten Spielraum gehabt. Zudem sei nicht gegen das Willkürverbot verstoßen worden, da sachliche Gründe für die wertmäßige Ungleichbehandlung der Entschädigungsberechtigten und der Restitutionsberechtigten bestünden.[495]

Inhalte

Das Entschädigungs- und Ausgleichsleistungsgesetz (EALG) ist ein Artikelgesetz. Es enthält eine Vielzahl gesetzlicher Bestimmungen, die auch einzeln hätten erlassen werden können. Es regelt im Wesentlichen:

- die Höhe und die Finanzierung der Entschädigung nach dem Vermögensgesetz,
- den Umfang der Ausgleichsleistungen für die Enteignungen zwischen 1945 und 1949,
- die Privatisierung ehemals volkseigener Flächen in der Land- und Forstwirtschaft,
- die Rückgabe beweglicher Sachen, die bei Enteignungen zwischen 1945 und 1949 entzogen worden sind,
- die Entschädigungsleistungen für NS-Opfer, die ihr Vermögen infolge von Zwangsverkäufen, Enteignungen oder auf sonstige Weise verloren haben und
- die Zuwendungen für Vertriebene, die nach dem Verlassen ihrer jenseits von Oder und Neiße gelegenen Heimat in der DDR gewohnt haben.[496]

Das Entschädigungsgesetz knüpft an die Bestimmungen des Vermögensgesetzes an und regelt die Höhe der Entschädigungen für diejenigen Fälle, bei denen eine Rückübertragung ausgeschlossen war oder von vornherein durch den Eigentümer die Entschädigung statt der Rückgabe gewählt wurde. Ergab die Prüfung, dass dem Berechtigten eigentlich die Rückgabe zugestanden hätte und diese am Ausschlussgrund, wie beispielsweise wegen redlichem Erwerb eines Dritten, scheiterte, erging ein sogenannter »Grundlagenbescheid«.

Das Entschädigungsgesetz enthielt auch eine Reihe von Ausschlüssen. So wurde gemäß § 1 Absatz 3 keine Entschädigung für Grundstücke gewährt, die durch Eigentumsverzicht, Schenkung oder Erbausschlagung in Volkseigentum übernommen wor-

[495] Urteil des Bundesverfassungsgerichts vom 22. 11 2000 – 1 BvR 1120/95.

[496] Postier, Rüdiger: Das Entschädigungs- und Ausgleichsleistungsgesetz oder mehr als nur Almosen? In: Brouër, Dirk/Trimbach, Herbert (u.a.): Offene Vermögensfragen. Ein Ratgeber. Hamburg, 1995, S. 88.

den waren, obwohl sie nach den Bestimmungen des Vermögensgesetzes grundsätzlich zurückgegeben werden konnten.

Die Grundprinzipien zur Berechnung der Entschädigung bestimmten sich zunächst aus der Bemessungsgrundlage und waren von der Art des zu entschädigenden Vermögenswertes abhängig. Das Entschädigungsgesetz enthält Bemessungsgrundlagen für Grundvermögen und land- und forstwirtschaftliches Vermögen, Unternehmen und Anteile an Unternehmen, Forderungen, Schutzrechte und andere Rechte sowie bewegliche Sachen.

Von den genannten Bemessungsgrundlagen waren gegebenenfalls abzuziehen:

- die mit dem Vermögenswert im Zusammenhang stehenden Verbindlichkeiten,
- der Zeitwert von nach § 6 Absatz 6 a VermG zurückgegebener Vermögenswerte,
- die erhaltenen Gegenleistungen oder Entschädigungen,
- der sogenannten degressive Kürzungsbetrag und
- der gewährte Lastenausgleich.

Probleme ergaben sich insbesondere bezüglich der Berechnung der Entschädigungen. Da der Zeitpunkt der Schädigung meist viele Jahre zurücklag, konnte der konkrete Schaden in der Regel gar nicht mehr festgestellt werden.

Die Eckwerte des Entschädigungsgesetzes waren folgende:

- Die Entschädigung bemisst sich nicht nach dem tatsächlichen Verkehrswert, sondern nach einer Bemessungsgrundlage, die einen fiktiven Verkehrswert zum 3.10.1990 darstellen soll.
- Anknüpfungspunkt der Bemessungsgrundlage ist grundsätzlich der zuletzt festgestellte Einheitswert von 1935, der – um zum fiktiven Verkehrswert zu gelangen – mit verschiedenen Faktoren multipliziert wird.[497]
- Faktoren, mit denen multipliziert wird, unterscheiden sich je nach betroffener Vermögensart:
  - bei land- und forstwirtschaftlichen Flächen das 3fache,
  - bei Mietwohngrundstücken mit mehr als zwei Wohnungen das 4,8fache,
  - bei gemischt genutzten Grundstücken, die zu mehr als 50 von Hundert Wohnzwecken dienen, das 6,4fache,
  - bei Geschäftsgrundstücken, Mietwohngrundstücken mit zwei Wohnungen, nicht unter 3 fallenden gemischt genutzten Grundstücken, Einfamilienhäusern und sonstigen bebauten Grundstücken das 7fache und
  - bei unbebauten Grundstücken das 20fache.

[497] Auf die Einheitswerte von 1935 wurde zurückgegriffen, weil in der DDR keine Einheitswerte mehr gebildet worden sind. Der Gesetzgeber griff auf die letzte Hauptfeststellung des Einheitswertes des Grundbesitzes zurück, die nach den Wertverhältnissen vom 1. Januar 1935 von den Finanzämtern durchgeführt worden war.

- Die auf dieser Bemessungsgrundlage errechneten Beträge sind zu kürzen (sogenannte Degression).
- Auf den Entschädigungsanspruch wird ein erhaltener Lastenausgleich angerechnet.
- Der Anspruch auf Entschädigung wird zunächst nur durch Gewährung einer bis zum Jahre 2004 unverzinslichen Schuldverschreibungsurkunde erfüllt. Die Entschädigungen wurden ab dem Jahr 2004 ausgezahlt.[498]

Nach dem Entschädigungsgesetz wurden private geldwerte Ansprüche bis zu 10.000 DM durch Barzahlung erfüllt. Alle übrigen Ansprüche wurden durch Schuldverschreibungen bedient. Die Schuldverschreibungen wurden erst am 01. Januar 2004 fällig. Erst ab diesem Zeitpunkt wurden sie auch mit sechs Prozent verzinst. Die Einlösung erfolgte nach diesem Stichtag nicht unmittelbar, sondern in fünf gleichen Jahresraten ab Fälligkeit.

Im Entschädigungsfonds wurden die für Entschädigungszahlungen benötigten Gelder gesammelt. Es handelte sich um ein nicht rechtsfähiges Sondervermögen, das vom Bundesamt zur Regelung offener Vermögensfragen verwaltet wurde. Die Einnahmequellen des Entschädigungsfonds sind in § 10 EntschG normiert. Diese setzten sich wie folgt zusammen:

- Zuflüsse von Nachfolgeorganisationen der Bundesanstalt für vereinigungsbedingte Sonderaufgaben (BvS),
- Rückflüsse aus dem Lastenausgleich,
- Abführungen von Kommunen, Ländern, Bund, Post, Bahn oder Wohnungsgesellschaften,
- Veräußerungen von Grundstücken und ähnlichem im Wege des Aufgebotsverfahrens sowie
- Veräußerungserlöse nach dem Sachenrechtsbereinigungsgesetz.[499]

Aus dem Entschädigungsfonds werden auch Ausgleichsleistungen nach dem Ausgleichsleistungsgesetz, Entschädigungen nach dem NS-Verfolgtenentschädigungsgesetz sowie Leistungen nach dem Vertriebenenzuwendungsgesetz erbracht.

Beim Bundesamt zur Regelung offener Vermögensfragen sind die statistischen Daten zur Durchführung des Entschädigungs- und Ausgleichsleistungsgesetzes abrufbar. Diese sind untergliedert in Angaben zum Antragsstand und zum Bearbeitungsstand. Außerdem wurde der Bearbeitungsstand bei der Anzahl der Ansprüche weiter aufgeschlüsselt nach der Art der Vermögenswerte, in Unternehmen, Grundvermögen und Sonstiges.

498 Fricke, W./Märker, K. (2002), S. 432.
499 http://www.badv.bund.de/DE/OffeneVermoegensfragen/Entschaedigungsrecht/Entschaedigungsfonds/start.html (letzter Abruf am 19.05.2015).

	Berlin	Brandenburg	Mecklenburg-Vorpommern	Freistaat Sachsen	Sachsen-Anhalt	Freistaat Thüringen	Gesamt
Erledigungen:	31.597	65.648	31.376	79.603	38.286	37.563	**284.073**
Davon: Stattgaben nach dem EntschG:	12.252	40.189	16.206	53.820	16.978	29.843	**169.288**
Stattgaben nach dem AusglLeistG:	1.777	4.538	3.666	6.465	3.506	4.379	**24.331**
Antragsablehnungen:	8.808	16.556	7.967	15.364	15.578	2.389	**66.662**
Antragsrücknahmen:	14.114	4.365	3.537	3.954	2.224	952	**29.146**

Statistische Übersicht zum EntschG und AusglLeistG – Bearbeitungsstand: Anträge/ Antragsteller[500]

Die Bearbeitung der Ansprüche nach dem Entschädigungs- und Ausgleichsleistungsgesetz verlief sehr schleppend. Die Erledigungsquoten im Bereich des EALG blieben weit hinter den Erwartungen zurück und werden die verbleibenden offenen Vermögensämter auch weiterhin beschäftigen.[501]

Die Rechtsprechung

Die Bewältigung der Eigentumsfragen war seit Beginn der 1990er-Jahre vor allem Aufgabe der deutschen Gerichte. Kaum ein anderes Rechtsgebiet hat nach der Wiedervereinigung die Rechtsprechung aller Instanzen so beschäftigt und belastet wie die offenen Vermögensfragen. Ihr fiel nicht nur die Aufgabe zu, offene Rechtsfragen zu klären, sondern auch Lücken der Gesetzgebung aufzuzeigen. Sie hat damit in großem Umfang ihren Beitrag zum Rechtsfrieden im wiedervereinigten Deutschland geleistet.[502] Aufgrund erheblicher Gesetzeslücken, die vom Gesetzgeber nicht schnell genug geschlossen werden konnten, kam der richterlichen Rechtsinterpretation ein beson-

500 Bundesamt für zentrale Dienste und offene Vermögensfragen. Statistische Übersichten. Stand: 31.12.2014.

501 Deutscher Bundestag, 14. Wahlperiode, Drucksache 14/6330: Antwort der Bundesregierung auf die Kleine Anfrage der Abgeordneten Dr. Edzard Schmidt-Jortzig, Rainer Funke, Jörg van Essen, weiterer Abgeordneter und der Fraktion der F.D.P: Erledigung der EALG-Ansprüche durch die Vermögensämter vom 20.06.2001, S. 1.

502 Vgl.: Rodenbach, H.-J. (1992), S. 269; Geisler, H. (2000), S. 340.

derer Stellenwert zu. Verschiedene Entscheidungen des Bundesverfassungsgerichts und des Bundesverwaltungsgerichts haben grundsätzliche Streitentscheidungen herbeigeführt, die die Grundlagen zur Erledigung der offenen Vermögensfragen bildeten. Eine zentrale Rolle spielte die verfassungsrechtliche Bewertung der Enteignungen zwischen 1945 und 1949. Bereits am 31. August 1990 wurde gegen die Regelung der Eigentumsverhältnisse durch den Einigungsvertrag Verfassungsbeschwerde eingelegt. Nach der ersten und grundlegenden Entscheidung des Bundesverfassungsgerichts wurde am 23. April 1991 der Ausschluss der Enteignungen, die auf besatzungsrechtlicher beziehungsweise besatzungshoheitlicher Grundlage erfolgt sind, für verfassungsgemäß erklärt. Das Gericht argumentierte damit, der Ausschluss der Restitution sei dadurch gerechtfertigt, dass die DDR und die Sowjetunion auf die Einführung dieser Regelung bestanden hatten und die Bundesregierung auf diese Bedingungen eingehen musste, um die Einheit Deutschlands nicht zu gefährden.[503] Gleichzeitig entschied das höchste Gericht, dass der Gesetzgeber für die Betroffenen dieser Enteignungen eine Ausgleichsleistung zu schaffen habe und legte damit den Grundstein für das spätere Ausgleichsleistungsgesetz.[504] Mehrfach bestätigte das Bundesverfassungsgericht seine Entscheidung und begründete dies unter anderem damit, der Bundesregierung habe im Bereich der Außenpolitik ein breiter politischer Ermessensspielraum zugestanden. Auch bei späteren Entscheidungen, so unter anderem im Urteil zum Entschädigungsgesetz vom November 2000, führte das Gericht aus, dass die Wiedergutmachung von Vermögensschäden sich nicht etwa aus einzelnen Grundrechten herleiten lasse, sondern sich nur aus dem Sozialstaatsgebot ergeben könne und nicht aus der Eigentumsgarantie des Artikel 14 des Grundgesetzes. Zu den wichtigsten verfassungsrechtlichen Grundsatzentscheidungen gehörten weiterhin der Vorrang von Investitionen gegenüber Restitutionsansprüchen von Verfolgten des NS-Regimes, die nachträgliche Entschärfung der Stichtagsregelung durch das Zweite Vermögensrechtsänderungsgesetz, die Bestätigung der gesetzlichen Ausschlussfrist sowie die Verfassungsmäßigkeit der Stichtagsregelung.

Ebenso wie das Bundesverfassungsgericht war auch das Bundesverwaltungsgericht in besonderem Maße mit der Klärung der offenen Vermögensfragen befasst. Zu den wichtigsten Entscheidungen gehörte die Definition des genauen Inhalts der zentralen Restitutionstatbestände, wie in §1 des Vermögensgesetzes festgelegt. Dies betraf beispielsweise die Konkretisierung des Begriffs der »entschädigungslosen Enteignung«. Allein 91 Urteile fällte das Bundesverwaltungsgericht für die Auslegung des Überschul-

[503] Ranieri, Filippo: Die Rückkehr des Privateigentums in die frühere DDR: die deutsche Justiz zwischen Rechtsgeschichte, Rechtsdogmatik und Rechtspolitik. Vortrag an der Universität Leiden am 01.03.1995. Saarbrücker Bibliothek. Online unter: http://archiv.jura.uni-saarland.de/projekte/Bibliothek/text.php?id=291 (letzter Abruf am 23.11.2015).

[504] Vgl. Köhler-Apel. S./Bodenstab, R. (1995), S. 315.

	Berlin	Bran-denburg	Mecklenburg-Vorpommern	Freistaat Sachsen	Sachsen-Anhalt	Freistaat Thüringen	Gesamt
Verwaltungs-gerichts-verfahren	9.308	13.365	6.574	20.557	7.034	7.789	64.627
Gerichtsent-scheidungen	3.267	13.324	2.005	14.608	3.487	2.514	39.205
darunter:							
zugunsten des Landes/ Bundes	2.481	11.892	1.735	13.108	2.811	2.158	34.185
sonstige Erledigungen	6.041	10.337	4.520	5.870	3.534	5.239	35.541

Verwaltungsgerichtsverfahren – Vermögensgesetz (ohne § 1 Abs. 6 VermG)[505]

dungstatbestandes, 210 Entscheidungen zu den »unlauteren Machenschaften« und 136 Urteile zu §1 Abs. 6 des Vermögensgesetzes. Ebenso wichtig waren die Grundsatzentscheidungen hinsichtlich des redlichen Erwerbs. Für Dr. Hermann-Josef Rodenbach zeigten gerade diese Urteile, dass der Schutz der redlichen Erwerber durch die Rechtsprechung ernst genommen und »damit eine erheblicher Beitrag zum Rechtsfrieden und zur Akzeptanz des Gesetzes in den neuen Bundesländern«[506] geleistet wurde. Seit 1991 nahm die Zahl der Revisionen an das Bundesverwaltungsgericht erheblich zu. Im Jahr 1994 zählte das Gericht 32 Verfahren zu Streitigkeiten um das Vermögensgesetz. Ein Jahr später hatte sich die Zahl bereits verzehnfacht. Fast alle 400 Revisionen aus den neuen Bundesländern betrafen offene Vermögensfragen.[507]

Nach der offiziellen Statistik des Bundesamtes für offene Vermögensfragen fanden mit Stand vom 31. Dezember 2014 64.627 Verwaltungsgerichtsverfahren statt, woraus 39.205 Gerichtsentscheidungen resultierten. Die verwaltungsgerichtliche Klage ermöglichte die gerichtliche Überprüfung der Verwaltungsentscheidungen der Ämter, Landesämter und Widerspruchsbehörden. Bei der Betrachtung der Statistik zu den Widerspruchsverfahren wird deutlich, dass die wenigsten erfolgreich waren.

505 Bundesamt für zentrale Dienste und offene Vermögensfragen. Statistische Übersichten. Stand: 31.12.2014.
506 Rodenbach, H.-J. (2010), S. 271.
507 Ranieri, F. (1995), S. 10.

	Berlin	Branden-burg	Mecklenburg-Vorpommern	Freistaat Sachsen	Sachsen-Anhalt	Freistaat Thüringen	Gesamt
Anzahl der Widerspruchs-verfahren	29.297	32.409	13.186	33.573	25.399	25.764	159.628
Widerspruchs-bescheide	26.547	29.996	11.938	30.782	22.604	24.253	146.120
davon: ableh-nende:	26.236	27.468	10.610	27.869	21.143	22.120	135.446
stattgebende:	806	1.838	733	1.940	1.000	1.592	7.909
teilweise stattgebende:	515	690	595	973	461	541	3.775
Rücknahmen und sonstige Erledigungen:	2.820	2.411	1.246	2.768	2.788	1.484	13.517

Widerspruchsverfahren - Vermögensgesetz (ohne § 1 Abs. 6 VermG)[508]

In seiner Publikation zum Sachenrechtsbereinigungsgesetz beschreibt der Jurist und Richter am Bundesgerichtshof, Hans-Joachim Czub, welche psychologischen Probleme sich aus der Rechtsprechung zu vermögensrechtlichen Fragen ergaben: »Gerichtliche Entscheidungen wurden emotional aufgeheizt diskutiert, in parlamentarischen Anfragen und Eingaben wurde sehr häufig zum Ausdruck gebracht, dass man insbesondere Entscheidungen von den sog. ›West-Richtern‹ nicht nachvollziehen könne. Eine nähere Analyse der Entscheidungen und ihrer Gründe ergab indessen in den meisten Fällen, dass das so heftig kritisierte Urteil keine methodischen Fehler enthielt und in der Deduktion und im Ergebnis zumindest vertretbar war. Der Kern der Kritik an den Entscheidungen ließ sich sehr häufig darauf zurückführen, dass die tatsächlichen, sehr oft nicht nach den rechtlichen Regelungen bestimmten Lebensverhältnisse der ehemaligen DDR nicht hinreichend berücksichtigt waren. Die Entscheidung über den Status einer in der ehemaligen DDR begründeten, rechtlich nicht abgesicherten Befugnis zur Nutzung eines fremden Grundstücks hat ein an das geschriebene Recht gebundener Richter nach den Rechtsätzen und nicht allein nach den faktischen, nicht rechtsstaatlichen Verhältnissen in der ehemaligen DDR zu beurteilen.«[509]

Diese Einschätzung Czubs deckt sich mit den Erfahrungen, die in den verschiedenen Gesprächen mit Betroffenen artikuliert wurden. Geäußert wurde häufig, dass eine

508 Bundesamt für zentrale Dienste und offene Vermögensfragen. Statistische Übersichten. Stand: 31.12.2014.

509 Czub, H.-J. (1994), S. 59.

Auseinandersetzung mit den tatsächlichen Lebens- und Rechtsverhältnissen in der DDR vermisst und die rechtliche Situation vor der Wiedervereinigung nur unzureichend berücksichtigt worden sei. Die Auslegung der Gesetzestexte ist Teil der Rechtsanwendung. Die Rechtsnormen sind abstrakt und bedürfen einer Konkretisierung. Aufschlussreich ist deswegen ein Blick auf einzelne Fälle, um zu zeigen, mit welchen Problemen Nutzer, Eigentümer, Vermögensämter und die Rechtsprechung in Einzelfällen konfrontiert waren, um die gesetzlichen Vorgabe der Wiedergutmachung unter dem Aspekt der Sozialverträglichkeit zu lösen.

Fallbeispiel Christian Leppin – Auseinandersetzung mit einer Erbengemeinschaft (Kleinmachnow)

Das Fallbeispiel des Kleinmachnowers Christian Leppin ist ein eindrucksvolles und anschauliches Beispiel dafür, dass die Überlassungsverträge über bereits bebaute Grundstücke eine besondere Herausforderung für die Rechtsprechung darstellten. Es sind genau solche Streitfälle, bei denen sich die Frage nach Recht und Gerechtigkeit zwangsläufig stellt. Bei der Betrachtung des persönlichen Falls von Christian Leppin fällt es schwer, zu glauben, dass er das Haus, in dem er mit seiner Familie seit 1954 lebte, verlassen musste, um einer Erbengemeinschaft zu weichen.

Wie viele andere Betroffene war er als Inhaber eines Überlassungsvertrages mit einem bestehenden Gebäude aufgefordert, nachzuweisen, dass an diesem bauliche Investitionen getätigt worden waren, die die Hälfte seines Sachwerts überstiegen. Wie auch in anderen Fällen fiel es der Justiz schwer, von den Gutachten der Sachverständigen abzuweichen, die mittels komplizierter Berechnungen über die Berechtigung des Ankaufs nach dem Sachenrechtsbereinigungsgesetz zu entscheiden hatten. Die Ordner und Akten, die den Verlust des Hauses dokumentieren, enthalten diverse Gutachten und Prozessunterlagen und füllen auch heute noch seine Wohnung. Leppin, der Haus und Grundstück im Jahr 2012 verlassen hat, fühlt sich enteignet und kann noch immer nicht verstehen, welchen Verlauf seine Geschichte genommen hat.

Das Grundstück, das er zunächst mit seinen Eltern und später mit seiner eigenen Familie bewohnte, war mit einem Einfamilienhaus aus dem Jahr 1937 bebaut. Seit 1952 stand es unter staatlicher Verwaltung. Leppins Vater, der als Architekt in Ost-Berlin tätig war, sollte sich unter den vielen, mittlerweile unbewohnten Häusern in Kleinmachnow eines aussuchen, das er für sich und seine Familie wieder bewohnbar machte. Im Jahr 1954 folgten die Ehefrau und der Sohn nach Kleinmachnow. Die Familie lebte zunächst als Mieter dort. Mit den Eigentümern des Hauses, die sich in München niedergelassen hatten, bestand in dieser Zeit ein regelmäßiger, sehr freundlicher Briefkontakt, in dem unter anderem auch der Zustand des Hauses und die Möglichkeiten einer vertraglichen Regelung besprochen wurden. So schrieb der Vater von Christian Leppin am 8. Oktober 1961: »Der VEB Kommunale Wohnungsverwaltung Kleinmachnow hat nichts dagegen einzuwenden, wenn zwischen Ihnen und uns eine Vertragsregelung eintreten würde, die die Verwaltung des Grundstücks und des Hauses Märkische Heide 55 durch mich vorsieht. Sie haben uns ja seit Jahren das Recht eingeräumt, Ihr Haus wie unser eigenes zu verwalten und zu behandeln. Das Recht und die Pflichten haben wir liebevoll wahrgenommen. Natürlich sind im Laufe der Jahre nicht unerhebliche Mittel für Verschönerung und für Werterhaltung investiert worden. So sind im Jahr 1960 z.B. eine neue Garage gebaut und der Schornstein verbessert, in diesem Jahr hat die Erneuerung und Ausbesserung der Umzäunung Mittel benötigt und im kommenden Jahr muss ein neuer Heizofen und 6 Heizkörper erneuert werden. Wir haben das Haus und seine Umgebung lieb gewonnen und möchten solange wir leben, darin wohnen. Es wäre notwendig zu klären, dass meine Frau und ich (die Kinder werden ja doch eines Tages das Weite suchen) stellvertretend für Sie als Eigen*tümer, Nutzer und Pfleger von I*hnen eingesetzt werden. Wie ich mich erkundigt habe, muss diese Erklärung notariell beglaubigt werden, allerdings kann ich nicht sagen, ob es möglich und auch nötig ist, die auf Zeit gebundene Einsetzung in das Grundbuch einzutragen.«[510]

Von den Eigentümern selbst wusste er, dass diese nicht vorhatten, jemals wieder in die DDR zurückzukehren, sodass einer lebenslangen Nutzung des Hauses durch ihn und seiner Familie nichts im Wege stand. Da das Grundstück, das sich unter staatlicher Verwaltung befand, nach geltendem DDR-Recht jedoch nicht verkauft werden konnte, kam auch in diesem Fall ein Überlassungsvertrag zur Anwendung, den die Familie 1970 mit dem VEB Kommunale Wohnungsverwaltung auf Lebenszeit abschloss. Acht Jahre später wurden mittels einer schriftlichen Vereinbarung die Rechte an den Sohn, Christian Leppin, und seine Ehefrau abgetreten. Dies war in der DDR nicht unüblich, denn die Rechte und Pflichten eines Überlassungsvertrages konnten auch vererbt werden. Leppin blieb seit der Übernahme des Vertrages nicht untätig und unternahm einiges, um das Haus instand zu halten und zu modernisieren. So wurden das Kellergeschoss, das Erdgeschoss und die Fassade saniert, das Dachgeschoss ausgebaut und die Küche sowie ein weiterer Vorraum neu gestaltet. In den folgenden Jahren war er weiterhin beschäftigt mit der Erneuerung der Elektroanlage, der Ausbesserung der Dachrinnen, der Abdichtung gegen aufsteigende Feuchtigkeit im Kellergeschoss, dem Einbau neuer Heizkörper, dem Abziehen und Versiegeln von Dielen, dem Bau einer neuen Kellertreppe, der Instandsetzung der Fensterläden und der Balkon- und Terrassentüren sowie mit diversen Klempnerarbeiten.[511] Doch auch wenn sich Leppin jahrelang unter den in der DDR herrschenden schwierigen Bedingungen bemühte, das Haus und das Grundstück nicht nur zu erhalten, sondern auch umzubauen und zu mo-

[510] Persönliche Unterlagen von Christian Leppin.
[511] Persönliche Unterlagen von Christian Leppin, Gespräch im Oktober 2014.

dernisieren, gelang es ihm am Ende nicht, seine Ansprüche nach den Bestimmungen des Sachenrechtsbereinigungsgesetzes durchzusetzen.

Im Jahr der Wiedervereinigung, als der Streit um Häuser andernorts, aber vor allem auch in Kleinmachnow schon losbrach, schien für Leppin die Welt noch in Ordnung. Er bekam überraschend Besuch von den Kindern der Eigentümer, der jedoch für alle Beteiligten vielversprechend verlief und so gar nicht zum typischen Auftreten der Alteigentümer in den neuen Bundesländern passen wollte. In einem gemeinsamen Gespräch auf der Terrasse wurde zunächst festgestellt, dass alles so bleiben würde, wie die Eltern es seinerzeit besprochen und vereinbart hatten. In der Folgezeit entwickelte sich sogar ein freundschaftliches Verhältnis zwischen ihm und den Erben. Es gab regen Kontakt, gegenseitige Besuche und sogar den Urlaub verbrachte die Familie am Bodensee bei einem der Erben. Aufmerksam wurde Leppin, als immer mehr Arbeitskollegen von ihren Fällen und von ihren Auseinandersetzungen um Häuser und Grundstücke erzählten und ihn darauf hinwiesen, dass er ebenfalls nicht der Eigentümer seines Grundstücks sei. Er war sich jedoch sicher, dass zumindest das Haus ja ihm gehörte und er somit kaum etwas zu befürchten hatte. Was dann passierte, ist für ihn nur schwer nachvollziehbar und lässt sich kaum rekonstruieren.

Innerhalb der Erbengemeinschaft, bestehend aus zwei Brüdern und einer Schwester, war offenbar ein Streit ausgebrochen, Begehrlichkeiten wurden geweckt. Die Sache, die so verheißungsvoll und friedlich begonnen hatte, endete schließlich vor Gericht. Die Erbengemeinschaft bestritt, dass die Fünfzig-Prozent-Grenze des §12 des Sachenrechtsbereinigungsgesetzes erreicht wurde. Mit Urteil vom 26. April 2002 entschied das Landgericht Potsdam, dass Leppin im Hinblick auf das Grundstück keine Ansprüche nach dem Sachenrechtsbereinigungsgesetz stellen könne, da er die erforderlichen Voraussetzungen nicht in ausreichendem Umfang dargelegt habe. Leppin legte Berufung ein und machte nach wie vor geltend, dass seine Aufwendungen die Wesentlichkeitsgrenze von 50 Prozent des Sachwertes des Gebäudes überstiegen. Doch auch das Brandenburgische Oberlandesgericht entschied nicht zu seinen Gunsten. Selbst die Vernehmung mehrerer Zeugen, wozu auch Nachbarn und Familienmitglieder gehörten, und ein neuerliches Gutachten eines Sachverständigten konnten das Gericht nicht überzeugen. Gerade jenes Gutachten, das Leppin als fehlerhaft bezeichnet, ist für ihn ursächlich für seinen Verlust. Aufgabe des Sachverständigen war es, »festzustellen, welchen einzelnen Wertumfang die von den Nutzern vorgenommenen Aufwendungen für bauliche Investitionen zum Zeitpunkt ihrer Vornahme im Verhältnis zum Zeitwert der baulichen Anlagen hatten«[512].

[512] Persönliche Unterlagen von Christian Leppin: Sachwertermittlung von baulichen Anlagen auf fremden Grund vom 22. 11.2004. Erstellt von Sachverständigenbüro Roland Vogel.

Dieser kam jedoch zu dem Ergebnis, dass Leppin lediglich 35,09 Prozent der Fünfzig-Prozent-Grenze erreicht hatte. Leppin kritisierte später massiv die Vorgehensweise des Gutachters, der daraufhin mehrere Stellungnahmen für das Gericht abgeben musste. Unter anderem ging es dabei um die Nichtberücksichtigung einer Kellertreppe. Das Oberlandesgericht befand Leppins Aussagen zur Errichtung und Geltendmachung der Kellertreppe als widersprüchlich und deshalb unbeachtlich. Im Urteil ist nachzulesen, dass aufgrund der »Plausibilitätsprüfung hinsichtlich der Durchführung der behaupteten Investitionen ›Errichtung der Kelleraußentreppe‹ festgestellten Umstände mit hoher Wahrscheinlichkeit davon auszugehen [ist], dass die Kelleraußentreppe aus dem Baujahr des Gebäudes stammt und nicht vom Nutzer nachträglich neu errichtet worden ist«.

Weiterhin wurde dazu ausgeführt: »Dafür spricht, dass es in der Bauzeit typisch gewesen ist, die Lagerung von festen Brennstoffen über eine Außentreppe vorzunehmen, anstatt sie über die Innenräume des Erdgeschosses zu transportieren. Dem entspricht, dass er nach seinen Behauptungen in dem hier relevanten Zeitraum eine Kohlenrutsche hergestellt haben will. *Außerdem erfordert der nachträgliche Einbau einer Kelleraußentreppe erhebliche Aufwendungen* und die Eingriffe in die Grundsubstanz des Hauses. Jedenfalls – so der Sachverständige – sei auf Grund des optischen Eindrucks die Errichtung der Kelleraußentreppe mit ihren Wangen nicht zu terminieren. Demzufolge war bei dem Komplex Sanierung und Modernisierung des Kellergeschosses eine Teilinvestition ›Errichtung der Kelleraußentreppe‹ nicht zu berücksichtigen.«[513]

Christian Leppin erinnert sich noch sehr gut an den Prozess und die Vernehmung der Zeugen. Nach seinem Empfinden waren die Fragen der Juristen mitunter recht »albern« und wenig dazu geeignet, seine Anspruchsberechtigung zu beweisen. So ist im Urteil des Oberlandesgerichtes nachzulesen: »Für den Wertermittlungsstichtag 4 (31. Dezember 1983) sind die Sanierung der Küche nebst Vorraum, das Aufarbeiten der Fensterläden sowie Balkon- und Terrassentüren sowie die Instandsetzung der Fassade zu berücksichtigen. Hingegen lässt sich die für diesen Zeitraum behauptete komplette Erneuerung der Dachrinnen und der Fallrohre nicht feststellen. Die Zeugin Katrin L. konnte sich nicht daran erinnern, dass in diesem Zeitraum Dachrinnen und Fallrohre erneuert worden sind. Ebenso hatte der Zeuge F. wie auch die Zeugin F. keine konkrete bzw. sichere Erinnerung daran, dass solche Arbeiten in diesem Zeitraum ausgeführt worden sind. Hinsichtlich der Instandsetzung der Fassade hat die Zeugin Katrin L. deren Umfang auf ca. 20% der Gesamtfläche des Außenputzes geschätzt. Während der Zeuge F. an Verputzarbeiten zur DDR-Zeit keine konkreten Erinnerungen hatte, bestä-

[513] Persönliche Unterlagen von Christian Leppin: 5 U 89/02 Brandenburgisches Oberlandesgericht. Urteil verkündet am 30. November 2006. Private Unterlagen Christian Leppin, S. 13.

tigt die Zeugin F. zwar Verputzarbeiten und verwies hinsichtlich des Umfangs dieser Putzarbeiten auf die bessere Erinnerung ihrer Tochter.«[514]

Zur Berücksichtigung diverser Arbeiten an der Fassade war nachzulesen: »Hingegen waren die behaupteten Fassadenanstricharbeiten nicht zu berücksichtigen, da sich den Aussagen der Zeugen F. und K. nicht entnehmen lässt, dass ein Fassadenanstrich vor dem 2. Oktober 1990 erfolgt ist. Der Zeuge K., der den Beklagten für diese Arbeiten lediglich ein Gerüst zur Verfügung stellte, konnte deshalb aus eigener Wahrnehmung keine Angaben zu den Arbeiten machen. Auch eine sichere zeitliche Einordnung des Ausleihens der Geräte vermochte er nicht vorzunehmen. Zwar hat der Zeuge F. von einem vollständigen Neuverputzen des Hauses und Anstrich des Hauses Anfang der 90-iger berichtet. Abgesehen davon, dass die Angaben des Zeugen hinsichtlich der zeitlichen Einordnung zu vage sind und sich den Bekundungen auch nicht entnehmen lässt, dass, wenn diese Arbeiten erfolgt sein sollten, es sich um notwendige Verwendungen handelte, stehen insoweit auch die Feststellungen des Sachverständigen Vogel entgegen. Danach vermochte er im Rahmen der übertragenen Plausibilitätsprüfung Verputzarbeiten, in dem von den Zeugen geschilderten Umfang – vollständig neu verputzt – nicht feststellen.«[515]

Trotz vieler weiterer Bemühungen Leppins – so konsultierte er mehrere Rechtsanwälte – änderte sich an der grundsätzlichen Feststellung, dass er keinen Anspruch auf die Anwendung des Sachenrechtsbereinigungsgesetzes habe, nichts mehr. Durch die Rechtsprechung war er, der sich jahrzehntelang als Eigentümer gefühlt und auch die Rechte und Pflichten eines Eigentümers wahrgenommen hatte, in den Stand eines Mieters versetzt worden. Nachdem er von der Erbengemeinschaft wegen ausstehender Mietrückstände verklagt wurde und auch weil er die anfallenden Kosten, die die Prozesse mit sich brachten, nicht mehr tragen konnte, stimmte er schließlich einem Vergleich zu. Nach einer Zahlung von 10.000 Euro an ihn zog er schließlich 2012 aus dem Haus aus, in dem er seit 56 Jahren lebte. Die Immobilie wurde wenig später durch die Erbengemeinschaft weiterverkauft.

Über sein Schicksal wurde am Ende mittels komplizierter Berechnungen und anhand von sogenannten Wertermittlungen entschieden, die als Beweis dafür dienen sollten, ob er einen Anspruch auf das Haus hatte.

Familie Arndt – Ein Eigenheim auf einem Erholungsgrundstück (Schönwalde)

Der Fall der Familie Arndt aus Schönwalde ist nur eines von vielen Beispielen dafür, dass sich die im Alltag der DDR herausgebildeten und über viele Jahre gewachsenen Besitzverhältnisse durch die Gesetzgebung nicht einfach korrigieren ließen, ohne dass

514 Ebd.

515 Ebd., S. 15.

sich zumindest eine der beiden Seiten ungerecht behandelt fühlte. Das Beispiel zeigt auch, dass die Beilegung eines Konfliktes ohne anwaltlichen Beistand schwierig und eine außergerichtliche Klärung zwischen den Beteiligten kaum möglich war. Zugleich macht es deutlich, wie schwierig der Umgang beider Konfliktpartner miteinander nach Aufhebung der staatlichen Verwaltung per Gesetz ohne jedwede amtliche Unterstützung, die vermittelnd hätte wirken können, gewesen ist.

Im August 1978 schloss die vierköpfige Familie, die mit ihren zwei Kindern im Plattenbau wohnte, mit dem VEB Gebäudewirtschaft Falkensee einen Nutzungsvertrag über ein Grundstück in Schönwalde zum Zweck der Erholung und Freizeitgestaltung. Das Grundstück, mit einer Größe von 927 Quadratmetern war zunächst unbebaut und dem Ehepaar wurde die Errichtung eines Wochenendhauses genehmigt. Die monatliche Pacht für das Grundstück betrug 7 Mark. In Eigenleistung wurde zu Beginn der 1980er-Jahre ein Bungalow mit einer Gesamtfläche von 46 Quadratmetern errichtet. Seit 1984 wurde der Bungalow nicht nur offiziell als Nebenwohnsitz der Familie genutzt, sondern bildete nach eigener Aussage auch deren Lebensmittelpunkt. Da dieser beheizbar war, konnte das Erholungsgrundstück auch in den Wintermonaten genutzt werden. Nach der Wiedervereinigung stellte die Familie erfolglos zwei Kaufanträge für das Grundstück beim VEB Gebäudewirtschaft Falkensee im Mai 1990 und im April 1991, ohne zu wissen, dass bereits ein Antrag auf Rückübertragung eingereicht worden war. Denn bereits im Juni 1990 machte eine Erbin der Eigentümerin beim Amt für offene Vermögensfragen ihre Ansprüche geltend. Das Grundstück war zu DDR-Zeiten nicht enteignet worden, sondern hatte unter staatlicher Verwaltung gestanden, was bedeutete, dass die Eigentümerin noch immer im Grundbuch stand. In der Zwischenzeit verlegte die Familie, die zu diesem Zeitpunkt noch immer nichts von dem Rückübertragungsanspruch wusste, offiziell ihren Hauptwohnsitz nach Schönwalde.

Im April 1993 begannen für Familie Arndt die quälende Zeit der Unsicherheit und die Angst vor dem Verlust »ihres« Grundstücks. Nachdem vom Amt für offene Vermögensfragen zunächst ein Negativattest erteilt wurde, erhielt die Familie wenig später die Benachrichtigung, dass dort versehentlich zwei Akten geführt wurden und der Anspruch der Eigentümerin auf Aufhebung der staatlichen Verwaltung zunächst übersehen worden war.

Im November 1993 erhielt Familie Arndt einen Brief von der Firma Hartwig-Immobilien, die von der Gemeinde mit der Verwaltung des Grundstücks beauftragt worden war. Darin wurde mitgeteilt, dass die bisherige staatliche Verwaltung per Gesetz zum 31.Dezember 1992 aufgehoben worden und nunmehr die Eigentümerin Frau Ingrid T. aus Berlin wieder die Verfügungsberechtigte über das Grundstück sei. Frau T. war Miterbin der Eigentümerin, die seit Juli 1940 eingetragene Eigentümerin im Grundbuch war. Ab sofort waren alle Pachtzahlungen auf das Konto der Eigentümerin zu zahlen. Es folgten zum Teil heftige Auseinandersetzungen per Brief zwischen Nutzern und Eigentümerin. Ein erster Brief von Frau T. informierte zunächst nur über die sofortige Übernahme der Verwaltung. Wenig später waren die Fronten bereits verhärtet. So schrieb die Eigentümerin: »Aus dem Schriftwechsel ist zu lesen, dass sie trotzdem zwischen dem 15.05.1990 und dem 05.04.1991 auf mein Grundstück gezogen sind. Damit haben sie gegen den Nutzungsvertrag verstoßen, der eine Nutzung nur als Freizeitgelände gestattet. Sie haben den Vertrag zweckentfremdet. Somit ist er hinfällig. Ich verlange von Ihnen vorerst beginnend ab dem 01.01.1993 eine Pacht von DM 600,00 monatlich, da Sie das Grundstück voll für Wohnzwecke nutzen, womit ich in keiner Weise einverstanden bin und wozu Sie auch kein Recht haben. Ich untersage Ihnen, das Grundstück zu belasten, sofern das für Sie überhaupt möglich sein sollte, da Sie das Negativattest unter falschen Voraussetzungen erhalten haben. Stellen Sie sofort jegliche Bautätigkeit ein, denn ich werde nicht verkaufen. Ich lasse mich von Ihnen auch nicht vor vollendete Tatsachen stellen.«[516]

Ende des Jahres 1993 konsultierte Familie Arndt einen Rechtsanwalt. Dieser verwies darauf, dass die als Eigentümerin auftretenden Frau T., bislang nicht durch entsprechende Grundbuchauszüge legitimiert war. Unzählige Briefwechsel und Kostennoten später stellte sich heraus, dass der Eigentümer des Grundstücks eine aus drei Personen bestehende Erbengemeinschaft war. Frau T., die als Alleinerbin und Eigentümerin auftrat, war also nur eine Miterbin. Dies war der einzige Erfolg, den der anwaltliche Beistand zunächst brachte. Familie Arndt versuchte daraufhin den Kontakt zu den beiden anderen Miterben herzustellen, um so zu einer gütlichen Einigung zu gelangen. Die Briefe zeugen zunächst noch vom Willen beider Seiten, den Konflikt möglichst friedlich zu lösen. So schrieb einer der Miteigentümer Herr S. an seine Mitstreiter: »Ich möchte nicht, dass die Sache zum Nachteil der jetzigen Nutzer ausgeht, die ja auf diesem Grundstück seit Jahren zu Hause sind und in den Bau ihres Eigenheims viel Kraft investiert haben.«[517]

Im Jahr 1997 versuchte die Familie erfolglos, zumindest ihr Eigentum am Gebäude ins Grundbuch eintragen zu lassen. Zu einer Eintragung eines Rechts zum Besitz bedurfte es allerdings der Hauptwohnsitznahme vor dem 3. Oktober 1990. Zwar wurde ihnen im Jahr 1995 eine Nutzungsänderung von Bungalow in ein Wohnhaus durch das Bauordnungsamt Landkreis Havelland genehmigt, doch auch diese Umwandlung hätte vor dem 3. Oktober 1990 erfolgen müssen.

Briefwechsel und Auseinandersetzungen zwischen der Erbengemeinschaft und den Nutzern drehten sich fortan zumeist um die fälligen Pachten für die Nutzung des Grundstücks. Im Juli 1997 wurde die Pacht auf 1.668,60 DM jährlich erhöht.

516 Persönliche Unterlagen von Heidi Arndt.
517 Persönliche Unterlagen von Heidi Arndt.

Mithilfe einer neuen Anwältin versuchte das Ehepaar im Dezember 1998, einen Antrag auf Ankauf des Grundstücks nach dem Sachenrechtsbereinigungsgesetz zu stellen. Die Eigentümer lehnten dies zwei Monate später ab. Danach wäre die Einleitung eines notariellen Vermittlungsverfahrens nötig gewesen, was aber aus unbekannten Gründen nicht geschah. Anzunehmen ist, dass eine Unterrichtung seitens der Anwälte über die Rechte und Möglichkeiten der Nutzer ausgeblieben ist. Die anwaltliche Unterstützung, die für die Familie ergebnislos verlief, wurde auf ihren Wunsch im März 1998 beendet.

Im Verlauf der folgenden Jahre gab es fortdauernde Auseinandersetzungen, wie zum Beispiel um die Kosten der Abwassererschließung, der Straßenerschließung oder um die Fällgenehmigung von Bäumen, die sich auf dem Grundstück befanden.

Ein neuerlicher Versuch, den Verkauf außergerichtlich zu klären, scheiterte. Im Oktober 2001 ließ die Erbengemeinschaft mitteilen: »Unsere Erbengemeinschaft hat sich inzwischen über die Bedingungen eines Grundstücksverkaufs geeinigt. Wir fordern einen Preis von DM 150,00 qm. Der Käufer hat außerdem alle – auch für zurückliegende Zeiten – anfallenden Kosten für Wasseranschluss etc. zu übernehmen und uns davon freizustellen. Dieses Angebot gilt bis zum 31. Dezember 2001. Wir halten unsere Bedingungen für ausgesprochen moderat und geben ihnen damit die Chance, das von ihnen genutzte Grundstück als ihr Eigentum zu erwerben. Sollten Sie nicht darauf eingehen, behalten wir uns vor, es anderweitig zu verkaufen oder eine Zwangssteigerung zu veranlassen, wobei wir uns dann auch nach anderen Bietern umsehen würden.«[518]

Familie Arndt schien der Kaufpreis ungerechtfertigt hoch. Sie argumentieren, seinerzeit einen Wald übernommen zu haben, der in mühevoller und jahrelanger Arbeit erst gerodet werden musste, um das Grundstück überhaupt nutzbar zu machen.

2012 scheiterte ein weiterer, nun privater Vermittlungsversuch eines Bekannten der Familie. Dieser versuchte, die Erbengemeinschaft zum Verkauf ihres Grundstückes zu bewegen. Nachdem die Eheleute sich getrennt hatten, nutzte Frau Arndt Haus und Grundstück allein. Über einen Bekannten versuchte sie, die Eigentümer doch noch zum Verkauf zu bewegen. Diese ließen sie wissen, dass ein »freihändiger Verkauf des Grundstücks an Frau A. nicht in Betracht kommt«.

Weitere Versuche, das Grundstück zu kaufen, scheiterten ergebnislos. Im Mai 2013 schrieb einer der Eigentümer: »Wir sind nach wie vor bereit, unsere Anteile an dem von ihnen genutzten Grundstück zu einem angemessenen Preis zu verkaufen. Wir hatten Ihnen seinerzeit ein Angebot gemacht. Wenn wir in der Sache vorankommen wollen, müssten Sie uns nun Ihrerseits eine Summe nennen, die Sie bereit sind zu zahlen.

[518] Persönliche Unterlagen von Heidi Arndt.

Wir könnten dann in der Erbengemeinschaft darüber beraten, ob wir eine Verhandlungsbasis sehen.«[519]

Frau Arndt erhielt im März 2014 Unterstützung vom Verband Wohneigentum Landesverband Brandenburg e.V. Dieser übergab die Unterlagen zur Prüfung an eine Anwältin, die zu dem Schluss kam, dass das Sachenrechtsbereinigungsgesetz weiterhin gültig sei und Frau Arndt erklärte, dass sie einen Rechtsanspruch auf den Ankauf des Grundstücks habe. Jedoch sei eine Klärung wohl nur durch ein Gerichtsverfahren möglich und schon allein der Form halber brauche sie dafür anwaltlichen Beistand.

Frau Arndt ist mittlerweile 70 Jahre alt und bewohnt das Grundstück allein. Sie ist und bleibt nur Nutzerin des Grund und Bodens, muss aber jederzeit mit einer Kündigung ihres Pachtvertrages rechnen. Nach eigener Aussage lasse sie sich aber eher »heraustragen«, als ihr Haus freiwillig zu räumen. Die Klärung ihres Falls ist ungewiss und wohl nur durch eine gerichtliche Klärung möglich. Aus Angst vor den Kosten einer neuerlichen Anwalt- oder Notarkonsultation unterlässt sie es, weitere Schritte hinsichtlich einer endgültigen Bereinigung zu unternehmen.

Fallbeispiel Klaus-Jürgen Warnick – Ein Überlassungsvertrag und seine Folgen (Kleinmachnow)

Wer zum Thema Restitution in Kleinmachnow recherchiert, stößt schnell der Name Klaus-Jürgen Warnick auf und kommt nicht umhin, sich mit der Geschichte des Mannes zu beschäftigen, dessen Leben nach der Wiedervereinigung vom Kampf gegen die Auswirkungen des Prinzips »Rückgabe vor Entschädigung« geprägt war. Aus persönlicher Betroffenheit wurde politischer Protest, der sich auch in Warnicks beruflicher Entwicklung niederschlug. So war Warnick von 1990 bis 1992 Länderbeauftragter des Deutschen Mieterbundes in Brandenburg, von dessen Gründung bis November 1990 Vorsitzender des Landesverbandes, von Mai 1992 bis November 1994 Geschäftsführer und danach stellvertretender Landesvorsitzender. Der gelernte Rundfunkmechaniker schaffte den Quereinstieg ins politische Tagesgeschäft und war von 1994 bis 1998 Mitglied des Deutschen Bundestages. Dort sah er es als seine Aufgabe an, gegen die Eigentumsregelungen Politik zu machen und durch neue gesetzliche Regelungen die Auswirkungen für die Betroffenen abzumildern. In Kleinmachnow wurde er zum Vorkämpfer derjenigen, die von einem Rückübertragungsanspruch betroffen waren. So war er maßgeblich an der Gründung des Kleinmachnower Nutzer- und Mietervereins beteiligt und wurde Schatzmeister des Selbsthilfevereins Nutzer e.V., einem Verein, der durch die Initiierung einer Selbsthilfekasse Prozesse für restitutionsbedrohte Nutzer finanzierte. Im Jahr 1994 gründete er mit weiteren Mitstreitern außerdem die überparteiliche Wählergruppe »Kleinmachnower Bürger gegen Vertreibung«, die bei den

519 Ebd.

Brandenburger Kommunalwahlen auf Anhieb fünf von möglichen 21 Mandaten erringen konnte.

Warnick, der seit 1952 in Kleinmachnow lebt, hatte sich 1969 auf die Suche nach einem Grundstück begeben.[520] Durch einen Ringtausch hatten seine Eltern das zuvor von ihnen bewohnte Haus verlassen und in eine kleinere Wohnung umziehen müssen. Die Wohnung war gekoppelt an einen Laden, den die Mutter übernahm. Warnick, damals 17-jährig, wollte der räumlichen Enge der neuen Wohnung, die weniger Platz bot, entfliehen und fragte bei der Gemeinde nach freien Grundstücken. In Kleinmachnow gab es zu dieser Zeit viele leerstehende und verwilderte Grundstücke, deren Eigentümer nach dem Zweiten Weltkrieg nicht mehr in die Sowjetische Besatzungszone zurückgekehrt waren oder die in den 1950er-Jahren die DDR verlassen hatten. Warnick spricht heute von etwa 800 Grundstücken, die aus diesem Grund verwaist waren. Er entschied sich für ein Grundstück im Schleusenweg, bebaut mit einer verfallenen Laube, das im Laufe der Zeit völlig zugewachsen war. Die Eltern unterschrieben für den noch Minderjährigen den Pachtvertrag, der die verfallene Laube zunächst entrümpelte und das Grundstück von wilden Hecken und Sträuchern befreite. Die Eigentümer des Grundstücks waren nie Bürger der DDR geworden. Sie lebten in West-Berlin und hatten das Kleinmachnower Grundstück zu Erholungszwecken genutzt. Im Jahr 1952 mussten sie auf Anweisung der DDR-Behörden das Grundstück verlassen, das gemäß §6 der Verordnung vom 17. Juli 1952 unter vorläufige staatliche Verwaltung gestellt und seither von der Kommunalen Wohnungsverwaltung Kleinmachnow verwaltet wurde. Jene Kommunale Wohnungsverwaltung war zu Beginn der 1970er-Jahre bestrebt, möglichst viele Überlassungsverträge über solche staatlich verwalteten »Westgrundstücke« abzuschließen. Seitens der DDR-Behörde konnten damit gleich mehrere Probleme auf einmal gelöst werden. Sie erhielt für das ungenutzte Grundstück wieder Steuereinnahmen, hatte ein verwildertes Grundstück und einen Wohnungssuchenden weniger. Der Staat hatte durch den Abschluss eines Vertrages nur Vorteile, konnte Kaufkraft abschöpfen, ohne dafür eine Ware liefern zu müssen. Auch Klaus-Jürgen Warnick entschied sich dafür, einen solchen Überlassungsvertrag abzuschließen, der es ihm ermöglichte das Grundstück dauerhaft zu nutzen. Den Betrag in Höhe von 3.300 DDR-Mark, der im Vertrag festgesetzt war, lieh er sich von seinen Eltern. Seit Abschluss dieses Vertrages wähnte er sich zugleich als Eigentümer des Grundstücks. Der Wortlaut des Vertrages zeigt, warum sich so viele Überlassungsvertragsinhaber tatsächlich auch als Eigentümer fühlten, ohne die Tatsache infrage zu stellen, lediglich ein staatlich verwaltetes Grundstück zu nutzen. So war in §3 des Vertrages festgehalten: »Der Zustand des Grundstücks sowie der bauliche Zustand der Gebäude und sonstigen baulichen Anlagen und Einrichtungen ist dem Nutzer bekannt. Das Grundstück ist

[520] Gespräch mit Klaus-Jürgen Warnick.

von dem Nutzer in einwandfreien Zustand zu erhalten. Gewährleistungs- und Mängelansprüche sind ausgeschlossen. Sämtliche Aufwendungen für die Instandhaltung und notwendige Instandsetzung trägt der Nutzer. Alle Abgaben, öffentliche Lasten und Versicherungen sind von dem Nutzer direkt zu tragen bzw. zu begleichen.«[521]

Weiter heißt es im §7 (1), §9 und §13:

»Die Vertragsdauer wird auf Lebenszeit festgesetzt. Innerhalb dieser Zeit ist der Vertrag unkündbar.«

»Der Vertrag endet mit dem Tode des Nutzers. Der staatliche Verwalter erklärt sich bereit, einen Vertrag mit einem Erben abzuschließen, wenn dieser das Grundstück für persönliche Wohn- oder Erholungszwecke nutzt.«

»Der Überlassungsvertrag endet nicht mit der Aufhebung der staatlichen Verwaltung. Er ist sowohl dem Grundstückseigentümer als auch dessen Erben gegenüber weiterhin wirksam. Eine Aufhebung der Vertragsverhältnisse ist zwischen dem Nutzer und dem Grundstückeigentümer nur möglich, durch ein beiderseitiges Übereinkommen der Vertragspartner gemäß §7.«[522]

Den Vertrag ließ er kurz vor dem Abschluss von einem Juristen in der Familie überprüfen, der an den Inhalten nichts zu beanstanden hatte. In den folgenden Jahren gelang es ihm, unter den Bedingungen der Mangelwirtschaft für sich und seine wachsende Familie aus der verfallenen Laube ein Eigenheim zu machen. Bis zum Jahr 1989 erhielt er insgesamt vier amtliche Baugenehmigungen zum Umbau und zur Erweiterung des Gebäudes. Die fünfte und letzte Baugenehmigung stellte er 1989, da sich das vierte Kind ankündigte und das Haus erneut vergrößert werden musste. Bei dieser Baugenehmigung machten ihm die zuständigen DDR-Behörden aus bautechnischen Gründen allerdings Probleme. Erst mit der Androhung, für sich und seine Familie einen Ausreiseantrag zu stellen, bekam er die Genehmigung zugesprochen. Doch dies wurde nicht sein schwerwiegendstes Problem bei der Verwirklichung des Anbaus. Als Warnick 1990 bei diversen Versammlungen und Veranstaltungen in Kleinmachnow auf die zukünftigen Probleme der Nutzer und Mieter aufmerksam wurde, las er sich seinen Vertrag noch einmal genauer durch und beschloss die Flucht nach vorn. Er suchte den West-Berliner Eigentümer, dessen Namen er ausfindig gemacht hatte, auf und konfrontierte ihn mit der Tatsache, dass er seit 30 Jahren auf dem Grundstück lebte. Der Eigentümer, der zunächst noch sehr verständnisvoll auf die Sorgen des Kleinmachnowers reagierte, stellte ihm in Aussicht, das Grundstück noch ein halbes Jahr nutzen zu dürfen, bevor er seine Eigentumsrechte wieder selbst wahrnehmen würde. Eine Antwort, die Klaus-Jürgen Warnick keineswegs befriedigte und die ihn das Schlimmste

521 Persönliche Unterlagen von Klaus-Jürgen Warnick: Vertrag zur Überlassung eines bebauten Grundstücks vom 25.10.1971.

522 Ebd.

befürchten ließ. Im Mai 1990 erhielt er per Gerichtsvollzieher die Aufforderung zum sofortigen Baustopp. Noch vor Verabschiedung der Gemeinsamen Erklärung und lange vor dem Inkrafttreten des Vermögensgesetzes kam es zur Gerichtsverhandlung, bei der er jedoch zunächst Recht bekam und damit die Arbeit an seinem Haus weiterführen konnte. Was darauf folgte, war eine jahrelange juristische Auseinandersetzung zwischen Warnick und dem Eigentümer. Nach den Bestimmungen des Sachenrechtsbereinigungsgesetzes, die den Ankauf des Bodens zum halben Verkehrswert ermöglichte, war die Größe des Grundstücks auf 500 Quadratmeter beschränkt. Da das Grundstück jedoch eine Größe von 1200 Quadratmeter aufweist, wollte der Eigentümer das Grundstück teilen lassen, um es mit einem weiteren Einfamilienhaus zu bebauen. Eine Bebauung war jedoch durch den Bebauungsplan der Gemeinde nicht vorgesehen und eine Teilung des Grundstücks somit nicht möglich. Der Eigentümer klagte dagegen erfolglos vor dem Oberlandesgericht gegen die Gemeinde Kleinmachnow und den Landkreis Potsdam-Mittelmark. Der Streitfall wurde beigelegt, als Klaus-Jürgen Warnick nach den Bestimmungen des Sachenrechtsbereinigungsgesetzes das Grundstück für den halben Verkehrswert von 262.000 DM schließlich erwerben konnte. Der Ausgang des zehn Jahre währenden Rechtsstreits befriedigt ihn dennoch nicht. Der Kauf erfolgte gezwungenermaßen, um nicht das Haus und Grundstück an den ehemaligen Eigentümer zu verlieren. Da er sich seit dem Abschluss des Überlassungsvertrages als Eigentümer fühlte und auch fühlen konnte, sieht er sich durch die gesetzlichen Regelungen zur Eigentumsfrage ungerecht behandelt. Warnick fühlt sich als Verlierer und ist sich sicher, dass der Eigentümer dies genauso empfindet Denn auch sein Gegenpart, der sich als Eigentümer des Grundstücks wähnte, erhielt für das Grundstück lediglich den halben Verkehrswert von 262.000 DM. Warnick zufolge werden beide bis an ihr Lebensende die Klärung der Eigentumsfragen als großes Unrecht ansehen.

Zwischenfazit – Altes Unrecht, Neues Unrecht?

Das Ergebnis der Klärung der offenen Vermögensfragen muss sich nicht nur unter dem Aspekt der Wiedergutmachung des teilungsspezifischen Unrechts messen lassen, sondern vor allem unter dem Gesichtspunkt der Sozialverträglichkeit. Die Maßgabe, altes Unrecht nicht durch neues Unrecht zu ersetzen, bildete wohl die größte Schwierigkeit bei der Umsetzung des umstrittenen Restitutionsprinzips. Für die ostdeutschen Nutzer erwies sich die Rückbindung der Gesetze zur Regelung der Vermögensfragen an die DDR-Zeit als problematisch. So hing es für sie oftmals vom Zufall ab, auf welche Weise sie die Rechte an einem Grundstück erworben hatten. Bauwillige konnten von den staatlichen Stellen ein Grundstück zur Bebauung zugewiesen bekommen, das im Zuge der Enteignungsgesetzgebung bereits in Volkseigentum überführt worden war. Anderen blieb mitunter nichts anderes übrig, als ein unter staatlicher Verwaltung stehendes Grundstück auf der Grundlage eines Überlassungsvertrages zu nutzen, ein neues Eigenheim zu errichten oder ein bestehendes Gebäude instandzuhalten und zu modernisieren. Auch unter staatlicher Billigung errichtete Eigenheime auf Erholungsgrundstücken waren keine Seltenheit. In den für die Nutzer besten Fällen bekamen sie ein Nutzungsrecht verliehen, kauften das Haus und erwarben damit gesondertes Gebäudeeigentum. Auch die Mieter, die ein bestehendes Gebäude bewohnten, investierten mitunter viel Geld und Arbeitskraft in die Sanierung des Hauses. Sie hatten oftmals grundsätzlich ein anderes Verhältnis zum Objekt, als dies für einen Mieter nach heutigem Verständnis üblich ist. Die langjährige Nutzung enteigneter oder unter staatlicher Verwaltung stehender Grundstücke muss außerdem vor dem Hintergrund des latenten Wohnungsmangels der DDR betrachtet werden. Der Jurist Rolf Stürmer beschrieb die Rechtsverhältnisse, denen die ostdeutschen Nutzer unterworfen waren, treffenderweise folgendermaßen: »Der Bürger der DDR hatte meist keine Wahl zwischen dem Erwerb von Eigentum, Nutzungsrechten, schuld-vertraglichen oder faktischen Positionen. Er musste im System der Staatslenkung und des Nepotismus nehmen, was ihm zugewiesen war oder zufiel.«[523]

Der Zusammenbruch der DDR und die Etablierung einer neuen Rechtsordnung waren für die DDR-Bürger in vielen Fällen gleichbedeutend mit einem Lotterielos. Jene Bürger, die zu DDR-Zeiten einen Nutzungsvertrag abschließen und diesen nachweisen konnten, hatten als redliche Erwerber kaum etwas zu befürchten. Überlassungsvertragsinhaber, die im ungünstigsten Fall ein bebautes Grundstück übernahmen, mussten hingegen befürchten, die Immobilie zu verlieren, ungeachtet der Tatsache, dass sie sich jahrelang oder sogar jahrzehntelang als Eigentümer gefühlt und auch so verhalten hatten. Während etwa der Nachbar das Glück hatte, aufgrund seines Nutzungsrechts problemlos redlichen Erwerb nachweisen zu können, blieb einem als Inhaber eines Überlassungsvertrages nur die Aussicht auf jahrelange Unsicherheit bevor das Grundstück im besten Fall »noch einmal« gekauft werden konnte.

Aufgabe des Gesetzgebers war es deswegen, Lösungen zu finden, die die Lebenswirklichkeit der DDR-Verhältnisse stärker berücksichtigten und damit das schwierige Gebot der Sozialverträglichkeit umzusetzen.

In der 12. Wahlperiode wurden insgesamt vier große Gesetze verabschiedet. Nach dem Inkrafttreten des Vermögensgesetzes im Jahr 1990 fehlten lange Zeit wichtige Regelwerke. Erst 1994 wurden das Entschädigungs- und Ausgleichsleistungsgesetz, das Sachenrechtsbereinigungsgesetz und das Schuldrechtsanpassungsgesetz verabschiedet, was die notwendige Klärung strittiger Fragen und Angleichung der Eigentumsordnung

523 Rolf Stürmer: Zivilrechtliche Folgeprobleme der Einheit und das Regelungswerk zu ihrer Bewältigung, in: Jauernig, Othmar/Hommelhoff, Peter (Hrsg.):Teilungsfolgen und Rechtsfriede. Beiträge und Diskussionen des Symposiums am 23./24. Juni 1995 in Heidelberg. Heidelberg 1996, S. 18.

in Ost und West für lange Zeit behinderte. Alle Gesetze waren überaus komplizierte und hochkomplexe Regelwerke, deren Verständnis für juristische Laien kaum möglich war, eine anwaltliche Beratung in vielen Fällen notwendig machte und dafür sorgte, dass die Betroffenen mit dem Begriff Rechtsstaat nicht nur positive Assoziationen verbanden. Bereits innerhalb eines halben Jahres erfolgte die erste Änderung des Vermögensgesetzes. Die Tatsache, dass das Gesetz unter erheblichem Zeitdruck entstanden war und deswegen zahlreiche Ungenauigkeiten aufwies, machte mehrere Gesetzesnovellierungen notwendig. Im Urteil der Juristen Stefan Köhler-Apel und Reinhard Bodenstab stellte das Gesetz in seiner Ursprungsfassung »eine lückenhafte, die Realitäten der ehemaligen DDR teilweise praxisfern beurteilende nachbesserungsbedürftige Regelung«[524] dar. In der Praxis wurde schnell deutlich, dass zwei Ziele des Vermögensgesetzes miteinander kollidierten. Dies war zum einen die Wiedergutmachung des teilungsspezifischen Unrechtes und zum anderen das Prinzip der Sozialverträglichkeit, das bei der Anwendung der Restitutionsregelung gelten sollte. Dieser Konflikt ist vom Gesetzgeber weitgehend zugunsten der ostdeutschen Nutzerschutzinteressen gelöst worden, was mitunter jedoch erst nach harten Kämpfen auf allen politischen Ebenen und in allen parlamentarischen Gremien erreicht werden konnte. Die Bestimmungen des Sachenrechtsbereinigungsgesetzes folgten der Einsicht in die Notwendigkeit, dass sich in der 40-jährigen Rechtswirklichkeit der DDR neben »einer Unrechtsordnung auch eine schlichte Unordnung«[525] herausgebildet hatte. Zwar hat das Sachenrechtsbereinigungsgesetz im Vergleich zum Vermögensgesetz eine realistischere Bewertung der Rechtspraxis in der DDR vorgenommen, dennoch waren die Bestimmungen vor allem für die Inhaber von Überlassungsverträgen, die ein bebautes Grundstück übernommen hatten, mit jahrelangen juristischen Auseinandersetzungen verbunden. Der vom Gesetzgeber vorgeschriebene Nachweis über eine Vergrößerung der Wohn- und Nutzfläche um mehr als 50 Prozent oder über bauliche Investitionen, die den Sachwert des Gebäudes um die Hälfte überstiegen, war nur durch ein aufwendiges Bewertungsschema möglich, das die tatsächlichen Lebensverhältnisse in der DDR zum Teil nur ungenügend berücksichtigte.

Nicht nur in den Medien und in der Öffentlichkeit litt das Restitutionsprinzip unter einem Akzeptanzdefizit. Auch auf politischer Ebene blieb der Grundsatz »Rückgabe vor Entschädigung« fortwährend umstritten. Die Beratungen zu diversen Gesetzentwürfen fanden stets vor dem Hintergrund der Forderung nach einer Umkehrung des Prinzips statt, die von den Kritikern mit großer Vehemenz vorgetragen wurde. Vor

524 Köhler-Apel, S./Bodenstab, R. (1995), S. 311.

525 Rolf Stürmer: Zivilrechtliche Folgeprobleme der Einheit und das Regelungswerk zu ihrer Bewältigung, in: Jauernig, Othmar/Hommelhoff, Peter (Hrsg.):Teilungsfolgen und Rechtsfriede. Beiträge und Diskussionen des Symposiums am 23./24. Juni 1995 in Heidelberg. Heidelberg 1996, S. 10.

allem die SPD blieb Kritiker der Regelung und machte unverändert deutlich, dass ihre Zusage zum Einigungsvertrag und damit auch zum Restitutionsprinzip notgedrungen erfolgt war. Auch wenn sich der Gesetzgeber nicht für eine generelle Abkehr entschied, kam es dennoch zu einer stetigen Ausdehnung des Bestandsschutzes für ostdeutsche Nutzer durch die Aufnahme zahlreicher weiterer Ausnahmetatbestände. Diese Entwicklung resultierte aus der Tatsache, dass die rechtlichen und sozialen Gegebenheiten der DDR im Ursprungsgesetz ungenügend berücksichtigt worden waren. Vor allem die sogenannte Stichtagsregelung sorgte aufseiten der Betroffenen für großen Unmut und blieb umstritten. Der Gesetzgeber hielt jedoch an der Stichtagsregelung fest – und wurde darin vom Bundesverfassungsgericht bestätigt. Das Gericht begründete seine Entscheidung damit, dass es zu einer Aushöhlung des Restitutionsgrundsatzes führen würde, wenn der redliche Erwerb zeitlich unbegrenzt geschützt werden würde.

Beim Entschädigungs- und Ausgleichleistungsgesetz tat sich der Gesetzgeber sehr schwer, einen Ausgleich zu schaffen, der zum einen nicht das Gleichheitsgebot verletzen und zum anderen haushaltsneutral sein sollte. Das verabschiedete Gesetz vermochte für die Betroffenen keine Anreize zu schaffen, sich gegen eine Rückübertragung zu entscheiden. Das Wahlrecht zwischen Restitution und Entschädigung verlief ins Leere. Grund waren zum einen die im Vergleich zur zurückerhaltenen Immobilie geringe Höhe der Entschädigung sowie die Tatsache, dass die Beträge erst nach erheblicher zeitlicher Verzögerung ausgezahlt wurden.

Das Schuldrechtsanpassungsgesetz wurde in den Medien kontrovers diskutiert und sorgt noch heute für erhitzte Gemüter auf beiden Seiten. Dennoch muss festgestellt werden, dass der Gesetzgeber damit vor allem die Positionen der ostdeutschen Nutzer und Datschenbesitzer schützte, die einen überaus komfortablen Kündigungsschutz genossen und sich damit in einer vergleichsweise weitaus besseren Situation befanden als die Mieter einer Wohnung oder eines Hauses. Die Eigentümer des zu Erholungszwecken genutzten Grundstücks hatten vielerorts das Nachsehen und mussten sich mit regelmäßigen Pachtzahlungen der Nutzer begnügen.

Der von den Medien heraufbeschworene deutsch-deutsche Häuserkampf fand nicht am Gartenzaun und in den wenigsten Fällen in direkten Konfrontationen zwischen Eigentümern und Nutzern statt. Aus dem Krieg zwischen Ost und West wurden langwierige und zähe juristische Kämpfe. Sie fanden in Anwaltskanzleien und Gerichtssälen statt, in Räumen örtlicher Mieter- und Nutzerverbände und auf Informationsveranstaltungen über die neue Rechtsmaterie. Sie spiegelten sich wider in anwaltlichen Honorarnoten und füllten Aktenordner mit Gutachten von Sachverständigen, Prozessunterlagen, Beweisaufnahmen und Gerichtsurteilen.

Die zum Teil jahrelang währende, tiefe Verunsicherung hatte ohne Zweifel Auswirkungen auf die Bewertungen des Prinzips »Rückgabe vor Entschädigung« wie auch auf die Gesamtbewertung der Wiedervereinigung mit all ihren Konsequenzen.

20 Jahre Geben oder Nehmen – Versuch einer Bilanz

Nach der Betrachtung der Umsetzungsprobleme des Restitutionsprinzips stellt sich die Frage, was der Versuch, die Eigentumsfragen an Grundstücken in Ostdeutschland auf rechtsstaatliche Weise zu lösen, gebracht hat. Die Frage nach den Folgen und Auswirkungen des Prinzips »Rückgabe vor Entschädigung« ist jedoch schwer zu beantworten und der Versuch, eine Bilanz vorzunehmen, nicht einfach. Die Folgen des Rückgabeprinzips waren und sind äußerst vielfältig, ambivalent und erfahren je nach Interessenstandpunkt eine zum Teil sehr unterschiedliche Bewertung. Rechtswissenschaftler, Soziologen oder Wirtschaftswissenschaftler kommen dabei zu anderen Ergebnissen als ein Unternehmer, ein Eigentümer, ein Nutzer oder der Bürgermeister einer Gemeinde. Das Problem Restitution ist nicht nur unter den Gesichtspunkten Effizienz und Praktikabilität zu betrachten, sondern hat zudem eine moralische und politische Dimension. Schon allein die Frage, ob die Rückgaberegelung tatsächlich ein massives Investitionshindernis war und sich auf den wirtschaftlichen Aufschwung Ost nachhaltig negativ ausgewirkt hat, lässt sich nicht zweifelsfrei beantworten und wird mitunter recht unterschiedlich bewertet.[526]

Ausgangspunkt einer zusammenfassenden Betrachtung über die Folgen der Restitution in Ostdeutschland ist außerdem, dass eine Abgrenzung zu allgemeinen Prozessen des Strukturwandels begründet durch die Systemtransformation nicht immer oder nur sehr schwer vorzunehmen ist. Trotz aller Schwierigkeiten, die eine bilanzierende Bewertung nach sich zieht, soll der Versuch gemacht werden, zu zeigen, welche politischen, ökonomischen und sozialen Auswirkungen sich durch das Restitutionsprinzip ergeben haben.

[526] Zum Beispiel: Betz, Thomas: Die Eigentumsfrage. Das Prinzip »Rückgabe vor Entschädigung« und seine Folgen., in: Am Ziel vorbei. Die Deutsche Einheit. Eine Zwischenbilanz, S. 107–123: »Die Problematik der ungeklärten vermögensrechtlichen Verhältnisse avancierte unangefochten zum größten Hindernis für einen strukturellen Aufschwung in den neuen Ländern […].«; Ballhausen, Werner: Die schlimmen Folgen des Rückgabeprinzips. In: Kritische Justiz 27, Nr. 2 /1994, S. 214: »Die Entscheidung für die Rückgabe bei Vorrang lediglich besonders bevorrechtigter Investitionen nach Einzelfallentscheidung stellte und stellt noch immer ein wesentliches Hindernis für den wirtschaftlichen Aufschwung in den neuen Bundesländern da.; dagegen: Mielke, Kai: Der vermögensrechtliche Restitutionsgrundsatz, in: Kritische Justiz, Vol. 27 Nr. 2/1994, S. 200: »Eine Folge davon ist beispielsweise, dass die offenen Vermögensfragen und ihr Regelungsmechanismus nach wie vor unreflektiert als Ursache für die unterschiedlichsten Missstände angeführt werden.«

Unter Kritikern und Befürwortern ist unbestritten, dass die Lösung der offenen Vermögensfragen zu erheblichen sozialen Spannungen geführt hat. Doch welche Rolle spielte die Eigentumsproblematik für das Zusammenleben der Einwohnerschaft in betroffenen Gemeinden und somit für die Wiedervereinigung auf lokaler Ebene?

Der Blick auf die Statistik zeigt, dass nahezu die Hälfte aller gestellten Restitutionsanträge abschlägig beschieden wurde und die Quote der tatsächlich zurückübertragenen Immobilien in Brandenburg bei (nur) 18 Prozent lag. Obwohl die Betrachtung der Statistik notwendig ist, lässt sich anhand der Zahlen kaum darstellen, welche Auswirkungen das Restitutionsprinzip tatsächlich hatte. Die sozialen und die psychologischen Folgen sind nicht messbar und lassen sich anhand von Statistiken nicht abbilden.

Pauschalisierende Beurteilungen und Stereotypen, die sich im Lauf der Zeit verfestigt haben und in Presse und Medien, in der öffentlichen Meinung, vor allem bei Betroffenen, aber auch bei Nichtbetroffenen immer wiederholt werden, lassen sich nur schwer beweisen oder widerlegen. 20 Jahre nach den bisweilen erbittert geführten Auseinandersetzungen um Grund und Boden, nach den stürmischen Debatten um Recht und Gerechtigkeit und die Rolle des Rechtsstaates, nach unzähligen Gesetzesanpassungen, nach gegenseitigen Vorwürfen und Beschuldigungen ist eine Bewertung aus historischer Perspektive nur mithilfe von mehreren Nahaufnahmen möglich, um daraus ein Gesamtbild ableiten zu können. Für die Betrachtung möglicher Folgen der Eigentumsproblematik werden deshalb verschiedene Fragen, die die Umsetzung des Rückübertragungsprinzips nach sich zieht, anhand mehrerer Gemeinden betrachtet, um so Rückschlüsse zu ermöglichen.

Statistische Angaben

Über den Bearbeitungsstand der einzelnen vermögensrechtlichen Verfahren gibt das Bundesamt für zentrale Dienste und offene Vermögensfragen vierteljährlich Auskunft. Die statistischen Angaben der einzelnen Länder Berlin, Brandenburg, Mecklenburg-Vorpommern, Sachsen, Sachsen-Anhalt und Thüringen sind auf der Internetseite der Behörde abrufbar. Diese sind untergliedert in Rechtsgrundlagen, namentlich in das Vermögensgesetz, das NS-Verfolgtenentschädigungsgesetz und das Entschädigungs- und Ausgleichsgesetz. Abrufbar sind weiterhin Daten über die Entwicklung der Mitarbeiterzahlen in den einzelnen Ländern, die Anzahl von Negativattesten[527] sowie Angaben zum DDR-Entschädigungserfüllungsgesetz.

[527] Mit dem Negativattest wird bescheinigt, dass keine vermögensrechtlichen Anmeldungen an dem konkret benannten Grundvermögenswert ermittelt werden konnten. Zur Prüfung, ob vermögensrechtliche Ansprüche zu bestimmten Grundstücken vorliegen, ist ein Negativattest bei dem Amt zur Regelung offener Vermögensfragen zu beantragen, in dessen Landkreis oder kreisfreien Stadt das Grundstück gelegen ist. Es bildet die Grundlage für die Erteilung der

Bereits Anfang der 1990er-Jahre wurde festgelegt, welche Daten zur Bearbeitung der vermögensrechtlichen Ansprüche erfasst werden sollten. Die Angaben der jeweiligen Länder entsprachen damit einer länderübergreifenden Statistik, die seit 1992 nahezu unverändert herausgegeben wird. Darüber hinaus wurden keine weiteren Daten erhoben, sodass keine weiteren statistischen Angaben, Aufschlüsselungen oder Untergliederungen existieren. Ebenso gibt es keine systematische Erfassung der Antragsteller nach Fallgruppen (z.B. Enteignungen, Bodenreform, Zwangsverkäufe etc.) und es erfolgt keine Differenzierung nach den Rechtsgrundlagen der getroffenen Entscheidungen.[528] Für die Beantwortung der Frage nach den Auswirkungen der vermögensrechtlichen Bestimmungen sind die statistischen Angaben deswegen in vielerlei Hinsicht nur bedingt aussagekräftig, da viele Angaben, die notwendig wären, nicht abgefragt wurden.

Die Statistik weist bei den Singularrestitutionen mit Stand vom Dezember 2014 eine Gesamtzahl von Antragstellern/Anträgen von 815.012 aus. Allerdings stellte das Land Berlin keine Angaben zur Zahl der Antragsteller zur Verfügung, sodass die Gesamtzahl aller Anträge insgesamt noch um einiges höher liegt. Betroffen waren insgesamt 2.374.205 Vermögenswerte. Dazu gehörten 2.228.082 Flurstücke und 146.122 sonstige Vermögenswerte wie bewegliche Sachen oder Schutzrechte. Zu beachten ist, dass die Zahl der Flurstücke nicht identisch ist mit der Zahl der Grundstücke, weil ein Grundstück auch aus mehreren Flurstücken bestehen kann.[529]

Alle Bundesländer weisen eine Erledigungsquote von über 99 Prozent aus. In Brandenburg liegt diese bei 99, 81 Prozent. Obwohl damit über fast alle Anträge entschieden wurde, ist ungewiss, wie viel Zeit die Klärung der restlichen Fälle noch in Anspruch nehmen wird. Es besteht immer die Möglichkeit, dass ein Verfahren wieder aufgegriffen oder ein Verwaltungsakt aufgehoben wird. Vielfach ändert sich auch die Sach- oder Rechtslage bei bestandskräftigen Entscheidungen. Dies kann bei Ausschluss der Restitution eine große Rolle spielen. So zum Beispiel dann, wenn wegen einer Bebauung im komplexen Siedlungsbau die Rückübertragung abgelehnt wurde und ein betreffender Plattenbau später abgerissen wird.[530]

Das Bundesland, in dem die meisten Rückübertragungsansprüche erhoben wurden, ist Brandenburg. Insgesamt sind hier 250.895 Anträge gestellt worden. Zum einen

Grundstücksverkehrsgenehmigung, wird aber auch für die Zuteilung von Krediten durch die Banken angefordert.

528 Telefonat mit BADV-Sprecherin Ellen Händler; Schreiben vom Landesamt für offene Vermögensfragen Brandenburg vom 09.11.2012.

529 Bundesamt für zentrale Dienste und offene Vermögensfragen. Statistische Übersichten. Stand: 31.12.2014.

530 Rodenbach, Hermann-Josef: Zum Stand der Lösung der Offenen Vermögensfragen, in: Vermessung Brandenburg. Heft 1/2005. http://www.geobasis-bb.de/GeoPortal1/produkte/verm_bb/pdf/1_05_rodenbach_23-39.pdf (letzter Abruf am 10.09.2015).

	Berlin	Bran-denburg	Mecklenburg-Vorpommern	Freistaat Sachsen	Sachsen-Anhalt	Freistaat Thüringen	Gesamt
Antragsteller		**250.895**	75.388	207.154	134.902	146.673	815.012
Beanspruchte Vermögens-werte	198.864	**637.617**	192.695	488.941	449.048	407.040	2.374.205
davon: Flurstücke	182.035	**623.055**	176.592	445.493	433.666	367.241	2.228.082
sonstige Ver-mögenswerte	16.829	**14.562**	16.103	43.447	15.382	39.799	146.122

Statistische Übersicht zum Vermögensgesetz (ohne § 1 Abs. 6 VermG) – Singularrestitutionen: Antragsteller und Beanspruchte Vermögenswerte[531]

	Gesamt	**Brandenburg**
Antragsteller / Anträge	815.012	**250.895**
beanspruchte Vermögenswerte	2.374.205	**637.617**
davon Flurstücke	2.228.082	**623.055**
Erledigungen: Flurstücke	2.226.342	622.530
Davon:		
Rückübertragungen	**21%** (419.617)	**18%** (111.523)
Aufhebung der staatlichen Verwaltung	**5%** (101.326)	**9%** (59.340)
Entschädigungsgrundlagenbescheide	**5%** (103.222)	**5%** (30.947)
Ablehnungen[532]	**49%** (1.008.789)	**45%** (280.392)
Rücknahmen[533]	**15%** (301.171)	**14%** (84.434)
Sonstige Erledigungen[534]	**5%** (110.277)	**9%** (55.894)

Statistische Übersicht zum Vermögensgesetz (ohne § 1 Abs. 6 VermG) – Singularrestitutionen: Bearbeitungsstand und Art der Erledigungen bei Flurstücken

531 Bundesamt für zentrale Dienste und offene Vermögensfragen. Statistische Übersichten. Stand: 31.12.2014.

532 Z.B.: Inanspruchnahme nach Aufbau- oder Baulandgesetz; Antragsteller war niemals Eigentümer bzw. Rechtsnachfolger des Eigentümers.

533 Gütliche Einigung zwischen Antragsteller und dem Verfügungsberechtigten; mangels Berechtigung (fehlerhafter Vorstellung der Erbfolge, persönliche Gründe (Alter, fehlendes Interesse).?

534 Z.B. Vorkaufsrechte nach Aufhebung der staatlichen Verwaltung und weitere Folgeentscheidungen der staatlichen Verwaltung.

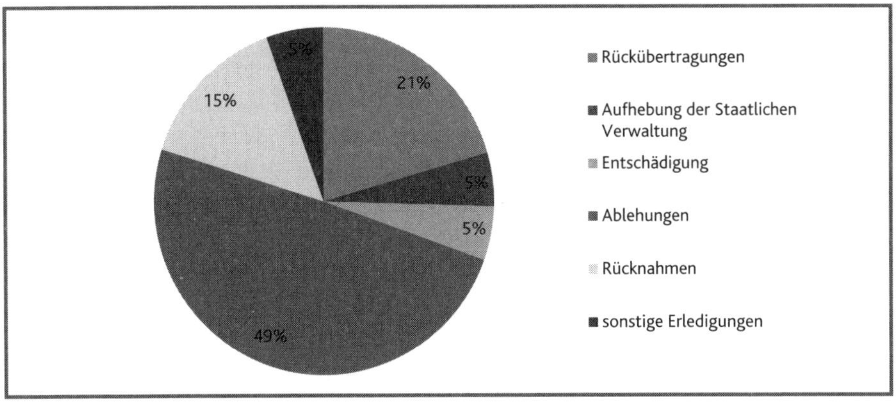

Statistische Übersicht zum Vermögensgesetz (ohne § 1 Abs. 6 VermG) – Singularrestitutionen: Art der Erledigungen bei Flurstücken in den gesamten neuen Bundesländern

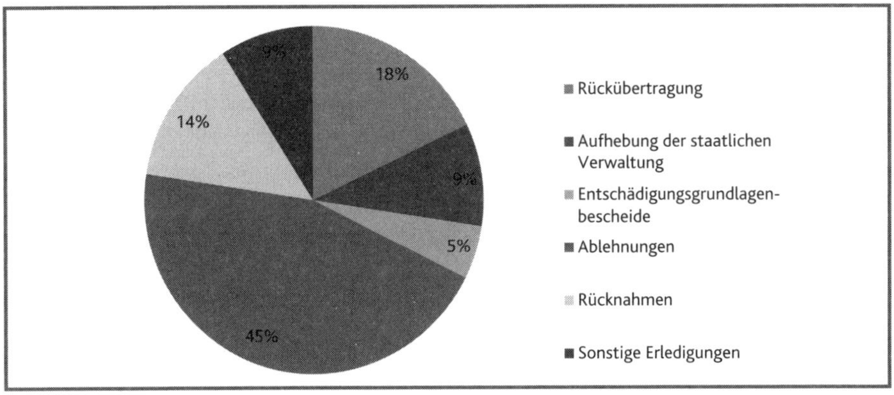

Statistische Übersicht zum Vermögensgesetz (ohne § 1 Abs. 6 VermG) – Singularrestitutionen: Art der Erledigungen bei Flurstücken im Bundesland Brandenburg

ist das Bundesland vorwiegend von der Landwirtschaft geprägt zum anderen resultierte die hohe Zahl aus der geografischen Nähe zu Berlin. Die Vermögensansprüche konzentrierten sich auf attraktive Gebiete und waren zudem durch die Geschichte der Siedlungen begründet. Des Weiteren ist davon auszugehen, dass es in dieser Region durch die Grenznähe mehr Flüchtlinge gab, deren Eigentum enteignet oder unter staatliche Verwaltung gestellt wurde. Brandenburg hatte außerdem die höchste Zahl an Flurstücken, die mit einem Anspruch belastet waren.

Die Tabelle auf S. 236 oben zeigt die Zahl der Antragsteller und die Anzahl der beanspruchten Vermögenswerte für die gesamten neuen Bundesländer mit Stand vom Dezember 2014.

Über die Hälfte aller gestellten Anträge wurde abschlägig beschieden. Wenn der Geltungsbereich des §1 VermG nicht eröffnet war, wurde der vermögensrechtliche Antrag abgelehnt. Sofern es an der Berechtigung des Antragstellers mangelte, wenn er beispielweise niemals Eigentümer oder Rechtsnachfolger des Eigentümers war, war eine Rückübertragung ausgeschlossen. Des Weiteren wurde ein Antrag abgelehnt in Fällen, in denen bereits nach DDR-Recht eine Entschädigung gezahlt worden war. Dies galt zum Beispiel für Inanspruchnahmen des Grund und Bodens nach dem Baulandgesetz. Die einzelnen Gründe, warum ein Antrag abgelehnt wurde, sind statistisch nicht erfasst. So ist die hohe Zahl der beanspruchten Vermögenswerte im Grunde nur wenig aussagekräftig, wenn man bedenkt, dass nur etwa 1.219.293 gestellte Anträge überhaupt eine Berechtigung hatten. Fraglich ist beispielsweise, wie viele Anträge ohne genaue Kenntnis der Lage eines Vermögenswertes gestellt wurden. Mitunter wurden im Hinblick auf die Fristwahrung Ansprüche auf »gut Glück« für ganze Straßenzüge gestellt.

Bei etwa 21 Prozent, also bei 419.617 aller beanspruchten Flurstücke, wurde zugunsten einer Rückübertragung entschieden. Laut Information des Bundesamtes für offene Vermögensfragen kamen die restituierten Objekte im Wesentlichen aus der öffentlichen Hand, da gerade bei Vermögenswerten, die sich in privater Hand befanden, die Restitution zugunsten des redlichen Erwerbers stark eingeschränkt wurde.[535] Detailliertere Angaben, ob es sich bei den tatsächlich restituierten Flurstücken um mit Einfamilienhäusern bebaute oder unbebaute Grundstücke handelt, gibt es nicht. Es existieren keine Informationen darüber, welche Fallgruppe betroffen war oder welcher Schädigungstatbestand vorlag. So lässt es sich beispielsweise statistisch nicht ablesen, ob Betroffene, die aufgrund eines Überschuldungsfalles einen Antrag auf Rückübertragung stellten, das Objekt tatsächlich zurückbekamen. In fünf Prozent aller Fälle (in Brandenburg zehn Prozent) gelangten die Eigentümer durch die Aufhebung der staatlichen Verwaltung wieder an ihr Eigentum. Bei weiteren fünf Prozent erließen die Ämter für offene Vermögensfragen einen Entschädigungsgrundlagenbescheid. Auch hierfür wurden die Entscheidungsgründe nicht statistisch erfasst. Aus welchen Gründen im konkreten Fall eine Rückübertragung ausgeschlossen war, ergab sich nur aus dem jeweiligen Bescheid. So lässt sich daraus nicht ablesen, in wie vielen Fällen redlicher Erwerb von Dritten tatsächlich der Ausschlussgrund für eine Rückübertragung war. Nach Aussage von Walter Schottler, langjähriger Leiter des Vermögensamtes in Beeskow, war in den überwiegenden Fällen der redliche Erwerb von dinglichen Nutzungsrechten auch der Ausschlussgrund für eine Rückübertragung.[536]

535 Bundesamt zur Regelung offener Vermögensfragen (Hrsg.) (2001), S. 109.
536 Gespräch mit Walter Schottler am 26.04. 2013.

In 15 Prozent aller Fälle wurden die Anträge zurückgenommen. Eine statistische Auswertung dazu, aus welchen Gründen die Rücknahme erfolgte, gibt es ebenfalls nicht. Motive dafür waren zum Beispiel eine gütliche Einigung zwischen dem Antragsteller und dem Verfügungsberechtigten nach der Bekanntgabe, dass keine Schädigung festgestellt wurde (der Antragsteller war nach wie vor Eigentümer des Grundstücks), mangels Berechtigung (z.B. aufgrund fehlerhafter Vorstellung der Erbfolge) oder aus persönlichen Gründen (Alter, fehlendes Interesse im Erbfall).[537] Die freiwillige Rückgabe von Grundstücken an den Alteigentümer bildete einen höchst seltenen Ausnahmefall. Häufiger war eine gütliche Einigung in Gestalt der Antragsrücknahme nach Abstandszahlungen oder der Abkauf der Rückübertragungsansprüche durch den Verfügungsberechtigten. Eine Erfassung gütlicher Einigungen erfolgte nicht. Nach Erfahrungswerten bildeten sie in der Masse der Anträge aber seltene Ausnahmefälle.[538]

Für die Frage nach den Auswirkungen des Rückgabeprinzips liefern die statistischen Angaben des Amtes nur einen unvollständigen Überblick. Zu viele Fragen, die für eine Bilanz und eine wissenschaftliche Aufarbeitung interessant wären, müssen unbeantwortet bleiben. Aufschlussreich wäre beispielsweise die Frage, in wie vielen Fällen denn der Nachweis eines unredlichen Erwerbs des Nutzers auch zu einer Rückübertragung geführt hat. Gelang es überhaupt in nennenswerter Zahl, unlautere Machenschaften, Korruption, Machtmissbrauch oder die Ausnutzung einer persönlichen Machtposition nachzuweisen? Bei wie vielen Grundstücken, die nach der Vermögenssicherungsverordnung von 1952 entschädigungslos in Volkseigentum überführt worden waren, war eine Rückübertragung noch möglich? Auch, ob die Anwendung bestimmter Gesetzesnovellierungen, wie zum Beispiel die Aufweichung der Stichtagsregelung durch den Nachweis einer vorher erfolgten Kaufanbahnung (§ 4 Abs. 2 Satz 2 VermG) für die Nutzer erfolgreich war, ist statistisch nicht erfasst worden. Die Zahl der Überlassungsverträge oder auch die Erwerbe nach dem Modrow-Gesetz basieren nur auf Schätzungen.

Vertreibung und Bevölkerungsaustausch durch Restitution?

Der Topos der vertriebenen Ostdeutschen im Zusammenhang mit der Restitution von Grundstücken spielt seit Beginn der Umsetzung der gesetzlichen Regelungen eine große Rolle. Er prägt zum Teil bis heute die öffentliche Diskussion über die Folgen des Restitutionsprinzips. So prognostizierte Daniela Dahn in ihrer politischen Streitschrift »Wir bleiben hier. Oder wem gehört der Osten?« die Vertreibung der Hälfte

537 Schreiben vom Landesamt zur Regelung offener Vermögensfragen Brandenburg vom 20.01.2012.
538 E-Mail von Walter Schottler vom 07.03 2013.

aller Ostdeutschen.[539] Doch nicht nur Dahns teilweise sehr zugespitzte Darstellungen brachten zum Ausdruck, dass die Verdrängung der ostdeutschen Bewohner das Resultat der Auseinandersetzungen um Grundstücke in den neuen Bundesländern gewesen sei. Reportagen, die ungeklärte Eigentumsfragen thematisierten, trugen Überschriften wie »Wir lassen uns nicht vertreiben! Wie ostdeutsche Familien um ihre Häuser kämpfen«[540]. Unter dem Titel »Vertreibung aus der Tannenheide« verarbeitete ein Betroffener seine Erfahrungen mit der Eigentumsproblematik in einem Buch.[541] Eine überparteiliche Wählergruppe in Kleinmachnow, die bei den Brandenburger Kommunalwahlen sehr erfolgreich abschnitt, nannte sich sogar »Kleinmachnower Bürger gegen Vertreibung (KBGV)«. Vor allem die politischen Gegner des Rückgabeprinzips machten immer wieder deutlich, wofür sie die Gesetzgebung verantwortlich machten. So warnten die PDS und zahlreiche Nutzerverbände im Gesetzgebungsverfahren zum Sachenrechtsbereinigungsgesetz vor den katastrophalen Folgen und beschworen die »massenhafte Vertreibung ostdeutscher Familien«[542] herauf.

Gemeinhin bezeichnet der Begriff »Vertreibung« staatliche Maßnahmen gegenüber einer ethnischen, religiösen, sozialen oder politischen Gruppe, die sie zum Verlassen der Herkunftsregion zwingen. Dass bei der Lösung der komplizierten Eigentumsfragen so häufig mit diesem Begriff operiert wird, zeigt einmal mehr die tief sitzende, gefühlte Ungerechtigkeit, die seitens der Betroffenen empfunden wird. Es ist nachweislich nicht zu einer Vertreibung der Ostdeutschen gekommen. Dennoch spielt der Vorwurf, es sei dadurch zu einem Bevölkerungsaustausch gekommen, bei dem Alteingesessene den neuen Eigentümern weichen mussten, noch immer einen Rolle.

Im Jahr 2013 fand in Finkenkrug, einem Ortsteil von Falkensee im Kreis Havelland, eine Veranstaltung zum Thema »Rückgabe vor Entschädigung« statt. In der »Märkischen Allgemeinen Zeitung«, die über diese Veranstaltung berichtete, wurde die Bevölkerungsentwicklung Falkensees deutlich negativ bewertet. Der Fortzug vieler Falkenseer diente als Beleg für die vermeintliche Vertreibung der einheimischen Bevölkerung durch die Klärung der Eigentumsfragen: »Diese gigantische Roll-back-Bewegung führte zur Vertreibung von schätzungsweise 10.000 Falkenseern aus ihrer Stadt, die im Jahr der Wiedervereinigung 22.000 Einwohner zählte. Heute sind es 42.000. Es hat also ein Austausch der Bevölkerung stattgefunden. Dabei war es nicht nur das

539 Dahn, D. (1994), S. 20.

540 Menge, Marlies: Wir lassen uns nicht vertreiben! Wie ostdeutsche Familien um ihre Häuser kämpfen, in: DIE ZEIT vom 27.09.1991.

541 Holm, Knut: Vertreibung aus der Tannenheide. Berlin 1992.

542 Unterlagen SHVN: Faltblatt PDS Fraktion im Landtag Brandenburg, Nutzer Info: Warum lehnt die Fraktion PDS-Linke Liste das Sachenrechtsbereinigungsgesetz in der gegenwärtigen Fassung ab?

verlorene Wohnrecht, das viele zum Gehen zwang, sondern auch der Zusammenbruch der Industriebetriebe.«[543]

Fraglich ist, auf welcher Grundlage die »Vertreibung von schätzungsweise 10.000 Falkenseern« errechnet wurde. Zwischen 1992 und 2004 verließen insgesamt 18.482 Einwohner die Stadt. Die Zahl der Fortzüge hielt sich in diesen Jahren konstant. Demgegenüber stand seit 1992 eine hohe Zahl an Zuzüglern, die sich kontinuierlich nach oben entwickelte. Im Gegensatz zu anderen Gemeinden im Land Brandenburg war die Bevölkerungsbilanz von Falkensee seit Beginn der 1990er-Jahre durch eine positive Wanderungsbilanz bestimmt. Es ist anzunehmen, dass Fortzüge, die in Konflikten um Eigentumsfragen begründet waren, eher in der Anfangszeit bis 1996 stattfanden. Daraus einen direkten Zusammenhang oder sogar in Indiz für eine »Roll-back-Bewegung« oder gar »Vertreibung« herzustellen, erscheint wenig plausibel.

Die These eines »Austauschs der Bevölkerung«, bedingt durch das Restitutionsprinzip, spielt vor allem bei der Beschreibung des Transformationsprozesses in Kleinmachnow bis heute eine hervorgehobene Rolle. Als im April des Jahres 2015 die Mieter- und Nutzerverbände in Kleinmachnow an ihre Gründung vor 25 Jahren sowie an das Prinzip »Rückgabe vor Entschädigung« erinnerten, berichtete die »Märkische Allgemeine Zeitung«: »Von rund 11.000 Einwohnern waren 1995 etwa 996 weggezogen, über 1.000 kamen neu hinzu. 1996 ein ähnliches Bild: 976 Wegzüge, 1.162 Zuzüge. Der Bevölkerungsaustausch als Folge von Rückübertragungsansprüchen war voll im Gange.«[544]

Bevölkerungswandel hat jedoch viele Ursachen. Innerhalb des engeren Berliner Umlandes haben nahezu alle Gemeinden ihre Einwohnerzahl vergrößert. Dieses Bevölkerungswachstum hat den Transformationsprozess im sogenannten Speckgürtel Berlins entscheidend geprägt und bei der Entwicklung der Gemeinden eine maßgebliche Rolle gespielt. Dem enormen Zuwachs, den die Gemeinden vor allem durch die Wanderungen aus Berlin zu verzeichnen hatten, stand eine Zahl von Menschen gegenüber, die ihr angestammtes Wohnumfeld verlassen hatten. Die Feststellung, die Abwanderung der einheimischen Bevölkerung sei eine direkte Folge des Restitutionsprinzips gewesen, lässt sich nicht verifizieren und aus heutiger Sicht nur schwer prüfen, da alle Wegziehenden nach ihren jeweiligen Motiven hätten befragt werden müssen. Es lässt sich also nicht nachvollziehen, wie hoch die Zahl derer war, die wegen eines Rückübertragungsanspruchs oder einer Eigenbedarfsklage »freiwillig« gewichen sind, weichen mussten, die innerhalb eines Ortes umzogen oder ihr gewohntes Wohnumfeld gänzlich verließen.

543 Müller, Hiltrud: Als der Boden ins Wanken geriet, in: Märkische Allgemeine Zeitung vom 21.02.2013.

544 Wild, Konstanze: Die Hochburg der Restitution, in: Märkische Allgemeine Zeitung vom 20.04.2015.

Eine Auswertung von Studien über die Stadt-Umland-Wanderungen, ein Blick auf die Entwicklung der Berliner Umlandgemeinden sowie den Prozess der Suburbanisierung sind lohnenswert, um Erklärungsansätze zu finden, warum und wie sich die Bevölkerung im Speckgürtel so drastisch verändert hat.

Die Wohnmobilität der Bevölkerung im geteilten Berlin als auch der Brandenburger Bewohner war bis 1990 stark eingeschränkt. Nach dem Fall der Mauer entstanden völlig neue Chancen und Motive für einen Wechsel des Wohnortes. Die Öffnung der Grenze und der schnell einsetzende Transformationsprozess bewirkten eine enorme Bevölkerungswanderung im wiedervereinigten Deutschland. Seit November 1989 verließ über eine Million Menschen die neuen Bundesländer. Gleichzeitig wurde durch den Neuaufbau der Verwaltung in den neuen Bundesländern, die Neugestaltung ganzer Wirtschaftsbereiche, der Etablierung des Marktes sowie die Übernahme einer Vielzahl großer Betriebe und Unternehmen eine Wanderung von Beamten, Ingenieuren, Managern und Politikern von West nach Ost ausgelöst, bei der bereits bis zum Ende des Jahres 1992 über 100.000 Bürger aus den alten in die neuen Bundesländer zogen. Die Region Berlin-Brandenburg entwickelte sich in der Folgezeit zur dynamischsten Wachstumsregion. Nach Brandenburg zogen bis 1992 über 10.000 Deutsche aus den alten Bundesländern.[545] Zwischen 1992 und 1999 nahm die Zahl der im Speckgürtel lebenden Personen um mehr als 111.000 zu.[546] Der Kreis Potsdam-Mittelmark profitierte am meisten von dieser Wanderungsbewegung. Vor allem die dortigen Gemeinden Kleinmachnow, Werder, Teltow, Fahrland, Groß Glienicke, Fichtenwalde und Bergholz-Rehbrücke verzeichneten einen enormen Bevölkerungsanstieg.

Der Bevölkerungszuwachs des engeren Verflechtungsraumes war vor allem auf den Zuzug aus Berlin zurückzuführen. 82 Prozent des Zugewinnes zwischen 1993 und 2002 resultierten aus Berlin-Wanderungen. Besonders hoch war dieser Anteil 1997/98 mit 88,3 Prozent bzw. 89,0 Prozent. Einen geringeren Einfluss hatten die Wanderungsgewinne aus den neuen Bundesländern und dem Ausland. Neben dem Landkreis Potsdam-Mittelmark, der die stärksten Zuwanderungen aus Berlin zu verzeichnen hatte, profitierten außerdem in besonderem Maße die Landkreise Oberhavel, Barnim, Havelland, Märkisch-Oderland und Dahme-Spreewald.[547] Statistisch nachgewiesen ist, dass

545 Hansch, Winfried: Wanderungsbewegungen aus den alten Bundesländern in die Region Berlin/Brandenburg. Zustrom aus der Gruppe der Eliten, in: Sozialer und demographischer Wandel in den neuen Bundesländern. Schriftenreihe der Kommission für die Erforschung des sozialen und politischen Wandels in den neuen Bundesländern e.V. (KSPW) Band 6, S. 47f.

546 Lenz, Susanne: Die meisten Zuwanderer hat Potsdam-Mittelmark, in: Berliner Zeitung vom 12.11.1999.

547 Kuchta, Veronika: Wanderungen 1993 bis 2002, in: Daten und Analysen 2003. Landesbetrieb für Datenverarbeitung und Statistik Brandenburg. II/2003, S. 23–26.

die ehemaligen West-Berliner das westliche Umland bevorzugten und vor allem in die Kreise Oberhavel, Havelland, Potsdam-Mittelmark abwanderten, während es Ost-Berliner nach Barnim oder Märkisch-Oderland zog.

Bereits seit 1992 hatte Berlin massive Bevölkerungsverluste an das Umland zu beklagen, die auf eine »nachholende Suburbanisierung« zurückzuführen waren.[548] Aufgrund der Tatsache, dass es vor 1990 so gut wie unmöglich gewesen war, sich im Umland anzusiedeln, wurde eine nachholende Entwicklung in Gang gesetzt, die die früheren Bewohner der Inselstadt nutzten, um sich den Traum eines Eigenheimes im Grünen zu ermöglichen. Gleichwohl die Erklärung der »nachholenden Suburbanisierung« plausibel ist und durchaus ein entscheidender Faktor war, zogen häufiger Ost-Berliner ins Umland als West-Berliner. Im Jahr 1997 verzogen von 1.000 Einwohnern im Westen Berlins acht Personen in den engeren Verflechtungsraum und von 1.000 Einwohnern aus dem Osten Berlins 15 Personen, also doppelt so viele. Überdurchschnittliche Abwanderungsbewegungen ins Umland waren in den klassischen Neubau-Wohnsiedlungen Marzahn, Hohenschönhausen und Hellersdorf festzustellen.[549] Eine weitere Erklärung für die Wahl suburbaner Wohnorte ist die Art und die Qualität des Wohnungsangebotes. Bedingt durch eine hohe Bautätigkeit hatte sich das Wohnungsangebot in den Umlandkreisen stark ausgeweitet. Der größte Teil der Gemeinden rund um Berlin, die deutliche Zuzugsüberschüsse aufwiesen, war in den meisten Fällen auf den Erstbezug der rund um Berlin neu entstandenen Wohnparks zurückzuführen.[550] Insbesondere infolge der Sonderabschreibungsmöglichkeiten durch das Fördergebietsgesetz erfolgte der überwiegende Teil der Bautätigkeit im Umland im Geschosswohnungsbau. Zwischen 1993 und 1997 entfielen nur 41 Prozent der Bautätigkeit auf Eigenheimformen. Ein Fortzug ins Umland kann also nicht nur mit dem Bau eines Eigenheimes begründet werden. Im Jahr 1997 waren 60 Prozent der im Umland gebauten Wohnungen Mietwohnungen.[551]

Nachteilige Folgewirkungen der massiven Stadt-Umland-Wanderungen ergaben sich nicht nur für die Stadt Berlin. Neben vielen Vorteilen, insbesondere für die Stadtentwicklung, ist der enorme Bevölkerungszuwachs für viele Gemeinen durchaus auch mit Nachteilen verbunden. Genannt seien beispielsweise ökologi-

548 Vgl.: Bluth, Friedrich: Stadt – Umland – Wanderung im Raum Berlin, in: Berliner Statistik, Monatsschrift 3/04, Statistisches Landesamt Berlin, LDS Brandenburg, Berlin 2004.

549 Hinrichs, Wilhelm: Wohnsuburbanisierung am Beispiel Berlin. Ein Erklärungsrahmen (Abteilung »Sozialstruktur und Sozialberichterstattung« im Forschungsschwerpunkt III, Wissenschaftszentrum Berlin für Sozialforschung). Berlin 1999, S. 16.

550 Nuissl, Henning/Joerk, Christiane: Die Ränder der Hauptstadt. Gemessen und kartographiert, in: Matthiesen, Ulf (Hrsg.): An den Rändern der deutschen Hauptstadt. Suburbanisierungsprozesse, Milieubildung und biographische Muster in der Metropolregion Berlin-Brandenburg. Opladen 2002, S. 70f.

551 Hinrichs, W. (1999), S. 26.

sche Probleme, die sich aus der umfangreichen Bebauung des Umlandes ergeben, wie die großflächige Versiegelung von Boden, die Zerstörung von Landschaftsgebieten und die hohe Verkehrsbelastung. Infrastruktureinrichtungen wie Schulen oder Straßen waren überfordert und der Freizeit- und Erholungswert sank zum Teil erheblich.[552]

Innerhalb des Speckgürtels gab es Gemeinden, die einen regelrechten Bevölkerungsboom zu verzeichnen hatten, so zum Beispiel Fredersdorf-Vogelsdorf mit einem Wachstum von 65,5 Prozent, Falkensee mit 59,8 Prozent, Zepernick mit 56,2 Prozent, Stahnsdorf mit 48,5 Prozent oder Kleinmachnow mit 42,1 Prozent. Bevorzugte Orte für Zuwanderungen waren verkehrsgünstig gelegen mit einer gut ausgebauten Infrastruktur, die in der Regel mit mehr als 1.000 aber weniger als 10.000 Einwohnern, locker besiedelt waren.[553] Dass dieses schnelle Bevölkerungswachstum in den Gemeinden nicht ohne Konflikte verlief, ist nicht verwunderlich. Insbesondere die Entwicklung Kleinmachnows als »Laboratorium der deutschen Einheit«[554] blieb in den Medien stets sehr präsent. Der Ort, direkt an der Stadtgrenze zu Zehlendorf gelegen, hatte eine besonders hohe Zahl an Rückübertragungsansprüchen zu verzeichnen und eine sehr große Zahl an Zuwanderern, die ihren Lebensmittelpunkt hierhin verlagerten. Im Februar 1996 und im April 1997 besuchte der damalige Bauminister Klaus Töpfer die krisengeplagte Stadt, um sich selbst ein Bild über die dortigen Folgen des Restitutionsprinzips zu machen. Aufgebrachte Menschen empfingen den Bundespolitiker und schilderten drastisch ihre Sorgen und Ängste vor dem drohenden Verlust ihres Eigenheimes. Im April 1997 stellte sich Töpfer erneut der Diskussion mit etwa 1.000 Bewohnern des Ortes, der für ihn »Symbolcharakter« hatte. Die Medien berichteten über den Besuch Töpfers im »Gallischen Dorf«: »Als die Diskussion beginnt, schreien einige förmlich ins Mikrofon, dass ihre Nachbarn ›mit blutenden Herzen‹ weggezogen seien, dass diese ihre Miete nicht mehr hätten zahlen können oder von Alteigentümern vertrieben worden seien.«[555]

Das zuständige Bundesministerium für Raumordnung, Bauwesen und Städtebau gab daraufhin eine Studie über die Wohnungspolitischen Auswirkungen und Wanderungsbewegungen in Auftrag, die das Institut für Stadtforschung und Strukturpolitik GmbH (IfS) im Jahr 1998 erarbeitete.[556] Im Rahmen der Untersuchung sollte die

552 Vgl.: Ebd. (1999), S. 5.

553 Breinessl, Katharina/Elsner, Eckart: Berlin und sein Umland. Statistische Anmerkungen zur Bevölkerungsentwicklung und zur Umsetzung des politischen Konzepts der dezentralen Konzentration, in: Berliner Statistik, Monatsschrift 1/03, Berlin 2003, S. 21.

554 Sußebach, Hennig: Ein Ort, zwei Welten, in: DIE ZEIT vom 28.10.2004.

555 Henneke, Mechthild: Das gallische Dorf kämpft weiter, in: Berliner Zeitung vom 10.04.1997.

556 Institut für Stadtforschung und Strukturpolitik GmbH (IfS): Wohnungspolitische Auswirkungen sozioökonomischer Wanderungsprozesse in Gemeinden im Umland Berlins. Unveröffentlichte Studie im Auftrag des Bundesministeriums für Raumordnung, Bauwesen und Städtebau. Berlin 1998.

Frage beantwortet werden, inwieweit es in den Umlandgemeinden von Berlin durch Zuwanderungen, Restitutionsverfahren und die Klärung offener Eigentumsfragen zu Veränderungen in der Struktur der Bevölkerung und zu damit verbundenen Problemen kam. Im Schwerpunkt der Untersuchung sollte Kleinmachnow als »Synonym für die Veränderung der Bewohnerschaft im Berliner Umland aufgrund von neuen Eigentümerstrukturen sowie von Wohnungsmarktprozessen«[557] liegen. Das IfS führte dazu eine Befragung von 310 Haushalten in bis 1989 errichteten Ein- und Zweifamilienhäusern Kleinmachnows durch, wertete Daten des Landesamtes für Datenverarbeitung und Statistik aus und führte ausgewählte Experteninterviews. Zur Analyse der Wanderungsprozesse werteten die Autoren die Zu- und Fortzüge von 276 brandenburgischen Gemeinden aus, die zusammen mit Berlin den Verflechtungsraum Berlin/Brandenburg bilden. Die Auswertung des statistischen Datenmaterials zeigte, dass es seit 1994 eine steigende Zahl von Zuwanderungen in die Region gab. Die 276 Gemeinden verzeichneten zwischen 1994 und 1996 insgesamt 177.652 Zuzüge. In den 77 Gemeinden im engeren Berliner Umland gab es eine noch höhere Zahl an Zuwanderungen als im gesamten brandenburgischen Teil des engeren Verflechtungsraums. Zwar stieg die Zahl der Fortzüge ebenfalls an, doch blieben diese hinter den Zuzügen zurück, sodass sich ein Wanderungsüberschuss von 57.687 Personen ergab. Der positive Wanderungssaldo war zu drei Vierteln von der Wanderungsbilanz Berlins bestimmt. Die Studie des IfS verfolgte das Ziel, die Entwicklung Kleinmachnows in die Situation im Berliner Umland einzuordnen. Dabei wurde nicht nur auf die Zahlen von den 276 Gemeinden zurückgegriffen, sondern auch die Entwicklung zwölf weiterer Gemeinden genauer betrachtet, die sich wie Kleinmachnow ebenfalls im unmittelbaren Umland von Berlin befanden.[558] Das Wanderungsgeschehen in Kleinmachnow hatte sich seit 1994 von Jahr zu Jahr verstärkt, bei den Zuzügen in höherem Maße als bei den Fortzügen. Die größte Gruppe der zuziehenden Haushalte in Kleinmachnow kam aus den westlichen Bezirken Berlins. Bei den Fortzügen aus Kleinmachnow war der brandenburgische Teil des engeren Verflechtungsraumes als Zielort am häufigsten vertreten, allerdings richtete sich ein hoher Anteil auch auf die westlichen Bezirke Berlins. Insgesamt 536 Personen verließen die Region ganz und zogen in die alten und neuen Bundesländer oder ins Ausland.

557 Ebd. (1998), S. 1.

558 Birkenwerder, Brieselang, Dahlwitz-Hoppegarten, Eichwalde, Glienicke/Nordbahn, Groß Glienicke, Hohen-Neuendorf, Neuenhagen bei Berlin, Schöneiche, Schönwalde, Teltow, Zeuthen.

Herkunftsorte/Zielorte	Zuzüge	Fortzüge	Saldo
Brandenburg engerer Verflechtungsraum	438	779	-341
Brandenburg äußerer Verflechtungsraum	55	110	-55
Berlin westliche Bezirke	1.188	518	670
Berlin östliche Bezirke	158	88	70
Alte Bundesländer	328	221	107
Neue Bundesländer	66	95	-29
Ausland	358	220	138
Gesamt	2.591	2.031	560

Wanderungen 1994 bis 1996 nach und aus Kleinmachnow nach Herkunfts- bzw. Zielorten[559]

Trotz der erheblichen Zu- und Abwanderungen nahm Kleinmachnows Einwohnerentwicklung keine Sonderstellung ein. Die Gesamteinwohnerentwicklung und der Wanderungssaldo lagen leicht unter, die Zahl der Zuzüge leicht über den Werten für den gesamten engeren Verflechtungsraum. Verglichen mit den 77 Gemeinden im engeren Berliner Umland waren Zuzüge und Wanderungssaldo sogar unterdurchschnittlich. Mehrere der betrachteten Vergleichsgemeinden verzeichneten einen weitaus stärkeren positiven Wanderungssaldo als Kleinmachnow (fünf Prozent), so Groß Glienicke (50,3 Prozent), Brieselang (22,3 Prozent), Dahlwitz-Hoppegarten (22,4 Prozent) und Schöneiche (23,8 Prozent).[560]

Ähnlich sah die Bewertung bei den Fortzügen aus. Diese spielten in Kleinmachnow nur eine etwas hervorgehobene Rolle. Mit einem Anteil der Fortzüge der Jahre 1994 bis 1996 an den Einwohnern Ende 1993 von 18,2 Prozent lag Kleinmachnow über den Werten für den gesamten engeren Verflechtungsraum von 15,4 Prozent und für die Gesamtheit der an Berlin angrenzenden Gemeinden von 16,2 Prozent. Einen singulären Charakter hatte das Ausmaß der Fortzüge in Kleinmachnow jedoch nicht. Einige der Vergleichsgemeinden hatten einen ähnlichen Anteil an Fortzügen aufzuweisen, wie zum Beispiel Glienicke/Nordbahn mit 20,0 Prozent, Schöneiche mit 19,8 Prozent, Eichwalde mit 18,3 Prozent und Zeuthen mit 17,9 Prozent. Eine gewisse Sonderstellung nahm Kleinmachnow hinsichtlich der Zusammensetzung der Zuwanderung ein. Der Anteil der Zuzüge aus den westlichen Berliner Bezirken an allen Zuzügen lag in Kleinmachnow mit 45,9 Prozent deutlich über dem entsprechenden Anteil für den gesamten brandenburgischen Teil des engeren Verflechtungsraums (18,1 Prozent). Es fanden sich allerdings auch im westlichen Umland Berlins einige Orte, deren Zuwan-

559 IfS (1998), S. 16.
560 Ebd. (1998), S. 15.

Jahr	Einwohner	Zuzüge	Fortzüge	Überschuss der Zuzüge (+) bzw. Fortzüge (-)
1992	11.233	303	369	-66
1993	11162	475	490	-15
1994	11083	543	554	-11
1995	11283	972	723	+249
1996	11577	1076	754	+322
1997	12715	1969	775	+1194
1998	13795	1994	932	+1062
1999	14826	1976	972	+1004
2000	15796	1955	1045	+910
2001	16507	1682	998	+684
2002	17100	1625	1111	+514
2003	17497	1448	1082	+366
2004	17988	1571	1120	+451

Bevölkerungsentwicklung Kleinmachnow [561]

derung in ähnlichem Maße durch Personen aus dem westlichen Teil Berlins geprägt war, so zum Beispiel Schönwalde, Glienicke/Nordbahn und Brieselang. Die hohe Bedeutung der Zuwanderung aus den westlichen Berliner Bezirken ergibt sich jedoch aus den allgemeinen Wanderungsmustern, nach denen Stadt-Umland-Wanderungen überwiegend in den näheren Bereich erfolgen. Fortzüge aus Berlin in den suburbanen Raum erfolgten in hohem Maße in die unmittelbar hinter der Stadtgrenze liegenden Gemeinden. So verlegten 72 Prozent der Reinickendorfer ihren Wohnsitz in die grenznahen Orte des benachbarten Landkreises Oberhavel, 61 Prozent der Spandauer in Orte des Landkreises Havelland und 52 Prozent der Pankower nach Barnim.[562] Die Autoren der Studie führten die hohe Zahl der Zuwanderer aus den westlichen Berliner Bezirken zudem darauf zurück, dass dieser Trend durch die überdurchschnittlich hohen Bodenpreise noch verstärkt wurde, da die Zuwanderung für die Bewohner aus den westlichen Bezirken eher zu realisieren gewesen sei als für die Bewohner der östlichen Bezirke.[563]

561 Landesbetrieb für Datenverarbeitung und Statistik Land Brandenburg: Beiträge zur Statistik. Bevölkerungsbilanz der Gemeinden im Land Brandenburg 1992–2004. Potsdam 2006.
562 Hinrichs, W. (1999), S. 30.
563 Vgl.: IfS (1998), S. 19.

Jahr	Einwohner	Zuzüge	Fortzüge	Überschuss der Zuzüge (+) bzw. Fortzüge (-)
1992	4327	156	161	-5
1993	4365	294	210	+84
1994	4515	398	217	+181
1995	4641	446	295	+151
1996	4995	703	361	+342
1997	5338	907	512	+395
1998	5943	1057	460	+597
1999	6947	1541	542	+999
2000	7709	1377	643	+734
2001	8324	1300	703	+597
2002	8714	1262	908	+354
2003	8929	1037	843	+194
2004	9140	1026	847	+179

Bevölkerungsentwicklung Glienicke/Nordbahn

Um die eingangs formulierten Fragen zu beantworten, führten die Autoren eine Befragung von 310 Bewohnerhaushalten durch. Dabei ging es vor allem um die konkrete Bedrohung von Wohnungsverlust und Konfliktsituationen mit den Eigentümern. Die befragten Haushalte wurden in drei Gruppen unterteilt. Etwas mehr als die Hälfte (54 Prozent) zählten zu selbstnutzenden Eigentümern, denen sowohl das Haus als auch das Grundstück gehörte. Bei zwölf Prozent waren die Eigentumsverhältnisse nicht geklärt und 35 Prozent der befragten Bewohner waren Mieter der von ihnen genutzten Wohnung. Auf Nachfrage erklärten sechs Prozent der Nutzer, dass sie es für möglich hielten, dass nach Klärung der Vermögensfragen das Grundstück einem anderen zufiele. 51 Prozent hielten dies für unwahrscheinlich und 43 Prozent konnten den Ausgang des Rückübertragungsverfahrens nicht einschätzen. Mit 15 Prozent gab ein hoher Anteil der Mieter an, in den Jahren seit 1990 von einer Kündigung des Vermieters, in der Regel wegen Eigenbedarfs, betroffen gewesen zu sein. Haushalte, die wegen einer Kündigung den Ort bereits verlassen hatten, wurden bei der Befragung nicht erfasst. Laut der Studie war der Anteil dieser Mieter als sehr hoch einzuschätzen. Die Bewohnerhaushalte wurden außerdem nach ihren Umzugsabsichten befragt. Festgestellt wurde, dass die Betroffenheit von Restitutionsansprüchen in entscheidendem Maße die Umzugsbereitschaft bestimmte. Stark überdurchschnittlich fiel der Anteil der Umzugswilligen unter den Mietern aus, die von einem offenen Rückübertragungsanspruch betroffen waren. 29 Prozent der Mieter gab an, innerhalb der nächsten zwei Jahre sicher oder möglicherweise umzuziehen. Als Umzugsgrund wurde die Sorge vor einer Anmeldung des Eigenbedarfs vom Vermieter am häufigsten genannt. Es folgten der schlechte bauliche Zustand des Gebäudes, der Wunsch nach einer Wohnung mit mehr Komfort und die Bildung selbstgenutzten Wohneigentums. Zusammenfassend lautete das Ergebnis der Studie, dass zukünftige Veränderungs- und Verdrängungsprozesse in erster Linie die Gruppe der Mieter in den Ein- und Zweifamilienhäusern betreffen würden. Zwar nahm Kleinmachnow, was den Umfang der Zu- und Abwanderungen anging, keine Sonderrolle ein, doch ergaben sich für den Ort größere Probleme aufgrund der homogenen Baustruktur und der überdurchschnittlichen Zahl der Rückübertragungsansprüche. Hinzu kam, dass Kleinmachnow einen hohen Anteil an vermieteten Ein- und Zweifamilienhäuser aufwies und dass sich gerade dort die Veränderungsprozesse am häufigsten vollzogen. Dergleichen gab es jedoch in allen Berliner Umlandgemeinden, sodass Kleinmachnow auch diesbezüglich keine Ausnahme darstellte.[564] Dennoch sorgten die Veränderungen in der Bewohnerschaft Kleinmachnows für Schlagzeilen und die Gemeinde galt als Beispiel dafür, wie stark sich das Restitutionsprinzip auf die Bewohner auswirkte. Im Jahr 2009 veröffentlichte »DIE WELT« einen Artikel über die Bevölkerungsentwicklung des Ortes in dem es einleitend hieß: »Nirgendwo in Ostdeutschland waren so viele Häuser mit Rückübertragungsansprüchen von Alteigentümern belastet wie in Kleinmachnow. Das blieb nach der Wende nicht ohne Folgen. Von einst 12.000 sind im Laufe des vergangenen Jahrzehnts mehr als 10.000 Menschen weggezogen.«[565]

Die Behauptung, von den einst 12.000 Einheimischen hätten mehr als 10.000 Menschen ihren Heimatort verlassen, erweist sich jedoch keineswegs als schlüssig, denn im Jahr 2009 zählte die Stadt bereits über 19.000 Einwohner. Wer von den Weggezogenen, die immerhin über eine Zeitspanne von 20 Jahren den Ort verließen, tatsächlich bereits vor 1990 dort gelebt hatte, kann nicht nachvollzogen werden. Eine Anwendung dieser simplen Rechnung auf andere Gemeinden würde zu ähnlichen oder gar gleichen Bilanzen führen. So lag beispielsweise die Einwohnerzahl von Glienicke/Nordbahn im Jahr 1992 bei 4.327. Zwischen 1992 und 2004 verließen 6.702 Bewohner die Gemeinde, während im gleichen Zeitraum 11.504 Personen zuzogen. Aus Hohen-Neuendorf zogen im gleichen Zeitraum 11.061 Menschen fort. Die Einwohnerzahl lag 1992 jedoch auch nur bei 13.704 und stieg bis 2004 auf 21.920 an.[566] Die bloße Addition sämtlicher Zu- und Fortzüge überzeichnet jedoch die wirkliche und natürliche Bevölkerungsfluktuation. Die Entwicklung der Bevölkerungsstruktur ist immer einem Wandel unterworfen. Das gilt im besonderen Maße für das wiedervereinigte Deutschland. Bis

564 Vgl.: IfS (1998), S. 23–32.
565 Klug, Michael: Kleinmachnow. Eine Gemeinde im Wandel, in: DIE WELT vom 26.06.2009.
566 Landesbetrieb für Datenverarbeitung und Statistik Dezernat Informationsmanagement (Hrsg.): Bevölkerungsbilanz der Gemeinden im Land Brandenburg 1992 bis 2004.

in die Gegenwart gibt es einen anhaltenden Trend zur Abwanderung aus den neuen Bundesländern. Die Gründe dafür sind vielfältig. Bis zum Fall der Mauer hatte die Ost-West-Wanderung vor allem politische Ursachen, die später von sozialen und wirtschaftlichen Motiven abgelöst wurden. Der Wunsch nach besserer Bezahlung und besseren Lebensbedingungen, Flucht vor der Arbeitslosigkeit im Osten, berufliche oder auch familiäre Veränderungen sind nur einige der Motive, die für die Entscheidung das angestammte Wohnumfeld zu verlassen, ausschlaggebend sein können. In den neuen Bundesländern gab es außerdem eine geringere Eigentümerquote als in den alten Bundesländern. Der Besitzer eines Eigenheimes hat in der Regel wenig Grund und Neigung umzuziehen. Unter Mietern gibt es jedoch ein beträchtliches Mobilitätspotenzial, da die mobilitätsdämpfende Wirkung von Wohneigentum fehlt. Ohne Zweifel gab die Wohnsituation in vielen Fällen den Ausschlag für einen Umzug. Dies ist jedoch nicht allein der Klärung von Eigentumsfragen zuzuschreiben, sondern die Ursachen liegen gleichfalls im Transformationsprozess des ostdeutschen Wohnungsmarktes begründet. Vielfach waren es nicht die Mietkosten oder die Furcht vor steigenden Mieten, sondern die Unzulänglichkeit der Wohnung, die oftmals als zu klein empfunden wurde, ein wenig befriedigendes Wohnumfeld und die Aussicht auf mehr Wohnqualität, die als Umzugsgründe genannt wurden.[567]

In einer Studie über das Berliner Umland aus dem Jahr 2002 wurde festgestellt, dass die Wanderungsbewegungen in die brandenburgischen Umlandgemeinden nicht selten als »Transgression« wahrgenommen wurden. Eine jährliche Zuzugsquote von bis zu 40 Personen auf 100 Einwohner war keine Seltenheit. Gab es neben der hohen Zahl an Zuzügen gleichzeitig auch viele Fortzüge, so bedeutete dies unter der Oberfläche eines unauffälligen Wanderungssaldos »gewaltige Umschichtungsprozesse, die um so tiefer gehen, je geringer die Bevölkerungszahl und je homogener die sozialräumliche Struktur« einer Gemeinde war«[568]. Die massiven Wanderungsgewinne der Gemeinden verstärkten gleichzeitig die dortige Wohnungsnot. Die Kommunen standen vor der Herausforderung, Wohnraum sowohl für die hohe Zahl der Zuwanderer als auch für die ansässige Bevölkerung bereitzustellen und vor allem auch für restitutionsbetroffene Familien Ersatzwohnraum zu schaffen. Das Land Brandenburg genehmigte 1992 und 1993 für die direkt an Berlin grenzenden acht Landkreise und die Stadt Potsdam den Bau von über 13.200 Wohnungen. Ein Großteil der neu gebauten Wohnungen konzentrierte sich auf Gemeinden im sogenannten Speckgürtel. Dort schossen im Jahr 1994 über 50 Wohnparks aus dem Boden.[569] Die Zahl der Wohnungen in den Gemeinden

567 Sahner, Heinz: Städte im Umbruch, in: Strubelt, Wendelin/Genosko, Joachim/Bertram, Hans (u.a.): Städte und Regionen. Räumliche Folgen des Transformationsprozesses. Opladen 1996, S. 447 – 480.

568 Nuissl, H. /Joerk, C. (2002), S. 72.

569 Erdmann, Hans: Wohnungsbau boomt im Berliner Umland, in: Berliner Zeitung vom 21.01.1994.

Jahr	Einwohner	Zuzüge	Fortzüge	Überschuss der Zuzüge (+) bzw. Fortzüge (-)
1992	22105	627	510	+117
1993	22242	902	607	+295
1994	22801	1583	849	+734
1995	24273	2622	1053	+1569
1996	25640	2670	1283	+1387
1997	27393	3165	1412	+1753
1998	29505	3569	1451	+2118
1999	32124	4253	1664	+2589
2000	33791	3408	1841	+1567
2001	35297	3171	1718	+1453
2002	36179	2832	2005	+827
2003	36829	2763	2132	+631
2004	37493	2586	1957	+629

Bevölkerungsentwicklung Falkensee

rund um Berlin nahm in sehr viel höherem Maße zu als in den Berliner Randbezirken. So kam zwischen 1990 und 1996 auf weniger als fünf Einwohner und in den Berliner Bezirken auf über 30 Einwohner eine zusätzlich errichtete Wohnung.[570] Die Aufgabe, (vorsorglich) Ersatzwohnraum zu schaffen, um die möglichen Folgen für Betroffene in Restitutionsverfahren abzumildern, spielte für die Berliner Umlandgemeinden eine wichtige Rolle. Gemeinden im engeren Verflechtungsraum standen durch die erhebliche Zahl von Zuzüglern vor der Frage, wie der Fortzug der Einheimischen zu verhindern sei. Jürgen Bigalke, von 1990 bis 2007 Bürgermeister von Falkensee, eine Stadt im Landkreis Havelland am nordwestlichen Rand Berlins gelegen, bezeichnete die Schaffung von Wohnraum als eine seiner dringlichsten Aufgaben nach der Wiedervereinigung.[571] Laut Bigalke, zu DDR-Zeiten als Bauingenieur tätig und daher mit Fragen der Stadtentwicklung vertraut, waren etwa 12.000 Falkenseer in irgendeiner Weise von Rückübertragungsansprüchen betroffen. In der Stadt, die im Jahr der Wiedervereinigung noch 22.087 Einwohner zählte, verdoppelte sich die Einwohnerzahl innerhalb von 20 Jahren auf 40.511.

570 Nuissl, H. /Joerk, C. (2002), S. 72.
571 Gespräch mit Jürgen Bigalke am 19.06.2013.

Bereits 1991 legte die Stadt im Flächennutzungsplan mehrere große Wohnungsbaustandorte fest. Ein wichtiger Standort war die Siedlung Falkenhorst, in der ab 1993 etwa 3.000 neue Wohnungseinheiten zur Verfügung stehen sollten. Allerdings musste Bigalke einschränken, dass zwei Drittel der neuen Wohnungen für den Zuzug bereitstanden und nur ein Drittel den Falkenseer Bürgern zur Verfügung stehen konnte. Um sicherzustellen, dass vor allem Restitutionsbetroffene vom Bau der neuen Wohnungen profitierten, prüfte eine Wohnraumvergabekommission deren Berechtigung. Neben dem mehrgeschossigen Wohnungsbau spielte vor allem der Bau von Einfamilienhäusern eine wichtige Rolle für die Stadtentwicklung. Bigalke rechnete im Jahr 1992 damit, dass durch Nachverdichtung und Lückenschließung etwa 6.000 neue Wohnungen geschaffen würden.[572] Mithilfe des staatlich geförderten Wohnungsbaus konnten die Bürger mit Wohnungen versorgt werden. Zwischen 1990 und 1997 entstanden durch Förderprogramme des Landes Brandenburg in Falkensee 940 Wohnungen.[573] Falkensee erlebte seit dem Fall der Mauer einen Bauboom und einen enormen Bevölkerungszuwachs, der das schnelle Wachstum der damaligen Landgemeinde in den 1920er- und 1930er-Jahren noch übertraf. Diese Entwicklung, die durch Krieg und Mauerbau unterbrochen worden war, setzte sich in den 1990er-Jahren in rasantem Tempo fort. Die Stadt wirbt heute auf ihrer Internetseite damit, die »am schnellsten wachsende Stadt in der Bundesrepublik«[574] zu sein. Das Bevölkerungswachstum hatte dort vor allem auch positive Effekte für die Stadtentwicklung.

Eine Verdrängung der ostdeutschen Bewohner fand überall dort statt, wo sich Einheimische die gestiegenen Mieten und die hohen Bodenpreise nicht mehr leisten konnten. Dies betraf natürlich vor allem jene Gemeinden, die durch ihr angenehmes Wohnumfeld und die gute Verkehrsanbindung für Zuzügler besonders attraktiv waren. In vielen Gemeinden war die Tatsache problematisch, dass große Teile des kommunalen Wohnungsbestandes mit Restitutionsansprüchen belastet waren. Hinzu kam, dass nicht ausreichend Grund und Boden für den sozialen Wohnungsbau zur Verfügung stand und die Neubauvorhaben in vielen Fällen für Einheimische nicht bezahlbar waren. Dennoch war eine behutsame Bebauung unerlässlich, um die Einwohnerzahl und damit auch die Einnahmen der Gemeinden zu steigern. In den Diskussionen um einen maßvollen Zuzug bewirkte das Restitutionsgeschehen eine zusätzliche Dynamik. Der Stadtforscher und Soziologe Ulf Matthiesen vom Institut für Regionalentwicklung und Strukturplanung (IRS) in Erkner, hat die Entwicklung im Berliner Umland seit 1989 untersucht. In seiner Publikation »An den Rändern der deutschen Hauptstadt. Suburbanisierungsprozesse, Milieubildungen und biographische Muster in der Metropolre-

572 Große Pläne im Wohnungsbau. Interview mit Falkenseer Bürgermeister über Wohnungsbau, Gewerbeentwicklung in der Gartenstadt, in: Falkenseer Stadt-Journal, 12/1992.

573 Stadtarchiv Falkensee: Verwaltungsbericht der Stadt Falkensee 1990-1997.

574 https://www.falkensee.de/seite/13490/zahlen-daten-fakten.html (letzter Abruf am 23.06.2015).

gion Berlin-Brandenburg« analysierte er die Besonderheiten des Berlin-Brandenburgischen Suburbanisierungs- und Verflechtungsprozesses und lieferte eine Beschreibung von verschiedenen Phasen seit 1989 sowie die Einordnung des Restitutionsgeschehens in diese Prozesse.[575] In einer Phase 1 habe demnach ein erster massiver Suburbanisierungsschub stattgefunden, der fast ausschließlich westlich indiziert gewesen sei. So ergriffen »Großunternehmen, anlagesuchendes Kapital und Glücksritter aus den alten Bundesländern«[576] schnell die sich bietenden Profitchancen. Kennzeichnend für jene Phase von 1990 bis 1992/93 sei zudem ein für Ostdeutschland typischer Bevölkerungsschwund gewesen, insbesondere durch die Abwanderung in die alten Bundesländer und den Einbruch der Geburtenraten. Die meisten Umlandgemeinden hatten Bevölkerungsverluste zu beklagen. Vor allem junge Frauen seien in die Bundesrepublik gezogen. Auch die Alltagskultur habe sich bereits zu diesem frühen Zeitpunkt stark verändert. Matthiesen beschreibt beispielsweise: »Rund um Berlin tauchen an Wochenenden Westberliner in ihren größeren West-Autos auf und erkunden ›ihr‹ Umland.«[577] In der zweiten Phase von 1992/93 bis 1996 begann eine massive Wohnsuburbanisierung. Im Jahr 1993 wurden im engeren Verflechtungsraum mehr Baugenehmigungen für Wohngebäude erteilt als im Bundesdurchschnitt, ein Jahr später waren es bereits dreimal so viele. Festzustellen seien außerdem die ersten Wanderungsverluste Berlins an das Umland, die von Jahr zu Jahr zunahmen. Grund dieser Wohnsuburbanisierung seien die ersten Wohnparks und seit 1990 geplante und errichtete Einfamilienhäuser. In dieser Phase zeigten sich auch erste Tendenzen zur Ausdifferenzierung. So beschreibt Matthiesen: »Ein wesentlicher Hintergrund hierfür ist der nun auch alltagskulturell wahrnehmbare Zuzug von (westlichen) Neubürgern. Damit lässt sich auch vor Ort eine Begegnung/Konfrontation mit der in Gestalt von Personen auftretenden ′Fremden′ der Konflikt zwischen eigenen und fremden Lebensformen [...] nicht mehr distanzieren.«[578]

In die Unter-Phase 2b fällt die gescheiterte Fusion Berlins mit Brandenburg im Mai 1996. In jener Phase nahmen, laut Matthiesen, die »lokalen und regionalkulturellen Schließungstendenzen gerade gegenüber Berlin«[579] spürbar zu. Parallel zur Beschleunigung von Suburbanisierungs- und funktionellen Verflechtungsprozessen wuchsen die Vorbehalte gegen die schnelle Transformation von räumlichen, ökonomischen und

575 Matthiesen, Ulf (Hrsg.): Phasen der Suburbanisierung seit 1989. Stichpunkte zum Berlin-Brandenburgischen Verflechtungsprozess, in: An den Rändern der deutschen Hauptstadt. Suburbanisierungsprozesse, Milieubildung und biographische Muster in der Metropolregion Berlin-Brandenburg. Opladen 2002, S. 79–90.

576 Ebd., S. 82.

577 Ebd., S. 83.

578 Ebd., S. 86.

579 Ebd., S. 87.

sozialen Strukturen und Lebenswelten. Die dritte Phase zwischen 1997 und 1999 markierte einen Einschnitt in die Suburbanisierungsdynamik. Grund dafür sei das Auslaufen der steuerlichen Sonderabschreibung des Wohnungsbaus in den neuen Bundesländern gewesen, der daraufhin merklich zurückgegangen sei. Jene Differenzierungs- und Schließungstendenzen, die in den vorangegangen Phasen begonnen haben, seien nicht etwa abgeschwächt worden, sondern hätten sich auf den Ebenen Alltagskulturen, Sozialräume und Lebensstile stabilisiert.[580] Die Restitutionsfolgen beschreibt der Soziologe Matthiesen als »negative Katalysatorwirkung«, durch die »lokale Konflikte, Loyalitätsdilemmata und neue Fremdheiten in den Kragen- und Umlandgemeinden dramatisch aufgemischt«[581] worden seien.

Matthiesens Analyse der Entwicklung des Berliner Umlandes seit 1989 und seine gut nachvollziehbare Einordung der sich überlagernden Prozesse überzeugt vor allem auch hinsichtlich der Herausarbeitung der Probleme, die sich aus der Konfrontation zwischen Alteingesessenen und neu Hinzugezogenen und der unvermeidbaren Begegnung mit anderen Lebensformen ergaben. Für die Konflikte, die auftraten, wirkte das Restitutionsgeschehen demnach zwar nicht als Ursache, wohl aber als konstante Begleitung, die für eine zusätzliche Dynamik sorgte.

Gewinner gegen Verlierer oder Ost gegen West

Dass die offenen Vermögensfragen, die nicht nur unter dem Aspekt der Wiedergutmachung, sondern vor allem auch nach der Sozialverträglichkeit betrachtet werden müssen, zu erheblichen sozialen Spannungen geführt haben, ist unbestritten. So bewerten Kritiker des Rückgabegrundsatzes vor allem die psychologischen Folgen klar negativ. In der öffentlichen Meinung standen sich die Interessen der Ost- und Westdeutschen gegenüber, was zu einer deutlichen Verschärfung des Konflikts zwischen »Ossis« und »Wessis« geführt und somit grundsätzlich die Wiedervereinigung auf lokaler Ebene zentral behindert habe. Gerade jene Auswirkungen lassen sich nicht anhand von Zahlen darstellen und doch sind sie wohl die schwerwiegendste und dauerhafteste Folge der Streitigkeiten um Grund und Boden. Bei der Bewertung der Umsetzung des Rückgabeprinzips spielen moralisch gefärbte Diskurse eine wichtige Rolle. Auch wenn die Statistik zeigt, dass nur etwa 18 Prozent aller beanspruchten Vermögenswerte an ihre ehemaligen Eigentümer rückübertragen wurden, bleibt die Tatsache, dass durch das Prinzip »Rückgabe vor Entschädigung« die Befindlichkeiten der Ostdeutschen massiv verletzt wurden, und es bleibt der Vorwurf, damit (neues) Unrecht geschaffen zu haben. Angesichts der teilweise heftig geführten Auseinandersetzungen zwischen

[580] Vgl. Ebd., S. 89.
[581] Matthiesen, U. (2002), S. 342.

Nutzern und Eigentümern, war die im Vermögensgesetz formulierte, sozialverträgliche Lösung keineswegs so verträglich umsetzbar. Gerade in einer ersten, sehr spannungsgeladenen Phase prallten ost- und westdeutsche Interessen aufeinander. Die bereits mehrfach geschilderten Begegnungen, bei denen Eigentümer ihre Forderungen persönlich und ohne Rücksicht auf ostdeutsche Nutzer vortrugen, prägten sich tief ins ostdeutsche Bewusstsein ein und sorgten für dauerhafte Unruhe. Die medial umfangreiche Darstellung von Einzelfällen und Zwangsräumungen sorgte für ein anhaltendes gespanntes Klima und schürte zusätzlich Angst und Unruhe.

Die wohl umfangreichste Untersuchung über die sozialen Auswirkungen ist eine Reihe von Working Papers, die aus dem Forschungsprojekt »Eigentumsrückübertragung und der Transformationsprozess in Deutschland und Polen nach 1989« hervorgegangen ist, das an Universitäten in Plymouth, Berlin und Krakau vom September 1999 bis Februar 2001 durchgeführt wurde.[582] Das Projekt befasste sich mit sozialen und räumlichen Auswirkungen der Restitution innerstädtisch und suburban. Durch empirische Untersuchungen sollte herausgefunden werden, wie sich das Restitutionsverfahren in der Praxis gestaltete, welche Folgen sich für die Stadtentwicklung ergaben und inwieweit die Betroffenen diese Regelungen akzeptierten. Dazu wurden exemplarisch zwei Regionen betrachtet: das Gründerzeitgebiet Prenzlauer Berg in Berlin und der suburbane Vorort Kleinmachnow. Für Kleinmachnow kamen die Autoren zu dem Ergebnis, dass die Konfliktlinien nicht zwischen Ost und West verliefen, sondern dass es vor allem die Konflikte zwischen ostdeutschen Gewinnern und Verlierern waren, die sich deutlich negativ auf die Bewertung der Rückgaberegelung auswirkten. Während es im Berliner Stadtbezirk Prenzlauer Berg kaum öffentlich ausgetragene Konflikte um die Eigentumsfragen gab, stand Kleinmachnow als Synonym für den Kampf um Grund und Boden. Restitutionsansprüche und Wechsel des Eigentümers wurden von den Mietern im Prenzlauer Berg nicht als unmittelbare Bedrohung wahrgenommen. Dort stellte die Restitution die dominante Privatisierungsform dar und war Ausgangspunkt für die Stadterneuerung. Für Kleinmachnow stellten die Forscher hingegen fest, dass die Restitution zu sozialem Unfrieden und längerfristig zu einer soziostrukturellen Differenzierung geführt habe. Dies resultierte vor allem aus der unterschiedlichen Rechtsposition von Mietern und Nutzern, die schließlich eine Gewinner-Verlierer-Konstellation ergab. Die Autoren führten zur Beantwortung ihrer

582 Häußermann, Hartmut/Glock, Birgit/Keller, Carsten: Eigentumsrückübertragung und der Transformationsprozess in Deutschland und Polen nach 1989. Rechtliche Regelungen und Praxis der Restitution in Ostdeutschland seit 1990 unter besonderer Berücksichtigung sozial-räumlicher Differenzierungen. Berlin 1999; Häußermann, Hartmut/Glock, Birgit/Keller, Carsten: Eigentumsrückübertragung und der Transformationsprozess in Deutschland und Polen nach 1989. Eigentumsstrukturen zwischen Persistenz und Wandel: Zu den Folgen der Restitution in suburbanen und innerstädtischen Gebieten. Berlin 2000.

Fragen eine Reihe von Einzelinterviews durch. Über die Auswirkungen auf suburbane Ein- und Zweifamilienhausgebiete wurden unter anderem Gespräche mit Amtsleitern der Ämter für offene Vermögensfragen geführt. Demnach resultierten die Konflikte in Kleinmachnow vor allem daraus, dass einige Nutzer zu Eigentümern wurden und ihre »Immobilie vergolden«[583] konnten, während andere dazu keine Möglichkeit hatten. Diese These wurde mit dem Schutz des redlichen Erwerbs begründet. Nutzer, die ein dingliches Nutzungsrecht besaßen und 1990 zum redlich erworbenen Haus nach dem Modrow-Gesetz auch das Grundstück dazukauften, hatten von einem Antrag auf Rückübertragung nichts zu befürchten. Ihre Rechtsposition blieb, sofern ihnen nicht Unredlichkeit nachgewiesen werden konnte, geschützt. Die Klausel des redlichen Erwerbs habe damit vielen Ostdeutschen zu einem ansehnlichen Eigentum verholfen und sie in den Status eines legitimen Eigentümers versetzt. Die Ausnahmeregelungen des Vermögensgesetzes und der gesetzliche Mieterschutz hätten eine Verdrängung der ostdeutschen Bewohner weitgehend ausgeschlossen.[584] Das Fazit der Soziologen lautete, dass in Kleinmachnow kein umfassender Wandel der Eigentumsverhältnisse stattgefunden habe und dass die »Häuserkämpfe« und die Vertreibung ostdeutscher Mieter »weder das Ausmaß noch die Form«[585] angenommen hätten, wie es in vielen Medien fortlaufend unterstellt worden sei.

In einem weiteren Beitrag, der im Rahmen des Forschungsprojektes erschien, stellten die Autoren fest, dass etwa 500 Kleinmachnower Familien ihre Häuser verlassen mussten. Viele Betroffene fanden in einer neu errichteten Kleinmachnower Ausweichsiedlung ein Zuhause. Die Verfasser Glock und Keller kamen zu dem Schluss, das Restitutionsprinzip habe in Kleinmachnow zu einer sozialen Segregation geführt, was auf die Errichtung der Ausweichsiedlung zurückzuführen sei. Es waren vor allem vormalige Mieter, die in die Ausweichsiedlung gezogen sind und – bedingt durch den Restitutionsprozess – zu einem Umzug gedrängt wurden. Damit hatte die durch die Restitution verursachte Differenzierung auch räumlich Gestalt angenommen und blieb in der Wahrnehmung der Kleinmachnower stets präsent. Im »neuen Kleinmachnow« haben außerdem das kollektive Engagement und die Erfahrung der gemeinsamen Notlage einen Zusammenhalt geschaffen, die durch die neue Wohnform in einer geschlossenen Siedlung noch verstärkt wurde. In Gesprächen mit den Einwohnern stellten die

583 Häußermann, Hartmut/Glock, Birgit/Keller, Carsten: Eigentumsrückübertragung und der Transformationsprozess in Deutschland und Polen nach 1989. Rechtliche Regelungen und Praxis der Restitution in Ostdeutschland seit 1990 unter besonderer Berücksichtigung sozial-räumlicher Differenzierungen. Berlin 1999, S. 19.

584 Häußermann, Hartmut/Glock, Birgit/Keller, Carsten: Eigentumsrückübertragung und der Transformationsprozess in Deutschland und Polen nach 1989. Rechtliche Regelungen und Praxis der Restitution in Ostdeutschland seit 1990 unter besonderer Berücksichtigung sozial-räumlicher Differenzierungen. Berlin 1999.

585 Vgl.: Ebd., S. 1.

Forscher fest, dass Abgrenzungen und Spannungen zwischen den Bewohnern der Ausweichsiedlung und des »alten« Kleinmachnow lebendig geblieben sind. So wurde die Ausweichsiedlung zu einem »Ghetto der Vertriebenen«. Für das »alte« Kleinmachnow hingegen wurde das überzogene Bild einer Entfremdung durch den Zuzug westdeutscher Bewohner gezeichnet. Gerade diese Entfremdungserfahrung wurde jedoch von beiden Seiten geteilt. In den Gesprächen wurde deutlich, dass die Bewohner Kleinmachnows in der Restitution von Grundstücken die Ursache für diese Entfremdungserfahrung sehen, obwohl eine radikale Umstrukturierung der Nachbarschaft, wie sie vielerorts beschrieben wurde, gar nicht stattgefunden hat. Denn bemerkenswerterweise ist bei den meisten der Befragten der größte Teil der alten Nachbarn geblieben. Glock und Keller sehen die Entfremdungserfahrung weniger durch die Klärung der Eigentumsfragen begründet, als vielmehr durch die umfangreichen Neubebauungen und den Begegnungen mit einer »zugezogenen, gehobenen, westdeutschen Mittelschicht«. So zitieren sie einen Bewohner: »Das Umfeld hat sich sehr verändert. Die Leute sind sozial stärker, haben die Häuser in Ordnung gebracht, man sieht's auch, Frauen, die nicht arbeiten müssen, stehen dann da mit Kinderwagen, mit Hündchen. Die Sprache ist anders geworden, das Auftreten ist anders geworden.«[586]

Zwischen den Bewohnern im »neuen« und im »alten« Kleinmachnow sei es zu einer »unterschwelligen Frontstellung« gekommen, die sich in »übertriebenen gegenseitigen Zuschreibungen« zeige. So beschrieben die Bewohner des neuen Kleinmachnow das Bild eines entfremdeten Kleinmachnow, dass durch den Zuzug westdeutscher Haushalte geprägt sei. Ein Eigenheimbesitzer der neuen Siedlung beschrieb aus seinen Erfahrungen des entstanden zwischenmenschliche Klima: »Für einige in Kleinmachnow ist der Stolper Weg problematisch. Ghetto heißt es, aber die wohnen in Gebieten, wo die auf der Straße nicht mehr miteinander reden. In meiner Straße wohnt nur noch ein Kleinmachnower, von 26 früher.«[587]

Paradoxerweise teilten die Bewohner im »alten« Kleinmachnow diese Entfremdungserfahrungen. In der Wahrnehmung aller befragten Bewohner verlief die Hauptkonfliktlinie jedoch eindeutig zwischen Ost und West. Die »Schuld« an negativen Erfahrungen und unerfreulich verlaufenden zwischenmenschlichen Begegnungen wurde in der Hauptsache den Alteigentümern angelastet.[588] Begründet durch die Aussagen der befragten Experten folgerten die Autoren, dass »Neid und Unverständnis zwischen

[586] Glock, Birgit/Keller, Karsten: Kollektiver Protest ums Eigenheim, individualisierte Konflikte in der Innenstadt. Soziale Folgen der Restitution von Immobilien in Berlin, in: Hannemann, Christine/Kabisch, Siegfried/Weiske, Christine: Neue Länder-Neue Sitten? Transformationsprozesse in Städten und Regionen Ostdeutschlands. Berlin 2002, S. 177.

[587] Ebd., S. 177.

[588] Vgl.: Ebd., S. 176ff.

ostdeutschen Gewinnern und Verlierern der wirkliche Herd der Konflikte«[589] seien. Der bereits angesprochene Unterschied, dass einige Nutzer zu Eigentümern wurden und andere sich in einen Status des Mieters versetzt sahen, sei der Grund für das massive Unverständnis bei den Betroffenen. Sowohl ostdeutsche Gewinner als auch ostdeutsche Verlierer hätten jedoch ihren Unmut auf den westdeutschen Alteigentümer gleichermaßen projiziert.[590]

Wie im vorangegangenen Abschnitt bereits beschrieben, wurden die Konflikte um die Eigentumsfragen in den Umlandgemeinden durch eine hohe Zahl von Zuwanderern, die zum Teil einen anderen finanziellen Hintergrund und eine andere Lebensweise hatten, zusätzlich überlagert. Für die indirekt wirkende Verdrängung der ostdeutschen Bewohner, für die Mieten und Bodenpreise nicht mehr erschwinglich waren, wurde neben der Restitutionsregelung allgemein auch jene zugezogene westdeutsche Mittelschicht verantwortlich gemacht. Dass gerade diese neuen Bewohner auch das Gemeindeleben mitgestalten wollten und ein Mitspracherecht einforderten, sorgte für erhebliches Konfliktpotenzial. Vor allem dort, wo sich daraus ein konfliktreiches Gemeindeleben entwickelte, prallten ost- und westdeutsche Lebenswelten aufeinander. In Schönwalde-Glien entzündete sich der Konflikt beispielsweise um einen Fußballplatz. Der zuvor genutzte Fußballplatz befand sich auf Privatland, dessen Besitzer bauen wollten. Die Gemeinde wollte deswegen einen alten Bolzplatz am Strandbad erneuern, wofür jedoch eine Kiefernschonung weichen musste. Den Protest dagegen artikulierte die »Wählergruppe für Offenheit und gemeinschaftliche Entwicklung« (WOGE), ein Zweig des »Vereins zur Erhaltung und Förderung des Charakters von Schönwalde«, also in der Mehrzahl Zugezogene gegen Einheimische. Der Journalist Christoph Diekmann schrieb in »DIE ZEIT« über diesen lokalen Konflikt: » [...] da dämmert dem Reporter, dass hier nicht Ost gegen West steht, sondern das Gewachsene gegen das Zugereiste. [...] Der Fußballplatz erweist sich als Schönwaldes Bekenntnisartikel. Bist du Schönwalder oder bleibst du Berliner, nur an deiner Ruhe interessiert?«[591]

In Kleinmachnow waren es oftmals ebenfalls Konflikte zwischen den Einheimischen und den Zugezogenen, die für Schlagzeilen sorgten. So berichtete »DIE ZEIT« im Oktober 2004 darüber, wie sich beide Seiten über den Bau einer dritten Grundschule für den Ort oder über den Beginn des Schulunterrichts stritten. Auch 15 Jahre nach der Wiedervereinigung schienen die Gegensätze zwischen Ost- und Westdeutschen unüberbrückbar. Zitiert wird ein »Altkleinmachnower«, der auf »die Wessis«

589 Häußermann, Hartmut/Glock, Birgit/Keller, Carsten: Eigentumsrückübertragung und der Transformationsprozess in Deutschland und Polen nach 1989. Rechtliche Regelungen und Praxis der Restitution in Ostdeutschland seit 1990 unter besonderer Berücksichtigung sozial-räumlicher Differenzierungen. Berlin 1999, S. 19.

590 Vgl.: Ebd., S. 19f.

591 Dieckmann, Christoph: Im Speckgürtel der Einheit, in: DIE ZEIT vom 28.10.1999.

schimpft, die ein überzogenes Anspruchsdenken und eine knallharte Interessenpolitik an den Tag legen würden: »Seh'n Se. Und deshalb fühl ich mich fast wie so 'n Indianer in Amerika, die erst mal die Weißen freundlich begrüßt hatten – und was dann passiert ist, wissen wir ja, nicht? Und so passiert es in Kleinmachnow auch.«[592]

Für die Bewertung der Restitutionsregelung und der Frage nach Gerechtigkeit wird deutlich, dass diese vor allem am moralischen Anspruch und weniger an funktionalen Aspekten bemessen werden. Die Betroffenen zogen die Moralität und die Motive der Anspruchssteller stark in Zweifel. Dies bezog sich vor allem auf die Frage, ob die Anspruchssteller einst aus wirtschaftlichen Gründen der DDR den Rücken gekehrt und ihr Eigentum »freiwillig« zurückgelassen hatten. Während es im Mietshausbereich um die ökonomischen Verfügungsrechte ging, waren es im Eigenheimbereich hauptsächlich Fragen der tatsächlichen Nutzungsrechte. Die Klärung der Eigentumsfragen avancierte vielerorts zu einem moralisch aufgeladenen Diskurs darüber, wer das jeweils stärkere Recht auf Eigentum habe – der Eigentümer oder der Nutzer.

Es ist eine unbestrittene Tatsache, dass die konfliktreiche Klärung der Eigentumsfragen nicht zum erhofften friedlichen Kompromiss zwischen den Beteiligten geführt hat. Tatsächlich sorgte die Entscheidung für die Restitutionsregelung für erhebliche soziale Konflikte. Die direkte Auswirkung für die Ostdeutschen war die notwendige Veränderung der eigenen Rechtsposition, die ohne die Wiedervereinigung nicht infrage gestellt worden wäre. Langjährige Nutzer eines Eigenheimes sahen sich plötzlich in den Status eines Mieters versetzt. Aus Nutzern, denen zuvor lediglich das Haus aber nicht das Grundstück gehört hatte, wurden Eigentümer. Die Auseinandersetzung um das weitere Nutzungsrecht, der sich die ostdeutschen zwangsläufig stellen mussten, führte zur Verunsicherung und zu Verbitterung, die lange anhielten. Das Gefühl, benachteiligt worden zu sein, wurde noch stärker, wenn zur Angst vor dem Verlust des Eigenheimes auch der Verlust des Arbeitsplatzes hinzukam und viele Familien ihre Lebensplanung völlig neu gestalten mussten. Die tiefgreifenden Veränderungen, das Gefühl von Machtlosigkeit und die Existenzangst, die in dieser Form bis dahin nicht bekannt gewesen waren, sorgten für massive Verunsicherung, die in einigen Fällen so weit führte, dass Betroffene freiwillig aus dem Leben schieden. Ein trauriger Höhepunkt, der öffentlich bekannt wurde, war der Suizid des Kommunalpolitikers Dr. Detlef Dalk aus Zepernick im März 1992. Dalk, der als Abgeordneter von Neues Forum/Bündnis 90 im Kreistag und in der Gemeindevertretung tätig war, trat war 1989 engagiert für demokratische Veränderungen in der DDR eingetreten. Der Verlauf des Wiedervereinigungsprozesses enttäuschte ihn zutiefst. Auslöser seiner Tat war die Tatsache, dass ein Alteigentümer einen Anspruch auf sein Grundstück stellte.[593] Der Kom-

592 Sußebach, Hennig: Ein Ort, zwei Welten, in: DIE ZEIT vom 28.10.2004.

593 Grashoff, Udo: In einem Anfall von Depression. Selbsttötungen in der DDR. Berlin 2006, S. 250.

munalpolitiker wandte sich mit einem offenen Brief an Bundeskanzler Helmut Kohl, um auf die Probleme des Vereinigungsprozesses vor Ort aufmerksam zu machen. Das »Neue Deutschland« veröffentlichte am 7. März 1992 den offenen Brief:

> »Sehr geehrter Herr Bundeskanzler,
> ich bin so weit, ich werde mein Leben opfern, damit meine Familie und andere Familien in den sogenannten Beitrittsgebieten ihr Leben dort friedlich verbringen können, wo sie heute leben. Die Entscheidung fiel mir nicht leicht, ich hänge am Leben, an einem Leben in Wahrheit, einem Leben in Selbstachtung und eigenen Gestaltungsmöglichkeiten. ... Ja, Herr Bundeskanzler, es gibt in der ehemaligen DDR Reinemachefrauen, Müllmänner, Maurer, Angestellte, also ganz einfache Leute, die ein Haus mit Grund und Boden darum besitzen. Und die überwiegende Masse dieser Leute waren weder hohe Parteibonzen noch Stasispitzel. Ich bin selber Betroffener, und der ›Alteigentümer‹ operiert mit dem lächerlichen Vorwurf, ich hätte Haus und Grundstück unredlich erworben. ... Alle anderen Wege des Wachrüttelns bin ich gegangen. Als Familienvater habe ich meine Familie vor Unheil zu schützen. Ich sehe keine andere Möglichkeit als meinen ›öffentlichen‹ Tod.«[594]

Der Suizid Dr. Detlef Dalks löste tiefe Betroffenheit aus. Er zeigte, wie belastend die existenziellen Ängste und die Sorge um Haus und Grundstück, sowie die Enttäuschung über den Verlauf der Wiedervereinigung für viele Ostdeutsche waren. In einem Kommentar, den »DIE ZEIT« veröffentlichte, mahnte der Autor die Schwierigkeiten, die der Einigungsprozess mit sich brachte, anlässlich eines solchen Ereignisses: »Aber wir müssen doch endlich anerkennen und in unserer Politik zum Ausdruck bringen, welche enorme psychische Anstrengung die Ostdeutschen auf sich nehmen [...].«[595]

Das Restitutionsprinzip vor Ort

Das Beispiel Schönwalde-Glien

Unter der Überschrift »Alles ist ein bisschen feindlicher geworden« erschien im Juni des Jahres 1999 ein Artikel in der »Berliner Zeitung«, in dem der Autor Wolfgang Kohrt nach einem Besuch in Schönwalde-Glien beschrieb, wie sich die Verhältnisse zwischen Alteingesessenen und Zugezogenen vor dem Hintergrund des Restitutionsprinzips entwickelt hatten. Kohrt zeichnete darin ein sehr düsteres Bild über das Verhältnis der

[594] Offener Brief von Detlef Dalk an Bundeskanzler Helmut Kohl, in: Neues Deutschland vom 7./8. 03 1992.

[595] Leicht Robert: Wende zum Tod. Ein Selbstmord und sein politischer Hintergrund, in: DIE ZEIT vom 13.03.1992.

Einwohnerschaft im Dorf und erzählt »Geschichten vom Hauen und Stechen in den lauschigen Alleen«[596].

Wie viele andere Orte des Berliner Umlandes besteht Schönwalde-Glien aus dem »alten« Dorf und aus einer Vielzahl neuer Einzel- oder Reihenhäuser. Per Gesetz wurde Schönwalde-Glien 2003 aus sechs bis dahin selbstständigen Gemeinden gebildet. Die amtsfreie Gemeinde liegt im Landkreis Havelland, direkt an der Grenze zum Berliner Stadtbezirk Spandau. Das Ortsbild ist geprägt vom Waldbestand, der das Dorf in eine beschauliche Idylle versetzt. Die Bewohner von Schönwalde-Glien leben mitten im Grünen und dennoch nah an Berlin, das durch die Infrastruktur gut und schnell zu erreichen ist.

Seit den 1960er-Jahren ging die Einwohnerzahl des Ortes bis 1990 zurück. Erst nach der Wiedervereinigung war ein Wiederanstieg der Bevölkerungszahl zu verzeichnen. Zwischen 1992 und 1999 verließen insgesamt 1.736 Schönwalder die Gemeinde.[597] Doch der Zuzug von 3.405 Menschen im gleichen Zeitraum sorgte dafür, dass die Einwohnerzahl stetig wuchs.

Die Ursache für ein gespanntes Verhältnis im Dorf sah Kohrt in der Veränderung der Besitzverhältnisse: »Das Bild des Dorfes ist gleich geblieben, nur ein paar Dinge haben sich verändert. Zum Beispiel die Besitzverhältnisse. In den 90er Jahren sind fast tausend Einheimische weggezogen und mehr als tausend, vorwiegend aus dem Westteil Berlins und der alten Bundesrepublik, siedelten sich neu an. Oft mußten die einen Rückübertragungsansprüchen weichen. Die anderen wollten schöner wohnen.«[598]

Zur Bekräftigung dieser Einschätzung ließ der Journalist einige Schönwalder selbst zu Wort kommen: »›Die Atmosphäre im Dorf hat sich verändert. Alles ist ein bißchen feindlicher geworden, gegenüber den Westlern. Weil so viele von uns aus ihren Häusern raus mußten. Die sind eben auch anders.‹ Wie anders? ›Arroganter? Ja, würde ich so sagen. Tun, als ob sie was Besseres wären.‹ Ein älteres Ehepaar berichtet: ›Wir haben zwei neue Häuser in unserer Straße, aber guten Tag und guten Weg, das ist alles.‹ ›Neue Häuser‹ ist das Synonym für wohlhabende Leute aus dem Westen.«[599]

Deutlich wurde, dass es vor allem um Veränderungen in der Nachbarschaft ging. Seit Jahrzehnten hatte sich an der Bewohnerschaft kaum etwas geändert. Nun strömten zahlreiche neue Einwohner in das beschauliche Dorf – dies alles vor dem Hintergrund diverser Auseinandersetzungen um die Besitzverhältnisse. Es ging vor allem um die sichtbaren sozialen Unterschiede zwischen den Alteingesessenen und den Zugezoge-

596 Ebd.
597 Bevölkerungsbilanz des Landkreises Havelland. Landesvertrieb für Datenverarbeitung und Statistik.
598 Kohrt, W. (1999).
599 Ebd.

nen. Letztere standen in den meisten Fällen finanziell weitaus besser da, was auch am Erscheinungsbild ihrer Häuser klar abzulesen war.

1994 untersuchten Peter Schnell und Peter Neumann der »Arbeitsgemeinschaft Angewandte Geographie Münster e.V.« am Beispiel von Schönwalde Wohnen und Naherholung im Umland von Berlin.[600] Dazu führten sie, basierend auf 312 Interviews, eine Haushaltsbefragung durch und merkten an: »Am Rande der Befragungen der geführten Gespräche kam jedoch des Öfteren auch Misstrauen gegenüber einzelnen Nachbarn zum Ausdruck, das auf der neuen politischen Situation bzw. den doch recht plötzlichen Veränderungen nach der Wiedervereinigung beruhte, bei der Beantwortung der Fragen jedoch nicht artikuliert wurde.«[601]

Zwar stellte sich bei den Befragungen heraus, dass mehr als die Hälfte aller Befragten keine Restitutionsansprüche befürchtete. Dennoch wurden mögliche Eigentumsansprüche der Altbesitzer als ein wichtiger Grund für einen potenziellen Wegzug genannt. Hierbei spielten aber auch finanzielle Überlegungen, allgemeine Unzufriedenheit und der Wunsch nach einer größeren oder kleineren Wohnung sowie die Kritik an der Wohnqualität eine Rolle. Zusammenfassend notierten die Autoren: »Die Probleme der Bewohner lassen sich in Form von Restitutionsforderungen und einem beginnenden Verdrängungsprozess vorwiegend aus Berlin und den alten Bundesländern erkennen. Parallel zu einem wachsenden Suburbanisierungsprozess muss von einer zunehmenden Tendenz zur Stadtflucht aus Berlin in den sogenannten Speckgürtel ausgegangen werden.«[602]

Der damals wie heute amtierende Bürgermeister in Schönwalde, Bodo Oehme, erinnert sich daran, wie der Besuch vieler ehemaliger Eigentümer zu Beginn der 1990er-Jahre große Verunsicherung in der Bürgerschaft hervorrief, die durch die Berichterstattung in den Medien zusätzlich verstärkt wurde. Einige dramatische Einzelfälle sorgten in der Lokalpresse für Schlagzeilen. So berichtete die »Märkische Allgemeine Zeitung« über einen Vorfall, bei dem eine Eigentümerin sich gewaltsam Zugang zu einem vermieteten Grundstück verschaffte. Sie forderte die Herausgabe von Torschlüsseln, verbot die Benutzung der Zufahrt, verlangte einen Übergabetermin innerhalb von zwei Wochen und versuchte, in die Wohnung einzudringen.[603] Auch Bürgermeister Oehme sind Fälle bekannt, bei denen Eigentümer die Mieter bislang staatlich verwalteter Immobilien mit diversen Schikanen »raussanieren« wollten und Komplettrekonstruktionen im Winter – ohne Türen und Fenster – durchführen ließen.

600 Schnell, Peter/Neumann, Peter: Wohnen und Naherholung im Umland von Berlin – untersucht am Beispiel des Amtes Schönwalde (Glien). Arbeitsberichte 24. Münster 1994.

601 Ebd., S. 27.

602 Ebd., S. 60.

603 »Erbin versperrte Grundstückszufahrt«. Zeitungsartikel aus der Sammlung des Ortschronisten. o.D.

Als klar war, dass das Prinzip »Rückübertragung vor Entschädigung« zur Anwendung kommen sollte, seien viele Bewohner weggezogen, weil sie dem psychischen Druck der Eigentümer nicht standhielten. Aufgrund des mangelnden Wohnraumes in der Gemeinde verließen sie den Ort ganz. Den Konflikt um die Eigentumsfragen artikulierte in Schönwalde vorrangig der Siedlerverein Schönwalde als Mitglied des Deutschen Siedlerbundes. Die Mitglieder des Vereins forderten eine schnelle Vermittlung von Ersatzgrundstücken für Alteigentümer. Der Verein ging davon aus, dass die Alteigentümer in der Regel keine individuellen Beziehungen zu den Grundstücken hätten und ohnehin nur an einem Weiterverkauf interessiert seien. In einer Presseerklärung wurde vorgeschlagen, alle leer stehenden Häuser jungen, wohnungssuchenden Familien zu übergeben. Darüber hinaus gab es die Forderung, Datschen auf Wochenendgrundstücken zu Wohnungen ausbauen zu dürfen, sofern ein solcher Ausbau möglich war. Die Gemeinde sah jedoch keinerlei Handlungsgrundlage und keine rechtlichen Bestimmungen dafür, kostenfrei Ersatzgrundstücke bereitzustellen. Im Gespräch war weiterhin die Erschließung eines 260 Hektar großen Geländes, auf dem russische Truppen stationiert gewesen waren. Während der Siedlerverein forderte, den Alteigentümern Ersatzgrundstücke zu geben, damit diese auf ihre Ansprüche verzichteten, versuchte die Gemeinde mit der Erschließung der ehemaligen militärischen Nutzfläche Ersatzgrundstücke für Betroffene aus Schönwalde zu schaffen.[604] In der Lokalzeitung erschien ein Aufruf, der betroffene Bürger dazu aufforderte, sich bei der Gemeinde zu melden, sofern sie Bedarf an Ersatzwohnraum hatten. Zwar sei bekannt, dass etwa 800 Haushalte von Restitutionsansprüchen betroffen wären, wer davon jedoch auch auf neuen Wohnraum angewiesen war, sei nicht klar.[605]

Schönwalde-Glien verfügte seit jeher über zahlreiche Wochenendgrundstücke, die vor dem Mauerbau von zahlreichen Berliner Familien genutzt worden waren. Die gesetzlichen Regelungen des Schuldrechtsanpassungsgesetzes bewertet Oehme kritisch. Dadurch seien die Nutzer der Erholungsgrundstücke am Ende um vieles besser gestellt worden als die Mieter, die erhebliche Nachteile hatten. Die Problematik der staatlich verwalteten Häuser, die an DDR-Bürger vermietet wurden, sieht er ebenfalls kritisch. In vielen Fällen lebten die Bewohner nur von der Substanz des Hauses und aufgrund der niedrigen Mieten war die Erhaltung der Immobilien sehr schwierig. Eine umfangreiche Sanierung hätte die Nutzer ökonomisch überfordert. Deutlich positiv bewertet er die Entwicklung für jene, die nach dem Modrow-Gesetz das Grundstück nach den geltenden DDR-Preisen als redliche Nutzer dazukaufen konnten und bei denen eine Eintragung ins Grundbuch erfolgte. Vor allem diese Nutzer hätten von den ge-

604 »Ersatz für Alteigentum. Vorschlag der Siedlergemeinschaft«; »Ersatzgrundstücke sind genug vorhanden.« Zeitungsartikel aus der Sammlung des Ortschronisten. o.D.

605 »Erschließung der GUS-Flächen in Schönwalde soll beginnen.« Zeitungsartikel aus der Sammlung des Ortschronisten. o.D.

setzlichen Bestimmungen profitiert. In einigen Fällen hätten sie sogar das Grundstück meistbietend weiterverkauft und dadurch einen finanziellen Gewinn erzielt. Dies habe auch innerhalb der Einwohnerschaft für Unruhe und Ungerechtigkeit gesorgt, wenn es der eine geschafft hatte, und der andere nicht.

Heute leben in Schönwalde-Glien und in den benachbarten Gemeindeteilen etwa 42 Nationalitäten und ein grundsätzlicher Ost-West-Gegensatz ist nicht mehr spürbar. Schnell kam es nach der Wiedervereinigung zu einer Durchmischung der Bevölkerung mit vielen Kontakten zwischen den Einheimischen und den Zugezogenen. Gelungene Beispiele für ein friedliches Miteinander waren Heimatvereine oder die Freiwillige Feuerwehr, bei der Neu- und Altbürger erfolgreich zusammenarbeiteten. Ein »Häuserkampf« fand in Schönwalde laut Oehme nicht statt. Vieles müsse aus der Sicht von heute relativiert werden. Dennoch wäre seiner Meinung nach eine Entschädigung in einigen Fällen geeigneter gewesen.[606]

Schönwalde-Glien ist ein attraktiver Wohnstandort für Zuwanderer geblieben. Aktuell leben in der Gemeinde etwa 9.300 Menschen. Für die Zukunft ist von einem weiteren Wachstum auszugehen.

Im gesammelten Material des Schönwalder Ortschronisten findet sich ein Brief, der nicht so recht zum übermächtigen Konflikt zwischen Ost und West, zwischen Alten und Neuen, zwischen Zugezogenen und Einheimischen passen will. Der Brief zeigt, dass so wie in diesem Fall durchaus das Bemühen vorhanden war, bestehende Spannungen auf friedlichem Wege zu lösen. Auch wenn unklar ist, wie sich dieser Einzelfall entwickelte, zeigt der Brief, dass nachbarschaftliches Miteinander unter den vorgefundenen Bedingungen zwar schwierig, wohl aber nicht unmöglich war:

> Sehr geehrte Nachbarinnen und Nachbarn!
> Ich möchte mich hiermit als Ihre neue Nachbarin vorstellen. Mit den bisherigen Pächtern, Herrn und Frau M., habe ich mich Ende letzten Jahres gütlich über die Übernahme geeinigt.
>
> Einen großen Teil meiner Kindheit habe ich hier auf dem Grundstück verlebt, das meine Großeltern Gottfried und Anna H. Anfang der 30er Jahre erworben hatten. Aus der Zeit der 2. Hälfte der 40er Jahre bis zum Anfang der 50er Jahre sind schöne und schmerzhafte Erinnerungen mit diesem Ort für mich verbunden.
>
> Diejenigen Nachbarn, die unmittelbar an mein Grundstück grenzen, werde ich noch zu einem persönlichen Gespräch aufsuchen.
>
> Ich hoffe auf ein gutes nachbarliches Miteinander und verbleibe
> Mit freundlichen Grüßen[607]

606 Gespräch mit Bodo Oehme am 10.07.2013.

607 Brief vom 25. Februar 1993. Kopie aus der Sammlung des Ortschronisten.

Das Beispiel Kleinmachnow

Kaum eine Darstellung über die Konflikte an Häusern und Grundstücken in Ostdeutschland und den Folgen des Restitutionsprinzips kommt ohne die Erwähnung von Kleinmachnow aus. Der Ort wurde zum Synonym für den angeblich durch das Restitutionsprinzip hervorgerufenen »Häuserkrieg« zwischen Ost- und Westdeutschen. Kleinmachnow liegt im Landkreis Potsdam-Mittelmark am südwestlichen Stadtrand von Berlin und grenzt unmittelbar an den Berliner Stadtbezirk Zehlendorf. Wie viele andere Gemeinden im Berliner Speckgürtel erlebte Kleinmachnow nach dem Fall der Mauer einen enormen Bevölkerungszuwachs. Den größten Anteil unter den Zuwanderern hatten ehemalige Bewohner der westlichen Berliner Bezirke. Das schnelle Bevölkerungswachstum vor dem Hintergrund einer besonders hohen Zahl an Rückübertragungsansprüchen sorgte für ein überaus konfliktreiches Gemeindeleben. Kleinmachnow, ein typischer suburbaner Vorort ist vorranging mit Ein- und Zweifamilienhäusern bebaut, die in den 1920er- und 1930er-Jahren entstanden sind. In dieser Zeit wurde die Gemeinde ein beliebter Wohnstandort für die Berliner Bevölkerung, zumeist für Angehörige einer gehobenen Mittelschicht. Gerade die Angehörigen jener Mittelschicht gehörten zu den Flüchtlingen und Emigranten, die nach dem Ende des Zweiten Weltkrieges nicht mehr in die Sowjetische Besatzungszone SBZ zurückkehrten oder die bei Flucht beziehungsweise Ausreise ihr Eigentum in der DDR zurückließen.

Es ist fraglich, ob die Auseinandersetzungen in Kleinmachnow um Häuser und Grundstücke, die in den Medien für viele Schlagzeilen gesorgt haben, als repräsentativ für andere Gemeinden im Umland von Berlin gelten können oder ob die Stadt hinsichtlich mehrerer Faktoren eine Sonderrolle einnimmt. Die Formierung einer gut organisierten Protestbewegung war für die Entwicklung des Ortes und die Medienpräsenz sehr bedeutsam. Bereits im Jahr 1990 wurde der erste Mieterbund im Land Brandenburg gegründet, der eine wichtige Säule für die Betroffenen darstellte. 1992 wurde außerdem die »Vereinigung der Mieter, Nutzer und selbstnutzenden Eigentümer« als freiwilliger Zusammenschluss von Mieter- und Nutzervereinen aus Kleinmachnow, Stahnsdorf und Ludwigsfelde ins Leben gerufen. Besonders zwischen 1992 und 1996 gingen viele Initiativen für wirkungsvolle Aktionen des Mieterbundes Land Brandenburg von den Vereinen aus. Besonderes Aufsehen erregten die Unterschriftensammlung und die Sternfahrt von mehr als 2.000 Mitgliedern nach Bonn, eine Demonstration durch die Bundeshauptstadt sowie eine Mahnwache vor dem Bundeskanzleramt vom 10. bis 26. März 1992. Die Zahl der eingeschriebenen Mitglieder stieg von rund 2.000 im März 1992 auf fast 4.400 im Januar 2001. Vor allem Kleinmachnower Nutzer haben außerdem die Gründung einer Selbsthilfekasse vorangetrieben, um daraus Musterprozesse zu finanzieren. Der Grundgedanke bestand darin, dass allen Mitgliedern des Selbsthilfevereins Nutzer (SHVN) damit geholfen wäre, wenn die begrenzten finanziellen Mittel auf ausgesuchte Prozesse konzentriert werden. Sollte das

Kleinmachnow	21,5 %
Andere Umlandgemeinden	
Birkenwerder	14,5 %
Brieselang	10,3 %
Dahlwitz-Hoppegarten	11,5 %
Eichwalde	14,2 %
Glienicke/Nordbahn	13,5 %
Groß Glienicke	13,8 %
Hohen Neuendorf	7,9 %
Neuenhagen	11,9 %
Schöneiche	11,7 %
Schönwalde	12,5 %
Teltow	14,2 %
Zeuthen	13,2 %

Anteil der Wohngebäude mit nicht abgeschlossenen Rückübertragungsansprüchen von Kleinmachnow und Vergleichsgemeinden zum Zeitpunkt der Gebäude- und Wohnungszählung 1995[608]

so ermöglichte Gerichtsverfahren gewonnen werden, könnten alle Nutzer dieser Fallgruppe davon profitieren. Aber selbst ein negativer Ausgang wäre von Nutzen, weil er eventuell die rechtspolitische Notwendigkeit von Nachbesserungen auf Bundesebene in den komplizierten Regelwerken der Vermögensgesetzgebung beweisen könnte. Als weitere wichtige Säule des politischen Protestes etablierte sich die Partei »Kleinmachnower Bürger gegen Vertreibung«, die 1994 mit 25 Prozent der Wählerstimmen erfolgreich abschnitt. Die Kleinmachnower Bürgerbewegung bot den Betroffenen konstant Aufklärung, rechtliche Beratung und sorgte außerdem für eine umfangreiche mediale Präsenz.

Kleinmachnow unterschied sich von anderen Berliner Umlandgemeinden außerdem durch die besonders hohe Zahl an Restitutionsansprüchen. So lagen am 31. Dezember 1992 für die 3.239 bebauten Grundstücke 1.912 Anträge auf Rückübertragung oder Aufhebung der staatlichen Verwaltung vor. Damit waren fast zwei Drittel des gesamten Grundstücksbestandes mit einem Rückübertragungsanspruch belastet.[609] Hinsichtlich der Restitutionsbetroffenheit nahm Kleinmachnow bei den Berliner Umlandgemeinden eine Spitzenposition ein. Im gesamten Land Brandenburg waren zum

608 IfS (1998), S. 13.
609 IfS (1998), S. 13.

Zeitpunkt der Gebäude- und Wohnungszählung im Jahr 1995 noch 5,9 Prozent aller Gebäude mit einem Rückübertragungsanspruch belastet. Kleinmachnow lag mit 21,5 Prozent weit vor den anderen zwölf Umlandgemeinden, wo der Anteil zwischen 7,9 Prozent (Hohen-Neuendorf) und 14,5 Prozent (Birkenwerder) lag.

Die hohe Zahl an Rückübertragungsansprüchen resultierte aus der historischen Entwicklung der Gemeinde als Wohnstandort für die Berliner Bevölkerung. Die von der NS-Diktatur gegen die Entwickler des Gebietes vorgenommenen Zwangsmaßnahmen führten nach der Wiedervereinigung zu besonders vielen Rückübertragungsanträgen. So lasteten allein auf der »Sommerfeld-Siedlung« Ansprüche auf knapp 1.000 Grundstücke. Der Unternehmer und Architekt Adolf Sommerfeld hatte Anfang der 1930er-Jahre die Grundstücke parzelliert und an Bauwillige verkauft. Sommerfeld war Jude und flüchtete nach einem Überfall der SA aus Deutschland. Seine Siedlungsgesellschaft wurde arisiert, die Grundstücke weiterverkauft. Die Rückübertragungsansprüche auf die Sommerfeld-Grundstücke hatten eine besondere Brisanz. Antragsteller war nicht etwa ein Nachfahre von Adolf Sommerfeld, sondern Christian Meyer, ein Immobilienentwickler, der Kontakt zu den Erben aufnahm. Nachdem die Ansprüche der JCC, die 1992 einen globalen Restitutionsantrag gestellt hatte, mit mehreren Bescheiden vom Landesamt zur Regelung offener Vermögensfragen abgelehnt worden waren, kaufte Rechtsanwalt Meyer 1997 die Ansprüche und klagte seitdem gegen das Landesamt für offene Vermögensfragen. In Einzelfällen hat er sich mit den Besitzern geeinigt. Meyer war vor allem am Abschluss von Vergleichen interessiert. In etwa 100 Fällen hatte er damit Erfolg. Erst im Jahr 2009 entschied das Bundesverfassungsgericht, dass die Grundstücke nicht rückübertragen werden.[610] Die Auseinandersetzungen um die »Sommerfeld-Grundstücke« war einer der größten Prozesse um ehemals jüdisches Eigentum in Ostdeutschland, der nicht zuletzt dafür sorgte, dass der Name Kleinmachnow weit über Brandenburgs Landesgrenzen hinaus bekannt wurde.

Über die genaue Zahl der Restitutionsanträge und auch die Zahl der tatsächlich rückübertragenen Grundstücke stehen keine verlässlichen Daten zur Verfügung. Auch im Jahr 2015 berichtet die Märkische Allgemeine Zeitung: »In Kleinmachnow waren fast 70 Prozent aller Häuser und Wohnungen nach 1990 von Restitution betroffen.«[611]

Kleinmachnower Bürger verzeichneten kurz nach der Wiedervereinigung alle ihnen bekannten Konflikte auf einer Karte. Diese Karte, die danach fast flächendeckend rot erscheint, sollte auf die Brisanz der Thematik aufmerksam machen. Die Anzahl der

[610] Urteil des Bundesverfassungsgerichts vom 16.09.2009 - 1 BvR 2275/07; Rölleke, Lothar: Rechtsstreit um Sommerfeld-Siedlung in Kleinmachnow dauert an, in: DIE WELT vom 09.05.2003; Klesmann, Martin: Erben dürfen einst jüdische Immobilien in Kleinmachnow behalten. Keine Rückübertragung, in: Berliner Zeitung vom 19.08.2005.

[611] Wild, Konstanze: Die Hochburg der Restitution, in: Märkische Allgemeine Zeitung vom 20.04.2015.

gestellten Restitutionsanträge ist jedoch nicht identisch mit der Zahl der Immobilien, die im Laufe der Verfahren tatsächlich an die Eigentümer zurückgegeben oder deren staatliche Verwaltung beendet wurde. Nach Aussage des Kleinmachnower Liegenschaftsamtes wurden insgesamt 505 Grundstücke aus ehemaligem Volkseigentum an Berechtigte zurückübertragen. Durch Aufhebung der staatlichen Verwaltung kamen 410 bebaute und 606 unbebaute Grundstücke wieder in Eigentümerselbstverwaltung. Dem muss allerdings hinzugefügt werden, dass das Liegenschaftsamt nicht die nach dem Vermögensgesetz zuständige Behörde war und dort somit auch keine Gesamtstatistik geführt worden ist.[612]

Als problematisch erwies sich der Umstand, dass viele unter staatlicher Verwaltung stehende Grundstücke seit vielen Jahren an ostdeutsche Nutzer vermietet waren. Auf diesen »Westgrundstücken« befanden sich überwiegend Einfamilienhäuser, deren Vermietung sich für die Eigentümer wirtschaftlich nicht lohnte. Die Stadt am Rande Berlins ist oft als »Laboratorium der Einheit«[613] bezeichnet worden. Der ehemalige Bürgermeister der Gemeinde Wolfgang Blasig spricht sprach von »einem überschaubaren Schlachtfeld mit allen Problemen der deutschen Einheit«[614]. Blasig, der seit 1990 als stellvertretender und seit 1993 als Bürgermeister tätig war, sah es als seine Aufgabe an, den Ruf des vom »Häuserkampf« geplagten Ortes abzuschütteln. Eine Untergrundunruhe war in Kleinmachnow schon sehr früh spürbar, als sich die Eigentümer darüber informierten, was aus ihren Immobilienbesitz geworden war. Problematisch wurde später die durchgreifende Betroffenheit der Bevölkerung. Recht schnell wurde aber klar, wo redlicher Erwerb vorlag und die Nutzer damit vor einem Anspruch geschützt waren. Laut Blasig wurde das Problem in seiner Dimension von der Bundesrepublik unterschätzt. Selbst Insider in Kleinmachnow waren überrascht von der Flut der Antragstellung. Eine Besonderheit in Kleinmachnow war der hohe Organisationsgrad der Betroffenen. Aus persönlicher Betroffenheit entstand politisches Engagement, was letztlich dazu führte, dass sich die Betroffenen auch kommunalpolitisch einbrachten.

In Kleinmachnow spielte die Schaffung von Ersatzwohnraum für Restitutionsbetroffene eine besonders hervorgehobene Rolle. Sehr früh wurde erkannt, dass ein erheblicher Teil der Grundstücke an die ehemaligen Eigentümer rückübertragen würde. Insofern galt es als eine vordringliche Aufgabe, den Nutzern, die die Immobilien aufgeben mussten, die Möglichkeit zu geben, sich im Ort neues Eigentum zu schaffen. Der Wohnungsmangel in Kleinmachnow resultierte noch aus der Zeit vor 1989, wo vielerorts latente Wohnungsnot herrschte. Auch in Kleinmachnow erfolgte zu DDR-Zeiten fast kein Wohnungsneubau, sodass bereits damals ein Teil der Bewohner

612 Mail vom Fachdienst Liegenschaften, Gemeinde Kleinmachnow vom 01.11.2012 und 06.11.2012.
613 Sußebach, Hennig: Ein Ort, zwei Welten, in: DIE ZEIT vom 28.10.2004.
614 Gespräch mit Wolfgang Blasig am 04.04.2013.

in umliegende Neubaugebiete der Nachbargemeinden abwanderte. Durch die Grenzöffnung verschärfte sich die ohnehin schon brisante Wohnungssituation. Die Stadt wurde zu einem begehrten Investitionsstandort. Gleichzeitig sahen sich viele Mieter und Nutzer von einer möglichen Eigenbedarfsanmeldung bedroht. Gemeindevertreter wählten zur Lösung des Problems die im Baugesetzbuch definierte »städtebauliche Entwicklungsmaßnahme« mit dem Ziel, die Kleinmachnower Bevölkerung mit Wohnraum zu versorgen und dafür preisgünstiges Bauland bereitzustellen. Die Gemeinde beabsichtigte, ein Areal zu erschließen, in dem Bauland für ca. 200 DM pro Quadratmeter (102,26 Euro) bereitgestellt werden sollte.[615] Mit Vertrag vom 2. April 1994 beauftragte die Gemeinde die Landesentwicklungsgesellschaft für Städtebau, Wohnen und Verkehr des Landes Brandenburg (LEG) als treuhänderischer Entwicklungsträger mit der Vorbereitung und Durchführung der Maßnahmen. Bereits im Juli 1991 beschloss die Gemeindevertreterversammlung die Aufstellung eines Bebauungsplanes. Das Areal, das dafür gefunden wurde, befand sich am Nordufer des Teltowkanals. Die Fläche war in 152 Grundstücke mit einer durchschnittlichen Größe von 1300 Quadratmetern unterteilt. Die LEG musste zunächst die Flächen von der Bodenverwertungs- und Verwaltungsgesellschaft (BVVG), von der Gemeinde Kleinmachnow und von privaten Eigentümern erwerben. Die Flächen der BVVG waren im Zuge der Bodenreform parzelliertes Areal, das an Bodenreformnutzer vergeben worden war. Für den Verkauf der erschlossenen Baugrundstücke wurden Quartiere gebildet, die sich durch unterschiedliche Hochbauangebote (Bauträger oder individuell) ergaben beziehungsweise bestimmte Käufergruppen ansprachen. In den Quartieren 1 und 7 konnte ein bereits bebautes Grundstück erworben werden. Unbebaute Grundstücke wurden in den Quartieren 2 bis 4 und 6 angeboten.

Über die Berechtigung, eines der Grundstücke zu erwerben, entschied die Gemeinde anhand eines Punktesystems. Als Grundlage für die Vergabe der Grundstücke wurde im Oktober 1992 eine »Rahmenrichtlinie für den Verkauf von Siedlungsgrundstücken im Bereich der Wohnsiedlung Stolper Weg« durch die Gemeinde verabschiedet und durch eine zweite »Vergaberichtlinie für die entsprechend Rahmenrichtlinie vom 15.Oktober 1992 nicht vergebenen Grundstücke am Stolper Weg« ergänzt.[616]

Das Punktesystem, auf dessen Grundlage die Gemeinde die Berechtigung der potenziellen Käufer prüfte, war folgendes:

615 Gemeinde Kleinmachnow. Abschlussbericht der Landesentwicklungsgesellschaft für Städtebau, Wohnen und Verkehr des Landes Brandenburg mbH i.L. als Treuhänder der Gemeinde Kleinmachnow: Wohnsiedlung Stolper Weg Kleinmachnow 1991–2007. Erstellt im März 2007, S. 4.

616 Gemeindearchiv Kleinmachnow 10 24 00/1: Vergaberichtlinie für die entsprechend Rahmenrichtlinie vom 15.10.1992 nicht vergebenen Grundstücke in der Wohnsiedlung am Stolper Weg.

I. Festlegung der Berechtigten zum Erwerb einer Wohneinheit, deren Grundstücksanteil mit Abschlag zum Verkehrswert versehen ist:
Zum Erwerb berechtigt sind natürliche Personen, die einen formlosen Antrag zum Kauf eines Siedlungsgrundstücks im Gemeindegebiet Kleinmachnow oder einen formlosen Antrag zum Erwerb einer Eigentumswohnung gestellt haben und folgende Bedingungen erfüllen:
Berechtigt sind:

a) Personen mit Hauptwohnsitz zum Tage des Inkrafttretens dieser Richtlinie in Kleinmachnow oder die für die Dauer von mindestens 5 Jahren in Kleinmachnow gelebt haben
b) Personen, die nach a.) nicht ausgeschlossen sind und kein bebautes, bebaubares Grundstück oder ein Haus mit dinglichem Nutzungsrecht für Grund und Boden in Kleinmachnow, Amt Stahnsdorf, Stadt Teltow, Stadt Potsdam einschließlich Rehbrücke oder der Stadt Berlin zum Zeitpunkt der Antragstellung in Eigentum hatten oder im Eigentum haben
c) über Ausnahmen entscheidet die GV auf Empfehlung des Ausschusses »Stolper Weg«
d) zum Kauf berechtigt sind natürliche Personen oder Personengruppen, die Eigentümer von Grundstücken im Entwicklungsgebiet am Stolper Weg sind und ihr Grundstück an die Gemeinde verkaufen
   - die Wohneinheiten werden an nach I a und b Berechtigte auf der Grundlage eines Punktebewertungssystems vergeben
   - die Anzahl der Punkte bestimmt die Reihenfolge der Vergabe
   - sollte bei der letzten Vergabe Punktegleichheit bestehen, entscheidet die Gemeindevertretung

II. Punktebewertungssystem für die Festlegung der Reihenfolge der zum Kauf Berechtigten
Das Punktebewertungssystem basiert auf der Bewertung der vier Bereiche:
- familiäre Situation
- Einwohnerschaft in Kleinmachnow
- Dringlichkeit infolge der rechtlichen Wohnungssituation
- Wirtschaftliche Situation

1. Familiäre Situation

1.1. Familienstand

Alleinstehende	5 Punkte
Alleinantragsteller	5 Punkte
Ehepaare	10 Punkte
Junge Ehen	15 Punkte

1.2. Kinder

Kinder bis zu 10 Jahren, je Kind	20 Punkte
Kinder von 11 bis 18 Jahren, je Kind	15 Punkte
Kinder von 19 bis 22 Jahren, je Kind	12 Punkte
Kinder über 22 Jahre, noch in der Ausbildung (Nachweis), je Kind	10 Punkte

1.3. Zusätzlich im Haushalt lebende oder aufgenommen Familienangehörige

Eltern, Großeltern, Schwiegereltern, Lebenspartner

Pro Person 10 Punkte

1.4. Sondersituation

der Bewerber oder eine unter 1 benannte Person ist

schwerbehindert zu 50 % 10 Punkte

schwerstbehindert zu 80 % 15 Punkte

2. Einwohnerschaft

2.1. Nachgewiesener Wohnsitz in Kleinmachnow

Ausgangspunkt (Grundpunkte) 5 Punkte

Für jedes Jahr ab 1990 bis 1945 zurückzählend

pro Jahr 2 Punkte

2.2. Geburtsort

Geburtsort Kleinmachnow bzw. Wohnsitz der Eltern

Zum Zeitpunkt der Geburt Kleinmachnow 10 Punkte

2.3. Siedlung in den 30er Jahren/Umsiedlung infolge Kriegsauswirkung

Der Bewerber bzw. seine Familie sind zwischen 1945 und 1950 infolge der Kriegsauswirkungen nach Kleinmachnow umgesiedelt worden oder leben dort seit den 1930er Jahren – 20 Punkte

2.4. Angaben zum Ehepartner

Sind die Angaben des Ehepartners für die Bepunktung günstiger, so ist die günstigere Punktezahl heranzuziehen.

3. Dringlichkeit infolge der rechtlichen Wohnsituation (zur Anrechnung kommt ausschließlich die im Fall entsprechend höchste Punktzahl)

3.1. Mietvertrag

Mieter, deren Mietvertrag nach dem 02.10.1990

abgeschlossen wurden und die nicht einer GeWog-eigenen Wohnung wohnen - 20 Punkte

3.2. Eigenbedarfsklage

Mieter und Nutzer, gegen die eine Eigenbedarfsklage anhängig ist - 45 Punkte

3.3. VE-Häuser, auf die vermögensrechtliche Ansprüche angemeldet sind

Mieter in ehemaligen VE-Häusern, auf die vermögensrechtliche Ansprüche angemeldet sind - 20 Punkte

3.4. schwebende rechtsunwirksame Kaufverträge
Nutzer mit schwebend rechtsunwirksamen Kaufverträgen, auf deren Hausgrundstücke
vermögensrechtliche Ansprüche angemeldet sind 20 Punkte
3.5. Vorübergehende staatliche Verwaltung und Eigentümerselbstverwaltung
Mieter in Häusern, die sich am 02.10.1990 in vorläufiger staatlicher Verwaltung und zu denen die Anträge auf Einsetzung in die Eigentümerselbstverwaltung vorliegen oder bereits beschieden sind 20 Punkte
3.6. Pflegschaften
Mieter in Häusern, zu denen am 02.10.1990 eine durch das staatliche Notariat angeordnete
Pflegschaft vorlag 20 Punkte
3.7. Überlassungsvertragsinhaber
Der Bewerber ist Inhaber eines Überlassungsvertrages
für ein Wohngrundstück 30 Punkte
3.8. Hausbau auf fremdem Grundstück
Der Erwerber ist Eigentümer eines Hauses
auf fremden Grundstück ohne dingliche Nutzungsrechte 30 Punkte[617]

Alle Berechtigten, die sich bei der Gemeinde meldeten, erhielten aufgrund des Punktevergabesystems eine Vergabenummer. Damit sollte sichergestellt werden, dass die neu entstandenen Wohnungen hauptsächlich Kleinmachnowern und vorrangig Restitutionsbetroffenen zur Verfügung gestellt würden. Als Nachweis genügte, wenn auf das Grundstück ein Antrag auf Rückübertragung gestellt worden war, ungeachtet der Tatsache, ob dieser Antrag überhaupt erfolgversprechend schien oder nicht. In nicht wenigen Fällen, wurden vom Alteigentümer Abstandszahlungen getätigt, sodass für die Grundstücksnutzer Eigenkapital vorhanden war, um Wohneigentum im Stolper Weg erwerben zu können.

Der Verkauf der Baugrundstücke erfolgte durch die LEG unter Beachtung der vergebenen Reihenfolge. Die Berechtigen hatten die Wahl:[618]

- bei einem Bauträger ein Grundstück mit Haus komplett zu erwerben (Quartier 1/PeroBau, Quartier 7/WevH),

[617] Gemeindearchiv Kleinmachnow 10 24 00/1: Vergaberichtlinie für die entsprechend Rahmenrichtlinie vom 15.10.1992 nicht vergebenen Grundstücke in der Wohnsiedlung am Stolper Weg.

[618] Nachfolgender Abschnitt: Gemeinde Kleinmachnow. Abschlussbericht der Landesentwicklungsgesellschaft für Städtebau, Wohnen und Verkehr des Landes Brandenburg mbH i.L. als Treuhänder der Gemeinde Kleinmachnow: Wohnsiedlung Stolper Weg Kleinmachnow 1991-2007. Erstellt im März 2007, S. 4.

- bin Grundstück vom treuhänderischen Entwicklungsträger zu erwerben und individuell zu bebauen,
- im Geschosswohnungsbau eine Eigentumswohnung zu erwerben oder
- im Geschosswohnungsbau eine Mietwohnung zu einer Anfangsmiete (kalt) von 12,00 bis 13,00 DM pro Quadratmeter zu beziehen.

In Verbindung mit den gewährten Fördermitteln des Landes Bandenburg ergab sich darüber hinaus die Möglichkeit für die Berechtigten, abhängig von ihrem Einkommen, einen weiteren Kaufpreiszuschuss von 25,50 bis 36,00 DM pro Quadratmeter zu erhalten. Der subventionierte Kauf von Bauland zu 240,00 DM pro Quadratmeter und der darüber hinaus gewährte Zuschuss in Höhe von 25,50 bis 36,00 DM pro Quadratmeter wurde von der Gemeinde in ihrer kommunalen »Richtlinie zur Förderung des Grunderwerbs zum Zweck der Errichtung von Eigenheim, Eigentumswohnung und preisgünstig finanzierten Mietwohnungen im Entwicklungsgebiet Wohnsiedlung ›Am Stolper Weg‹« definiert.

Nach Abschluss der Baumaßnahmen war klar, dass längst nicht in alle fertiggestellten Grundstücke und Wohnungen Alt-Kleinmachnowern einziehen werden. In einem Abschlussbericht wurde detailliert aufgeführte, wie sich die Quote darstellte:

> <u>Quartier 1</u>
>
> Das Quartier 1 wurde bereits 1995 an den Bauträger PeroBau GmbH verkauft und umfasste Grundstücke für die Bebauung mit Einfamilien-, Doppel- und Reihenhäusern als auch zwei Geschosswohnungsblöcke. Vom Bauträger wurden 98 bebaute Grundstücke bereitgestellt, von denen 41 an berechtigte und 57 an nicht berechtigte Käufer verkauft wurden. Der hohe Anteil an nicht berechtigten Käufern resultierte laut LEG aus dem Umstand, dass dort schnell ein erstes Angebot geschaffen wurde, die Berechtigten aufgrund anderer noch nicht vorhandener Angebote noch zögerlich waren und die Angebote in anderen Quartieren erst abwarten wollten. Ab dem 1. Januar 1996 wurden die Grundstücke auch anderen Interessenten zum Verkehrswert angeboten. Der Mehrerlös wurde vom Bauträger an den Entwicklungsträger abgeführt, sodass weitere Finanzierungsmittel für die planmäßige Kredittilgung und weitere Durchführung zur Verfügung standen.
>
> <u>Quartier 7</u>
>
> Das Quartier wurde ebenfalls an einen Bauträger veräußert, der dann bebaute Grundstücke bereitstellte. Der Bauträger WevH bot Häuser in kanadischer Bauweise an. Insgesamt wurden 78 Doppel- und Reihenhausgrundstücke an 53 berechtigte und 25 nicht berechtigte Käufer veräußert.

Quartier 2 und 6 – individuelle Bebauung

Von den Käufern wurden Häuser der Firmen Varioma und Harzhaus errichtet. Im Quartier 2 entstanden 72 Einzel-, Doppel- und Reihenhäuser, die an 48 berechtigte und 24 nicht berechtigte Käufer verkauft wurden. Im Quartier 6 wurden 80 Grundstücke zur individuellen Bebauung angeboten. Hiervon wurden 67 von berechtigten und 13 von nicht berechtigten Käufern mit Reihenhäusern bebaut.

Quartier 4

Im Quartier 4 entstand eine bunte städtebauliche Mischung. Es umfasste 100 Grundstücke, die ebenfalls mit Einzel-, Doppel- und Reihenhäusern individuell bebaut wurden. 84 der Grundstücke wurden an berechtigte und 16 an nicht berechtigte Käufer veräußert.

Im Bereich des Geschosswohnungsbaus entstanden insgesamt 268 Wohneinheiten von denen 171 als Mietwohnungen von berechtigten und 97 als Eigentumswohnungen von berechtigten sowie nicht berechtigten Käufern genutzt wurden.

Zusammenfassend wurde festgestellt:

Die Zielstellung, vor allem Kleinmachnower mit preisgünstigem Bauland zu versorgen, wurde erreicht. Mit Stand vom März 2007 war das Gebiet mit insgesamt 721 Wohneinheiten bebaut, wovon 536 von der Zielgruppe genutzt wurden, was einem Anteil von 74 Prozent entsprach.

Die neuen Bewohner der Siedlung waren an eine Frist von 25 Jahren gebunden, ehe sie ihr Grundstück ohne Rückzahlung der Fördergelder weiterverkaufen konnten. Wer vorher verkaufte, musste die Differenz zwischen dem damaligen Verkehrswert und dem tatsächlichen Kaufpreis sowie die Förderung an das Land zurückzahlen. Das Kleinmachnower Gemeindeparlament entschied sich jedoch später dafür, die Frist auf zehn Jahre zu verkürzen.[619]

Die Entstehung einer komplett neuen Siedlung im Stolper Weg, die vorrangig mit Reihen- und Doppelhäusern bebaut wurde und in der etwa 2200 Kleinmachnower eine neue Wohnung fanden, ist gerade deswegen so bedeutsam, weil damit erheblich zum Frieden im Ort beigetragen werden konnte, unabhängig vom Verlauf der Restitutionsverfahren.[620] Durch den Bau der Siedlung gelang es, die angespannte Atmosphäre zu beruhigen und produktiv einen greifbaren Ausgleich zwischen Ost und West zu schaffen.

[619] Dauer der Last, in: Potsdamer Neueste Nachrichten vom 08.07.2003.

[620] Rölleke, Lothar: Friedensschluss am Gartenzaun, in: Berliner Morgenpost 25.05.2003; Serie 20 Jahre deutsche Einheit. Kleinmachnow – ein Nest im Grünen, in: Der Tagesspiegel vom 05.10.2010.

Der ehemalige Bürgermeister Wolfgang Blasig sieht Kleinmachnow heute als das, was es ist: als ein Beispiel für gelungene Integration und das Zusammenwachsen von Ost und West. Die Konfliktlinien verliefen für ihn weniger zwischen Ost und West als zwischen »Gewinnern« und »Verlierern«. Die Probleme um die belasteten Grundstücke wurden durch den Zuzug aus den alten Bundesländern und den westlichen Berliner Bezirken überlagert. Laut Blasig war es den Zuziehenden immer wichtig zu sagen, dass sie niemanden vertrieben hätten. In seiner rückblickenden Bewertung gibt der einstige Kommunalpolitiker zu, dass er das Prinzip »Rückgabe vor Entschädigung« als Unglück gesehen habe. Dennoch ergänzt er einschränkend, dass »bei dem, was alles hätte schieflaufen können, relativ wenig schiefgelaufen ist«. Ein Aussitzen hätte die Konflikte nur zeitlich verschoben, aber nicht beseitigt. Die Regelung der Eigentumsfragen sei zwar schmerzhaft gewesen, aber aus Blasigs Sicht der einzig mögliche Weg, um dauerhaften Rechtsfrieden erreichen zu können.

Das Beispiel Schulzendorf

Schulzendorf, eine Gemeinde im brandenburgischen Landkreis Dahme-Spreewald am südöstlichen Stadtrand von Berlin gelegen, war – obwohl vergleichsweise wenig in den Medien vertreten – ebenfalls von einer besonders hohen Rückübertragungsquote betroffen. Über 1.000 Ansprüche auf Rückübertragung gingen beim Amt für offene Vermögensfragen ein. Einer davon, der Anspruch der Nachfahren von Richard und Bianca Israel, umfasste allein etwa 4.500 Grundstücke. Damit waren in Schulzendorf über 80 Prozent aller Grundstücke restitutionsbelastet. Im August 1994 titelte die »Berliner Zeitung« über diesen besonderen Fall der Eigentumsklärung nach der Wiedervereinigung: »Urenkel des Schulzendorfer Gutsherrn Richard Israel haben Anspruch auf den einstigen Besitz ihres Vorfahren erhoben ›Die wollen das ganze Dorf zurückhaben‹.«[621]

Moritz Israel hatte das Rittergut Schulzendorf 1888 erworben und zwei Jahre später seinem Sohn Richard Israel anlässlich seiner Hochzeit geschenkt. Die Familie war für die Entwicklung der kleinen Gemeinde prägend. So ließ Richard Israel die erste vierklassige Schule in der Dorfstraße bauen und finanzierte viele Projekte in Schulzendorf mit. In den 1920er-Jahren ließ er Land parzellieren und bot es zu günstigen Konditionen an. Ein Kaufpreis auf Raten und eine geringe Anzahlung waren möglich. Den Käufern räumte er ein, den Rest des Kaufpreises in Raten zu tilgen. Über Jahrzehnte lebten die Israels in gutem Einvernehmen mit den Einwohnern von Schulzendorf. Doch der Nationalsozialismus warf seine Schatten voraus und der wirtschaftliche Druck wuchs. 1938 musste Richard Israel seine Heimat in Schulzendorf verlassen. Die Kinder waren zuvor nach Amerika emigriert. 1943 wurde er im KZ Theresienstadt ermordet.

[621] Lenz, S. (1994).

Eine Erbengemeinschaft der Nachfahren von Richard Israel brachte mit ihrem Antrag auf Rückübertragung der Grundstücke ihres Urgroßvaters die Ruhe des Ortes ins Wanken. Der zuvor genannte Bericht in der »Berliner Zeitung« vermittelte einen Eindruck von Ängsten und gegenseitigen Beschuldigungen. Ein Urenkel war für die Betroffenen im Schloss Schulzendorf zu erreichen, um dort unbürokratisch die Verhältnisse zu klären. Doch die Schulzendorfer blieben zumeist fern: »Erich Wiedemann jedenfalls würde niemals ins Schloss gehen. Dabei hat sein Vater jeden Zahlungsbeleg aufgehoben, so dass es ein leichtes wäre, zu beweisen, dass das Grundstück redlich erworben worden ist. ›Aber ich bin kein Bittsteller‹, sagt Wiedemann. Und so wartet er seit Monaten stur darauf, dass das Amt für offene Vermögensfragen seinen Fall klärt. Der über 70-Jährige wollte eine Ölheizung einbauen lassen in das Haus, das er von seinem Vater geerbt hat. Für den Kredit, den er vor zwei Jahren dafür bei der Bank aufnehmen wollte, brauchte er eine Bescheinigung, dass sein Grundstück nicht von Rückübertragungsansprüchen belastet ist. Ein Nachbar wollte sein Grundstück verkaufen, ein anderer bauen. Jedesmal war der Negativbescheid für die Bank nötig. Das Amt für offene Vermögensfragen teilte ihnen mit, dass jemand Anspruch auf ihr Grundstück erhoben hatte. So merkten die Schulzendorfer allmählich von der Existenz der Erbengemeinschaft Israel.«[622]

Bürgermeister Herbert Burmeister erklärte, warum so viele Schulzendorfer einen Groll gegen die Erbengemeinschaft hegten und warum er den Antrag auf Rückübertragung als problematisch empfand. Alles, was vor 1933 durch Richard Israel verkauft worden sei, hielt er für unstrittig: »Die Erbengemeinschaft hätte sich die Mühe machen sollen, festzustellen, wer wann gekauft hat.« Doch die Erbengemeinschaft hatte weder die Kaufverträge von damals noch sonstige Papiere, mit denen sich die vielen Fragen eindeutig klären ließen. Jochen Palenker, der Urenkel Israels, war der Ansicht: »Es ist doch absurd anzunehmen, ein Toter hätte Akten an seine Kinder übergeben, die sich gerade noch retten konnten.«

Während die Journalistin resümierte, dass die Tatsache, dass es sich um einen jüdischen Anspruchsteller handelte, in Schulzendorf keine Rolle gespielt habe, wurde der Erbe zitiert, der der Gemeinde deutlich Antisemitismus vorwarf: »›Der Antisemitismus ist doch hier das eigentliche Thema‹, sagt er. So erklärt er sich Vorbehalte, mit denen ihm Schulzendorfer begegnen. Ihm gehe es schließlich nicht darum, eine Oma aus ihrem Häuschen zu vertreiben. ›Und die PDS ist auch nur da antifaschistisch, wo es sie nichts kostet‹, sagt er mit Blick auf Burmeister.«[623]

Im Zuge der Restitutionsverfahren hat die Erbengemeinschaft einige der beanspruchten Vermögenswerte zurückerhalten. In einigen Fällen werden die Rückübertra-

622 Ebd.
623 Ebd.

gungsansprüche noch immer bearbeitet. Aktuell plant die jüdische Erbengemeinschaft den Bau von 40 bis 50 Wohnungen auf einem 8.300 Quadratmeter großen Areal, das ihr zurückübertragen wurde. Der amtierende Bürgermeister Schulzendorfs schätzt das Engagement der Familie für die Gemeinde.[624]

Im Gespräch mit dem ehemaligen Bürgermeister Schulzendorfs, Dr. Herbert Burmeister, wird schnell deutlich, wie sehr das Thema die Gemeinde damals und zum Teil noch heute belastet hat. Der pauschale Rückübertragungsanspruch der Israel-Erben hat viel Aufklärungsarbeit notwendig gemacht, um herauszufinden, in welchen Fällen auf keinen Fall restituiert werden konnte. Burmeister versuchte, die Betroffenen zu beraten so gut es ging und bei der Suche nach Unterlagen, die einen redlichen Erwerb nachweisen konnten, behilflich zu sein. Doch oftmals waren, wenn das Haus etwa aus dritter Hand erworben war, gar keine Unterlagen mehr vorhanden und die Beantwortung der Frage, ob redlicher oder unredlicher Erwerb vorlag, gestaltete sich schwierig. Zudem lasteten auf den Grundstücken oftmals mehrere Ansprüche verschiedener Geschädigter.

Die Verzweiflung der Betroffenen sei groß gewesen, so Burmeister. Sie fühlten sich ungerecht behandelt. Als seine Aufgabe sah er es an, zu verhindern, dass sich Antisemitismus breit machte. Diese Gefahr sah er durch die Situation gegeben.

Ein großes Problem war, dass in Schulzendorf so gut wie kein Ersatzwohnraum zur Verfügung stand. Zu DDR-Zeiten war dort nicht gebaut worden und über viele Jahre somit kein neuer Wohnraum entstanden. Wer wegen eines Restitutionsanspruchs seine Immobilie verlassen musste, verlor nicht allein seine Wohnung, sondern auch sein soziales Umfeld. Nach der Wiedervereinigung setzte, wie in vielen anderen Orten, eine rege Bautätigkeit ein. Bis heute wird dort intensiv gebaut und der Ort verzeichnet eine hohe Zahl von Zuzügen. Die Zahl der Einwohner ist von 5.810 im Jahr 1990 auf 7.560 im Jahr 2012 gestiegen.

Erst langsam gelang es zur Erbengemeinschaft, die aus etwa 20 Personen auf drei Kontinenten bestand, einen vernünftigen Kontakt herzustellen. Zur 625-Jahr-Feier von Schulzendorf im Jahr 2000 war die ganze Familie eingeladen, um Richard Israel und seiner Frau Bianca zu gedenken. Heute hat sich das Verhältnis zur Erbengemeinschaft normalisiert, die Streitigkeiten von damals seien beigelegt, die meisten Fälle sind inzwischen geklärt worden. Dennoch wirft beispielsweise die Eintragung eines Vorkaufsrechts für die Erbengemeinschaft neue Fragen auf, bei denen Burmeister noch immer Unterstützung leistet. Er glaubt, dass eben diese Unterstützung und Beratung für die Betroffenen dazu beigetragen hat, dass er als Bürgermeister gewählt wurde und bis

[624] Müller, Andrea: Bauvorhaben in Schulzendorf. Wohnungen auf »Weißem Fleck«, online unter: http://www.maz-online.de/Lokales/Dahme-Spreewald/Wohnungen-auf-Weissem-Fleck (letzter Abruf am 11.06.2015).

2010 im Amt war. Er habe damals viele Veranstaltungen besucht, bei denen es um die Restitutionsproblematik ging und viele Gerichtsverhandlungen erlebt. Das Restitutionsprinzip hält er auch heute noch für falsch. In vielen Fällen sei es ohnehin auf eine Entschädigung hinausgelaufen. Die Fragen um die Rechtmäßigkeit ihres Besitzes hätten die Menschen zutiefst verunsichert und ihnen den Übergang in das Leben in der Bundesrepublik erschwert. Die Wiedervereinigung auf lokaler Ebene sei damit stark belastet und das Vertrauen der Betroffenen in den Rechtsstaat erschüttert worden. Ihnen fiel es ungleich schwerer, in der neuen Gesellschaft anzukommen und Fuß zu fassen.[625]

Das Beispiel Woltersdorf

Woltersdorf, eine Gemeinde im Landkreis Oder-Spree in Brandenburg, gehörte zu den Orten am Rande Berlins, deren Bürger und Gemeindeverwaltung in den ersten Jahren nach der Wiedervereinigung stark von Rückübertragungsansprüchen belastet waren. Mit der Eigentumsproblematik waren die Bewohner, wie in vielen anderen Orten, bereits im Winter 1989/90 konfrontiert worden. Im Frühjahr 1990 tauchten die ersten Besucher auf, die entweder selbst oder deren Vorfahren dort gelebt hatten und die ihr Eigentum wieder in Augenschein nehmen wollten. Innerhalb der Bevölkerung wuchs spürbar die Unruhe und es stellte sich zunehmend die Frage, was mit den Grundstücken nach der Wiedervereinigung würde, wenn die DDR-Gesetze nicht mehr galten. Allen Betroffenen war klar, dass das Thema Eigentum in einem wiedervereinigten Deutschland eine andere Bedeutung haben würde. Auf Initiative und durch Vorbereitung des neu gegründeten Woltersdorfer Bürgerforums wurde deswegen am 23. April 1990 die Woltersdorfer Mietervereinigung ins Leben gerufen, die sich die Interessenvertretung und Beratung von Betroffenen zur Aufgabe gemacht hatte. Im Aufruf der Bürgerinitiative Woltersdorfer Bürgerforum zur Mietervereinigung Woltersdorf war zu lesen: »Viele Woltersdorfer sind besorgt, weil bereits Landsleute aus dem anderen Teil unseres Vaterlandes Inspektionsreisen in die ›alte Heimat‹ unternommen haben, um mit Bandmaß und Fotoapparat ausgerüstet, ihren ›alten Besitz‹ wieder zu übernehmen. Sie haben an die Wohnungstüren angeklopft, um den Bewohnern die bevorstehende Änderung der Eigentumsverhältnisse, die Modernisierung der Wohnung und natürlich auch eine Mietpreiserhöhung anzukündigen. Damit wir uns nicht missverstehen, wir heißen alle bei uns herzlich willkommen. Aber lasst uns auch in aller Sachlichkeit und vor allem gemeinsam die Probleme lösen, die sich in den 45 Jahren der Spaltung unseres Landes angestaut haben. Wir wollen deshalb am 23. April in unserer Gemeinde eine Mietervereinigung gründen, um damit nachhaltig den Fortbestand des verfassungsmäßig garantierten Rechtes auf Wohnraum für jeden Bürger und seiner

625 Gespräch mit Dr. Herbert Burmeister am 02.09.2014.

Familie zu fordern. Lasst uns gemeinsam eintreten für ein soziales Mietrecht, welches uns schützt vor: Wohnungskündigungen, ungerechtfertigten Mietpreiserhöhungen und der Vertreibung von den durch uns genutzten Wohngrundstücken.«[626]

Wolfgang Höhne, von 1990 bis 2010 Bürgermeister in Woltersdorf, erinnert sich noch gut an die Schwierigkeiten beim Aufbau demokratischer und rechtsstaatlicher Strukturen in den ersten Jahren nach der Wiedervereinigung. Wie in vielen anderen Orten gab es auch in Woltersdorf einen ausgeprägten Mangel an Wohnraum. Viele Häuser, die sich – bewirtschaftet von der Kommunalen Wohnungsverwaltung – unter staatlicher Verwaltung befanden, wurden daher an DDR-Bürger vermietet. Jene Mieter waren von der Aufhebung der staatlichen Verwaltung durch das Gesetz betroffen. In Woltersdorf wurde allerdings auch früh erkannt, dass der Ort kontinuierlich wachsen und dass es eine große Zahl an Zuzügen geben würde. Bereits im Jahr 1993 wurde deswegen eine sogenannte »städtebauliche Entwicklungsmaßnahme« initiiert, sodass etwa 100 neue Wohnungen errichtet werden konnten, die insbesondere den Menschen zur Verfügung standen, die wegen der ungeklärten Eigentumsfragen aus den gemieteten Häusern ausziehen mussten. Über den Ersten Förderweg wurden Mehrfamilienhäuser errichtet, indie vornehmlich von sozial schwachen Woltersdorfern bezogen wurden. In dem städtebaulichen Entwicklungsgebiet entstand neben den Mehrfamilienhäusern auch Bauland für jene, die sich die Errichtung eines Eigenheimes leisten konnten und wollten. Für Höhne galt es damals, die Auswirkungen der Rückübertragungsproblematik mithilfe des Baurechts abzumildern und dafür zu sorgen, dass niemand aus seinem sozialen Umfeld herausgedrängt wurde und innerhalb der Gemeinde eine bezahlbare Wohnung finden konnte. Die Instrumente des Baurechts sowie die Möglichkeit Fördermittel zu gewinnen, waren laut Höhne gut geeignet, die Probleme, die aus den ungeklärten Eigentumsfragen resultierten, zu lösen. Die Vergabe von Grundstücken zu DDR-Zeiten bewertet Höhne im Nachhinein als ambivalent. Vieles sei über die »Parteischiene« gelaufen. Schon alleine der Weg, ein Grundstück zugewiesen zu bekommen, sei oftmals innerhalb des »verfilzten Netzwerkes« schwierig gewesen. Dennoch seien fast alle Betroffenen ehrliche Seelen, die unter den bestehenden Bedingungen versucht hätten, das Beste für sich und ihre Familien zu erreichen. Höhne war sich bewusst, dass von den Auswirkungen des Vermögensgesetzes viele unbescholtene Bürger betroffen waren.

Wie in vielen anderen Berliner Umlandgemeinden gab es nach der Wiedervereinigung auch in Woltersdorf einen starken Zuzug. So wuchs die Einwohnerzahl von 4.790 im Jahr 1990 auf 7.885 im Jahr 2013. Doch auch wenn es durch den enormen Zuzug

626 Höhne, Wolfgang: Die Geschichte des Woltersdorfer Bürgerforums WBF. Teil 1 (die Wurzeln bis ins Jahr 1992), online unter: http://woltersdorfer-buergerforum.de/index.php?page=VulcanContent2List (letzter Abruf am 20.10.2015).

Spannungen zwischen Einheimischen und Zuzüglern gab, verliefen diese weitaus weniger konfliktreich als in Kleinmachnow. Laut Höhne lag dies auch darin begründet, dass der Zuzug in Woltersdorf eine andere Sozialstruktur aufwies. Etwa 80 Prozent der neuen Einwohner kamen aus den östlichen Stadtbezirken Berlins und nicht etwa aus den alten Bundesländern. Die aus dieser verhältnismäßig schnell wachsenden Einwohnerzahl resultierten Konflikte bewirkten eine Dynamik, die er für das Gemeindeleben als positiv bewertete. Eine besondere Entfremdungserfahrung oder gar Fremdenfeindlichkeit, die sich gegen die Zuzügler richtete, habe er hingegen nicht wahrgenommen. Höhne erinnert sich außerdem an viele positive Beispiele, bei denen die Eigentümer Häuser und Wohnungen sanierten und die Bewohner darin weiter wohnen bleiben konnten. In der Regel wurden rückübertragene Grundstücke jedoch weiterverkauft. Die umstrittenen Bestimmungen des Sachenrechtsbereinigungsgesetzes hielt er für einen guten Kompromiss. Bei der Klärung dieser Fragen sei zumeist alles sachlich und ruhig abgelaufen. Lediglich die Tatsache, dass sich die Einigung zwischen Nutzer und Eigentümer oftmals jahrelang hinzog, hatte zur Folge, dass daraus eine Phase fortgesetzter Unsicherheit entstand.

Rückblickend bewertet der langjährige Bürgermeister die gesetzlichen Bestimmungen als weitgehend vernünftig. Im Laufe der Zeit seien diese außerdem immer rechtsstaatlicher geworden, was allerdings mitunter hart umkämpft gewesen sei. Dadurch sei zwar niemand vertrieben worden, jedoch erinnert auch er sich an Fälle, in denen die Nutzer zu früh die Nerven verloren und das betreffende Grundstück geräumt hätten. Auch wenn im Einzelfall daraus Unrecht entstanden sein mag, habe die gesetzliche Regelung dennoch vor allem für eine gewisse Ordnung gesorgt. Für Höhne ist klar, dass eine gegenteilige Regelung ebenfalls zu schweren Konflikten geführt hätte und die Betroffenen in den meisten Fällen über die Gerichte gegangen wären, um wieder an ihr Eigentum zu kommen.

Deutsch-deutscher-Häuserkampf?

Aus den geführten Gesprächen mit den Bürgermeistern einiger Berliner Umlandgemeinden, die in einer brisanten Zeit die Geschicke ihrer Gemeinde leiteten, aus Gesprächen mit Mitarbeitern einiger Liegenschaftsämter und weiteren Zeitzeugen, darunter ein Pfarrer, ein Ortschronist und der Vorstand einer Wohnungsbaugesellschaft, ergibt sich ein sehr homogenes Bild, was die Auswirkungen für die Bewohnerschaft sowie die zentralen Probleme einer Gemeinde bei der Umsetzung des Restitutionsprinzips betrifft.[627] Kontakte per E-Mail zu Mitarbeitern von Gemeindeverwaltungen, Geschichtsvereinen oder Ortschronisten verstärkten diesen Eindruck zusätzlich.

[627] Eine Auflistung aller Gesprächspartner findet sich im Anhang.

Die Gemeinden, deren Bürgermeister befragt wurden, hatten eine hohe Anzahl an Rückübertragungsansprüchen zu beklagen.[628] Gleichzeitig war in allen Gemeinden ein starker Bevölkerungszuwachs zu verzeichnen, der das Gemeindeleben in nicht unerheblichem Maße beeinflusste. Während die Vorgänge in Kleinmachnow aufgrund der starken medialen Präsenz auch über die Landesgrenzen hinaus bekannt wurden, blieben andere Gemeinden, wo die Eigentumsfragen ebenfalls eine dominierende Rolle spielten, im Hintergrund.

Dass das Prinzip »Rückgabe vor Entschädigung« falsch gewesen sei, eine Entschädigungslösung in vielen Fällen einfacher und gerechter gewesen wäre, dass es zahlreiche Schwierigkeiten bei der Umsetzung gab und dass es kaum dazu geeignet war, die Eigentumsfragen auf gerechte Art zu lösen, darüber waren sich fast alle der Befragten einig. In einem bewertenden Rückblick stellten sie jedoch auch fest, dass vieles, was damals für so massive Konflikte gesorgt hat, aus heutiger Sicht relativiert werden müsse. Die Lösung der Eigentumsfragen wird von allen als ein schmerzhafter Prozess geschildert, bei dem am Ende aber tatsächlich auch für Ordnung gesorgt und Rechtsfrieden geschaffen werden konnte. Alle erinnern sich vor allem daran, dass die erste Zeit kurz vor und nach der Wiedervereinigung von mitunter sehr persönlichen Auseinandersetzungen zwischen Alteigentümern und Nutzern geprägt war. Dramatische Einzelfälle, in denen Mieter oder Nutzer mit unsauberen Methoden dazu bewegt werden sollten, die von ihnen bewohnten Grundstücke zu verlassen, waren traurige Realität und tragen auch heute noch dazu bei, dass die Lösung der Eigentumsfragen hinsichtlich der Frage nach Recht und Gerechtigkeit so deutlich negativ bewertet wird. So erinnern sich fast alle der Befragten namentlich an Fälle, wo ostdeutsche Nutzer Häuser und Grundstücke verlassen mussten oder sich einem mehrere Jahre andauernden Rechtsstreit ausgesetzt sahen. Als besonders schwierig wird vor allem die Situation der Mieter beschrieben, die als klare Verlierer der Restitutionsregelung gelten. Vor allem der Vergleich zur rechtlichen Lage der Nutzer von Wochenendgrundstücken, die aufgrund der Gesetzeslage in einer deutlich komfortableren Position waren als die Mieter, stieß auch heute noch auf erhebliche Kritik. Ein umfassender Wandel der Eigentumsverhältnisse in den jeweiligen Gemeinden wurde jedoch nicht attestiert.

Für viele Umlandgemeinden galt es als vordringliche Aufgabe, die Wohnungsnot, die mitunter schon vor 1989 ein Problem dargestellt hatte und durch die Eigentumsfragen und durch Zuwanderungen noch verstärkt wurde, zu lindern. So leiteten beispielsweise Falkensee, Kleinmachnow und Woltersdorf umfangreiche Maßnahmen in die Wege, um die Wohnungsprobleme zu lösen. Mithilfe von Entwicklungsgebieten

[628] Falkensee: Jürgen Bigalke, Kleinmachnow: Wolfgang Blasig, Schönwalde-Glien: Bode Oehme, Hohen-Neuendorf: Günter Siebert, Schulzendorf: Herbert Burmeister, Woltersdorf: Wolfgang Höhne, Bernau: Hubert Handke.

und des staatlich geförderten Wohnungsbaus konnten dabei in großer Zahl neue Wohnungen entstehen.

Vor allem Wohnungsbaugesellschaften und die zuständigen Liegenschaftsämter der Gemeinden leisteten Pionierarbeit bei der Klärung der Eigentumsfragen, wobei sie oftmals Neuland betraten und großen Anteil an der Etablierung einer neuen Rechtsordnung hatten. Deutlich negative Auswirkungen für die wirtschaftliche Entwicklung wurden von den befragten Bürgermeistern kaum geäußert. Das Prinzip »Rückgabe vor Entschädigung« habe kein wesentliches Investitionshindernis dargestellt, da mit den Regelungen zum Investitionsvorrang genügend Instrumente zur Verfügung standen, um mögliche Schwierigkeiten zu umgehen.

Zur Frage nach den Auswirkungen für die betroffenen Bewohner wurde nicht die Verdrängung oder die Vertreibung der Einheimischen benannt. Mit den Ausnahmeregelungen und Einschränkungen des Restitutionsprinzips gelang es, dass in den meisten Fällen redliche Erwerber tatsächlich geschützt blieben. Rückblickend waren es vor allem die Unsicherheit und die Angst vor dem Verlust der Immobilie, in vielen Fällen verbunden mit einer tiefgreifenden Veränderung der beruflichen Situation, die sich für so viele Menschen so gravierend auswirkte. Jene, die mitunter selbst für die Errungenschaften des Rechtsstaates gekämpft hatten, waren spürbar enttäuscht über die Entscheidungen des Gesetzgebers und die zum Teil jahrelang anhaltende Unsicherheit. Bürgermeister leisteten in vielen Fällen Beratung zur konkreten rechtlichen Situation oder fühlten sich mitunter auch als »Kummerkasten«. Dies war nötig, da sich die Ostdeutschen stark benachteiligt fühlten, Probleme mit der neuen Staatsform hatten und damit verbunden viele Schwierigkeiten, im wiedervereinigten Deutschland anzukommen. In der Zeit des Umbruchs und der Ungewissheit fiel es den Ostdeutschen sehr schwer, sich als gleichberechtigte Bürger wahrzunehmen. Im Jahr 1996 zeigten sich drei von vier Ostdeutschen überzeugt, dass nicht alle deutschen Bürger vor dem Gesetz gleich seien. Sie fühlten sich weder vom Recht noch von der Polizei beschützt und bezeichneten sich selbst als Menschen zweiter Klasse.[629]

Ökonomische oder wirtschaftliche Auswirkungen wurden von den Befragten kaum benannt. Es waren vor allem psychologische Folgen, die das Restitutionsgeschehen in den einzelnen Gemeinden kennzeichneten. Das Motiv des »Häuserkampfes«, das in der öffentlichen Wahrnehmung und in der medialen Darstellung eine große Rolle spielte, wurde von keinem bestätigt. In den Gemeinden fand kein deutsch-deutscher-Häuserkampf statt. Vielmehr traten die persönlich geführten Auseinandersetzungen hinter langwierigen juristischen Prozessen zurück, bei denen die Betroffenen viel zu lange um ihre Wohnsituation bangen mussten. Viele Ostdeutsche fühlten sich tatsächlich enteignet und vertrieben. Die Angst vor dem Verlust des Eigenheimes ging einher mit einer

629 Halter, Hans: Der Geschmack der Freiheit, in: DER SPIEGEL 45/1996 vom 04.11.1996, S. 64.

Entfremdungserfahrung. Negative Gefühle entwickelten und artikulierten sich vielfach gegen die neuen Nachbarn, die einem anderen sozialen und kulturellen Umfeld entstammten. Sie eskalierten dort, wo von diesen neuen Nachbarn ein Mitspracherecht in kommunalen Belangen eingefordert und damit an tradierten Mustern des Gemeindelebens gerüttelt wurde. Das Restitutionsgeschehen bildete dafür die Hintergrundfolie und bediente negative Klischees über die »Wessis«. Die Auseinandersetzung um Häuser und Grundstücke war vielerorts überlagert von drastischen Veränderungen des sozialen Umfeldes, die sich aus der Vereinigung beider Staaten ergeben hatten. Die Auseinandersetzung um Häuser und Grundstücke war vielerorts die Grundlage dafür, dass sich der Ost-West-Gegensatz drastisch verschärfte und zuspitzte. Durch die Zuwanderung aus den westlichen Bezirken Berlins und aus den alten Bundesländern traten Konflikte zutage, die durch unterschiedliche Lebensstile und Sozialisierung zu erklären sind. Mitunter passiert das noch heute. Diese Konflikte, die zwischen den Einheimischen und den Zugezogenen in einigen Gemeinden offen zutage traten, begannen zumeist erst Mitte der 1990er-Jahre. DER SPIEGEL berichtete im Jahr 1999 über »permanentes Antiwestlertum« und »nostalgisch gepflegte DDR-Mentalität«[630], die den Alltag vieler Zugezogener prägte und dafür sorgte, dass nicht wenige die Regionen wieder verließen. Vor allem das Berliner Umland sei Schauplatz eines »Ost-West-Kulturkampfes« geworden, bei dem »völlig unterschiedliche Mentalitäten und kulturelle Prägungen« aufeinander getroffen seien. Dennoch blieb sowohl den Einheimischen als auch den Zugezogenen nichts anderes übrig, als sich mit dem jeweiligen Gegenpart auseinanderzusetzen. Da sich die Menschen aus Ost und West zwangsläufig begegneten und miteinander auskommen mussten, erhielt die Wiedervereinigung auf lokaler Ebene durchaus auch positive Effekte. Heute spielen die Konflikte kaum noch eine Rolle. Ressentiments gegen Ost und West seien so gut wie nicht mehr vorhanden. Für nachfolgende Generationen wird der Ost-West-Konflikt noch weniger eine Rolle spielen.

[630] Wensierski, Peter: Geht doch wieder rüber, in: DER SPIEGEL 43/1999 vom 25.10.1999, S. 60.

Schlussbemerkungen

Eine Betrachtung der Vorbedingungen der Eigentumsproblematik und der Rechts- und Verwaltungspraxis der DDR im Umgang mit enteigneten oder unter staatliche Verwaltung gestellten Vermögenswerten war unerlässlich, um Aussagen über die Schwierigkeiten bei der Umsetzung der Restitutionsregelung nach 1990 treffen zu können. Nicht nur die gesetzlichen Vorgaben zum Umgang mit Flüchtlingsvermögen und insbesondere mit zurückgelassenen Immobilien, sondern vor allem auch deren Handhabung durch die DDR-Behörden waren Ursache für die späteren Konflikte um Häuser und Grundstücke in Ostdeutschland. Im Zuge der Wiedervereinigung war eine Neuordnung der Eigentumsverhältnisse notwendig, da sowohl die ehemaligen Eigentümer als auch die seinerzeitigen Nutzer rechtliche und moralische Ansprüche auf die Immobilien geltend machten. Anhand konkreter Beispiele in ausgewählten Orten wurde deutlich, dass die verantwortlichen DDR-Behörden mit der Verwaltung der Vermögenswerte, deren Zahl zwischen 1949 und 1989 kontinuierlich zunahm, überfordert waren. Im Laufe der Zeit änderten sich die gesetzlichen Vorgaben entscheidend und an DDR-Bürger wurden immer mehr Immobilien zur dauerhaften Nutzung übertragen. Sie blieben jedoch unter staatlicher Verwaltung und im Eigentum ihrer Besitzer. Dies war auch dem Umstand geschuldet, dass unter den Bedingungen der Mangelwirtschaft staatlich verwaltete Immobilien ohne private Investitionen und Engagement der Nutzer kaum instand gehalten werden konnten. Unzählige Häuser auf verwahrlosten Grundstücken, die ansonsten dem Verfall preisgegeben worden wären, wurden so durch den Einsatz der DDR-Bürger, die sich als Eigentümer fühlten, genutzt und instandgehalten. An den Eigentumsverhältnissen änderte sich faktisch nichts. Die SED strebte aus politischen Gründen zwar eine gesellschaftliche Umwälzung der Besitzverhältnisse an, konservierte jedoch die bestehenden Verhältnisse. Die Verwalter vor Ort waren stets dazu angehalten, DDR-Bürger zu finden, die diese Immobilien durch Kauf des Eigenheimes oder einen Überlassungsvertrag übernahmen.

Im Rahmen der Verhandlungen zu den offenen Vermögensfragen war es kaum möglich, exakt zu ermitteln, wie viele Immobilien zwischenzeitlich in das Eigentum Dritter übergegangen waren oder in wie vielen Fällen beispielsweise Überlassungsverträge abgeschlossen worden sind. Einen genauen Überblick über die entzogenen und staatlich verwalteten Vermögenswerte zu behalten, war für die DDR-Behörden schwierig bis unmöglich. Das ohnehin schon komplizierte Bodenrecht der DDR mit dem Rechtsinstitut der Nutzungsrechte wurde durch eine staatlich gebilligte Unordnung geradezu verworren. Bei der Verleihung von Nutzungsrechten oder bei sonstigen Grundstücksangelegenheiten kam es oftmals zu Unregelmäßigkeiten, die für die Nutzer beim Weiterbestehen der DDR keine Nachwirkungen gehabt hätten. Wie mehrere Beispiele zeigten, machten vor allem auch diese Fälle die Neuordnung der Eigentumsordnung nach der Wiedervereinigung schwierig.

Ein wichtiges Ergebnis der Betrachtung dieser Vorgänge ist zudem die Feststellung, dass der Umgang mit enteigneten und staatlich verwalteten Immobilien nicht losgelöst betrachtet werden kann vom Problem der latenten Wohnungsnot in der DDR, auf das die DDR-Behörden vor Ort zuweilen pragmatisch reagieren mussten. Durch die Überlassungsverträge gelang es, gleich mehrere Probleme auf einmal zu lösen. Für die Nutzer, die ein solches staatlich verwaltetes Grundstück übernahmen, war das Problem der Wohnungsnot zunächst gelöst. Sie übernahmen gleichzeitig sämtliche öffentlichen Lasten für die Grundstücke, sodass der Staat dadurch Einnahmen erzielen konnte, und kümmerten sich in Eigenregie um Instandhaltung und Instandsetzung der Häuser. Ohne Zweifel hat es in vielen Fällen eine Vorteilsnahme durch Ausnutzen einer persönlichen Machtstellung gegeben. Viele Immobilien kamen durch Korruption oder Vortäuschung einer Zwangslage an neue Besitzer und oftmals gelang es wichtigen Funktionsträgern, sich besonders attraktive Immobilien zu sichern. Doch in der Mehrzahl der Fälle kann den »normalen« DDR-Bürgern kein Vorwurf gemacht werden. Auch wenn oftmals bekannt war, dass es sich um belastete Häuser und Grundstücke handelte, mussten sie sich auch bei der Wohnungssuche mit dem arrangieren, was ihnen von staatlicher Seite geboten wurde. Es bestand kaum eine Entscheidungsmöglichkeit darüber, ob es sich um ein staatlich verwaltetes Grundstück handelte, dass ihnen per Überlassungsvertrag angeboten wurde, ein Haus, das von der KWV verwaltet und eventuell zum Kauf angeboten oder um ein Grundstück, das von einer LPG genutzt und mit einem Eigenheim verkauft wurde. Hinter der Entscheidung, diese Angebote anzunehmen, steckte nicht etwa die Loyalität zum Unrechtsstaat, sondern der Glaube an den Fortbestand der deutschen Teilung und beider deutscher Staaten. Wohl kaum jemand, der ein solches Grundstück nutzte, ging davon aus, sich eines Tages mit der Tatsache auseinandersetzen zu müssen, nicht der rechtmäßige Eigentümer zu sein. Die DDR-Bürger, die Häuser und Grundstücke nutzen, betrachteten sich als solche, zumal sie – selbst als Mieter – mitunter viel Kraft und finanzielle Mittel in den Erhalt investierten. Unter den gegebenen Umständen konnten sie nicht das im Westen übliche, umfangreiche Angebot örtlicher Baumärkte nutzen oder zwischen mehreren Handwerkern für die Ausführung diverser Baumaßnahmen wählen. Ihre Mühen und Strapazen beim Bau, Umbau oder bei der Instandhaltung der Immobilien sind kaum zu beziffern.

Die Situation der Eigentumsverhältnisse war vor allem auf dem Gebiet der staatlichen Verwaltung für Verwalter und Nutzer unbefriedigend und eine klare Regelung für die Zukunft notwendig und geboten. Die zuständigen staatlichen Verwalter hatten keine Möglichkeiten für eine ordnungsgemäße Verwaltung, die auf Dauer die Modernisierung und damit den Erhalt der Gebäude gewährleistete. Nutzer konnten sich damit arrangieren oder selbst etwas zur Instandhaltung beizutragen, wohl auch in der Hoffnung irgendwann einmal der Eigentümer der Immobilie zu werden. Bis zum Ende der DDR blieben das Wohnungsproblem und auch das Problem der zwangsverwalteten Immobilien präsent. Dass es einer politischen Regelung der Eigentumsfragen bedurfte, zeigte sich im Frühjahr 1990 - lange vor Verabschiedung der Gemeinsamen Erklärung und dem Inkrafttreten des Vermögensgesetzes - als sich die ehemaligen Eigentümer vor Ort nach ihren Immobilien erkundigten und unter Ostdeutschen große Unsicherheit darüber ausbrach, ob sie die von ihnen genutzten Immobilien auch weiterhin bewohnen können. Erst in dieser Phase schauten sich viele Ostdeutsche ihre abgeschlossenen Verträge, auf deren Fortbestand sie jahrzehntelang vertrauen konnten, genauer an und erkannten, dass mit dem Ende der DDR möglicherweise auch ihr Recht am Grundstück infrage gestellt werden würde. Die Lösung, auf die sich die untergehende DDR und die Bundesrepublik nach langwierigen und mühevollen Verhandlungen verständigten, hatte zur Folge, dass ostdeutsche Immobiliennutzer plötzlich für etwas in der Verantwortung standen, woran sie keine Schuld trugen. Die Bestimmungen des Vermögensgesetzes, die stark verkürzt und vereinfacht mit dem Prinzip »Rückgabe vor Entschädigung« wiedergegeben sind, bedeuteten jedoch nicht, dass jeder durch DDR-Behörden unrechtmäßig angeeignete Immobilienbesitz an den Eigentümer oder deren Erben zurückgegeben werden sollte. Vielmehr waren bereits in der Gemeinsamen Erklärung und auch später im Vermögensgesetz zahlreiche Ausnahmen und Einschränkungen definiert, die eine Rückgabe unmöglich machten. Eine Rückgabe konnte nur erfolgen, wenn den ostdeutschen Nutzern Unredlichkeit nachzuweisen war.

Das Tempo des Wiedervereinigungsprozesses wirkte sich auch auf das Finden und Anwenden der gesetzlichen Regelungen zur Klärung der Eigentumsverhältnisse aus. Dadurch fehlte den Entscheidungsträgern die Zeit, für einen genauen Überblick über Probleme auf dem Gebiet der Eigentumsverhältnisse in der untergehenden und sich dann transformierenden DDR. Vieles, was den DDR-Bürgern selbstverständlich erschien, war in der Bundesrepublik gänzlich unbekannt und wurde von den bestehenden gesetzlichen Regelungen kaum oder nur unzureichend erfasst. Die Gründe, warum sich beide Seiten für eine Restitutionsregelung entschieden haben, sind nach rechtsstaatlichen Maßstäben durchaus plausibel. Eine Aufarbeitung der Grundstücksverhältnisse und die Wiedergutmachung von Unrecht durch Enteignung und Zwangsverwaltung waren notwendig. Sie gehörten ebenso zur Auseinandersetzung mit dem Unrechtscharakter der DDR, wie die Aufarbeitung der Machenschaften des Staatssicherheitsdienstes oder die juristische Aufarbeitung der Todesschüsse an der innerdeutschen Grenze. Es darf nicht übersehen werden, dass die Restitution dazu dienen sollte, zu DDR-Zeiten begangenes Unrecht wiedergutzumachen.

Deutlich wurde, wie wenige Kenntnisse es in der Bundesrepublik überhaupt über das DDR-Bodenrecht und über die tatsächlichen Nutzungsverhältnisse gab. Das lange Zeit favorisierte Erbbaurecht, mit dem die Bundesrepublik hoffte, die Interessen beider Seiten zu befriedigen, hätte kaum zu einer endgültigen Lösung des Problems beigetragen. Vielmehr wären Ostdeutsche über kurz oder lang besitzlos geworden, während westdeutsche Eigentümer jahrzehntelang keinen Zugriff auf ihre Grundstücke gehabt hätten – eine Lösung, mit der weder Rechtssicherheit geschaffen noch Wiedergutmachung geleistet oder ein sozialverträglicher Ausgleich hergestellt worden wäre. Die Vorstellung, dass die Entscheidung zur Restitutionslösung durchgesetzt wurde, weil die DDR zu diesem Zeitpunkt ohnehin kein gleichberechtigter Verhandlungspartner mehr gewesen sei, kann nicht bestätigt werden. Die DDR-Seite machte sehr deutlich, dass sie eine reine Entschädigungslösung für die beste Variante hielt, um zu einer Lösung auf dem Gebiet der offenen Vermögensfragen zu kommen. Das Prinzip »Rückgabe vor Entschädigung« mit der Maßgabe, dass, wenn möglich, entzogene Immobilien wieder an den Eigentümer rückübertragen werden, war eine ausgearbeitete Kompromisslösung, bei der zahlreiche Einschränkungen und Ausnahmeregelungen zum Schutz eines redlichen Erwerbers eingefügt worden waren.

Beide Seiten, vor allem aber die Bundesrepublik, unterschätzten die Eigentumsproblematik. Die DDR aus schlechter Gewohnheit ihrer jahrzehntelangen Praxis heraus, die Bundesrepublik aus einer bemerkenswerten Unkenntnis dessen, was sich in der DDR manifestiert hatte. Als schwerwiegender Fehler stellte sich die selbstgewisse Annahme heraus, dass die Umsetzung der gesetzlichen Regelungen leicht zu bewerkstelligen sei. Die Restitutionsfrage war ein flächendeckendes Problem und beschränkte sich nicht auf einige Tausend Fälle, bei denen eindeutig zu klären war, wer denn der rechtmäßige Eigentümer eines Grundstücks war.

Die Umstände der Grundstücksvergabe, die theoretischen und praktischen Belange des Bodenrechts und der Umgang mit Flüchtlingsvermögen, die Tatsache, dass DDR-Bürger gezielt zur Nutzung der Grundstücke angehalten worden waren und, dass sie mitunter Verträge hatten, die ihnen den Fortbestand ihrer Nutzungsrechte bis an ihr Lebensende sicherten – all dies hätte bei den Verhandlungen stärker berücksichtigt werden müssen. Eine derartige Rücksichtnahme hätte jedoch die Verhandlungen prolongiert und eine abschließende Klärung dieser Fragen vor der Unterzeichnung des Einigungsvertrages verhindert. Die Betrachtung der Verhandlungsunterlagen hat gezeigt, dass es für die Restitutionslösung nicht das eine entscheidende Motiv gegeben hat, sondern eine Vielzahl an Überlegungen dazu beitrug, die Eigentumsfragen auf diese Weise zu lösen. So haben auch ideologische Beweggründe eine nicht zu unterschätzende Rolle gespielt. Nicht zu übersehen war die Annahme aufseiten der Bundesrepublik, was in der DDR entstanden war, sei per se nicht schutzwürdig und sollte daher rückgängig gemacht werden. Das richtete sich jedoch vor allem gegen die Belange der Ostdeutschen, deren Wunsch nach Beibehaltung der Eigentumsverhältnisse und dem Fortbestand ihrer Rechte nicht auf irgendeiner Ideologie vom Eigentum basierte. Auch die Frage, ob ein verfassungsrechtliches Gebot zur Restitutionslösung bestand, spielte in den Verhandlungen eine Rolle. Dies wurde zwar später aus rechtswissenschaftlicher Sicht verneint, aber vor allem die Bundesregierung argumentierte auch in den Folgejahren damit, dass eine Bindung an das Grundgesetz und damit an die Eigentumsgarantie bestanden habe. Ein Aufrechterhalten und Konservieren des Zustandes von 1989 wäre mit dem Grundgesetz nicht vereinbar gewesen. Nicht unterschätzt werden dürfen außerdem die Forderung nach Wiedergutmachung seitens der ehemaligen Eigentümer sowie die Annahme, dass eine reine Entschädigungslösung nicht finanzierbar gewesen sei.

Die offenen Vermögensfragen auf diese Weise zu lösen – unter den Vorzeichen der Rechtsstaatlichkeit den Ausgleich zwischen zwei fundamental gegensätzlichen Interessengruppen zu finden –, war ein ehrgeiziges Vorhaben ohne historisches Vorbild. Im Gegensatz zum Verfahren in anderen postkommunistischen Staaten machte das wiedervereinigte Deutschland den Versuch, die Eigentumsfragen nach dem Ende der Diktatur durch eine umfangreiche Gesetzgebung zu klären. Wäre eine derart normierte Regelung ausgeblieben, hätte es eine unüberschaubare Zahl von Rechtsstreitigkeiten zwischen den konkurrierenden Interessenten zur Folge gehabt. Die Umsetzung der gesetzlichen Vorgaben gestaltete sich – auch das anders als damals erwartet – sehr schwerfällig. Der Aufbau eines allein dafür eingerichteten Verwaltungsapparates war eine Mammutaufgabe, für die vor allem am Anfang nicht ausreichend Personal zur Verfügung stand. Die Bearbeitung der schließlich über zwei Millionen Anträge auf Rückübertragung von Häusern, Grundstücken und anderen Vermögenswerten in den neuen Bundesländern nahm viel Zeit in Anspruch, was neben der unzureichenden Ausstattung der Vermögensämter vor allem auch der Lückenhaftigkeit des Gesetzes geschuldet war und der Tatsache, dass strittige Fälle eben nicht, wie fälschlich angenommen, an einem Tag gelöst werden konnten. Die Frage, wer der rechtmäßige Eigentümer war, geriet mitunter zu einer Detektivarbeit, bei der mühsam Unterlagen bis in die 1930er-Jahre zurückverfolgt und Sachverhalte mittels Kaufverträgen, Testamenten und staatlichen Dokumenten rekonstruiert werden mussten. Die Klärung der strittigen Fragen belastete Eigentümer, Nutzer und forderte die zuständigen Rechtsinstanzen, sodass die Gemüter der Betroffenen über viele Jahre nicht zur Ruhe kamen und die juristischen Apparate mehr als ausgelastet waren.

Mehrfache Novellierungen des Ursprungsgesetzes waren notwendig, um die Rechts- und Alltagspraxis, die Interessen und auch die Ansprüche der ostdeutschen Nutzer stärker zu berücksichtigen. Das Restitutionsprinzip blieb auf politischer Ebene stets stark umstritten und fand in den Reihen der Opposition kaum Befürworter. So gerieten nahezu alle Debatten um die Novellierungen des Vermögensgesetzes und weitere Gesetzentwürfe für die Klärung der Eigentumsfragen zu Auseinandersetzungen um eine mögliche Abkehr vom Weg des Restitutionsgrundsatzes. Längst entschiedene Sachverhalte waren Anlass für diverse Streitgespräche und offenbarten, wie wenig Rückhalt die Entscheidung zur Lösung der offenen Vermögensfragen in der Politik hatte. Vor allem die sogenannte Stichtagsregelung sorgte auf parlamentarischer Ebene und auch bei den Betroffenen für Unmut und schuf neue Konflikte. Auch wenn das Bundesverfassungsgericht die Regelung bestätigte, erscheint ihre Berechtigung nicht plausibel und mittels einer generellen Streichung hätten viele Streitfälle schneller beigelegt werden können. Der Gesetzgeber hat sich bei den weiteren großen Gesetzesvorhaben zur endgültigen Neuordnung der Eigentumsverhältnisse sehr schwer getan. Es dauerte zusätzliche vier Jahre, bis das Sachenrechtsbereinigungsgesetz, das Schuldrechtsanpassungsgesetz und das Entschädigungs- und Ausgleichsleistungsgesetz verabschiedet wurden. Auch wenn die öffentliche Meinung die Klärung der Eigentumsfragen gemeinhin mit dem Prinzip »Rückgabe vor Entschädigung« gleichsetzt, lagen damit seit 1994 weitere große und wichtige Gesetzeswerke vor, durch die eine endgültige Klärung strittiger Fragen erst möglich war. Bei den Auseinandersetzungen um privat genutzte Immobilien ermöglichte erst das Sachenrechtsbereinigungsgesetz neue Kompromisse. Wie die Betrachtung einzelner Fälle gezeigt hat, war jedoch auch die Umsetzung dieser gesetzlichen Vorgaben mit großen Schwierigkeiten und teilweise sogar mit neuem Unrecht verbunden. Vor allem die Inhaber von Überlassungsverträgen für bebaute Grundstücke fühlten sich ungerecht behandelt, denn ihre Ansprüche auf den Ankauf zum halben Verkehrswert blieben ihnen, trotz jahrelanger Nutzung der Grundstücke, oftmals verwehrt.

Der Vorwurf, das Restitutionsprinzip sei der Grund für eine massenhafte Vertreibung der Ostdeutschen gewesen, lässt sich anhand der untersuchten Vorgänge nicht verifizieren. Die Statistiken zeigen deutlich, dass lediglich 18 Prozent der strittigen Grundstücke tatsächlich restituiert wurden. Offen bleibt jedoch die Frage, bei wie vielen Fällen es sich um bebaute und damit bewohnte Grundstücke handelte. Unklar bleibt ebenfalls, wie viele Mieter ausziehen mussten, nachdem die alten/neuen Eigentümer wieder Verwaltung und Befugnisse übernahmen. Viele Konflikte, die nach 1990 auftraten, bestanden zwischen Eigentümern und Mietern der Immobilien. Um die Frage zu beantworten, wie viele Einwohner als Folge der gesetzlichen Regelungen ihren Wohnort verlassen haben oder verlassen mussten, fehlen verlässliche empirische Grundlagen. Eine nicht geringe Anzahl von Betroffenen verließ bereits nach der Anmeldung eines Anspruches vonseiten des Eigentümers die Immobilie und gab das langjährige Wohnrecht »freiwillig« auf.

Die Bevölkerung im Berliner Umland hat sich seit der Wiedervereinigung stark verändert. Durch einen einsetzenden Suburbanisierungsprozess fand ein enormer Zuzug statt, was in einigen Gemeinden zu erheblichen Konflikten zwischen Zugezogenen und Einheimischen führte. Dabei handelte es sich bei den neuen Bewohnern keineswegs nur um Alteigentümer, die ihre Grundstücke wieder in Besitz nahmen. Eine Zunahme der Bevölkerung war vor allem überall dort zu verzeichnen, wo neue

Wohnungen in sogenannten Wohnparks errichtet wurden. Weiterhin fand eine umfangreiche Bebauung durch Nachverdichtung statt, die zum Teil bis heute anhält. Das Restitutionsgeschehen bildete für die vorhandenen Konflikte jedoch einen dauerhaften Hintergrund. Auftretende Auseinandersetzungen um Grundstücke beförderten diese Konflikte und ließen einen Ost-West-Gegensatz deutlicher hervortreten, als dieser mitunter tatsächlich war. Die Frage, ob die Klärung der Eigentumsfragen eine besondere Hürde für die Wiedervereinigung auf lokaler Ebene darstellte, lässt sich kaum beantworten. Zweifellos haben der Umgang der jeweiligen Konfliktpartner miteinander, die Probleme mit Kündigungen und Eigenbedarfsklagen, die persönlichen oder langjährigen juristischen Auseinandersetzungen das Bild des jeweils anderen stark geprägt und zu einer negativen Stimmung gegen westdeutsche Zugezogene beigetragen. Sie wurden als diejenigen wahrgenommen, die Einheimische »vertrieben«. Die Zusammenschlüsse von Betroffenen oder auch das eingeforderte Mitspracherecht der Zugezogenen über kommunale Belange trugen in den Gemeinden zum Teil dazu bei, dass die Fronten sich verhärteten. Hier trafen Ost- und Westdeutsche aufeinander, deren Biografien sich in den vorangegangenen Jahren sehr unterschiedlich entwickelt hatten. Im Gepäck hatten sie Vorwürfe und Vorurteile, die insbesondere bei den Auseinandersetzungen um Immobilien deutlich zutage traten. Es war die Entscheidung zu gehen oder zu bleiben, die sich für viele DDR-Bürger stellte und die später die Ostdeutschen auch Jahre nach der Wiedervereinigung trennte. Die Alteigentümer waren mit dem Vorwurf konfrontiert, sich durch Flucht oder Ausreise unisono auch gegen ihr Eigentum in der DDR entschieden zu haben. Sie hätten Haus und Grundstück zurückgelassen, sich fortan nicht mehr darum gekümmert und damit jeglichen Anspruch darauf verloren. Unterschwellig oder offen flankierte diese Auffassung der Vorwurf, sie hätten es in der Bundesrepublik ohnehin leichter gehabt und zumeist sogar zu einigem Wohlstand gebracht. Ostdeutsche, die auf die Alteigentümer trafen, hörten den Vorwurf, sich hätten sich mit dem System arrangiert und vom Immobilienverlust der anderen profitiert. Dieser der Eigentumsfrage innewohnende Ost-West-Konflikt war auf lokaler Ebene bedeutend für Erfolg oder Misserfolg des Zusammenwachsens beider Teile Deutschlands und ihrer Bewohner. Letztlich mussten sich beide Seiten zwangsläufig miteinander auseinandersetzen, sich arrangieren und zum Teil über kommunale Belange verständigen.

Verlierer und Gewinner gab es auf beiden Seiten. Eine Teilung in Ost = Verlierer und West = Gewinner lässt sich nicht vornehmen. DDR-Bürger, die nach dem Modrow-Gesetz im Frühjahr 1990 ein Grundstück als Komplettierungskauf zu den staatlich festgesetzten niedrigen Bodenpreisen erwerben durften, können sich durchaus zu den Gewinnern zählen, ebenso wie der Erbe, der im Haus seines Vaters einen Mieter zu wohnen hatte, mit dem er sich auf eine Abstandszahlung einigen konnte, um dann die Immobilie gewinnbringend zu verkaufen. Es gab auch Nutznießer, die als Erben einen längst verloren geglaubten Familienbesitz wieder an den Markt bringen konnten. Jene

Alteigentümer, die ein sogenanntes Datschengrundstück zurückforderten, mussten sich dagegen damit abfinden, den dortigen ostdeutschen Nutzern nicht ohne Weiteres kündigen zu können. Ihnen blieb über viele Jahre ein Zugriff auf ihre Grundstücke verwehrt. Die ostdeutschen Datschennutzer mussten im Gegenzug mit der Gewissheit leben, das gehegte und gepflegte Erholungsgrundstück eines Tages abgeben zu müssen. Auch jene, die aufgrund des redlichen Erwerbs eines Nutzers statt des Grundstücks lediglich eine Entschädigung bekamen, sehen sich womöglich als Verlierer, ebenso wie jene Mieter, die nach Jahren die von ihnen genutzte Immobilie infolge eines Eigenbedarfsanspruchs des Eigentümers verlassen mussten. Als Verlierer der Restitutionsregelung könnten vor allem die Mieter gelten. Auch wenn hierbei zu bedenken ist, dass sie nicht ernsthaft erwarten konnten, durch gesetzliche Regelungen Eigentümer einer Immobilie zu werden, die sie ja auch nach DDR-Recht nicht waren. Außerordentlich groß war die Enttäuschung und Verbitterung der Betroffenen, die zwischen 1945 und 1949 enteignet worden waren und keine Ansprüche auf eine Rückübertragung ihrer entzogenen Vermögenswerte geltend machen konnten.

Viele betroffene Ostdeutsche verloren das Vertrauen in den Rechtsstaat, waren enttäuscht über die Demokratie, für die sie einst auf die Straße gegangen waren, und über den Pauschalvorwurf einer möglicherweise unberechtigten Nutzung ihrer Immobilien. Ihre Loyalität gegenüber der neuen Ordnung war mitunter allein vom eigenen Schicksal abhängig. Die neue Zeit begann für sie mit der Auseinandersetzung eines ihnen weitgehend unbekannten Rechtssystems. Sie machten Bekanntschaft mit Anwälten und Richtern, die wenig Verständnis für die in der DDR gewachsenen Eigentumsverhältnisse hatten, und sie befassten sich mit komplizierten Gesetzestexten, die über ihr weiteres Leben entscheiden sollten. Sie waren überfordert mit der unbekannten Rechtsmaterie und wurden mit der Tatsache konfrontiert, vielleicht keine Eigentümer zu sein, auch wenn sie sich jahrzehntelang als solche betrachtet und auch so verhalten hatten. Sie mussten mit der Tatsache leben, ein Haus, das ihnen ein Zuhause geworden war, zu verlieren. Sie schlugen sich allein durch oder schlossen sich mit anderen Betroffenen zusammen, gründeten Vereine. Sie nahmen Abstandzahlungen an und verließen das gemietete Haus, das ihnen in den vergangenen Jahren so lieb und teuer geworden war. Sie stellten sich der Herausforderung und kämpften um ihr Recht oder sie beschlossen, einen neuen Lebensweg einzuschlagen und gaben die lang genutzte Immobilen ohne Ausschöpfung der rechtlichen Mittel auf.

Der Weg in das wiedervereinigte Deutschland war für viele Ostdeutsche mitunter mühsam und beschwerlich, besonders aber für jene, die um Haus und Grundstück bangen mussten. Die Lösung der offenen Vermögensfragen und die Vorgabe, wenn möglich, Grundstücke an die alten Eigentümer zurückzugeben, war für alle Beteiligten ein überaus schmerzhafter Prozess, gekennzeichnet von der Einsicht, dass eine Korrektur der Entwicklung der letzten 40 Jahre nicht ohne Einschnitte zu bewerkstelligen war.

Der Prozess war für viele verbunden mit finanziellen Einbußen, mit dem Verlust des vertrauten Lebensumfeldes und mit weiteren Sorgen und Nöten. Doch auch ihr Gegenpol, die vermeintlich stets wohlhabenden Westdeutschen, der »rabiate Alteigentümer« und der »rücksichtslose Profiteur« sollte eine differenzierte Bewertung erfahren. Auch ihre Lebensgeschichten, ihre moralischen Ansprüche und die Verbundenheit zur Heimat und zu längst verloren geglaubten Häusern und Grundstücken müssen gewürdigt werden. Vielfach haben sie sich noch heute zu rechtfertigen, für etwas, was ihnen zustand – den finanziellen Ausgleich für einen einst erlittenen Verlust. Die Tatsache, dass ihnen zuvor in den meisten Fällen einst Unrecht widerfahren war, sollte dabei stärker in den Vordergrund rücken.

Die zunehmende zeitliche Distanz ermöglicht die Feststellung, dass alles glimpflich abgelaufen ist, dass eine »Vertreibung« nicht stattgefunden hat und dass der »Häuserkampf« nur in seltenen Fällen zur Realität geworden ist. Die nüchterne Statistik zeigt, dass weitaus weniger Grundstücke an Eigentümer oder deren Erben rückübertragen worden sind, als befürchtet wurde und als die Zahl der gestellten Anträge vermuten ließ. Dies alles kann jedoch nicht darüber hinwegtäuschen, dass das Gefühl, benachteiligt worden zu sein, im Osten noch immer tief verwurzelt ist und vielleicht auch bleiben wird.

Die mediale Präsenz des Themas, besonders in den ersten Jahren nach Inkrafttreten der Regelung, sorgte für eine zusätzliche Polarisierung. Vor allem in den Printmedien war kaum eine neutrale Berichterstattung zu finden. Bei fast allen beschriebenen Beispielen ging es vornehmlich um die Darstellung menschlicher Konflikte und weniger um juristische Tatsachen. Die pauschale Kritik an der Restitutionsregelung reihte sich nahtlos ein in allgemeine kritische Betrachtungen zum Transformationsprozess. Der Umbau der Institutionen und die Übernahme eines neuen Rechtssystems wurden als ein Akt der Fremdbestimmung dargestellt. Nicht nur in der öffentlichen Meinung, sondern auch auf politischer Ebene war der Grundsatz »Rückgabe vor Entschädigung« stark umstritten und fand wenig Befürworter. Die Forderung nach einer Umkehr des Prinzips begleitete jede Debatte um neue Gesetzentwürfe, obwohl eine Abkehr des zuvor eingeschlagenen Weges auch aufgrund der bereits entschiedenen Fälle kaum noch möglich war. Mit pointierten Statements zur Restitutionsfrage suchten Politiker Wählersympathien zu gewinnen, freilich ohne das gewählte (und laufende) Verfahren anzutasten.

Die Urteile, die über die Lösung der offenen Vermögensfragen gefällt wurden, waren und sind vernichtend. es hieß, sie sei der »Geburtsfehler der deutschen Einheit«[631], ein »klassischer Fehlstart, vor allem aus psychologischen Gründen falsch«[632] oder wur-

631 De Maiziére, Lothar: Anwalt der Einheit. Ein Gespräch mit Christine de Maizieres. Berlin 1996, S. 102.

632 Trimbach, Herbert: Das Prinzip »Rückgabe vor Entschädigung« und seine Aufarbeitung. Rückblick und Ausblick nach 10 Jahren Regelung offener Vermögensfragen, in: OV-Spezial, 19/2000, S. 277.

de, mit Rückgriff auf theologische Terminologie, zur »Todsünde der Vereinigung«[633] erklärt. Solche Analogien klingen bemüht und übertrieben, doch sie sind nicht gänzlich von der Hand zu weisen. Die Auseinandersetzungen um Haus und Hof waren ein Nährboden für Neid, Habgier, Geiz, Hochmut und Zorn.

Die Liste der prominenten Kritiker des Rückgabegrundsatzes ist lang und enthält Namen von Politikern, deren Urteil aufgrund ihrer praktischen Erfahrung mit dem Umsetzen dieser Regelung oder wegen ihres politischen Weitblicks plausibel ist.

Vielleicht liegt es an der Komplexität des Themas oder daran, dass die Betrachtung aus verschiedenen Blickwinkeln zum Teil recht unterschiedliche und sich widersprechende Ergebnisse zeigt, sodass auch am Ende einer wissenschaftlichen Betrachtung die negativen Urteile weder geteilt noch in Abrede gestellt werden können. Fazit dieser vorläufigen Gesamtbetrachtung kann nicht mehr und nicht weniger sein, dass die Entscheidung zur Restitutionslösung unumgänglich war, um die offenen Vermögensfragen tatsächlich einer Lösung zuzuführen und das rechtliche Vakuum, dass die DDR auf diesem Gebiet hinterlassen hatte, rechtsstaatlich fundiert zu füllen. Zwar entstand dadurch Rechtssicherheit auf dem Gebiet der Neuordnung der Grundstücksverhältnisse in den neuen Bundesländern, zu Rechtsfrieden kam es jedoch in vielen Fällen nicht. Auch nach der Erledigung der Mehrzahl der Streitfragen und der Tatsache, dass die offenen Vermögensfragen damit als weitgehend abgeschlossen betrachtet werden können, ist eine tief verankerte, gefühlte Ungerechtigkeit noch immer signifikant.

Die vorliegende Auseinandersetzung mit zwei Jahrzehnten Rückübertragungsverfahren im Prozess der deutschen Wiedervereinigung wirft an vielen Stellen neue Fragen auf. Für künftige Forschungen zu diesem Thema erscheint eine systematische inhaltliche Analyse einzelner Verfahren notwendig, um Aussagen über die Effizienz der Gesetzgebung treffen zu können. Fraglich ist nach wie vor, ob die gesetzlich festgeschriebene, dichotomische Differenzierung in redlichen und unredlichen Erwerb ein geeignetes Kriterium war, um verbindlich zu entscheiden, wer als rechtmäßiger Eigentümer gelten kann. Aus heutiger Sicht ließe sich die Frage aufwerfen, ob sich das Restitutionsprinzip beispielsweise als Katalysator für Wahlerfolge der PDS ausgewirkt hat. Möglicherweise erfährt das Thema zukünftig nach dem Zugang zu weiteren Quellen oder durch eine systematische Auswertung von Akten einzelner Vermögensämter eine Neubewertung. Auch wenn eine wissenschaftliche Bearbeitung unter historischen Gesichtspunkten in einigen Jahren zu anderen Ergebnissen kommt, mag die Auseinandersetzung auf Basis der heutigen Quellenlage vor allem der Versachlichung des Themas dienen. Ein Vierteljahrhundert nach der Wiedervereinigung sollte die Zeit reif dafür sein.

633 Dieckmann, Christoph: Nach dem Glauben, in: DIE ZEIT vom 12.09.2002.

Anhang

Quellen- und Literaturverzeichnis

Ungedruckte Quellen

a.) Bundesarchiv Berlin-Lichterfelde
Bestand DN 1 Ministerium der Finanzen der DDR
38694, 23116, 39156, 130073, 121964b, 121974, 122239, 115184, 122511, 23132, 115182a, 27263, 27246, 16325, 122248, 27275, 122621, 140212
Bestand DC 20 Ministerrat der DDR
DC 20-I/3/2886, DC 20-I/3/2914, DC 20/19362, DC 20/6734, DC 20/2992, DC 20/6003a, DC 20-I/3/2921, DC 20/6025, DC 20-I/3 2926, DC 20-I/3/2936, DC 20/6073,
Bestand DA 1 Volkskammer der DDR
DA1/17501, DA1/17480, DA1/16641
Bestand DO 1 Ministerium des Innern
21009

b.) Bundesministerium für Justiz
Az.: 3400/2-1, Bd. 1a, Az.: 3400/2-1, Bd. 2. Az.: 3440/4-6, Bd. 4, Az.: 3400/2-1. Bd. 5, Az.: 3400/2-1, Bd. 17, Az.: 3400/2-1, Bd. 1

c.) Bundesarchiv Koblenz – Akten des Bundeskanzleramtes
B 136/26458, B 136/26459

d.) Archiv des Amtes für den Rechtsschutz des Vermögens der DDR (AfR-Archiv)
300, 693, 301, 149, 148

e.) Brandenburgisches Landeshauptarchiv in Potsdam (BLHA)
Rep. 401 Bezirkstag und Rat des Bezirkes Potsdam Nr. 22036, 14510
Rep. 601 Bezirkstag und Rat des Bezirkes Frankfurt Oder Nr. 22921, 22960,
Rep. 801 Bezirkstag und Rat des Bezirkes Cottbus Nr. 26753

f.) Kreisarchiv Barnim
Rat des Kreises Bernau E.I. 18296
Rat des Kreises Eberswalde D.I. 25118 D.I. 25120,

g.) Kreisarchiv Teltow-Fläming
VI 9761, VI 9933, VI 9320, VI 9312, VI 9164, VI 8727, VI 8475, VI 8372

h.) Gemeindearchiv Kleinmachnow
10 24 00/1
10 24 03/6
10 24 06/14 A
10 24 06/14 B
10 24 06/15
10 25 01/2
60 2002/6
61 1301/15

i.) Materialsammlung - Selbsthilfeverein Nutzer Kleinmachnow (SHVN)(ohne Signaturen)
Verband der Kleingärtner, Siedler und Grundstücksnutzer e.V.: Denkschrift zum Rohentwurf eines ersten Gesetzes zur Änderung des Schuldrechtsanpassungsgesetzes der Bundesrepublik Deutschland und seine Auswirkungen auf die Nutzung von Erholungs- und Freizeitgrundstücken in den neuen Bundesländern vom 6. März 2001.
Faltblatt PDS Fraktion im Landtag Brandenburg, Nutzer Info: Warum lehnt die Fraktion PDS-Linke Liste das Sachenrechtsbereinigungsgesetz in der gegenwärtigen Fassung ab?
Wissenschaftliche Dienste des Deutschen Bundestages. Thema: Vermögens- und Grundstücksrecht für die neuen Bundesländer. 285/95
Interessengemeinschaft ehemaliger Grundstücksbesitzer auf dem Mauerstreifen e.V.: Eine Dokumentation des Unrechts. Berlin 1995.

Gedruckte Quellen

a.) Plenarprotokolle und Drucksachen des Bundestages
Bundesrat, 14. Wahlperiode, Drucksache 208/14, Gesetzesantrag des Landes Brandenburg. Entwurf eines Gesetzes zur Änderung des Schuldrechtsanpassungsgesetzes vom 16.05.2014.
Bundesrat, Plenarprotokoll. Stenographischer Bericht der 657. Sitzung der 12. Wahlperiode vom 28.05.1994, S. 222-229.
Bundesrat, Plenarprotokoll. Stenographischer Bericht der 645. Sitzung der 12. Wahlperiode vom 10. 07. 1992, S. 365-416.
Deutscher Bundestag, Plenarprotokoll. Stenographischer Bericht der 222. Sitzung der 12. Wahlperiode vom 21.04.1994, S. 19261-19265.

Deutscher Bundestag, 11.Wahlperiode, Drucksache 11/7831: Unterrichtung durch die Bundesregierung Erläuterung zu den Anlagen zum Vertrag zwischen der Bundesrepublik Deutschland und der Deutschen Demokratischen Republik über die Herstellung der Einheit Deutschlands vom 31. August 1990. hier: Zu Anlage Il Kapitel Ill Sachgebiet B Abschnitt I Nummern 1 und 2 (»Gesetz zur Regelung offener Vermögensfragen«) vom 12.09.1990.
Deutscher Bundestag, 12. Wahlperiode, Drucksache 12/1448: Schriftliche Fragen mit den in der Woche vom 28. Oktober 1991 eingegangenen Antworten der Bundesregierung vom 31.10.1991.
Deutscher Bundestag, 12. Wahlperiode, Drucksache 12/2955: Entschließungsantrag der Fraktion der SPD. Entwurf eines Gesetzes zur Änderung des Vermögensgesetzes und anderer Vorschriften.
Deutscher Bundestag, 14. Wahlperiode, Drucksache 14/3612: Berichte über die Auswirkungen der Nutzungsentgeltverordnung sowie zu notwendigen Änderungen vom 09.06.2000.
Deutscher Bundestag, Plenarprotokoll. Stenographischer Bericht der 229. Sitzung der 12. Wahlperiode vom 20. Mai 1994, S. 19908-19930.
Deutscher Bundestag, 12. Wahlperiode, Drucksache 12/5992: Gesetzentwurf der Bundesregierung, Entwurf eines Gesetzes zur Änderung sachenrechtlicher Bestimmungen vom 27.10.1993.
Deutscher Bundestag, 14. Wahlperiode, Drucksache 14/6330: Antwort der Bundesregierung auf die Kleine Anfrage der Abgeordneten Dr. Edzard Schmidt-Jortzig, Rainer Funke, Jörg van Essen, weiterer Abgeordneter und der Fraktion der FDP: Erledigung der EALG-Ansprüche durch die Vermögensämter vom 20.06.2001, S. 1- 4.
Deutscher Bundestag, Plenarprotokoll. Stenographischer Bericht der 16. Sitzung der 12. Wahlperiode vom 15.03.1991, S. 1001-1037.
Deutscher Bundestag, Plenarprotokoll. Stenographischer Bericht der 190. Sitzung der 12. Wahlperiode vom 12.11.1993, S. 16428-16435.
Deutscher Bundestag, Plenarprotokoll. Stenographischer Bericht der 158. Sitzung der 12. Wahlperiode vom 13. 05.1993, S. 13361-13387.
Deutscher Bundestag, Plenarprotokoll. Stenographischer Bericht der 82. Sitzung der 18. Wahlperiode vom 29.01.2015, S, 7840-7848.
Deutscher Bundestag, Plenarprotokoll. Stenographischer Bericht der 88. Sitzung der 12. Wahlperiode vom 29. 04.1992, S. 7225-7243.
Deutscher Bundestag, Plenarprotokoll. Stenographischer Bericht der 100. Sitzung der 12. Wahlperiode vom 26.06.1992, S. 8525-8545.
Deutscher Bundestag, Plenarprotokoll. Stenographischer Bericht der 225. Sitzung der 12. Wahlperiode vom 28. 04.1994, S. 19441-19467.

b.) Richtlinien, Verordnungen, Gesetze, Dienstanweisungen und Verträge

Entschädigungs- und Ausgleichsleistungsgesetz vom 27. September 1994 (BGBl. I S. 2624; 1995 I S. 110).

Gemeinsame Erklärung der Regierungen der Bundesrepublik Deutschland und der Deutschen Demokratischen Republik zur Regelung der offenen Vermögensfragen vom 15. Juni 1990. (Anlage III des Vertrages zwischen der Bundesrepublik

Deutschland und der Deutschen Demokratischen Republik über die Herstellung der Einheit Deutschlands (Einigungsvertrag) vom 15. Juni 1990 (BGBl. 1990 II S. 1237).

Gesetz über den Aufbau der Städte in der Deutschen Demokratischen Republik und der Hauptstadt Deutschlands, Berlin (Aufbaugesetz) vom 6. September 1950.

Gesetz über die Bereitstellung von Grundstücken für Baumaßnahmen. Baulandgesetz-vom 15. Juni 1984.

Gesetz zur Anpassung schuldrechtlicher Nutzungsverhältnisse an Grundstücken im Beitrittsgebiet (BGBL S. 2538).

Gesetz zur Regelung offener Vermögensfragen (VermG) vom 31. August 1990 (BGBl. I S. 766, 1928).

Gesetz zur Sachenrechtsbereinigung im Beitrittsgebiet (Sachenrechtsbereinigungsgesetz - SachenRBerG) von 21.09.1994 (BGBl. I, S. 2457).

Mauergrundstücksgesetz vom 15. Juli 1996 (BGBl. I S. 980).

Verordnung zur Sicherung von Vermögenswerten vom 17. Juli 1952.

c.) Gerichtsentscheidungen

5 U 214/97 Brandenburgisches Oberlandesgericht, 10 O 38/97 Landgericht Potsdam. Urteil im Namen des Volkes. Verkündet am 14.05.1998, online unter: http://www.brandenburg.de/sixcms/media.php/4250/Microsoft%20Word%20-%205%20U%20214-97.d.pdf (letzter Abruf am 24.09.2015).

5 U 215/99 Brandenburgisches Oberlandesgericht, Urteil verkündet am 01.03.2001, abgedruckt in VIZ 2001, S. 509.

8 O 696/96 Landgericht Potsdam. Urteil vom 01.07.1998, aus den Unterlagen des SHVN.

8 O 433/98 Landgericht Potsdam. Urteil vom 20.01.1999, aus den Unterlagen des SHVN.

Urteil des Bundesverfassungsgerichts vom 23. November 1999 - 1 BvF 1/94.

Urteil des Bundesverfassungsgerichts vom 22. November 2000 - 1 BvR 1120/95.

7 C 15.01 Bundesverwaltungsgericht. Urteil vom 17.01.2002, online unter: http://lexetius.com/2002,2120 (letzter Abruf am 24.11.2015).

8 C 1.05 Bundesverwaltungsgericht. Urteil vom 31.05.2006, online unter: http://www.bverwg.de/310506U8C1.05.0 (letzter Abruf am 24.11.2015).

Urteil des Bundesverfassungsgerichts vom 16. September 2009 - 1 BvR 2275/07.

Urteil des Bundesverfassungsgerichts vom 18. August 2010 - 1 BvR 3268/07.
Bundesverfassungsgericht, Pressemitteilung Nr. 120/99 vom 17. November 1999.

d.) Zeitungsartikel

Alles Meins, in: DER SPIEGEL 47/1991 vom 18.11.1991, S. 33-38.
Alte Rechte, neues Unrecht, in: DER SPIEGEL 27/1992 vom 29.06.1992, S. 128-147.
Aufschrei der Datschenbesitzer. Leserbrief, in: Berliner Zeitung vom 01.04.1998.
Dahn, Daniela: Unter den Dächern ist Zorn, in: DIE ZEIT vom 24.04.1992.
Das dauert eine Ewigkeit. Justizminister Kinkel und Leipzigs Oberbürgermeister Lehmann-Grube über Eigentum in Ostdeutschland, in: DER SPIEGEL 8/1992 vom 17.02.1992, S. 34-37.
Dem Eigentümer bliebt nichts. Leserbrief, in: Berliner Zeitung vom 03.11.1994.
Der Häuserkampf, in: DIE ZEIT vom 20.03.1992.
Di Lorenzo, Giovanni: Hiermit kündige ich Ihnen zwecks Eigenbedarf, in: Süddeutsche Zeitung vom 15.03.1990.
Die Lage ist trostlos, in: DER SPIEGEL 41/1990 vom 8.10.1990, S. 46-72.
Dieckmann, Christoph: Im Speckgürtel der Einheit, in: DIE ZEIT vom 28.10.1999.
Ders.: Nach dem Glauben, in: DIE ZEIT vom 12.09.2002.
Dörschel, Michael: Familie Steinicke hat ihren Elan verloren. In Neuenhagen-Bollensdorf sind 1100 Grundstücke von Restitutionsansprüchen betroffen, in: Berliner Zeitung vom 05.06.2000.
Drohendes Gewitter, in: Neues Deutschland vom 09.09.1991.
Drohung und Denunziation gegen Nutzerin eines Westgrundstücks in Schildow. Nutzungsverhältnis wurde fristlos gekündigt, in: Neues Deutschland vom 06.08.1990.
Ein Land wird verteilt, in: DER SPIEGEL 25/1990 vom 18.06.1990, S. 28-32.
Emcke, Carolin: Opfer gegen Opfer, in: DER SPIEGEL, 50/1998 vom 07.12.1998, S. 54-56.
Erdmann, Hans: Wohnungsbau boomt im Berliner Umland, in: Berliner Zeitung vom 21.01.1994.
Göldner, Igor: Brandenburg will Datschen-Nutzer besser schützen, in: Märkische Allgemeine Zeitung vom 02.05.2014.
Grob Ungerecht, in: DER SPIEGEL 38/l993 vom 20.09.1993, S. 23.
Große Pläne im Wohnungsbau. Interview mit Falkenseer Bürgermeister über Wohnungsbau, Gewerbeentwicklung in der Gartenstadt, in: Falkenseer Stadt-Journal, 12/1992.
Halter, Hans: Der Geschmack der Freiheit, in: DER SPIEGEL 45/1996 vom 04.11.1996, S. 64-70.
Hauch-Fleck, Marie-Luise: Endspurt der Eigentümer, in: DIE ZEIT vom 19.10.1990.
Henneke, Mechthild: Das gallische Dorf kämpft weiter, in: Berliner Zeitung vom 10.04.1997.

Hensel, Jana: Beim Küchenphilosophen, in: DIE ZEIT vom 16.02.2011.
Herbert, Sibylle: Warten, Warten, Warten, in: DIE ZEIT vom 26.06.1992.
Himmelschreiende Ungerechtigkeit, Leserbrief, in: Berliner Zeitung vom 06.06.1994.
Kleinmachnow – ein Nest im Grünen, in: Der Tagesspiegel vom 05.10.2010.
Klemp, Marion: Schwierige Veränderungen, in: Berliner Zeitung vom 07.05.1996.
Klesmann, Martin: Erben dürfen einst jüdische Immobilien in Kleinmachnow behalten. Keine Rückübertragung, in: Berliner Zeitung vom 19.08.2005.
Klug, Michael: Kleinmachnow. Eine Gemeinde im Wandel, in: Die Welt vom 26.06.2009.
Kohrt, Wolfgang: Alles ist ein bisschen feindlicher geworden, in: Berliner Zeitung vom 25.06.1999.
Konspirativer Gang, in: DER SPIEGEL 26/1970 vom 22.06.1970, S. 41-44.
Krieg der Häuser, in: DER SPIEGEL 9/1994 vom 28.02.1994.
Kruse, Kuno/Schwarz, Birgit: Wem gehört die DDR, in: DIE ZEIT vom 16.06.1990.
Kühl, Jörg: Endstation eines Amtes. Der letzte Nachlass, in: Märkische Onlinezeitung vom 12.01.2015, http://www.moz.de/details/dg/0/1/1359556/ (letzter Abruf am 21.05.2015).
Lambeck, Fabian: Kündigungsschutz für Datschen in Gefahr, in: Neues Deutschland vom 30.01.2015.
Leicht, Robert: Wende zum Tod. Ein Selbstmord und sein politischer Hintergrund, in: DIE ZEIT vom 13.03.1992.
Lenz, Susanne: Die meisten Zuwanderer hat Potsdam-Mittelmark, in: Berliner Zeitung vom 12.11.1999.
Dies.: In einem Kleinmachnower Neubaugebiet leben von Alteigentümern Gekündigte zusammen. Sicher in Vertriebenenstadt, in: Berliner Zeitung vom 7.02.2000.
Dies.: Urenkel des Schulzendorfer Gutsherrn Richard Israel haben Anspruch auf den einstigen Besitz ihres Vorfahren erhoben »Die wollen das ganze Dorf zurückhaben«, in: Berliner Zeitung vom 31.08.1994.
Menge, Marlies: Wir lassen uns nicht vertreiben, in: DIE ZEIT vom 27.09.1991.
Müller, Hiltrud: Als der Boden ins Wanken geriet, in: Märkische Allgemeine Zeitung vom 21.02.2013.
Neubauer, Ralf: Die Vertreibung findet nicht statt, in: DIE ZEIT vom 17.03.1995.
Offener Brief von Detlef Dalk an Bundeskanzler Helmut Kohl, in: Neues Deutschland vom 7./8. März 1992.
Pragal, Peter/Rauch, Renate: Bei Geld hört die Freundschaft auf. Interview mit Walter Romberg und Theo Weigel über die Währungsunion, in: Berliner Zeitung vom 10.06.2000.
Rölleke, Lothar: Friedensschluss am Gartenzaun, in: Berliner Morgenpost vom 25.05.2003.
Ders.: Rechtsstreit um Sommerfeld-Siedlung in Kleinmachnow dauert an, in: Die Welt vom 09.05.2003

Rösner, Natalie: Wenn es plötzlich einen Eigentümer gibt. Zwangsräumung beendete den Streit zwischen Datschenbesitzer und Alteigentümer, in: Berliner Zeitung vom 28.03.1998.
Schäfer, Alexander: Ich weiß nicht, ob ich mir das leisten kann. Neues Gesetz: Datschen-Pächter im Osten fürchten Nachzahlungen, in: Berliner Zeitung vom 28.03.2002.
Schönball, Ralf: Recht ohne Gerechtigkeit. Die zwei Seiten einer Medaille. Ein Nutzer und ein Eigentümer von Datschen, in: Der Tagesspiegel vom 24.06.2000.
Schröder, Richard: Neues Unrecht, in: DIE ZEIT vom 17.01.1992.
Schümann, Tim: Wem gehört in Seehof Nachbars Garten?, in: Die Welt vom 17.02.1997.
Steyer, Claus-Dieter: Wem gehört Teltow-Seehof? Der Fall eines ehemaligen Gutshofes beschäftigt jetzt die Gutachter, in: Der Tagesspiegel vom 14.09.2000.
Sußebach, Henning: Ein Ort, zwei Welten, in: DIE ZEIT vom 28.10.2004.
Wasserman, Rudolf: Neues Rechtsgutachten unterstützt die Maueropfer, in: Die Welt vom 31.1.1996.
Wensierski, Peter: Geht doch wieder rüber, in: DER SPIEGEL 43/1999 vom 25.10.1999, S. 60-64.
Wie ein Bankräuber, in: DER SPIEGEL 7/1993 vom 15.02.1993, S. 93-95.
Wild, Konstanze: Die Hochburg der Restitution, in: Märkische Allgemeine Zeitung vom 20.04.2015.
Winter, Steffen: Die Schande von Teltow, in: DER SPIEGEL 51/2013 vom 16.12.2013, S. 42-43.

d.) Sonstiges

Gemeinde Kleinmachnow. Abschlussbericht der Landesentwicklungsgesellschaft für Städtebau, Wohnen und Verkehr des Landes Brandenburg mbH i.L. als Treuhänder der Gemeinde Kleinmachnow: Wohnsiedlung Stolper Weg Kleinmachnow 1991-2007. Erstellt im März 2007.
Institut für Stadtforschung und Strukturpolitik GmbH (IfS): Wohnungspolitische Auswirkungen sozioökonomischer Wanderungsprozesse in Gemeinden im Umland Berlins. Unveröffentlichte Studie im Auftrag des Bundesministeriums für Raumordnung, Bauwesen und Städtebau. Berlin 1998.
Landesbetrieb für Datenverarbeitung und Statistik Dezernat Informationsmanagement (Hrsg.): Bevölkerungsbilanz der Gemeinden im Land Brandenburg 1992 bis 2004.
Persönliche Unterlagen von Christian Leppin.
Persönliche Unterlagen von Heidi Arndt.
Persönliche Unterlagen von Klaus-Jürgen Warnick.
Stadtarchiv Falkensee: Verwaltungsbericht der Stadt Falkensee 1990-1997.
Veser, Sebastian/Thrun, Thomas/Jaedicke, Wolfgang: Rechtstatsächliches Gutachten zur Praxis der Nutzungsentgeltverordnung und des Schuldrechtsanpassungsgesetzes.

Untersuchung zu Erholungsgrundstücken in den neuen Ländern. Berlin 2000. Unveröffentlichte Studie, erstellt im Auftrag des Bundesministeriums der Justiz. Anlage zu Drucksache 14/3612: Berichte über die Auswirkungen der Nutzungsentgeltverordnung sowie zu notwendigen Änderungen. 09.06.2000.

Literatur

Ballhausen, Werner: Die schlimmen Folgen des Rückgabeprinzips. In: Kritische Justiz 27, Nr. 2 /1994, S. 214-217.

Bardenhewer, Franz: Das Gesetz zur Regelung offener Vermögensfragen. Überblick und Bilanz, in: Vermessung Brandenburg, 2/1997, http://www.geobasis-bb.de/GeoPortal1/produkte/verm_bb/pdf/297s03.pdf (letzter Abruf am 17.09.2015).

Bauerkämper, Arnd (Hg.): »Junkerland in Bauernhand«? Durchführung, Auswirkungen und Stellenwert der Bodenreform in der SBZ. Stuttgart 1996.

Bennewitz,Inge/Potratz, Rainer: Zwangsaussiedlungen an der innerdeutschen Grenze. Analysen und Dokumente. Berlin 1994.

Betz, Thomas: Die Eigentumsfrage. Das Prinzip »Rückgabe vor Entschädigung« und seine Folgen, in: Bahrmann, Hannes/Links, Christoph (Hrsg.): Am Ziel vorbei. Die Deutsche Einheit. Eine Zwischenbilanz. Berlin 2005, S. 107-123

Bluth, Friedrich: Stadt – Umland – Wanderung im Raum Berlin, in: Berliner Statistik, Monatsschrift 3/04, Statistisches Landesamt Berlin, LDS Brandenburg. Berlin 2004, S. 94-99.

Bohrisch, Dirk: Die sozialistische Grundeigentumsordnung und deren Überleitung in die bundesdeutsche Rechtsordnung. Celle 1996.

Bönker, Frank/Offe, Claus: Die moralische Rechtfertigung der Restitution des Eigentums. Überlegungen zu einigen normativen Problemen der Privatisierung in postkommunistischen Ökonomien, in: Leviathan. Zeitschrift für Sozialwissenschaft 22 (3), S. 318-352.

Born, Karl Martin: Die Dynamik der Eigentumsverhältnisse in Ostdeutschland seit 1945. Ein Beitrag zum rechtsgeographischen Ansatz. Stuttgart 2007.

Bräutigam, Hans Otto: Vermag das Recht zur Bewältigung der Teilungsfolgen Rechtsfriede schaffen?, in: Jauernig, Othmar/Hommelhoff, Peter (Hrsg.): Teilungsfolgen und Rechtsfriede. Beiträge und Diskussionen des Symposiums am 23./24. Juni 1995 in Heidelberg. Heidelberg 1996, S. 161-173.

Breinessl, Katharina/Elsner, Eckart: Berlin und sein Umland. Statistische Anmerkungen zur Bevölkerungsentwicklung und zur Umsetzung des politischen Konzepts der dezentralen Konzentration, in: Berliner Statistik, Monatsschrift 1/03, Berlin 2003, S. 12-26.

Brouër, Dirk: Die Vertreibung findet nicht statt, in: Brouër, Dirk/Trimbach, Herbert (u.a.): Offene Vermögensfragen. Ein Ratgeber. Hamburg 1995, S. 238-242.

Ders.: Einleitung oder von Ängsten und Ansprüchen, in: Brouër, Dirk/Trimbach, Herbert (u.a.): Offene Vermögensfragen. Ein Ratgeber. Hamburg 1995, S. 16-41.

Brouër, Michael/Trimbach Herbert: Das Sachenrechtsbereinigungsgesetz oder Eigentum auf fremdem Grund, in: Brouër, Dirk/Trimbach, Herbert (u.a.): Offene Vermögensfragen. Ein Ratgeber. Hamburg 1995, S. 116-171.

Brunner, Georg: Verwaltungstätigkeit in der DDR und ihre Bewertung bei der Bewältigung der Teilungsfolgen, in: Jauernig, Othmar/Hommelhoff, Peter (Hrsg.): Teilungsfolgen und Rechtsfriede. Beiträge und Diskussionen des Symposiums am 23./24. Juni 1995 in Heidelberg. Heidelberg 1996, S. 111-136.

Bundesamt zur Regelung offener Vermögensfragen (Hrsg.): Offene Vermögensfragen Versuch einer Bilanz. Berlin 2001.

Bundesamt zur Regelung offener Vermögensfragen (Hrsg.): Schriftenreihe des Bundesamtes zur Regelung offener Vermögensfragen. Heft 5: Behandlung von in der DDR abgeschlossenen Überlassungsverträgen. Berlin 1993.

Bundesamt zur Regelung offener Vermögensfragen (Hrsg.): Schriftenreihe des Bundesamtes zur Regelung offener Vermögensfragen. Heft 11: Behandlung von Flüchtlingsvermögen nach der DDR-Verwalterverordnung von 1968. Berlin 1996.

Bundesamt zur Regelung offener Vermögensfragen (Hrsg.): Schriftenreihe des Bundesamtes zur Regelung offener Vermögensfragen. Heft 12: Praxisfragen zum Vermögensrecht. Berlin 1997.

Bundesamt zur Regelung offener Vermögensfragen (Hrsg.): Schriftenreihe des Bundesamtes zur Regelung offener Vermögensfragen. Heft 3: Behandlung von Vermögenswerten von Berechtigten, die das Gebiet der ehemaligen DDR ohne die erforderliche Genehmigung verlassen haben und deren Vermögenswerte beschlagnahmt und in Volkseigentum überführt wurden. Berlin 1992.

Bundesamt zur Regelung offener Vermögensfragen (Hrsg.): Schriftenreihe des Bundesamtes zur Regelung offener Vermögensfragen. Heft10: Behandlung von Flüchtlingsvermögen nach der DDR-Anordnung Nr. 2 von 1958. Berlin 1996.

Czub, Hans-Joachim: Sachenrechtsbereinigungsgesetz. SachenRBerG. Regelungen zur Sachenrechtsbereinigung in den neuen Bundesländern mit den Änderungen des EGBGB und der ErbbauVO. Bonn 1994.

Dahn, Daniela: Wir bleiben hier oder wem gehört der Osten. Berlin 1994.

De Maiziére, Lothar: Anwalt der Einheit. Ein Gespräch mit Christine de Maizieres, Berlin 1996.

Dieser, Hartwig: Restitution. Wie funktioniert sie und was bewirkt sie?, in: Häußermann, Hartmut (Hrsg.): Stadtentwicklung in Ostdeutschland. Soziale und räumliche Tendenzen. Opladen 1996. 129-138.

Ders.: Rückübertragung vor Entschädigung. Konsequenzen eines vermögensrechtlichen Grundsatzes, in: Gesellschaft Hackesche Höfe e.V., Verein zur Förderung ur-

bane Lebens (Hrsg.): Die Spandauer Vorstadt. Utopien und Realitäten zwischen Scheunenviertel und Friedrichstraße. Berlin 1995, S, 110-114.
Dokumente zur Deutschlandpolitik. Deutsche Einheit. Sonderedition aus den Akten des Bundeskanzleramtes 1989/90, bearbeitet von Hanns Jürgen Küsters und Daniel Hofmann. München 1998.
Drees, Ingrid: Aufarbeitung von SBZ/DDR – Enteignungen im wiedervereinigten Deutschland. Hannover 1995.
Du Sold, Alexandra: Restitution vor Entschädigung. Wiedervereinigung zu welchem Preis. Analyse und Wertung nach rechtlichen, wirtschaftlichen und politischen Gesichtspunkten. Baden-Baden 1993.
Duisberg, Claus J.: Das Deutsche Jahr. Einblicke in die Wiedervereinigung 1989/1990. Berlin 2005.
Eickmann, Dieter: Das Jahrzehnt des Sachenrechts. Sachenrechtsprobleme aus Anlass der deutschen Vereinigung. Ein Widerstreit zwischen Systemveränderung und Kontinuität, Restitution und Bestandsschutz, in: Beiträge aus dem Fachbereich 2, Fachhochschule für Verwaltung und Rechtspflege, Nr. 34. Berlin 1995
Falkenhausen, Alexander: Das Vermögensgesetz oder Wer bekommt was?, in: Brouër, Dirk/Trimbach, Herbert (u.a.): Offene Vermögensfragen. Ein Ratgeber Hamburg 1995, S. 42-86.
Fieberg, Gerhard/Reichenbach, Harald: Zum Problem der offenen Vermögensfragen, in: Neue Juristische Wochenschrift, 6/1991, S. 321-327.
Försterling. Wolfram: Recht der offenen Vermögensfragen. München 1993.
Grub, Frank Thomas: »Wende« und »Einheit« im Spiegel der deutschsprachigen Literatur. Ein Handbuch. Band 1 Untersuchung. Berlin 2003.
Freier, Michael/Trimbach Herbert: Das Sachenrechtsbereinigungsgesetz oder Eigentum auf fremdem Grund, in: Brouër, Dirk/Trimbach, Herbert (u.a.): Offene Vermögensfragen. Ein Ratgeber. Hamburg 1995, S. 172.
Friauf, Karl Heinrich/Horscht, Michael: Rechtsfolgen der Enteignung von Grundbesitz und Wohngebäuden in der ehemaligen DDR zwischen 1949 und 1990. Stuttgart 1993.
Fricke, Wedding/Märker, Klaus: Enteignetes Vermögen in der EX-DDR. München 2002.
Frings, Ute: Die Angst vor den Brüdern und Schwestern aus dem Westen, in: Eckhardt, Ulrich (Hrsg.): Berliner Ring 2000. Bilder und Texte vom Wandel. Berlin 2000, S. 27-29.
Geisler, Herbert: Restitution nach der Wiedervereinigung. Vom Unrecht zur Ungerechtigkeit? Regensburg 2000.
Glock, Birgit/Keller, Carsten: Kollektiver Protest ums Eigenheim, individualisierte Konflikte in der Innenstadt. Soziale Folgen der Restitution von Immobilien in

Berlin, in: Hannemann, Christine/Kabisch, Siegfried/Weiske, Christine: Neue Länder-Neue Sitten? Transformationsprozesse in Städten und Regionen Ostdeutschlands. Berlin 2002, S. 163-183.

Grashoff, Udo: In einem Anfall von Depression. Selbsttötungen in der DDR. Berlin 2006.

Grosser, Dieter: Das Wagnis der Währungs- Wirtschafts- und Sozialunion. Politische Zwänge im Konflikt mit ökonomischen Regeln (Geschichte der deutschen Einheit in vier Bänden, Bd. 2). Stuttgart 1998.

Hansch, Winfried: Wanderungsbewegungen aus den alten Bundesländern in die Region Berlin/Brandenburg. Zustrom aus der Gruppe der Eliten, in: Bertram, Hans/ Hradil, Stefan/Kleinhenz, Gerhard (Hrsg.): Sozialer und demographischer Wandel in den neuen Bundesländern. Schriftenreihe der Kommission für die Erforschung des sozialen und politischen Wandels in den neuen Bundesländern e.V. (KSPW) Band 6. Berlin 1995, S. 47-67.

Harder, Guido: Das verliehene Nutzungsrecht. Herausbildung und Entwicklung eines Rechtsinstituts des DDR-Bodenrechts. Berlin 1998.

Häußermann, Hartmut/Glock, Birgit/Keller, Carsten: Die sozialen Konsequenzen der Restitution von Grundeigentum in Deutschland und Polen. in: Berliner Journal für Soziologie, 2001, H. 4., S. 533-550.

Häußermann, Hartmut/Glock, Birgit/Keller, Carsten: Eigentumsrückübertragung und der Transformationsprozess in Deutschland und Polen nach 1989. Rechtliche Regelungen und Praxis der Restitution in Ostdeutschland seit 1990 unter besonderer Berücksichtigung sozial-räumlicher Differenzierungen. Berlin 1999.

Häußermann, Hartmut/Glock, Birgit/Keller, Carsten: Eigentumsrückübertragung und der Transformationsprozess in Deutschland und Polen nach 1989. Eigentumsstrukturen zwischen Persistenz und Wandel: Zu den Folgen der Restitution in suburbanen und innerstädtischen Gebieten. Berlin 2000.

Häußermann, Hartmut: Von der Stadt im Sozialismus zur Stadt im Kapitalismus, in: Häußermann, Hartmut/Neef, Rainer (Hrsg.): Stadtentwicklung in Ostdeutschland. Opladen 1996, S. 5-47.

Heuer, Klaus: Grundzüge des Bodenrechts der DDR 1949-1990. München 1991.

Hinrichs, Wilhelm: Wohnbedingungen und ihre subjektive Wahrnehmung in Ostdeutschland 1990–1997. Abteilung »Sozialstruktur und Sozialberichterstattung« im Forschungsschwerpunkt III, Wissenschaftszentrum Berlin für Sozialforschung (WZB). Berlin 1997.

Ders.: Wohnsuburbanisierung am Beispiel Berlin. Ein Erklärungsrahmen, in: Wissenschaftszentrum Berlin für Sozialforschung, Forschungsschwerpunkt Sozialer Wandel, Institutionen und Vermittlungsprozesse, Abteilung Sozialstruktur und Sozialberichterstattung. Berlin 1999.

Horst, Reinhold: Eigentum contra Nutzungsrecht an Grundstücken in den neuen Ländern. Konfliktbewältigung und Rechtsanpassung. Teil 2. Schuldrechtsänderung, in: ZOV 4/1994, S. 433-439.

Ders.: Eigentum contra Nutzungsrecht an Grundstücken in den neuen Ländern. Konfliktbewältigung und Rechtsanpassung. Teil 1. Sachenrechtsänderung, in: ZOV 5/1995, S. 342-361.

Jäger, Wolfgang: Die Überwindung der Teilung. Der innerdeutsche Prozeß der Vereinigung 1989/90, Bd. 3 der Geschichte der deutschen Einheit. Stuttgart 1998.

Janke, Gernot: Das verliehene Nutzungsrecht und das damit verbundene separate Eigentum am Eigenheim. Schweinfurt 1993.

Jenkis, Helmut: Die Folgen früherer Enteignungen von Grundbesitz in der ehemaligen DDR. Eine empirische Erhebung. Stuttgart 1993.

Klüsener, Robert: Offene Vermögensfragen. Rückgabe vor Entschädigung – eine richtige Grundsatzentscheidung, in: Timmermann, Heiner (Hrsg.): Die DDR in Europa zwischen Isolation und Öffnung. Dokumente und Schriften der Europäischen Akademie Otzenhausen. Band 140. München 2005, S. 312-325.

Ders.: Rechtsstaat auf dem Prüfstand. Wiedervereinigung und Vermögensfragen. Berlin 2011.

Kohl, Helmut: Ich wollte Deutschlands Einheit. Berlin 1996.

Köhler-Apel, Stefan/Bodenstab, Reinhard: Fünf Jahre Vermögensgesetz. Überblick über die Gesetzes- und Rechtsprechungsentwicklung, in: OV-Spezial, 19/1995, S. 310-319.

Krüger, Anne K.: Transitional Justice, in: Docupedia-Zeitgeschichte, 25.01.2013, online unter: https://docupedia.de/zg/Transitional_Justice (letzter Abruf am 24.09.2015).

Kuchta, Veronika: Wanderungen 1993 bis 2002, in: Daten und Analysen 2003. Landesbetrieb für Datenverarbeitung und Statistik Brandenburg. II/2003, S. 23-26.

Leutheusser-Schnarrenberger, Sabine: Bewältigung der rechtlichen Probleme der Wiedervereinigung, in: Deutsch-deutsche Rechtszeitschrift 9/1994.

Lochen, Hans-Hermann: Zur Arbeit der Ämter zur Regelung offener Vermögensfragen, in: Zeitschrift für offene Vermögensfragen, 5/1992, S. 230-234.

Madaus, Udo: Wahrheit und Recht. Dokumentation einer politisch motivierten Rechtsprechung durch das Bundesverfassungsgericht zur Frage der Enteignung/Konfiskationen 1945-1949 in der Sowjetischen Besatzungszone Deutschlands. Berlin 2006.

Manssen, Gerrit/Boguslaw Banaszak (Hrsg.): Wandel der Eigentumsordnung in Mittel- und Osteuropa. Berlin 1998.

Matthiesen, Ulf (Hrsg.): An den Rändern der deutschen Hauptstadt. Suburbanisierungsprozesse, Milieubildung und biographische Muster in der Metropolregion Berlin-Brandenburg. Opladen 2002.

Ders.: Fremdes und Eigenes am Metropolen-Rand. Postsozialistische Hybridbildung in den Verflechtungsmilieus von Berlin mit Brandenburg, in: Matthiesen, Ulf (Hrsg.): An den Rändern der deutschen Hauptstadt. Suburbanisierungsprozesse, Milieubildungen und biographische Muster in der Metropolregion Berlin-Brandenburg, S. 327-352.

Matthiessen, Holger: Das Schuldrechtsanpassungsgesetz (»Datschengesetz«) und die Nutzungsentgelt-verordnung. »Vertreibung« oder »Zweite Enteignung«?, in: Brouër, Dirk/Trimbach, Herbert (u.a.): Offene Vermögensfragen. Ein Ratgeber Hamburg 1995, S. 173-207.

Ders.: Überlassungsverträge über Grundstücke mit aufstehenden Wohngebäuden in der Sachenrechtsbereinigung, in: VIZ, 9/2001, S. 466.

Mielke, Kai: Der vermögensrechtliche Restitutionsgrundsatz. In: Kritische Justiz, 27 Nr. 2/1994, S. 200-213.

Modrow, Hans: Ich wollte ein neues Deutschland. Berlin 1998.

Motsch, Richard: Der Weg zur Bewältigung der Eigentumsfragen im wiedervereinigten Deutschland. Zehn Jahre Regelung offener Vermögensfragen, in: OV-Spezial, 19/2000, S. 270-276.

Ders.: Einführung in die offenen Vermögensfragen, in: Zeitschrift für offene Vermögensfragen 1/1991, S. 4-9.

Müller, Klaus: Die Lenkung der Strafjustiz durch die SED-Staats- und Parteiführung der DDR am Beispiel der Aktion Rose. Frankfurt am Main 1995.

Nuissl, Henning/Joerk, Christiane: Die Ränder der Hauptstadt- gemessen und kartographiert, in: Matthiesen, Ulf (Hrsg.): An den Rändern der deutschen Hauptstadt. Suburbanisierungsprozesse, Milieubildung und biographische Muster in der Metropolregion Berlin-Brandenburg. Opladen 2002, S. 61-78.

Paetow, Stefan: Diskussionsbeitrag, in: Jauernig, Othmar/Hommelhoff, Peter (Hrsg.): Teilungsfolgen und Rechtsfriede. Beiträge und Diskussionen des Symposiums am 23./24. Juni 1995 in Heidelberg. Heidelberg 1996, S. 105-107.

Paffrath, Constanze: Macht und Eigentum. Die Enteignungen 1945-1949 im Prozess der deutschen Wiedervereinigung. Köln 2004.

Patt, Hans-Georg/Theissen, Rolf: Streit um Grundstücke. Die Abwehr von Alteigentümeransprüchen im Rückübertragungs- und Investitionsvorrangverfahren. Freiburg 1994.

Postier, Rüdiger: Das Entschädigungs- und Ausgleichsleistungsgesetz oder mehr als nur Almosen? In: Brouër, Dirk/Trimbach, Herbert (u.a.): Offene Vermögensfragen. Ein Ratgeber. Hamburg 1995, S. 87-114.

Ranieri, Filippo: Die Rückkehr des Privateigentums in die frühere DDR: Die deutsche Justiz zwischen Rechtsgeschichte, Rechtsdogmatik und Rechtspolitik. Vortrag an der Universität Leiden am 1.3.1995. Saarbrücker Bibliothek. Online unter: http://

archiv.jura.uni-saarland.de/projekte/Bibliothek/text.php?id=291 (letzter Abruf am 23.11.2015).

Reimann, Bettina: Restitution. Verfahren, Umfang und Folgen des vermögensrechtlichen Grundsatzes für die Stadtentwicklung und Wohnungsversorgung in Ostdeutschland, in: Schäfer, Uta (Hrsg.): Städtische Strukturen im Wandel. Beiträge zu den Berichten der Kommission für die Erforschung des Sozialen und Politischen Wandels in den Neuen Bundesländern e.V. (KSPW). Opladen 1997, S. 15-116.

Dies.: Städtische Wohnquartiere. Der Einfluss der Eigentümerstruktur. Eine Fallstudie aus Berlin Prenzlauer Berg. Opladen 2000.

Rödder, Andreas: Deutschland einig Vaterland. Die Geschichte der Wiedervereinigung. Bonn 2010.

Rodenbach, Hermann-Josef: Rückblick auf 20 Jahre offene Vermögensfragen, in: ZOV 6/2010, S. 264-271.

Ders.: Zum Stand der Lösung der Offenen Vermögensfragen, in: Vermessung Brandenburg. Heft 1/2005. http://www.geobasis-bb.de/GeoPortal1/produkte/verm_bb/pdf/1_05_rodenbach_23-39.pdf (letzter Abruf am 10.09.2015).

Roggemann, Herwig (Hrsg): Eigentum in Osteuropa. Rechtspraxis in Ost-Ostmittel und Südosteuropa mit Einführungen und Rechtstexten. Berlin 1996.

Sahner, Heinz: Städte im Umbruch, in: Strubelt, Wendelin/Genosko, Joachim/Bertram, Hans (u.a.) Städte und Regionen. Räumliche Folgen des Transformationsprozesses. Opladen 1996, S. 447-480.

Sartor, Lutz: Enteignungen durch Aufbau- und Baulandgesetz am Beispiel des Bezirkes Dresden. 1950-1990, in: Deutschland Archiv 36 (2003), S. 808-820.

Schäuble, Wolfgang: Der Vertrag. Wie ich über die deutsche Einheit verhandelte. Stuttgart 1991.

Schnabel, Gunnar: Gutachten der Bundesregierung zu Datschengrundstücken. Die Legende von der Vertreibung, in: Das Grundeigentum 16/2000 vom 27.11.2000. Online unter: https://www.grundeigentum-verlag.de/?show=article&cat=01.07&id=300 (letzter Abruf am 17.09.2015).

Ders.: Datschen- und Grundstücksrecht 2000. Berlin 2000.

Ders.: Überlassungsverträge und »unechte Datschen« im Sachenrechtsbereinigungsgesetz, in: DtZ 8/1995, S. 258-263.

Schnell, Peter/Neumann, Peter: Wohnen und Naherholung im Umland von Berlin – untersucht am Beispiel des Amtes Schönwalde (Glien). Arbeitsberichte 24. Münster 1994.

Schranner, Urban: Das Teilungsunrecht in den Ausreisefällen. Ein Beitrag zum Konkurrenzproblem zwischen Vermögensgesetz und allgemeinem Zivilrecht. Göttingen 1996.

Schröder, Richard: Die wichtigsten Irrtümer über die deutsche Einheit. Freiburg 2007.

Schroeder, Klaus: Das neue Deutschland. Warum nicht zusammenwächst, was zusammengehört. Berlin 2011.

Ders.: Die veränderte Republik. Deutschland nach der Wiedervereinigung. München 2006.

Schwabach-Albrecht, Susan: Enteignet für die Einheit? Brisante Vorwürfe gegen die Regierung Kohl, in: Deutschland Archiv (DA) 37 (2004), S. 696ff.

Sobotka, Bruno J. (Hrsg.): Wiedergutmachungsverbot? Die Enteignungen in der ehemaligen DDR zwischen 1945 und 1949. Witten 1998.

Strobel, Wilhelm: Der Regierungsentwurf zum Sachenrechtsänderungsgesetz für das Beitrittsgebiet, in: NJW, 39/1993, S. 2484-2490.

Stuhler, Ed: Die letzten Monate der DDR. Die Regierung de Maiziére und ihr Weg zur deutschen Einheit. Bonn 2010.

Stürmer, Rolf: Zivilrechtliche Folgeprobleme der Einheit und das Regelungswerk zu ihrer Bewältigung, S. 7-24, in: Jauernig, Othmar/Hommelhoff, Peter (Hrsg.): Teilungsfolgen und Rechtsfriede. Beiträge und Diskussionen des Symposiums am 23./24. Juni 1995 in Heidelberg. Heidelberg 1996, S. 7-24.

Tatzkow, Monika/Schnabel, Gunnar/Hennicke, Hartmut: Kalte Enteignungen von Grundstücken nach der ZwangsverkaufsVO ´68. Berlin 1994.

Thaysen, Uwe: Der Zentrale Runde Tisch der DDR. Wortprotokoll und Dokumente, Band III. Neuer Machtkampf. Wiesbaden 2000.

Tietmeyer, Hans: Erinnerungen an die Vertragsverhandlungen, in: Waigel, Theo/ Schell, Manfred: Tage, die Deutschland und die Welt veränderten. Vom Mauerfall zum Kaukasus. Die deutsche Währungsunion, München 1994, S. 57-117.

Tomuschat, Christian (Hrsg.): Eigentum im Umbruch. Restitution, Privatisierung und Nutzungskonflikte im Europa der Gegenwart. Berlin 1996.

Trimbach, Herbert: Das Prinzip »Rückgabe vor Entschädigung« und seine Aufarbeitung. Rückblick und Ausblick nach 10 Jahren Regelung offener Vermögensfragen, in: OV-Spezial, 19/2000, S. 276-279.

Von der Beck, Stefan: Die Konfiskationen in der sowjetischen Besatzungszone von 1945 bis 1949. Frankfurt am Main 1996.

Welker, Ann Marie: Privatisierung und Restitution. Zivilrechtliche Probleme bei der Rückübereignung in den neuen Bundesländern. Frankfurt am Main 1999.

Wesel, Uwe: Nutzer, Nutzung und Nutzungsänderung nach dem Sachenrechtsbereinigungsgesetz, in: DtZ 3/1995, S. 70-74.

Wettstein, Manfred: Die Enteignung von Republikflüchtigen. Am Beispiel der Familie Eißer in Wechmar bei Gotha 1958. Erfurt 2001.

Wiesenthal, Helmut: Die Transformation der DDR. Verfahren und Resultate. Gütersloh 1999.

Ders.: Die Transformation Ostdeutschlands. Ein (nicht ausschließlich) Privilegierter Sonderfall der Bewältigung von Transformationsproblemen, in: Wollmann, Hell-

mut/Wiesenthal, Helmut (Hrsg.): Transformation sozialistischer Gesellschaften. Am Ende des Anfangs. (Leviathan Sonderheft). Opladen 1995.
Wiktorin, Dorothea: Grundeigentum und Stadtentwicklung nach der Wende. Räumliche Wirkungen der Transformation von Grundeigentumsverhältnissen seit 1990 am Beispiel der Innenstadt und Äußeren Neustadt von Dresden, in: Kölner Geographische Arbeiten, Heft 73. Köln 2000.
Wilhelm Tappert: Die Wiedergutmachung von Staatsunrecht der SBZ/DDR durch die Bundesrepublik Deutschland nach der Wiedervereinigung. Berlin 1995.
Wolle, Stefan: Der Kampf um die Erinnerung. Vergangenheitsbewältigung im wiedervereinigten Deutschland, in: Das Wiedervereinigte Deutschland. Zwischenbilanz und Perspektiven. München 1995.
Zank, Horst/Horst, Simon: Ansprüche nach dem SachenRBerG bei baulichen Investitionen des Nutzers auf der Grundlage eines Überlassungsvertrages, in: Neue Justiz. Zeitschrift für Rechtsetzung und Rechtsanwendung. 2/1999, S. 57-67.

Gespräche

Arndt, Heidi (Betroffene Schönwalde) am 06.08.2014.
Bigalke, Jürgen (ehemaliger Bürgermeister Falkensee) am 19. 06. 2013.
Blasig, Wolfgang (ehemaliger Bürgermeister Kleinmachnow 1994–2009) am 04.04.2013
Bormeister, Fred (evangelischer Pfarrer in Hohen Neuendorf) am 24.07.2012
Burmeister, Herbert (ehemaliger Bürgermeister Schulzendorf 1994–2010) am 02.09.2014.
de Maizière, Lothar am 04.12.2012
Fischer, Carsten (Geschäftsführer Gemeindliche Wohnungsgesellschaft Kleinmachnow mbH (gewog) am 14.07.2014.
Graupeter, Uwe (Anwalt in Potsdam, Vermögensrecht) am 04.09.2014.
Handke, Hubert (ehemaliger Bürgermeister Bernau 1993–2014) am 18.04.2013.
Höhne, Wolfgang (ehemaliger Bürgermeister Woltersdorf 1990–2010) am 27.01.2015.
Leppin, Christian (Betroffener Kleinmachnow) 10/2014.
Liebig, Grit (Stadtverwaltung Hennigsdorf, Liegenschaften) am 21.07.2014.
Link, Herbert (Ortschronist Schönwalde) am 06.08.2014.
Loewe, Hans-Jürgen (Leiter des ARoV Havelland 1991–2005, Sachgebiet Vereinigungsbedingte Grundstücksfragen Landkreis Havelland) am 05.12. 2012.
Modrow, Hans am 10.07.2012
Müller, Matthias (Gemeindeverwaltung Blankenfelde-Mahlow, Liegenschaften) am 28.08.2014.
Oehme, Bodo (Bürgermeister Schönwalde-Glien) am 10.07.2013
Rambusch, Jürgen (Betroffener Teltow) am 10.02.2015.
Schaaf, Regina (Gemeindeverwaltung Ahrensfelde, Liegenschaften) am 11.04.2013.

Schottler, Walter (Leiter des Amtes zur Regelung offener Vermögensfragen (Beeskow) am 26.04.2013.

Sellenthin, Wolfgang (Betroffener Falkensee) am 02.06.2015.

Siebert, Günter (ehemaliger Bürgermeister Hohen Neuendorf 1990–1992) am 24.07.2012.

Warnick, Klaus-Jürgen (Betroffener Kleinmachnow) 04/2015.

02/2015 Gesprächsrunde mit Werner Koch – Verband der Kleingärtner, Siedler und Grundstücksnutzer (VKSG), Rosi Blaschke – Journalistin, Prof. Dr. Dietrich Maskow – Anwalt in Berlin, Vermögensrecht.

Hinzu kam eine Reihe von E-Mail Kontakten und Telefongesprächen mit Mitarbeitern von Liegenschaftsämtern über die Problematik der Eigentumsfragen in der jeweiligen Gemeinde.

Dank

Die vorliegende Arbeit ist im Jahr 2016 von der Philosophischen Fakultät der Universität Potsdam als Dissertation angenommen worden. An dieser Stelle möchte ich meinen Dank all jenen aussprechen, ohne deren Mithilfe und Unterstützung diese Promotion nicht möglich gewesen wäre. Mein Dank gilt vor allem meinem Doktorvater Prof. Dr. Görtemaker für die Betreuung dieser Arbeit, für die hilfreichen Gespräche und für die Motivation und Unterstützung auch in schwierigen Phasen. Ebenso danke ich meinem Zweitgutachter Frank Bösch.

Diese Arbeit wurde ermöglicht durch den Selbsthilfeverein Nutzer e.V. aus Kleinmachnow, ohne dessen Finanzierung das Vorhaben nicht zu realisieren gewesen wäre. Mein Dank gilt insbesondere Klaus-Jürgen Warnick, der nicht nur den Anstoß zu dieser Arbeit gab, sondern mir stets hilfsbereit zur Seite stand.

Danken möchte ich außerdem für die Bereitschaft vieler Zeitzeugen zu Gesprächen und Korrespondenzen, ohne die diese Arbeit kaum möglich gewesen wäre. Allen am Zustandekommen dieser Dissertation beteiligten Archive und Institutionen sei an dieser Stelle ebenfalls meine Dankbarkeit übermittelt.

Für die mühevolle Arbeit des Korrekturlesens, das Feedback und die hilfreichen Anregungen danke ich allen Freunden und Kollegen. Mein außerordentlicher Dank gilt Tobias Voigt, der durch seine Unterstützung erheblich zum Gelingen dieser Arbeit beigetragen hat. Ohne seine kritischen Anmerkungen, seine Hinweise und Anregungen, den moralischen Beistand und die freundschaftliche Verbundenheit wäre diese Arbeit nicht in dieser Form entstanden.

Tief verbunden und dankbar bin ich meiner Familie und meinen Freunden, die auf verschiedene Art und Weise dafür gesorgt haben, dass diese Arbeit zu einem erfolgreichen Abschluss gebracht wurde. Meinem Mann und meinem Sohn danke ich für die uneingeschränkte, liebevolle und vielseitige Unterstützung. Mein ganz besonderer Dank gilt außerdem meiner Mama, die mich bei der Erreichung dieses Ziels stets unterstützt hat.

Anke Kaprol-Gebhardt